L'ALLODIALITÉ
DANS LA DROME

ÉTUDE

SUR

L'ALLODIALITÉ
DANS LA DROME
de 1000 à 1400

R. d. L.

VALENCE

IMPRIMERIE DE CHENEVIER & CHAVET
Rue Saint-Félix, 30.

1874

PRÉFACE.

On étudie, il faut en convenir, avec une grande ardeur, notre histoire de France, qui avait été, sauf quelques époques exceptionnelles, fort négligée par les générations précédentes; on la reconstitue de tous côtés, morceaux par morceaux. Archivistes, amateurs, sociétés archéologiques fouillent les fonds des bibliothèques, pour en extraire et publier les documents négligés ou mis au rebut par nos prédécesseurs. Mais ne se perd-on pas un peu dans les minimes détails que produisent ces recherches ?

Il me semble que, sans les discontinuer, car c'est de leurs résultats que l'on peut attendre le progrès, il serait bon parfois de jeter un coup d'œil sur leur ensemble et de réunir aux nouveaux matériaux mis au jour ceux plus importants déjà enregistrés, qui seuls peuvent donner une valeur et une couleur aux petites, mais intéressantes découvertes que l'on ne cesse de faire.

Je sais bien que compiler et analyser de nouveau tout ce qui appartient aux écrivains nos devanciers, est un travail très-ingrat, qui ne sera nullement encouragé par le public, qui veut toujours du neuf, même quand on n'en trouve plus; qui n'a comme durée aucun avenir, puisqu'il est à recommencer à chaque pas fait par l'histoire. Mais il n'en est pas moins indispensable, car, puisque ce sont les matériaux qui nous font défaut, que penserait-on d'un architecte qui, négligeant ceux mis sous sa main par ses prédécesseurs, ne voudrait employer que ceux extraits par lui-même, et se refuserait à essayer la moindre fondation, dans la crainte qu'un successeur ne modifiât son plan, alors qu'il pourrait cependant éviter les fâcheux tâtonnements qui sont indispensables même aux plus habiles.

Il y a d'ailleurs une raison bien autrement majeure que celle-là pour se livrer à un travail de ce genre. On sait, quand on s'en est occupé, combien il est difficile de réunir les livres nécessaires pour la moindre étude sur une fraction de notre territoire : il faut prendre une page dans un volume, deux lignes seulement dans un autre; dans le nombre il en est de trop coûteux pour qu'on puisse se les procurer : d'autres rares ne sont que dans une bibliothèque publique éloignée, non traduits, parfois d'une écriture bien difficile à lire.

Comment veut-on qu'un public, bien aise cependant de savoir ce qui s'est passé dans la petite localité qu'il habite, mais qui a de tout autres affaires à suivre, puisse se livrer au travail préparatoire que nécessite cependant sa louable curiosité? Il lui faut des extraits, dépouillés autant que possible de tous termes scientifiques, exempts de doctes et nombreuses citations, car il veut apprendre et non discuter. Ce résumé peut même souvent servir à l'érudit, car il lui rappelle des choses qu'il sait dans de plus grands détails, mais qu'il lui faudrait une recherche pour retrouver et qui ne sont pas restées présentes à sa mémoire.

Au reste, un extrait de ce genre n'est pas tout à fait un travail mécanique. Il faut en premier lieu choisir parmi les différentes versions d'un même fait la plus probable, concilier les sources, quand la chose est possible, développer par telle autre que l'on en rapproche les conséquences qu'on peut en induire; enfin, même expliquer au lecteur les petites additions que des études spéciales permettent de joindre au travail déjà existant;

mais à la condition cependant d'être bref sur cet article et de le prévenir que cette vue est de vous, et qu'elle n'a été encore ni contrôlée, ni par conséquent admise par la saine critique de ceux qui s'occupent de ces matières.

Après avoir dit quelques mots sur le but et sur la direction du petit travail que je me propose, je vais jeter un coup d'œil sur quelques-unes des difficultés que j'aperçois sur la route que je vais suivre.

Il existe une lacune bien fâcheuse dans notre histoire du Dauphiné : c'est celle qui commence à la dislocation du royaume de Bourgogne (mort de Rodolphe le Fainéant en 1032) et qui s'étend jusqu'à l'époque où nos Dauphins deviennent de véritables souverains en réunissant à leurs états l'Embrunois et le Gapençois, date à laquelle Valbonnays commence l'histoire de leur troisième race.

Que se passe-t-il pendant ces deux siècles ? De consciencieuses recherches dans toutes les archives publiques n'ont amené que de faibles résultats, et on peut dire dès à présent que cette histoire perdue est destinée à rester toujours très-imparfaite. Nul moine, nul chroniqueur du pays n'a daigné nous la transmettre, et nous sommes obligés de nous contenter de quelques phrases d'étrangers qui parlent de nous par hasard, sur ouï-dire, et auxquels on ne peut accorder ainsi qu'une médiocre créance.

Il nous est resté, il est vrai, assez d'actes ecclésiastiques de l'époque; mais ces pièces laconiques, fort obscures souvent, où le donateur s'occupe de doter sa paroisse, de lui vendre ou acheter des terres, de lotir ses enfants, etc., offrent peu de ressources pour l'histoire. On y rencontre par hasard une date, un mot sur un événement du temps; en tirer parti est un travail de Bénédictin. Il faut cependant le tenter, car on se trouve en face de l'époque de *transition*, c'est-à-dire du siècle où notre société moderne se dégage tout à coup des langes des civilisations barbare ou romaine, et il est si curieux de soulever l'épais rideau qui nous dérobe cette transformation, qu'on ne saurait résister au désir de jeter un coup d'œil, quelque furtif qu'il puisse être, sur l'origine des lois, des coutumes, des gouvernements et des classifications sociales qui naissent alors et qui ne subiront plus que de légères modifications pour parvenir presque jusqu'à notre époque.

Chorier est peut-être jusqu'à présent l'homme qui a le plus fait pour éclaircir cet impénétrable arcane. On est étonné en lisant ses œuvres de l'audace avec laquelle il embrasse l'ensemble d'une matière qu'il ne peut qu'entrevoir et dont les détails lui échappent à chaque instant. Cette hardiesse était indispensable à l'époque où il écrivait, et ce n'était qu'en négligeant toutes les petites difficultés qu'on pouvait parvenir à une connaissance, hasardée il est vrai, de l'ensemble de notre histoire. Maintenant on a avec raison abandonné ce système, et l'on s'est mis à étudier ces petits faits qui peuvent seuls donner une presque certitude à l'histoire générale. Cependant, comme je l'ai dit, il ne faudrait pas trop restreindre les cadres de ces investigations particulières, car il ne faut pas oublier que la plupart de ces détails ainsi collationnés n'ont aucune valeur réelle par eux-mêmes et n'ont quelque importance pour la science que par leur rapprochement avec une foule d'autres, qu'ils confirment ou sur lesquels ils viennent jeter de nouveaux doutes.

On est donc, comme Chorier, obligé de revenir constamment à l'ensemble de l'histoire et, au risque de se tromper, comme il lui arrive souvent, d'entrer un peu dans l'inconnu, en s'en reposant sur ses successeurs pour vous remettre dans la bonne voie, quand la science aura fait quelques pas de plus. Pourquoi cet amour-propre de vouloir toujours être celui qui dit le dernier mot sur la question? Est-ce donc un fait si commun en histoire, et ne voit-on pas constamment les ouvrages du mérite le plus incontesté, tels que les œuvres de Buffon, par exemple, pour l'histoire naturelle, être corrigés et souvent refaits dans un autre sens par nos naturalistes, qui n'en professent pas une moindre estime pour leur maître?

Acceptons donc de bon cœur cette imperfection, cachet de toute œuvre humaine. Que la frayeur qu'elle nous inspire ne nous arrête pas dans la ligne que nous croyons devoir suivre. Un peu plus ou un peu moins corrigés par nos successeurs, ne nous occupons que de leur ouvrir de nouvelles voies, et faisons-leur, par amour du progrès, un complet abandon d'un tout petit amour-propre, qu'ils ménageront d'autant plus qu'ils verront le peu d'importance que nous attachons à un si mince sacrifice.

C'est surtout quand on aborde le dédale des histoires particulières des imperceptibles suzerainetés qui succédèrent aux rois de Bourgogne, que l'on sent le besoin de les rattacher à des causes générales. Sans intérêt par eux-mêmes, ces tous petits faits amènent le narrateur à des redites continuelles, fatiguent le lecteur, qui est constamment obligé de monter et de redescendre le cours du siècle pour suivre un enchaînement que l'on ne saurait interrompre; réunis dans son souvenir, ils finissent par lui donner une idée de l'époque où on les vit naître, et lui laissent, je crois, une impression plus exacte que ne le pourrait faire leur étude plus minutieuse et par cela même plus isolée.

Pour soulager et localiser autant que possible la mémoire du lecteur, j'ai joint à chacune de mes études une petite carte de la contrée qu'elle embrasse. Je l'ai levée à dessein sur une échelle des plus restreintes, afin d'éviter les erreurs graves auxquelles auraient pu m'entraîner des dimensions plus considérables. Les matériaux qui m'ont servi à l'établir sont parfois bien incomplets, presque toujours d'époques différentes, obscurs et même contradictoires. J'en aurais trouvé de plus exacts que je ne sais si mon travail eût été plus complet.

Quoique je ne me sois occupé que de l'époque allodiale, c'est-à-dire de celle où il n'y a pas de souverain et où chaque division a en quelque sorte son gouvernement séparé, il ne faut pas oublier que l'époque féodale, si difficile à préciser par la géographie, n'en prend pas moins naissance pendant l'existence de l'autre sur tous les points que j'étudie ; qu'il y a déjà des localités qui appartiennent à plusieurs seigneurs, et qu'avant 1400 je trouve un simple village qui n'a pas moins à la fois de vingt-quatre suzerains indépendants les uns des autres. Quand les divisions politiques arrivent à ce point, on comprend qu'elles ne peuvent plus être qu'une division de la rente produite par la terre et n'ont plus rien de commun avec la géographie.

Ce que je note ici n'est point pour faire remarquer au lecteur le fatiguant travail auquel on est obligé de se livrer pour parvenir à un résultat que l'on puisse constater par le crayon, mais seulement pour l'avertir qu'en pareil cas il faut se contenter d'un plan *approximatif*, et qu'une exactitude géométrique n'y serait nullement de mise.

Pour venir également au secours de sa mémoire, j'ai divisé mon travail sur l'Allodialité en deux parties, bien qu'elles ne soient pas toujours et partout parfaitement distinctes. La première est bien purement allodiale, puisque le Christ seul est réputé comme souverain ; je la désignerai sous le nom de *gouvernement de l'Église*. La seconde pourrait s'appeler *Allodialité féodale*, si ces deux mots, exclusifs l'un de l'autre, pouvaient s'accoupler ; car les évêques et les chapitres ne sont plus seuls à la tête du gouvernement : les comtes et les municipalités les en ont chassés ou ne leur en ont laissé qu'une faible partie.

Pour la première de ces périodes, on ne trouve presque pas de documents contemporains et on ne la connaît guère que par les traces qu'elle a laissées dans la suivante. On est donc, pour en parler, obligé d'admettre les hypothèses. La seconde a des bases plus certaines, mais qui sont loin d'offrir toujours toutes les garanties désirables.

Le lecteur ne doit donc pas perdre de vue que quand on ne veut admettre comme preuves de l'histoire que des actes notariés, ce n'est pas encore à ces deux époques que l'on peut la faire commencer ; il faut descendre à une autre beaucoup plus rapprochée de nous, et, comme notre prudent et méticuleux Valbonnays, ne parler du Dauphiné qu'à la troisième race de ses princes ; car ce n'est guère qu'à partir de son avénement au pouvoir que l'on peut enregistrer des faits appuyés sur des documents incontestables.

INTRODUCTION.

Des causes qui amenèrent la Bourgogne à se séparer de la France. — Première cause. — Insurrection de l'Aquitaine.

Il est impossible de comprendre la révolution sociale qui amena la Bourgogne et le Dauphiné à passer aux empereurs d'Allemagne, sans étudier les faits qui l'avaient précédée; et sans expliquer comment le royaume de Bourgogne était devenu la véritable frontière de la France du côté du Languedoc; et se trouvait alors l'extrême barrière de cette immense insurrection méridionale qui n'eut d'autre fin réelle que la destruction par une guerre religieuse de ces populations qui avaient embrassé l'hérésie albigeoise. On est obligé de remonter bien haut dans l'histoire pour cette explication; mais les faits étant connus du lecteur, il suffit d'en dire quelques mots, pour lui montrer que nos historiens anciens ne s'étaient pas suffisamment appesantis sur une révolution qui eut pour la nation française d'interminables conséquences.

On voit que les peuples sont immortels; car leurs querelles sont bien longues. Presque dès l'époque de leur asservissement, les Aquitains ne pouvaient plus supporter le joug des sauvages tribus franques. Sidoine Apollinaire avait pu dire avec vérité que *les Francs les tenoient par leur foi*, et Grégoire de Tours, qu'*ils avoient pour cette domination un désir d'amour;* mais ces temps, qui étaient ceux où on les délivrait des Visigoths, ariens fanatiques et persécuteurs, étaient passés; et les Languedociens, qui avaient ouvert leurs villes et leur pays aux Saliens et aux Sicambres, s'indignèrent bien vite de la servitude dans laquelle ils étaient maintenus, et auraient voulu voir retourner les mains vides sur les bords du Rhin, ces libérateurs auxquels ils ne supposaient que des désirs religieux, et qui voulaient garder leur pays et en partager les maisons, les esclaves et les terres.

Il y avait donc dans cette délivrance intéressée, non la semence d'une alliance fraternelle, mais le germe d'une haine mortelle, qui ne tarda pas à se développer.

Clovis venait à peine d'être vainqueur dans la bataille de Vouglé, que les plus zélés catholiques des Aquitains déploraient son intervention, se demandaient de quel droit il mettait la main sur leurs héritages et conduisait en France leurs fils, enchaînés comme des esclaves.

Pour avoir occasion de combattre ces Francs, devenus leurs ennemis mortels en même temps que leurs maîtres, les populations méridionales sous Clotaire se groupaient autour de son fils Chram, révolté contre lui, ou adoptaient même l'usurpateur Gondoval. Sous Dagobert ils eurent un soutien plus redoutable : ce fut son frère Caribert, qui s'était allié au sang de leur duc Eudes, et avec lequel ils pouvaient guerroyer contre les Francs, sous prétexte de combattre les maires du palais, qui ne nommaient des rois fainéants que pour gouverner à leur place. Ils enlevèrent à la France le Berry et l'Auvergne, et auraient entièrement dépouillé Pepin, s'ils n'eussent été battus par son fils Charles-Martel, et surtout s'ils n'eussent eu besoin de son secours pour repousser les Sarrasins à la bataille de Berre. Après cet intermède, ils reprirent les armes contre lui, et défendirent vaillamment leur duc mérovingien, qui n'en fut pas moins écrasé par ses redoutables ennemis.

Cette haine invétérée du Sud contre le Nord ne fit que

s'accroître sous Charlemagne. On comprend que ces populations, toutes romaines, ne furent que médiocrement touchées par les efforts que faisait ce prince pour civiliser et rendre son empire homogène ; car, tandis qu'il poussait en avant les populations des Flandres et de la Saxe, il arrêtait dans leur marche celles du Midi ; et cette politique habile était par le fait toute à leur désavantage. Éblouis et charmés quelques instants par les succès de sa croisade contre les Maures, qui les délivrait de leurs incursions continuelles, ils n'en regardaient pas moins le grand empereur comme leur plus mortel ennemi. Ils se réunirent pour empêcher son retour en France, et taillèrent en pièces à Roncevaux son arrière-garde, commandée par son neveu, le célèbre Roland, qui y perdit la vie.

Cet affreux massacre, après une si longue série de victoires, eut un immense retentissement dans toute l'Europe et prouva que les Francs n'étaient point invincibles. Charles le comprit et fit ce qu'il put pour en atténuer l'effet. Il divisa le pays entre douze ducs pour l'affaiblir, et envoya son fils, encore enfant, pour que les populations l'adoptassent, comme elles l'avaient fait naguère pour un Mérovingien. Tout fut inutile. Après avoir régné sur l'Èbre, il fallut abandonner les Pyrénées, et le duc des Gascons continua à battre ses troupes. Une seule chose préserva l'empereur des Francs d'une déroute complète : ce fut le choix qu'il fit du célèbre Guillaume comme gouverneur de l'Aquitaine. Ce héros sut tout à la fois repousser les Gascons et les Sarrasins, et, après s'être attiré le dévouement des populations par son courage et la sainteté de sa vie, se jeta dans un cloître pour éviter les affaires du monde, et finit en anachorète dans le monastère de Saint-Gelonne.

Les enfants de Guillaume d'Aquitaine héritèrent de son pouvoir, mais non de sa fidélité envers son souverain. Profitant du trouble occasionné par les victoires des Wascons, ils se mirent à la tête de toutes les séditions qu'entraîna le partage de Louis le Débonnaire. Bernard, l'aîné, devenu maire du palais par le crédit de l'impératrice Judith, excita à la révolte les fils de Louis, qui déposèrent leur père et le mirent dans un cloître. Le roi en étant sorti avec son aide, sans pour cela lui rendre sa dignité de maire, le duc courroucé souleva l'Aquitaine, qui ne demandait qu'une occasion de chasser les Francs.

Louis étant mort vers cette époque, toutes les petites nationalités méridionales comprimées par Charlemagne reprirent leur indépendance. Le duc des Gascons souleva toutes les montagnes voisines de Bordeaux. La Septimanie devint l'apanage allodial de Bernard. Pepin érigea en royaume l'Aquitaine et y joignit le Quercy, l'Albigeois et le Rouergue, qu'il enlevait ainsi à Charles le Chauve, trop occupé alors à dépouiller son frère Louis le Germanique.

La bataille de Fontanet, gagnée par Charles le Chauve, amena peu de changements. Trois cent mille homme s'y égorgèrent pour établir trois empereurs, auxquels les grands vassaux ne voulaient nullement obéir. Il se forma deux ligues : l'une sur les bords du Rhône, dirigée par le comte Fulcrad, n'eut pas de succès ; l'autre, conduite par le duc Bernard en personne, fut d'abord plus heureuse ; mais son chef ayant été poignardé à Toulouse par Charles le Chauve lui-même, ce prince reprit sur elle la Septimanie et la Provence.

Obligé cependant de laisser cette guerre pour une autre en Italie, Charles fut, en 877, dans la nécessité de traiter avec ses grands vassaux, et dans le fameux plaid de Kersy contraint de leur céder l'hérédité des fiefs. Il n'en fut pas moins trahi par eux, et mourut sur le Mont-Cenis, au retour de sa désastreuse campagne.

Son fils Louis le Bègue ne peut parvenir au trône qu'en leur faisant les dernières concessions, et fut obligé de donner à leur chef, le célèbre Boson, que nous allons voir devenir roi de Bourgogne, toute la portion de la France méridionale qui s'étend entre le Rhône et la chaîne des Alpes.

La Bourgogne et le Dauphiné à cette époque.

Les populations de la Bourgogne et du Dauphiné n'étaient pas vis-à-vis des Francs tout à fait dans les mêmes sentiments que les Aquitains ; et, quoique subitement amalgamés avec eux, n'éprouvaient pas la même haine pour leurs vainqueurs. Le Dauphiné, peu riche et surtout peu habité, avait été partagé presque sans combat, et il y avait eu facilement entente avec les envahisseurs et sur la religion et sur la loi Gombette, qui, d'essence barbare il est vrai, était devenue presque romaine par le long séjour des Bourguignons sur les limites de l'empire. L'invasion franque succéda à la leur, et bien que repoussée par les armes, dans des débuts un peu vifs, l'irritation s'était promptement calmée, et l'oubli avait bientôt effacé ce fâcheux précédent.

Il est inutile de rappeler ici les escarmouches qui accompagnèrent le mariage de Clovis avec Clotilde, la célèbre nièce du roi Gondebaud. Cette aventure fut bientôt adoucie aux yeux des Bourguignons par ce fait que le roi franc n'était pas la cause de la guerre entre les deux branches de leur famille royale ; qu'il y avait pris part seulement, et qu'il s'était joint au parti vaincu, bien que le plus puissant, puisqu'il comprenait tout le Lyonnais, l'ancien royaume du père de Clotilde. Cette princesse, d'ailleurs, dissimula son ressentiment, et onze ans se passèrent sans qu'elle donnât suite à sa vengeance. Il fallut même pour raviver cette querelle que Godégisile, frère de Gondebaud et roi de Genève, offrît à Clovis de partager avec lui le royaume de Bourgogne. Clovis accepta, et les deux conjurés pénétrèrent dans ce pays, qu'ils réduisirent à l'état de tributaire.

Clovis laissa dans la ville de Vienne, dont il venait de s'emparer, une garnison de cinq mille soldats, que Gondebaud, qui trouva moyen de s'y introduire par les aqueducs romains, se hâta de massacrer. Cependant, effrayé par le retour du roi franc, il n'osa y rester et s'enfuit chez ses voisins les Visigoths; ce qui donna à Clovis l'occasion de ravager toute la Provence, et de leur enlever momentanément Arles et Marseille.

Cette première guerre avec les Francs n'empêcha pas le fils de Gondebaud de succéder à son père; mais, après la mort de Clovis, sa veuve, qui n'avait point oublié sa haine de famille, arma ses fils contre la Bourgogne, et en 526 y fit mettre tout à feu et à sang par une puissante armée, qui laissa même dans ses principales villes des garnisons, qui y furent massacrées, comme précédemment celle de Vienne.

Gondemar, prince de la maison de Bourgogne, défit et tua même le roi franc à la bataille de Véseronce; mais, assiégé dans Autun par les autres fils de Clovis, qui avaient amené d'énormes renforts de troupes, il fut heureux de pouvoir s'en échapper, et laissa le trône de ses ancêtres aux vainqueurs, qui devinrent ainsi pour longtemps les heureux possesseurs de la Bourgogne, et se hâtèrent de la partager entre les princes coalisés. Tierry eut la Bourgogne transjurane et les conquêtes en Provence, et Childebert un lot, dont hérita bientôt Clotaire et qui comprenait la Viennoise et la Savoie.

Ce ne fut que sous le règne du successeur de ce dernier que ce pays retrouva un peu de calme. Alors le patrice Ancemond faisait d'immenses libéralités aux couvents de Vienne, et le patrice Mummol repoussait par deux fois les Lombards, qui avaient tenté d'envahir cette province.

Après le règne de Gontrand vint la reine Brunehaut, en qualité de tutrice de son fils Théodoric. On connaît le dérèglement de ses mœurs, et on sait qu'elle fit assassiner Didier, archevêque de Vienne, qui avait voulu s'y opposer. Les populations indignées appelèrent Clotaire à la remplacer. Dagobert régna ensuite. Sous ce prince le Dauphiné jouit d'une paix inconnue au reste de la France ; car il n'est plus question dans les historiens que des conciles et des décisions religieuses qui y furent prises.

Sous Charles Martel le Dauphiné devint la proie des Sarrasins, qu'il avait cependant défaits à Poitiers. En 729, ils arrivèrent par la Provence, où ils s'étaient établis, à Valence, dont les environs furent ruinés. Vienne leur ferma ses portes. Mais, après avoir poussé jusqu'à Sens, qu'ils abandonnèrent par crainte de l'armée que Charles Martel y réunissait contre eux, ils revinrent autour de cette capitale, et dévastèrent tout ce pays, jusqu'à ce que l'armée franque vînt les chasser et les poursuivre en Provence.

Ce fut à cette occasion que Charles Martel, leur vainqueur, se permit de prendre tous les biens du clergé pour faire face aux dépenses de la guerre. Ce fait, qui plus que tous les autres, je crois, amena la Bourgogne à se séparer de la France, est trop important et trop peu connu pour être passé sous silence. Je lui consacrerai tout le chapitre suivant et me contente de noter ici que Pepin, quand il vint en Dauphiné préparer son expédition d'Italie, ne voulut pas rendre cette confiscation, sous prétexte qu'il allait l'employer à secourir le pape, et que Charlemagne, qui chassait souvent dans la forêt de Septème, près de Vienne, se montra comme lui sourd à toutes les réclamations que le clergé lui adressa à ce sujet.

Aussi, quand survinrent les guerres qu'amenèrent les partages de Louis le Débonnaire, le Dauphiné se hâta de suivre l'exemple de l'Aquitaine, et fut avec elle un des plus violents parmi les pays insurgés. Saint Barnard, archevêque de Vienne, et Agobard, archevêque de Lyon, furent les pivots de cette rébellion, qui permit au roi Lothaire, enfermé dans Vienne, de lever sur les bords du Rhône de nombreuses troupes contre son père, et le pays était si passionné pour cette cause, que, même après la victoire de Louis le Débonnaire, il obligeait ce prince à transiger avec les deux prélats, dont il avait tant à se plaindre.

Après sa défaite à Fontanet, Lothaire rentra dans Vienne,

dont il avait donné le gouvernement à Gérard de Roussillon, vainqueur de Fulcrade et de la ligue du Rhône. Il y résida longtemps et mourut en 850, après y avoir déposé la pourpre et être entré dans un cloître. Son fils, qu'il avait fait roi de Provence, mourut presque en même temps que lui ; de sorte que ce fut son frère qui hérita de son sceptre.

Ce prince se rendit populaire en Bourgogne en restituant une partie de la confiscation de Chales Martel. Après sa mort, ses états furent partagés entre ses oncles. Vainement le célèbre Gérard de Roussillon, qui s'était enfermé dans Vienne, voulut s'opposer à cette usurpation ; il fut obligé de mettre bas les armes, et Charles le Chauve, qui devint ainsi possesseur de la Bourgogne, du Dauphiné et de la Provence, donna le gouvernement de Vienne à Boson, dont il venait d'épouser la sœur.

Deuxième cause de la séparation. — La confiscation de Charles Martel.

Nous avons vu que leurs conquêtes et la vive haine soulevée par elles chez le peuple aquitain avaient mis la Bourgogne en position de secouer le joug des Francs et l'avaient rendue en quelque sorte la frontière de l'insurrection méridionale ; dans le dernier chapitre, que les Bourguignons, qui n'avaient pas la même inimitié contre eux, se décidèrent cependant à s'en séparer, dès que le maire du palais Charles Martel eut osé s'approprier les biens de l'Église. Nous allons essayer dans celui-ci de montrer tout ce qu'il y avait d'audace et d'injustice dans cette spoliation opérée par l'ancêtre de la race carlovingienne, et tâcher d'expliquer en quelques mots au lecteur que nos pères tout pieux qu'ils étaient, n'auraient pas cependant été si vivement émus par cette mesure, si cette question n'en eût soulevé bien d'autres, et s'ils ne l'eussent regardée comme la ruine complète de leur pays, peut-être même comme l'anéantissement de toute leur indépendance municipale.

J'aborde ici un sujet entièrement neuf, qui demanderait des développements qui m'entraîneraient bien loin de l'*allodialité*, celui que je traite; je prie donc le lecteur de vouloir bien se contenter de simples indications, et de ne pas attendre de moi tout un traité sur cette sérieuse matière.

Les couvents et le clergé, à cette époque, furent contre les hordes barbares les défenseurs des sciences et de la civilisation; ce fait a été admis par les écoles les plus anti-religieuses. Mais il y eut alors plus que cela : c'est que, non contents d'ouvrir leurs asiles aux personnes qui fuyaient les envahisseurs, de recevoir dans leurs cloîtres leurs propriétés mobilières, hors de ces enceintes murées ils purent encore jusqu'à un certain point préserver leurs propriétés territoriales, et créèrent pour cela une espèce d'assurance mutuelle contre les Sarrasins, plus à craindre pour les maisons, les vignes et les vergers, que pour des richesses portatives, que l'on pouvait en majeure partie leur dérober. Ce fut cette institution, aussi pieuse que nationale, à laquelle Charles Martel ne craignit pas de s'attaquer, et qu'il anéantit d'un seul coup, en lui enlevant son *actif* et en ne lui laissant que ses charges et ses dettes.

Ce ne furent pas seulement, comme on le croit généralement, le clergé, les moines et leurs pauvres seuls qui se trouvèrent dépouillés par cette saisie; ce furent encore toute la petite noblesse du pays, toute la riche bourgeoisie, qui y avait mis ses économies, en un mot toute la propriété qui ne pouvait se défendre par le glaive, et qui, confiante dans le droit, avait uni ses possessions à celles du clergé pour les soustraire aux dévastations générales.

Je suis loin de vouloir ici m'amuser à soutenir un paradoxe, et d'avancer qu'en dépouillant l'Église, Charles Martel voulut ruiner toute la province; mais je fais remarquer seulement que son acte eut une portée bien plus grande que celle qu'on lui attribue communément ; qu'il en bouleversa toutes les finances, et que, non content de dépouiller les monastères, il lésa grièvement une masse d'intérêts laïques, et souleva contre lui toutes les classes riches et même celles qui ne possédaient qu'une petite aisance.

J'en appelle ici à tous ceux qui ont feuilleté les cartulaires. Les époques des grandes donations au clergé ne furent-elles pas en général celles où la propriété était le plus menacée ? On pouvait se passer d'une portion de sa terre ; on la remettait aux ecclésiastiques, certainement par motif de piété ou de charité : car l'Église, que l'administration ne suppléait point alors dans l'assistance des malheureux, pouvait seule en faire une répartition intelligente. Mais, n'y avait-il pas quelque motif mondain qui portât à ce sacrifice, et le donateur ne pouvait-il pas songer, en se dépouillant ainsi, que son évêque, seul à la tête d'une puissante confédération, saurait à ce prix préserver le reste de son patrimoine? On donnait à l'abbé d'un riche couvent voisin ; mais, en faisant cette libéralité, était-il défendu de songer aux vastes tours crénelées qui défendaient le monastère, et aux nombreux moines qui l'habitaient et qui alors prenaient volontiers les armes dans les cas d'une attaque soudaine ?

J'avoue, si l'on veut, que ces suppositions soient contestables ; mais examinons les actes de leurs cartulaires, et voyons s'il n'y avait bien réellement que les religieux qui fussent intéressés à la conservation des propriétés du couvent.

L'Église, dans ces recueils d'affaires qui sont parvenus en si grand nombre dans nos mains, ne contracte-t-elle pas pour ainsi dire à chaque instant des obligations envers ses donateurs, dont les bienfaits sont rarement complètement gratuits? Dans la majeure partie de ces libéralités faites par les classes moyennes, le père de famille se réserve la jouissance de son sol, ou bien une rente pendant toute la durée de sa vie, pendant celle de sa femme, celle de ses enfants; quelquefois même il y constitue une rente perpétuelle pour toute sa lignée ; dans cette autre donation il se réserve une sépulture pour lui et pour tous les siens ; là, un droit pour son fils à être reçu dans le chapitre, quand il aura fini ses études et aura l'âge voulu pour en faire partie. Mais il y a mieux que cela dans ces chartes, il y a des obligations toutes séculières et qui n'ont rien de commun avec la destination de la maison religieuse qui les contracte. Un chef de famille qui ne sait où emprunter, et qui ne veut pas vendre son héritage, le cède au couvent, à condition que ses enfants pourront le reprendre plus tard de ses mains pour une modique somme convenue d'avance, etc., etc. Il faudrait tout un volume pour enregistrer le fouillis de toutes ces stipulations.

Charles Martel nomma-t-il une commission pour liquider tout l'immense passif du clergé de la Bourgogne ? Il est plus que permis d'en douter, vu les habitudes du temps et les Sarrasins, qui ravageaient les plaines. L'histoire d'ailleurs n'en fait aucune mention : elle se contente de dire seulement qu'il mit la main sur tous les biens ecclésiastiques, et, les Maures tenant alors le pays, on attendit patiemment qu'il les eût chassés avant de songer seulement à se plaindre.

Quand ce fut fait et qu'on en fut enfin délivré, on ne cessa plus de crier, et on continua toujours à croire que ce n'était qu'un séquestre temporaire, et que le souverain rendrait sous un bref délai à leurs possesseurs des propriétés qu'il n'avait plus aucun motif légitime pour continuer à détenir.

Il n'en fit rien cependant, et Vienne alors, dit l'histoire, se trouva réduite à un tel état de pauvreté, qu'elle resta quelques années sans prélat, *personne ne voulant accepter cette charge.*

Ces paroles montrent bien la réalité de mon appréciation ; car ce n'étaient ni des ecclésiastiques capables ou ambitieux qui manquaient dans un diocèse de cette étendue, mais bien un capitaliste assez colossalement riche pour remettre à flot sa position financière. Ce fait, qui, quoique peu noté, se rencontre assez fréquemment dans l'histoire de cette époque, explique ces nominations de princes ou de grands seigneurs peu religieux, que les chapitres se seraient gardés de faire dans des circonstances moins impérieuses.

On sollicita inutilement des concessions auprès de Charles. Non-seulement il ne rendit rien, mais il distribua les dîmes, les prémices et jusqu'aux droits sur les sépultures aux officiers de son armée. Pepin se dispensa de rendre, sous prétexte de délivrer le pape des Lombards. Charlemagne, pendant ses chasses et ses longs séjours à Vienne, se contenta de remettre sous le pouvoir de l'archevêque ses suffragants, qui s'en étaient éloignés pour soustraire leur troupeau à cette ruine. C'était étendre la plaie pour en diminuer la profondeur. Elle était encore si vive et si grave du temps de Lothaire, que ce prince, incontestablement pieux, puisqu'il mourut moine en Dauphiné, où il régna en paix pendant longtemps, ne voulut ou n'osa pas y toucher, de peur de rendre aux archevêques une énorme puissance.

Jamais le clergé bourguignon ni les classes moyennes ne pardonnèrent aux Carlovingiens cette violation de toutes leurs libertés, même celle de posséder, et un fait de ce genre amena une révolution dans un moment où un grain de sable suffisait pour faire pencher la balance.

Troisième cause de la séparation. — École primatiale de Lyon.

A la cause toute financière de la saisie de Charles Martel vint s'en joindre une toute morale qui eut une grande influence, parce qu'elle developpà un mal qu'on voulait lui faire cicatriser : je veux parler de l'école religieuse de Lyon établie par l'empereur Charlemagne.

Ce prince, qui ne pouvait tout voir par lui-même dans ses vastes états, avait, comme on le sait, des *missi dominici*, qu'il prenait parmi les gens les plus capables de son royaume, et qui, étrangers pour la plupart et exempts ainsi des influences locales, centralisaient le pouvoir, et faisaient dans les provinces sentir la main puissante d'un souverain trop éloigné pour y agir par lui-même. Leydrade, l'un d'eux, qu'il fit plus tard nommer archevêque de Lyon, en récompense de ses services en Espagne, où il avait combattu l'Arianisme, qui détachait les peuples de son empire, fut chargé par lui d'établir à Lyon une école ecclésiastique, qui, dès ses débuts, produisit des hommes hors ligne pour cette époque et qui eurent une grande influence politique.

Le plus important de tous fut Agobard, qui succéda dans l'archevêché à Leydrade et qui entraîna ses condisciples dans une voie plus avancée que celle suivie par le chef de l'école. A côté de lui furent saint Barnard, célèbre par ses écrits, ses fondations de monastères, et qui fut bientôt archevêque de Vienne; Florus, dont la réputation comme poète fut grande à cette époque et dont on peut encore lire les doléances politiques; enfin, Modoïn, archevêque de Lyon à son tour, qui ne partagea qu'à demi les théories politiques de cette école.

Ces hommes remarquables, dit saint Odilon, *avaient fait de leur cité la métropole du savoir, et Lyon était devenu l'Athènes de toutes les villes méridionales de la Gaule.* Le but de leur haut enseignement était de défendre l'unité de l'Église, attaquée de toutes parts par les hérésies; et ils lui rendirent sous ce rapport d'éminents services; mais ils furent dès leur début moins utiles à l'empereur, qui les avait établis, car ils ne prêchèrent la centralisation de l'empire des Francs qu'à la condition que le souverain resterait entièrement entre les mains de l'Église.

Pour arriver à ce résultat, il fallait à peu près tout changer en France; car ce pays était encore une réunion de peuples étrangers les uns aux autres. Ainsi, on voit par leurs écrits qu'il fallait en premier lieu détruire ses lois; car il n'y en avait pas moins de cinq tout à fait différentes. L'école, qui ne pouvait les attaquer toutes à la fois, prit à partie la loi Gombette, qui lui offrait une prise facile par ses dispositions sur le duel juridique. Elle attaqua après les Juifs, autre peuple à part dans l'empire ; mais il fallut y renoncer, car elle découvrait que l'empereur lui-même en recevait d'importants services et avait chargé ses comtes de les défendre contre elle. Elle demanda alors que le souverain ne disposât plus des évêchés vacants. Louis le Débonnaire lui accorda pour la forme cette requête : mais les choses continuèrent comme par le passé.

Le principal monument qui nous soit resté des réclamations de l'école religieuse de Bourgogne, est le discours qu'Agobard, son éloquent interprète, prononça à l'assemblée d'Attigny, au milieu des cris et des menaces des magnats, contre les spoliateurs et les détenteurs des biens des églises. Il parvint cependant à leur faire écouter son discours ; mais ce ne fut qu'en faisant d'énormes concessions : en déclarant qu'il ne demandait point une restitution impossible, mais seulement leur désaveu du crime de leurs prédécesseurs, une promesse qu'il ne serait plus commis à l'avenir, et enfin un emploi moins scandaleux de ces dépouilles du clergé.

Comme on le voit, les débuts politiques de cette école ne furent pas sans difficultés ; mais plus tard elle obtenait une énorme importance. En 817, à l'assemblée d'Aix-la-Chapelle, elle rédigeait et dictait en quelque sorte une espèce de charte constitutionnelle, bien éloignée des principes de Charlemagne, mais où Louis le Débonnaire, en choisissant Lothaire pour son successeur, maintenait cependant l'unité de l'empire. Cet acte, qui eût pu conserver peut-être quelque tranquillité à la France, et que l'on se hâta de faire ratifier au pape, croula bientôt après par le second mariage de Louis avec Judith et la naissance de Charles le Chauve, qui nécessitait un nouveau pacte de famille.

Agobard comprit dès ce moment toute la difficulté de la position, car dans son épître de 825 il disait même, en parlant du Midi : « On n'y voit plus ni respect pour les lois, ni crainte du souverain, et chacun y est indépendant, à condition qu'il jouisse de quelques protections. » Quatre ans plus tard le plaid de Worms anéantissait l'acte d'Aix-la-Chapelle, et la nation tout entière était appelée à se donner un nouveau maître. Ce fut alors que Judith appela à Paris le duc Bernard pour renforcer son parti, et que toute la population se mit sous les armes. Louis fut vaincu, obligé de mettre la reine dans un couvent et devint le prisonnier de ses enfants, qui le remirent à la garde des moines.

Il serait trop long de narrer comment l'empereur parvint à détacher l'Église de cette ligue, et avec elle Lothaire, toujours incertain dans sa conduite. Fort de cette nouvelle alliance, il triompha avec elle dans l'assemblée de Nimègue. Mais, au milieu de ce succès, le clergé comprenait bien qu'il n'avait rien à attendre pour l'avenir d'un prince qui avait montré une telle faiblesse. Il voulut frapper un coup décisif, et le remplacer par le pape Grégoire : entreprise insensée, dont l'Église de Bourgogne fut le pivot et la victime.

Vainement Agobard le présenta comme pouvant seul maintenir l'unité et la paix, les évêques du Nord se groupèrent autour du roi, et l'école lyonnaise se trouva bientôt seule auprès du pontife. Cependant les adhérents de l'empereur ayant été jusqu'à menacer le pape d'une excommunication, le clergé de France revint à lui et à sa suite les princes, les magnats et toute l'armée impériale. Louis lui-même fut obligé de les suivre et de se constituer de nouveau prisonnier de ses enfants.

Lothaire, trouvant le moment favorable pour l'accomplissement de ses désirs, se fit tout à coup proclamer empereur. Cette résolution subite déjoua tous les projets du clergé. Le pape Grégoire repartit pour Rome à l'instant même, avec le chagrin de voir tous ses desseins renversés, et Agobard dut se contenter de la vaine satisfaction que lui donna Louis le Débonnaire en acceptant une pénitence publique.

Cependant Lothaire ne put user du pouvoir qu'il s'était conféré sans mécontenter tout le monde, l'Église d'abord, dont il avait ruiné les desseins, et ses frères, qui n'avaient pas pris part à tant de révoltes contre leur père pour se donner un nouveau maître. Il se trouva pris au dépourvu au milieu des troupes ennemies, et fut obligé de s'enfuir à Vienne, qui était le centre du parti gallo-romain, comme Aix-la-Chapelle celui du parti gallo-germanique. Bientôt après il fut obligé de solliciter son pardon auprès de son père, et de renoncer à l'empire, en se contentant du royaume d'Italie, tandis que ses adhérents de l'ecole lyonnaise se retiraient auprès du pape et se hâtaient d'abandonner leurs diocèses.

Il y eut à la suite de tous ces troubles un nouveau partage sur un pied d'égalité entre les princes et Charles le Chauve. Mais Louis en mourant ayant envoyé sa couronne à Lothaire, ce prince voulut redevenir seul souverain. Après s'être fait battre à Fontanet, comme nous l'avons dit, il fut heureux d'obtenir par le traité de Verdun cette longue bande de terre qui de la Lorraine à la Méditerranée formait un empire considérable, mais, il faut l'avouer, d'une incroyable structure.

L'école lyonnaise, à la tête de laquelle était alors le poète Florus, ne put pour lui que déplorer dans des élégies les immenses malheurs qui avaient frappé la patrie. On voit par ces écrits combien les populations des bords du Rhône regrettaient la victoire gallo-franque; cependant il est à remarquer qu'elles n'osent plus parler du pape, et se contentent de déplorer la perte de l'unité de l'empire.

En 843, nos provinces bourguignonnes avaient donc été nonseulement spoliées par les Francs, mais complètement battues après par eux. Elles détestaient la race carlovingienne et voulaient à tout prix une éclatante revanche; aussi se jetèrent-elles avec enthousiasme dans les bras de Boson, quoiqu'il fût beau-frère de Charles le Chauve. Nous verrons par la guerre qu'elles eurent à soutenir, qu'il ne fallait rien moins qu'un chef dans une pareille position pour les soustraire à l'esclavage des Francs de la Germanie.

Séparation de la Bourgogne. — Le roi Boson.

Malgré le profond mécontentement de la Bourgogne et les secours que pouvait fournir le voisinage de l'Aquitaine, l'insurrection du Dauphiné, traquée par les princes carlovingiens, ne pouvait avoir qu'une fatale issue, s'il ne se fût trouvé un homme dans une position unique pour fonder une dynastie : je veux parler du célèbre Boson, qui sut grouper dans ses mains toutes les haines et toutes les ambitions soulevées par la race carlovingienne. Personne en Bourgogne n'était en mesure de lui disputer le pouvoir. Beau-frère de Charles le Chauve, il en avait reçu l'investiture quand il l'enleva à Gérard de Roussillon.

Ce choix était d'autant plus malheureux pour l'empire, que Beuves, père de Boson, comte des Ardennes et maire du palais d'Aix-la-Chapelle, avait commencé sa carrière comme *missus dominicus* dans la Tarentaise, et que son fils allait hériter de son ancienne influence dans ces provinces. Ce Beuves lui-même était déjà un grand personnage : adopté en quelque sorte par l'empereur Lothaire, qui avait épousé sa belle-sœur, il suivit ce prince dans sa guerre contre Louis le Débonnaire et fut amnistié avec lui. Mais Lothaire ayant répudié sa parente, il prit les armes contre ce prince et fut battu et tué dans cette rébellion.

Son fils Boson fut obligé de se réfugier à la cour de Charles le Chauve. Il obtint toute sa confiance, eut l'adresse de lui faire épouser sa sœur, et le suivit dans sa guerre d'Italie, où il fut nommé duc ou vice-roi de Lombardie. Il y joignit bientôt une partie de la Provence, alors gouvernée par Guillaume, et se trouva ainsi presque souverain de toute la chaîne des Alpes, d'un royaume qui s'étendait de Lyon jusqu'à Pavie.

En 877, il épousa Hermangarde, héritière de Louis II, roi d'Italie, et les peuples dès lors le regardaient non comme un sujet, mais comme l'égal de Charles le Chauve, qui, à l'instar des empereurs romains, avait partagé la pourpre avec un parent plus habile que lui. Il n'en resta pas moins le chef des magnats conjurés, qui s'étaient promis de renverser l'empereur, et fut un de ceux qui contribuèrent le plus à sa fin déplorable, en ne lui amenant pas sur le mont Cenis les renforts de troupes qui devaient assurer son retour d'Italie.

Malgré ce déplorable précédent, Louis le Bègue, après la mort de son père, fut obligé de le mettre à la tête de son gouvernement; il se fiança même à sa fille, encore enfant, pour se l'attacher par les liens les plus étroits. Mais tout fut inutile, car Boson voulait devenir souverain indépendant. Il s'était assuré l'appui du pape, qui l'appelait son *cher fils*, quand il lui fit escorte pour retourner en Italie; il se lia d'affection avec Rodolphe, qui gouvernait la Tranjurasne (province oubliée dans les partages de l'empire) sous la protection de l'impératrice Ingelberge; enfin, il faisait la paix avec un ancien ennemi, Théodoric, comte de Mâcon, et tout faisait présager qu'il allait se livrer à une grande entreprise.

Une circonstance imprévue vint lui offrir des chances inespérées de succès : ce fut la naissance posthume de Charles le Simple, événement qui, comme nous l'avons dit, bouleversait tous les partages arrêtés, et remettait entre les mains des populations les armes de la guerre civile. Poussé par l'impératrice Hermangarde, qui, fille d'un souverain, n'entendait pas se contenter d'un vain titre, Boson proclama hautement son intention de rétablir le royaume de Bourgogne. Il profita d'un synode que l'archevêque de Vienne avait à réunir, et qui fut plus nombreux à cause des agitations politiques, joignit quelques magnats du pays aux vingt-trois prélats qui y siégeaient, et se fit élire souverain par cette assemblée.

Une entreprise de ce genre ne manquait pas de précédent,

car, en 853, Gérard de Roussillon s'était à Salmorenc fait nommer président d'une assemblée qu'il avait formée de la même manière.

Bien que complète, une réunion de cette espèce ne pouvait être très-considérable, car, sauf les prélats et les comtes, moins nombreux qu'eux et fonctionnaires publics, elle ne pouvait se composer que de quelques familles de patrices, débris des anciens sénats romains des provinces, qui devaient être bien décimés à l'époque des invasions barbares. Elle ne comprenait point la Bourgogne transjurane, séparée, comme nous l'avons dit, depuis 862 avec Huguebert, beau-frère de Lothaire, et dont une partie d'ailleurs obéissait à des comtes d'une origine plus obscure.

Malgré l'élection royale qu'elle venait de faire dans le palais de Mantaille, près de Vienne, l'assemblée ne se regarda pas comme suffisamment autorisée pour régler la succession au trône. Il n'en est point question dans le texte de son décret, qui, très-laconique, comme toutes les pièces diplomatiques de cette époque, nous est parvenu et nous permet d'apprécier les motifs de cette élection. Le but qu'elle se propose est indiqué d'une manière assez vague : *c'est le triomphe du Christ*. Elle parle des périls qui menacent de tous côtés la Bourgogne. Le clergé, la noblesse, le peuple n'ont plus de protecteur depuis la mort de leur dernier roi (Godemart, mort trois cent cinquante ans avant). *N'étant plus assurés de la conservation de leurs biens*, ils sont obligés d'élire un nouveau souverain, et proclament Boson comme le plus digne de remplir ce poste éminent.

Ils lui envoient une députation, sous prétexte d'obtenir son consentement, mais en réalité pour savoir dans quel sens il compte les gouverner. Ce prince promet tout son dévouement à la religion, et jure de ne se conduire que par les conseils des évêques de Bourgogne. C'est là tout son programme ; et il est alors acclamé comme souverain et sacré à Lyon, qui l'emporte sur Vienne dans cette circonstance. On remarque cependant que l'archevêque d'Embrun et ses suffragants ne voulurent pas prendre part à cette élection. Peut-être comptaient-ils encore sur les princes carlovingiens pour les débarrasser des Sarrasins, qui étaient toujours à leurs portes.

Le comte Richard de Bourgogne, tout dévoué au berceau de Charles le Simple, ne fit aucune opposition au nouveau monarque. Il n'en fut pas de même des princes carlovingiens, qui réunirent leurs troupes et jurèrent en commun la mort de l'usurpateur. Ils lui enlevèrent, presque sans coup férir, Mâcon et même un peu plus tard Lyon, où il venait de prendre la couronne, et l'obligèrent de se retirer à Vienne, ville qui lui était toute dévouée, et où il put laisser sa femme et sa fille, tandis qu'il allait courir les montagnes de Savoie, et y chercher des renforts pour faire lever le blocus que les princes coalisés avaient mis autour de la ville.

Ils laissèrent cependant s'écouler un temps précieux pour le succès de leur entreprise, et donnèrent à Boson le temps de se reconnaître et de réunir quelques forces. Charles le Gros, son principal adversaire, fut obligé de quitter le siége. Louis et Carloman ne tardèrent pas à le suivre et ne laissèrent qu'un corps d'observation devant la place. Boson, qui avait réuni à Arles ses fidèles, put alors profiter de leur négligence : il rentra de force dans sa capitale, et remit à l'archevêque Autramne, en dédommagement de ses pertes, les biens que Charles Martel avait séquestrés sur l'abbaye de Saint-Pierre de Vienne.

En 882, les princes coalisés étaient de retour sous les remparts de la ville et la prenaient d'assaut, malgré la résistance désespérée de ses habitants, dont la plus grande partie s'ensevelit sous ses ruines. Le comte Richard, qui s'était tenu à l'écart jusqu'alors, intervint pour sauver la femme et la fille de Bozon, qui étaient ses parentes, et les conduisit dans sa ville d'Autun.

Un peu plus tard Boson battait le marquis Bernard, qui commandait alors les forces des confédérés, et rentrait dans sa capitale. Ce fut alors, dit-on, qu'il fit des libéralités à ceux qui avaient si fidèlement soutenu son parti durant ses longues détresses. Il donna *Jouvencieu* (Saint-Donat) à l'évêché de Grenoble, et à Adelème, comte de Valence, et à Thibaut, comte de Lorraine, qui fut le père de ce roi Hugues que nous verrons conquérir l'Italie, des terres très-considérables, dont ils n'avaient avant que la jouissance. Il mourut à Vienne peu après ces munificences, et laissa à son fils Louis, surnommé l'Aveugle, un trône qu'il avait bravement défendu, mais qui n'en était pas moins dans une condition des plus précaires.

Louis l'Aveugle. — Hugues (le roi Huguet).

L'affection et la fidélité à toute épreuve que les populations avaient vouées au roi Boson n'eussent pas été suffisantes pour assurer la couronne à son fils, sans l'habileté de sa veuve, qui sut lui conserver le dévouement du clergé, la protection de son parent le duc Richard et surtout de son oncle l'empereur Charles le Gros. Ce dernier, qui n'avait point d'enfant, et qui ne voulait pas reconnaître Charles le Simple pour héritier de la branche aînée des Carlovingiens, se trouva heureux d'avoir à protéger le seul prince de la branche cadette. Il montra au jeune Louis une affection toute paternelle, l'adopta, et l'autorisa même à gouverner la Provence. Mais il mourut peu après; ce qui amena une nouvelle dislocation de ses états, et son neveu Arnould hérita de son sceptre.

A cette époque, toute la France était en feu. Odon, comte de Paris, s'était fait élire roi de Neustrie; Rainulphe d'Aquitaine usurpait le titre de roi à Poitiers; et Rodolphe, comte de la Transjurane, l'avait pris également en Bourgogne. Hermangarde concilia à son fils l'empereur Arnould et le pape, et fit réunir par l'archevêque, à Vienne d'abord et après à Valence, tous les évêques de Bourgogne, y compris celui d'Embrun et ses suffragants. Elle leur présenta son fils et leur demanda de l'élever au trône de son père. L'assemblée fit quelques difficultés sur l'âge du candidat, qui ne lui permettait pas de repousser les Barbares; elle le nomma cependant, mais sans hérédité et en considération seulement, dit-elle, des puissantes *recommandations de sa famille.* L'impératrice lui fit après épouser la fille de Guillaume le Pieux, duc d'Aquitaine, dont les états le confinaient sur toute la longueur du rivage du Rhône.

Les limites de la Bourgogne sont assez vagues à cette époque. Elle ne possède plus le comté de Mâcon, usurpé par Eudes et rendu seulement à l'avénement de Charles le Simple, ni l'archevêché de la Tarentaise, bien qu'elle ait gardé la Maurienne et même la vallée de Suze. Genève était au roi Rodolphe : mais elle avait Annecy et toute la Savoie ; et le Lyonnais et le Bugey, qui lui avaient été enlevés par Charles le Gros, lui furent alors restitués par l'empereur Arnould.

Selon M. Guérard, les comtés bourguignons n'étaient qu'au nombre de vingt-cinq; cependant on les présume plus nombreux, car ils ne renfermaient pas moins de trente et un diocèses. Il est vrai qu'il y avait alors des territoires affranchis qui ne faisaient pas partie des états de Louis (Villeurbanne, par exemple) d'autres qui dépendaient du fisc comme domaines royaux, enfin beaucoup de pays abandonnés et déserts, tels que le Champsaur, l'Oisans, la Matésine, le Trièves, le Vercors, les Bauges, etc.

En 899, Bérenger, roi des Lombards, fut défait par les Hongrois, et Louis, qui avait des droits sur ce pays par sa mère et sa grand-mère, fut appelé à lui succéder. Suivi du comte Adelème, il entra en Italie, où les populations le reçurent avec joie. Il fit son entrée à Rome et y fut couronné empereur.

Croyant alors la guerre terminée, il renvoya son armée en Provence, qui était alors dévastée par les Sarrasins. Mais, en 902, il fut obligé lui-même de s'y réfugier, chassé d'Italie par Bérenger, revenu de son exil en Bavière. Deux ans plus tard il repassait les Alpes et s'avançait en vainqueur jusque dans Vérone. Mais, fait prisonnier par son rival et privé de la vue par ses ordres, il fut obligé de rentrer dans ses états de France, et se retira à Vienne, où il abandonna complètement la politique, et laissa tout son pouvoir entre les mains du duc Hugues, qui était son parent, et qui possédait avant plus particulièrement la Provence. Il y mourut dès 988, ne laissant qu'un fils, Charles-Constantin, qu'il avait eu de son mariage avec la fille de Rodolphe de la Transjurane, et dont nous verrons par la suite la déplorable histoire.

Le duc Hugues n'était point de la famille de Louis l'Aveugle, mais de sa parenté seulement. Petit-fils d'Huguebert, beau-frère de Lothaire et gouverneur pour lui de la Transjurane, il s'était révolté contre son prince, avait été tué, et n'avait pu transmettre son gouvernement à son fils Théobald, qui fut obligé de se réfugier à la cour de Boson, et se fixa à Arles avec sa femme, laquelle, devenue veuve, épousa le margrave de Toscane, et ses enfants, parmi lesquels était Hugues, dont nous allons nous occuper.

Louis lui avait remis le comté de Vienne, et l'avait chargé, avec le comte de Provence, de soutenir une guerre contre les *pirates*, c'est-à-dire les Sarrasins; entreprise qui échoua par la mésintelligence qui se mit entre les deux chefs. Louis, à son premier retour d'Italie, lui témoigna son mécontentement de ce qu'il avait voulu supplanter le comte de Provence, et le renvoya dans son comté de Vienne. Il lui fit don cependant de terres pour son beau-frère Bérillon, et eut la faiblesse de lui accorder le comté de Provence, où il avait conservé beaucoup de crédit, malgré sa guerre malheureuse.

Le roi Louis ayant été battu et privé de la vue en Italie, le duc Hugues, qui était devenu le plus important personnage de sa cour, et qui, comme le prouvent les actes, gouvernait à Valence et à Die, reprit sa guerre contre les Sarrasins, qui depuis leur victoire ravageaient tout le Midi.

Il paraît, si l'on en croit la *Vie de saint Boboni*, de Sisteron, que ce fut à cette époque, qui coïncide à peu près avec l'occupation de Grenoble par les Barbares, que tout le Midi se couvrit de murailles crénelées. *Il y avoit eu jusqu'alors*, dit cet écrit, *bien peu de places fortifiées en Provence, et chacun y vivoit paisi-*

blement à la campagne. A cette époque tout changea dans ce pays, et les gens des villages eux-mêmes ne s'occupaient plus que des armes.

En 925, le duc Hugues, au nom du roi Louis, encore vivant, recommençait sa guerre en Italie. Acclamé par le parti provençal qui existait dans ce pays, il prenait Pavie, faisait la guerre en son nom, et recevait dans cette ville la couronne de fer des rois de Lombardie. Deux ans plus tard, y apprenant la mort de Louis l'Aveugle, il quittait l'Italie et revenait subitement à Vienne, où il dépouillait de son comté le fils de son souverain, et prenait presque sans obstacle la couronne de Bourgogne, qui était devenue, aux yeux des populations, comme une annexe de celle d'Italie. Après avoir fait des libéralités à Valence et à Romans, qui appartenait en quelque sorte à son parent Sobbon, il retourna en Italie, adjoignit son fils à son pouvoir et épousa Marosie, veuve du margrave de Toscane, par le crédit de laquelle il n'espérait rien moins que d'obtenir à Rome la couronne impériale.

Ce fut alors qu'il rencontra dans ce pays d'énormes obstacles, que notre cadre ne nous permet pas de rapporter. Les Italiens, qui ne voulaient plus de lui, se donnèrent à Rodolphe, souverain de la Bourgogne transjurane, qui pendant dix ans tint en échec tous ses projets ambitieux. Vers 932 il parvint cependant à s'entendre avec lui; mais ce ne fut qu'à un prix auquel il n'eût jamais dû songer à traiter avec ce prince. En échange de son pouvoir en Italie, Rodolphe exigea de lui la cession de tous les droits qu'il avait sur la Bourgogne. Ainsi ce prince, qui, sous le nom du *roi Huguet*, a laissé, grâce à ses conquêtes, un nom encore populaire en Provence, ne craignit pas de vendre tous les intérêts de son pays pour un rêve qui ne put se réaliser; et se contenta devant la postérité de l'excuse que le roi de France Raoul pouvait la lui enlever, et qu'en la remettant à son rival il lui créait dans le roi français un redoutable adversaire.

Cette transaction n'avait pas même le mérite d'être d'une exécution facile; car, outre que le Valentinois avait alors un comte héréditaire, Adelème, dont il s'attira ainsi l'inimitié, Charles-Constantin, l'héritier dépossédé de Louis l'Aveugle, avait encore un grand pouvoir dans Vienne, et les Français, qui s'étaient déjà glissés dans le Lyonnais, songeaient à l'appuyer de toutes leurs forces et à le remettre sur le trône.

Rodolphe mourut vers cette époque. Le roi Hugues fit alors tout ce qu'il put pour revenir sur un traité dont il comprenait les fatales conséquences. Il épousa sa veuve, maria son fils à sa fille, et fit son possible pour ressaisir les provinces qu'il avait cédées. Mais tout fut inutile, et Conrad, fils de Rodolphe, alors prisonnier de l'empereur, n'en fut pas moins reconnu par tout le Viennois et même par le comte Adelème. *C'était une douce anarchie*, dit un historien, *et tous les prétendants, étant proches parents, virent sans effroi arriver son règne*. Ce fut cependant alors que Charles-Constantin recevait Louis d'Outre-Mer à Vienne, et que l'archevêque Sobbon détruisait à Romans son abbaye, dont il avait à se plaindre.

Le roi Hugues reprit son interminable guerre avec les Sarrasins, et il les aurait anéantis, sans une invasion de Bérenger, qui l'obligea de retourner en Italie et bientôt d'abdiquer en faveur de son fils, et de quitter Pavie avec ses trésors et sa nièce.

En 946, il était de retour en Provence, où il gouvernait encore, bien que son beau-fils Conrad eût toute la Bourgogne au nord de l'Isère. Il y mourut peu après, laissant ses trésors à sa nièce; son fils avait été empoisonné peu après son départ de Pavie et laissait une fille, qui plus tard, par son mariage avec Othon le Grand, fit passer le sceptre provençal dans les mains de l'Allemagne. Quant à la Bourgogne, elle resta dans la famille des souverains de la Transjurane, et Conrad la remit, en 993, à son fils Rodolphe le Fainéant.

Le Prince Charles-Constantin et la réunion des Croisés à Saint-Donat.

Nous avons vu dans l'article précédent que Louis l'Aveugle avait laissé un fils unique, Charles-Constantin, né en 904. Il l'avait dès sa jeunesse associé à son pouvoir royal, et lui avait donné en propre la ville de Vienne et les comtés de Tullins et de Salmorenc (Moirans). Il n'en fut pas moins éconduit du trône par les créatures du ministre de son père. Sobbon, fils de Bérillon, vicomte de Vienne, grand prévôt de l'église de Saint-Pierre et bientôt nommé par le roi Hugues coadjuteur de l'archevêque Alexandre, fut celui qui empêcha surtout son élection, et qui l'obligea même à se retirer près de son oncle Raoul, roi de France, qui ne put que le rétablir dans son comté, où il passa des actes de 944 à 960. On voit qu'à cette époque il avait également la protection de Conrad, qui, probablement à cause de sa mère Adélaïde, le traitait de cousin.

Dans ce temps la protection des souverains avait peu de pouvoir sur les populations, et Conrad, parvenu au trône par l'extinction de la famille du roi Hugues et le traité passé avec ce prince par son père, était impuissant à se débarrasser des Sarrasins, qui, non contents de s'être établis dans les Alpes et la Provence, ravageaient même la Viennoise, depuis Saint-Genis sur le Guier jusqu'à la Côte-Saint-André.

Quant au roi de France, Louis d'Outre-Mer, assiégé par les Capétiens, sous les ordres d'Hugues le Grand, il ne possédait plus réellement que le territoire et la ville de Laon. Constantin, en 950, ne lui prêta pas moins hommage, et un chroniqueur français, qui le vit dans cette occasion, nous en a transmis un très-bon témoignage. *C'était*, dit-il, *un prince sage, éprouvé par le malheur et fort estimé des chevaliers, avec lesquels il avait souvent battu les pirates*, c'est-à-dire les Sarrasins de Provence. Vers 960 il repoussait une invasion de Hongrois. Mais Conrad étant venu se fixer à Vienne, le comte palatin qui l'accompagnait prit naturellement le commandement de la ville, et Constantin, qui n'avait plus que le gouvernement des faubourgs, se retira dans son comté de Salmorenc, harcelé de tous côtés par les Sarrasins.

On voit par les querelles de saint Hugues pour la possession de ce comté qu'il avait encore une assez grande importance à la fin du onzième siècle, puisqu'il contenait encore vingt-deux mandements à châteaux.

Depuis son départ de Vienne, on n'a plus que des données bien vagues sur le prince Constantin. On croit qu'il prit part à la croisade pour la délivrance de Grenoble. Mais il ne paraît pas avoir assisté à son triomphe, car ce fut l'évêque Isarn qui en eut toute la gloire. On voit cependant par un acte de Cluny qu'il laissa de sa femme Teutberge deux fils, dont l'un, Richard, paraît être mort dans les dignités ecclésiastiques. Humbert, son autre fils, continua la lignée des comtes de Vienne, que nous verrons plus tard agir presque en souverains dans cette province. Peut-être même est-il l'origine de la maison de Savoie, dont la généalogie commence par un Humbert aux Blanches Mains, sur la filiation duquel on est loin d'être fixé. Ce qu'il y a de certain, c'est qu'avant de mettre une croix dans leurs armes les ducs de Savoie portaient l'*aigle* de la maison de Vienne, et qu'il est difficile d'expliquer, sans une communauté d'origine, comment, dès l'époque la plus reculée, ils sont maîtres d'une portion du Viennois et même de sa capitale.

Tout ce qui a rapport à cette guerre pour la délivrance de Grenoble et de la vallée du Graisivaudan est tellement obscur, et a été depuis quelques années le sujet de si vives discussions historiques, que l'on ne saurait passer sous silence les plus petites considérations qui peuvent jeter le moindre jour sur un fait auquel on a attaché une si grande importance.

Les discussions qui eurent lieu plus tard pour la possession de Saint-Donat, nous apprennent que ce bourg fut le point de réunion de l'émigration qui fuyait *les païens*, peut-être les Hongrois, mais plus probablement les Sarrasins. Il y a tout lieu de croire qu'il se trouva naturellement ainsi le point choisi pour organiser un retour offensif contre les envahisseurs. Vienne avait supporté tant de désastres depuis quelques années; les souverains d'ailleurs n'y étaient plus guère qu'en passant, et résidaient sur les frontières d'Allemagne. Il était tout simple que Romans, à l'entrée de la vallée de l'Isère, et les localités qui n'en sont qu'à quelques kilomètres fussent, à défaut de la capitale du royaume de Bourgogne, choisis pour le rendez-vous des hommes d'armes qui voulaient chasser les infidèles et reconquérir leur patrie. Les cartulaires vont nous démontrer qu'ils pouvaient, en effet, plus sur ce point que sur tout autre y trouver des approvisionnements, des secours d'argent et des chefs en position de soutenir et mener à bien cette entreprise.

A cette époque il existait autour de Romans de vastes territoires tout au moins en nue propriété au fisc, s'il en avait perdu la jouissance. Ces terres étaient concentrées dans les mains de quelques magnats faciles à rallier, si l'entreprise offrait quelque chance de réussite. Quelle était la provenance de ces propriétés exceptionnelles? On ne peut maintenant à ce sujet que former des conjectures. Peut-être provenaient-elles du défrichement de vastes forêts à l'époque où ce pays était presque désert. Les forêts de Bayanne, de Saint-Paul et de Clelles, dont nous voyons tous les jours disparaître les débris, sembleraient appuyer cette probabilité. Peut-être avaient-elles pour origine les *agri publici*, ces cultures militaires que les légions romaines furent obligées d'abandonner lors des premières invasions germaines. Le nom de la ville de Romans pourrait donner quelque créance à cette opinion. Ou bien était-ce simplement un débris de ces territoires supplémentaires que les premiers rois bourguignons demandèrent aux habitants du pays, quand ils s'aperçurent que les premières concessions qui leur avaient été faites étaient insuffisantes pour l'établissement agricole de leurs tribus militaires. Dans cette hypothèse, les bons princes, jugeant après réflexion que leurs hommes pouvaient s'en passer, se les seraient adjugés à eux-mêmes, et s'en seraient servis plus tard pour doter leurs enfants, ou récompenser les hauts personnages auxquels ils voulaient faire quelque munificence.

Quoi qu'il en soit, ce vaste tènement de propriétés, fort écorné sans doute pendant les règnes précédents, était encore du temps du roi Hugues d'environ quinze mille hectares, dont il fit, par un acte qui nous est resté, présent à un neveu, qui ne paraît pas en avoir joui plus de quelques années. C'était là sans doute que saint Barnard, qui paraît étranger au pays, ainsi que le fait voir la translation de ses reliques à Saint-Félicien de l'Ardèche, avait déjà puisé, probablement à une époque antérieure, la dotation de son couvent, que la légende attribue à une princesse bourguignonne; car on sait la haine du pays contre les Carlovingiens, et le clergé de l'époque n'eût jamais voulu admettre que l'empereur franc eût donné à un de ses généraux une dotation pour l'établissement d'un pieux monastère.

Mais qu'importe que ce territoire eût déjà été morcelé ou non? Il avait encore du temps du roi Hugues une contenance que nous connaissons, et elle égalait les trois quarts d'un canton qui compte aujourd'hui douze grandes communes. Outre le chapitre de Saint-Barnard, dont les vastes terres étaient à côté, cet immense tènement était occupé par des propriétaires qui semblent avoir une autre position que les magnats ordinaires du pays. Était-ce le hasard seul, ou peut-être les libéralités des rois de Bourgogne qui les avaient amenés sur ce point? C'étaient les princes de Royans, ayant leur petite cour de chevaliers, toujours en querelles avec le chapitre, dont ils sont à trois ou quatre kilomètres, et une branche de la maison d'Albon qui habite Génissieux, situé dans la même commune.

Il était tout simple que les fugitifs de Grenoble se dirigeassent vers un lieu où ils trouvaient une des plus riches abbayes du Dauphiné, toute prête à leur donner asile et en même temps des chefs haut placés dans le pays, pouvant les aider d'hommes et d'argent et conduire une entreprise qui les ramènerait dans leur patrie.

On ne sait guère ce que les princes de Royans firent pour venir en aide aux fugitifs. Cependant, les terres qui échurent aux Bérenger après l'expulsion des Sarrasins, et l'établissement d'une de leurs branches à Sassenage, qui est à la porte même de Grenoble, permettent de croire qu'ils eurent une part considérable à cette entreprise. Quant aux d'Albon, si l'on en croit saint Hugues, qui, il est vrai, a assez à se plaindre d'eux pour ne pas chercher à les faire valoir, ils ne s'établirent dans ce pays que quand il fut pacifié, et allèrent trouver leur oncle, qui en était évêque ; pour partager les dépouilles des Sarrasins et prendre une moitié des *mas* et des terrains restés dans les mains de l'Église.

Il y eut sans doute beaucoup d'autres familles de la Drôme qui combattirent dans cette guerre, mais le cartulaire de Grenoble ne nous a conservé que quatre ou cinq noms des chefs qui y prirent part. Parmi eux on trouve les *Alleman* ou *Allaman*, qui, selon la légende, ont pu venir originairement d'Allemagne, mais qui, suivant le cartulaire de Vienne, étaient déjà établis depuis longtemps sur les bords du Rhône lorsque commença cette expédition. Dans celui de Saint-Barnard, on trouve à Romans, quartier *Paliarascence*, maintenant Saint-Nicolas, une famille Izarn, qui en 1051, du temps de l'élection de l'évêque de ce nom à Grenoble, fait trois donations à l'abbaye ; et qui, après 1070, siége avec les magnats dans un jugement, et l'on se demande si elle est celle d'où sortit l'héroïque prélat auquel la légende populaire attribue la conduite de cette mémorable croisade ?

ÉTUDE
SUR
L'ALLODIALITÉ
DANS LA DROME
de 1000 à 1400.

PREMIÈRE ÉPOQUE DE L'ALLODIALITÉ.

L'anarchie en Bourgogne et les rois de la Transjurane.

Nous arrivons à une époque terrible pour l'étude de l'histoire de Bourgogne, car on ne trouve plus de chroniqueurs contemporains qui aient daigné s'en occuper : on est réduit à des actes pour avoir quelques mots sur les événements politiques qui s'y passent, et ces pièces sont tellement laconiques, si obscures, et même assez volontiers tellement contradictoires, que l'on peut y voir à peu près le sens que l'on désire leur donner, ce qui n'est pas une nouvelle pour le libéralisme français ; et que leurs conséquences seront encore pour longtemps un vaste champ de dispute pour les érudits qui essaieront d'y faire des recherches.

Nous avons vu dans les articles précédents que la dynastie fondée par Boson avait, sauf un seul prince, dépossédé de son héritage, disparu du livre de vie, et que son dernier représentant, le roi Hugues, entraîné par l'ambition de se donner à lui et à son fils, qui le suivit de si près au tombeau, la couronne d'Italie, n'avait pas hésité à céder à un rival devenu très-menaçant toutes ses terres de France pour cette conquête, qu'il possédait depuis longtemps, mais qui échappait constamment de ses mains, comme de celles de son prédécesseur. Rodolphe II, roi de la Bourgogne transjurane, avec lequel il avait traité en 933, et qui s'était mis déjà en possession d'une partie de ses états, ne jouit pas longtemps du fruit de son heureuse négociation, car il mourut trois ans après, laissant pour gouverner un vaste royaume à peine soumis, et demandant une main des plus vigoureuses, un faible enfant, qui n'avait alors que huit à neuf ans, et qui, dans la suite, n'obtint de populations entourées des plus pressants périls que le titre de *Pacifique*.

Son règne n'eût pas été de longue durée, sur un trône aussi chancelant que le sien, si son oncle l'empereur Othon, craignant que ses sujets ne se rendissent maîtres de la personne de leur souverain, ne l'eût, après la mort de son père, enlevé et fait conduire à sa cour, et s'il n'eût, en 940, pris les armes pour défendre la Bourgogne contre les entreprises du roi français Louis d'Outre-Mer.

Il s'ensuivit un interrègne d'environ quatorze ans, pendant lequel la Bourgogne, qui ne voulait plus de souverain, et qui ne le reconnut, malgré toutes les entreprises du roi Hugues, que peut-être à cause de ce motif, fut gouvernée par une masse de suzerains, sur lesquels il est important d'arrêter ses regards pour comprendre les événements qui suivirent.

Après le roi Hugues, qui, comme nous l'avons dit, avait,

malgré son traité, conservé la Provence et toute la portion de la Bourgogne au midi de l'Isère, et qui, épousant la mère de Conrad et mariant sa fille à ce jeune prince, essayait simplement de prendre sa place et de succéder à son père, on trouve Charles-Constantin, l'héritier direct de Boson, qui occupait le comté de Vienne et celui de Salmorenc.

Dès 911, les Sarrasins s'étaient emparés de toutes les sommités des Alpes et désolaient le Dauphiné, la Provence, la Suisse et la Savoie, et en 939 occupaient la Tarentaise, en même temps que Nice, Gap, Embrun, Sisteron, dont ils furent chassés par Berthold, Bobon, Guillaume de Provence, qui agissaient comme chefs indépendants, et non comme délégués des rois de la Transjurane. Dans la Viennoise même, vous trouvez, outre Sylvion de Clérieux, qui lève des troupes et s'empare de Romans, le comte Guigues, qui, dès 912, s'intitule comte par la grâce de Dieu, c'est-à-dire indépendant; qui, outre des sujets dans le Champsaur, en a aux portes de Vienne, puisqu'il y usurpe, dit le concile, près de Saint-Donat, les terres d'Agilmar, son archevêque; enfin, Sobon, l'archevêque de l'église bourguignonne, qui en 938 se déclare de son chef exempt de toute domination, et prend le gouvernement de la province, avec son frère Ratburn.

Alors, ce sont des peuples entiers qui accourent dans ce pays, comme à une curée assurée : les Hongrois, les Normands, les Francs dans le Lyonnais. Quel est le rôle de Conrad au milieu de tous ces désordres ? Il transige, il fait des concessions. Il n'est cité comme pouvoir agissant que dans une seule occasion : le récit du moine de Saint-Gal touchant la bataille de la Val-Profonde; mais ce fait est entouré de circonstances si extraordinaires, et est si peu dans les habitudes du monarque, que les historiens le rejettent comme une version inexacte d'un combat du roi Hugues, et suivent la chronique de Frodoart, qui dit qu'en 954 Conrad traita avec les Hongrois et, au lieu de les anéantir, les renvoya en Lorraine.

C'est donc à la faiblesse ou, peut-être, à l'indifférence de ce souverain que ses successeurs durent les obstacles qui les obligèrent enfin à abandonner la Bourgogne. Il régna heureusement pendant près de cinquante-sept ans, parce qu'il céda constamment aux désordres qui surgissaient autour de lui, et ne fit rien pour les arrêter. Peut-être ne le pouvait-il pas ; car parmi les nombreux actes qui nous sont restés de lui, on en trouve bien peu qui indiquent qu'un pouvoir réel fût encore entre ses mains.

Après la mort de son beau-père, il rentre en possession de la Provence, mais à condition, à ce qu'il paraît, qu'elle restera dans les mains du comte Boson, qui la détenait, et ne lui permit peut-être qu'à ce prix d'y disposer du domaine royal, dont il fait des donations dans le comté de Marseille. Ses descendants profitent de cette transaction avec leur auteur, et la Provence devient indépendante. Il comble de ses bienfaits l'archevêque de Vienne et défend à ses juges d'exercer leur pouvoir dans ses terres. Mais il faut se rappeler que les possessions ecclésiastiques remplissent la Viennoise, et que les prélats qui obtiennent ainsi son assentiment, ont déclaré l'indépendance de leur siége ; ce qui fait presque une abdication de la part de Conrad, qui se trouve de fait à Vienne sous la juridiction du chapitre.

Manqua-t-il complètement d'énergie, ou fut-il contraint d'accepter une position à laquelle il lui était impossible de se soustraire ? Il serait bien difficile, avec le peu de documents qui nous restent, de trancher aujourd'hui cette question ; mais il n'en est pas moins positif qu'il mourut en 993, laissant une couronne à peu près perdue, à un fils, Rodolphe le *Fainéant*, qui poursuivit la politique de son père, et n'osa pas dès le début, à ce qu'il paraît, essayer par lui-même le moindre effort pour conjurer sa prochaine déchéance.

Il commença son règne, comme ses prédécesseurs, par de nombreuses libéralités aux églises, qu'il espérait devoir lui mériter la protection du clergé, dont les souverains de Bourgogne n'étaient plus guère que les mandataires. Au reste, roi fainéant dans toute l'acception du mot, il évitait autant que possible de se mêler des affaires de ses sujets, et les laissait batailler entre eux, comme s'il n'avait pas été revêtu par sa naissance du titre de souverain de leur monarchie.

L'impératrice Adélaïde, sa tante, qui était une femme de haute capacité, fut indignée du rôle humiliant auquel on avait condamné son neveu. Elle se saisit du pouvoir pendant quelque temps, et essaya de le faire respecter par le peuple et de rétablir tout au moins l'ordre et la concorde. Mais, dès 999, elle était obligée de renoncer à ce généreux dessein, et, dégoûtée de la politique et de tous les ennuis qu'elle lui avait donnés, elle quitta Vienne et alla se réfugier à Rome.

Rodolphe cependant, sentant la nécessité de l'entreprise que sa tante avait voulu accomplir, essaya, mais trop tard, de la poursuivre en employant la force. Il réunit un corps de troupes et défendit aux seigneurs toutes querelles et guerres intestines. Ceux-ci s'assemblèrent en nombre, prirent les armes et battirent les soldats de leur souverain; après quoi ils affichèrent publiquement la plus grande indépendance et leur profond mépris pour celui qui avait voulu y porter atteinte.

La Bourgogne était alors dans un état déplorable. Le clergé, qui, ainsi que l'avaient bien prévu les derniers Carlovingiens, était, en rentrant dans ses biens, parvenu à un pouvoir irrésistible, y prêchait la fin prochaine du monde, annoncée partout pour l'an 1000, et y recevait d'énormes donations, suscitées par les approches d'une mort à si courte échéance. La peste se chargeait d'accomplir une partie de la prédiction, et, de concert avec la famine, décimait la malheureuse population, dont la vie était un tourment au milieu des invasions et de tant de calamités publiques.

Le roi, qui n'avait point d'enfant et qui ne savait quels moyens employer pour venir en aide à ses sujets, ne songea plus qu'à abdiquer. Il alla avec sa femme trouver l'empereur Henri II, et lui fit une donation, que les grands de Bourgogne ne voulurent point ratifier. Ce prince, qui, suivant les écrivains allemands, proclamait d'anciens droits à la couronne de Bourgogne, crut alors à une trahison de la part de Rodolphe; mais, ayant bientôt reconnu sa bonne foi, il fit ce qu'il put pour le réconcilier avec ses sujets, dont les chefs firent semblant de déposer les armes. C'étaient, suivant les mêmes auteurs, Guillaume de Poitiers, Guillaume de Besançon et le comte de Champagne, beau-frère de Rodolphe.

En 1018, le roi de Bourgogne, croyant s'être assuré du consentement de ses grands vassaux, retourna à Mayence, près de l'empereur, et renouvela ses offres. Les seigneurs bourguignons se révoltèrent aussitôt, et l'empereur, qui était soutenu par les cantons helvétiques et l'évêque de Strasbourg, son proche parent, remporta en 1019 une victoire contre eux, qui ne les amena pas cependant à une paix immédiate. Rodolphe fut obligé à de nouvelles concessions. « Jean de Muller, auteur » allemand, dit que l'empereur marcha en personne contre les » insurgés, et que, tandis qu'il ravageait leur pays, l'évêque » de Strasbourg battit, près de Genève, Guillaume de Poi- » tiers, et l'obligea à demander la paix. »

Ne sachant plus quel parti prendre pour ramener la tranquillité en Bourgogne, le 14 septembre 1023, Rodolphe imagina de remettre à l'archevêque de Vienne et à son chapitre le comté de Viennois; mais, malgré l'énorme pouvoir que ce prélat avait sur les deux rives du Rhône, il eut bien de la peine à faire admettre aux grands cette cession, et fut obligé de traiter avec le comte de Mâcon et le duc de Zeringhen. L'archevêque de Lyon, à qui Rodolphe avait fait une pareille libéralité dans son diocèse, n'eut pas de moindres difficultés, et ils trouvèrent l'un et l'autre une violente opposition dans leurs chapitres, qui, appuyés sur les grandes familles du pays, se firent faire des donations sans cesse renaissantes. Les choses en étaient à ce point, lorsqu'en 1024 l'empereur Henri II mourut, et laissa à Conrad, son successeur, et son trône impérial, et ses espérances sur la Bourgogne.

Les empereurs d'Allemagne rois de Bourgogne.

A peine Conrad était-il parvenu à l'empire, qu'il apprit qu'Eudes, comte de Champagne, fils d'une sœur de Rodolphe. songeait à se faire couronner comme souverain de Bourgogne. Il se hâta d'aller à Rome s'en faire reconnaître possesseur par le Saint-Siége, et revint après à Bâle pour conclure avec Rodolphe le traité que ce roi avait ébauché avec son prédécesseur, et qui ne comprenait pas la Bourgogne transjurane. Une seconde donation fut rédigée entre les deux princes, car la première était devenue nulle par suite du prédécès du donataire. Il y eut même une espèce d'investiture de la royauté, puisque le roi bourguignon remit à l'empereur la lance de saint Maurice, qui était l'insigne du pouvoir dans ce royaume.

Cet événement, prévu dans le pays depuis longtemps, n'amena pas de notables changements dans la situation des affaires. L'église de Vienne en profita pour se faire accorder les forts qui entouraient la ville, dont elle ne possédait que celui de Pipet; et les magnats, pour s'emparer dans leur voisinage des places qu'ils trouvaient à leur bienséance. Sur ce, en 1032, mourut le roi Rodolphe, dont le dernier acte fut encore une donation à l'église du monastère de Saint-André.

Toutes choses paraissaient arrangées, et les empereurs d'Allemagne semblaient établis en Bourgogne. Mais Eudes, comte de Blois, de Chartres et de Champagne, qui se voyait déçu dans toutes ses espérances, prit ouvertement les armes, entra dans le royaume du défunt et appela tous les magnats du pays à prendre part à son entreprise. Il eut peu de succès auprès d'eux. L'empereur réunit des forces à Strasbourg, en 1033, et se mit de son côté en campagne. Il avait près de lui la veuve de Rodolphe, Humbert aux Blanches Mains, comte de Maurienne, et même, dit-on, le prince Charles-Constantin ; aussi Eudes se hâta de se retirer, en faisant quelques semblants de soumission.

La guerre recommença bientôt cependant, et son effort se porta du côté de Genève. Le comte n'y eut pas l'avantage, et l'empereur, après sa victoire, s'y fit couronner et parcourut en vainqueur l'Alsace et la Franche-Comté. Il exila l'archevêque de Lyon, parent de son adversaire. Des conciles alors intervinrent au milieu de cette lutte ; mais ils ne purent ramener la paix, et les deux partis continuèrent à se battre avec un grand acharnement.

En 1036, l'empereur ayant été obligé de faire une expédition en Italie, Eudes crut pouvoir profiter d'une absence si favorable à ses desseins. Il rentra avec son armée en Bourgogne, et la soumit aisément, sauf Vienne, qu'il fut obligé d'abandonner, après avoir à son siége éprouvé une vive résistance. Rappelé en Champagne par une attaque des troupes de l'empereur, il enleva la ville de Bar ; mais il fut complètement défait près de cette place, et perdit même la vie dans cette affaire, qui eut lieu en 1037 ; ce qui mit fin à cette longue et terrible guerre, dont nous ne connaissons qu'imparfaitement les détails, et qui est un des points les plus obscurs de notre histoire.

La version allemande, que j'ai consultée pour avoir quelques renseignements, diffère presque complètement de la nôtre, et me paraît tout à fait invraisemblable en faisant entrer en Bourgogne l'empereur, par les frontières d'Italie. En voici le passage principal : « En 1034, l'empereur s'étant éloigné, le comte de
» Champagne reprit les armes. Il envahit la Bourgogne par les
» frontières de l'Italie. Il y eut un grand combat sur les bords
» du Rhône ; le comte y fut totalement défait, et l'empereur
» emmena en Allemagne une grande quantité des principaux
» seigneurs bourguignons, qu'il y garda comme otages. Par suite
» de cette victoire, l'Allemagne comprit la Provence et s'étendit
» jusqu'à la mer Méditerranée. » (PHISTER, *Histoire d'Allemagne*.)

Il me semble impossible qu'une expédition de ce genre n'ait pas laissé des traces dans nos cartulaires du Dauphiné. Je la crois imaginée pour expliquer la demande d'otages que les Allemands firent probablement dans toute la Bourgogne à la suite de la paix. Cependant, je regarde comme exacte la fin de son récit, dont nos auteurs ne disent que quelques mots.

« Après cette conquête, l'empereur réunit une cour de justice
» à Soleure. Il y appela les seigneurs bourguignons, et leur fit
» élire son fils. Mais, étant mort peu après et son successeur
» ayant fait une guerre en Pologne, il trouva de grands troubles
» en Bourgogne en 1043, quand il voulut y revenir. Il chercha
» à les apaiser; mais ces magnats bourguignons avaient pris
» un tel esprit d'indépendance, qu'il fut obligé d'y renoncer.
» Raynolds, entre autres, comte de la haute Bourgogne, refusa
» péremptoirement de se soumettre à son autorité. »

L'empereur, ne pouvant employer la force dans un pays où son pouvoir était si peu consolidé, eut recours aux négociations, et lui demanda la main d'Agnès de Poitiers, sa nièce, qui était fille du fameux Guillaume de Poitiers, qui avait si vivement combattu son prédécesseur Conrad II, et la sœur de Guillaume de Poitiers, qui gouvernait la partie méridionale. « S'il ne
» soumit pas entièrement la Bourgogne par cette alliance, il y
» acquit du moins de nombreux partisans, qui lui permirent
» d'y maintenir son autorité. »

Ce passage, qui, sauf la filiation qu'il établit entre Guillaume d'Aquitaine et Guillaume de Provence, erreur pardonnable à un étranger sur un point resté fort obscur jusqu'à notre époque, s'accorde parfaitement avec ce que nous savons de l'histoire de Bourgogne. Par suite de la proche parenté créée par cette alliance, les empereurs, de souverains qu'ils y étaient, devinrent en quelque sorte ses protecteurs et ses patrons; ils abandonnèrent pendant plus de soixante ans leurs projets d'annexion, et ne firent guère qu'avec l'empereur Frédéric quelques efforts pour y donner suite.

Cette paix avec les empereurs, qui laissait vacant le trône de Bourgogne, fut, si ce n'est le point de départ d'un nouvel état politique de ce pays, tout au moins l'époque de sa proclamation officielle. La plupart des comtes, pendant ces troubles, avaient été obligés de fuir des populations qui ne reconnaissaient plus le pouvoir central. L'autorité se trouva donc entre les mains de chefs militaires indépendants et probablement jaloux les uns des autres, et entre celles des évêques, seuls fonctionnaires qui eussent été respectés et dont, par l'absence des autres, le pouvoir était devenu bien autrement étendu qu'il ne l'avait jamais été.

La Bourgogne se trouva naturellement ainsi divisée en trente et une parties, c'est-à-dire en autant de portions qu'elle comptait d'évêques et d'évêchés. Ces petites souverainetés n'étaient pas tout à fait indépendantes les unes des autres; mais il s'en fallait de bien peu, car elles n'étaient unies entre elles que par les faibles liens qui attachent les suffragants à leur archevêque. Quant à leur population, elle vivait depuis plus de soixante et dix ans dans la plus parfaite anarchie, et ne s'apercevait nullement encore des calamités qui accompagnent cet état, qui flattait son amour-propre. Elle s'en faisait gloire en quelque sorte; car, n'ayant plus de souverain pour enregistrer ses actes de son nom, elle imagina une formule splendide pour désigner un gouvernement où personne n'obéit, parce que tout le monde commande, et inventa de les dater du règne du Christ, *Deo regnante;* car c'était la seule puissance qui était restée au-dessus d'elle, et dont la supériorité n'humiliait pas son amour-propre.

Ce fut, dit-on, Avitus, dans sa donation du prieuré de Moirans, en 1069, qui en donna le premier exemple; et, sauf un petit nombre d'exceptions, cette formule figura bientôt en tête de tous les actes et devint en quelque sorte générale en Bourgogne.

Une fois ce mouvement moral imprimé, le morcellement de l'autorité ne connut plus de bornes. Chaque village devint un centre de gouvernement. Mais on ne s'en tint pas là encore, et nous allons bientôt voir une domination s'établir dans chacune des tours que le cavalier *(miles)* a pu ériger dans son domaine, et s'étendre à un certain nombre de mètres (le trait de l'arbalète) du pigeonnier où il s'est retranché avec quelques hommes. Chaque chef se taille avec son glaive un petit état dans celui dont l'Église se trouve devenue héritière, et le droit de l'empire n'est plus qu'une lettre morte, devant laquelle tout le monde a encore l'air de s'incliner, mais qui au fait n'est plus avoué et n'est plus reconnu que par le faible qui ne peut en appeler à la force.

Il sera curieux, dans le chapitre suivant, d'étudier comment une organisation politique de ce genre produisit avec une indifférence parfaite, et cependant par des lois générales, soit les tyrannies les plus absolues, soit des républiques les plus rebelles à tout gouvernement et les plus étrangères à toute espèce d'ordre et de justice.

Allodialité, première époque. — Gouvernement de l'Église. — Arles.

La Bourgogne, ainsi que nous venons de le dire, se mourait donc lentement sous le sceptre lointain et nominal des empereurs d'Allemagne; elle avait perdu ses espérances chimériques sur la couronne d'Italie. La Provence, la Franche-Comté, la Savoie et la Suisse, de sa famille autrefois, avaient déserté un patronage dont il n'y avait plus rien à attendre ni à redouter. Elle s'éteignait doucement, sans comprendre, ni sentir son mal, et eût peut-être été rappelée à la vie par un suzerain au gantelet de fer, comme jadis Charlemagne. Au lieu de l'énergie, qui seule pouvait la sauver, elle tomba dans des mains bien timides et bien prudentes, celles de ses évêques, et acheva de se désorganiser sous un régime qui faisait ce qu'il pouvait, mais rien de ce qu'il fallait pour rétablir son ancienne vigueur.

Ennemis par leurs doctrines, leur savoir et encore par leur âge de la force brutale et des armées, qui servent à discipliner les peuples, ces bons prélats, quand ils avaient des querelles entre eux, pour leurs limites par exemple, assez peu certaines en général, traitaient ces discussions sans effusion de sang (excepté l'expédition de Romans et celle de Salmorenc), et après quelques pourparlers, s'arrangeaient à l'amiable. Quand la querelle devenait trop vive, on appelait un concile, et le pape, qui dans ce cas intervenait volontiers, obligeait bien l'évêque condamné à se soumettre à la sentence, quelque rigoureuse qu'elle pût lui paraître.

C'était sous ces dignes suzerains l'âge d'or de la paix, et l'homme d'armes, devenu oisif, pouvait retourner à son labourage. Aussi chacun, se sentant parfaitement libre dans ses actes bons et mauvais, s'inquiétait fort peu de l'autorité, la bravait avec plaisir, et prenait comme sien ce qu'il savait que son voisin n'était pas en état de défendre.

Il résulta, après quelque temps, de cette douce tolérance et de cette liberté que chacun s'accordait dans la plus extrême proportion, un gâchis politique tel que jamais pays n'en avait éprouvé de semblable. Le moindre des villages de Bourgogne prétendait d'abord au droit incontestable de se gouverner, après à celui de régir le hameau voisin, et enfin à celui de soumettre le village prochain, à condition toutefois qu'il ne pût opposer de résistance. Il n'y avait pas de gros événements, mais une masse d'intrigues et de petites querelles. Voilà peut-être pourquoi cette époque n'a rien légué à l'histoire, et pourquoi, pour en dire quelque chose, nous sommes obligé d'étudier seulement un ou deux points un peu plus éclairés par les actes, et d'en conclure par analogie ce qui devait se passer dans les autres; raisonnement qui n'est pas infaillible, mais qui vaut toujours mieux que les théories sans base que l'on pourrait faire à sa place.

La Bourgogne avait deux capitales à ses deux extrémités : Vienne et Arles. On sait avec quel empressement servile les petites localités suivent l'exemple des grandes qui les ont gouvernées. Il est donc probable qu'en étudiant les documents un peu plus complets que nous avons sur elles, nous pourrons comprendre les quelques mots obscurs que nous ont seuls laissés les autres.

C'est par Arles que nous allons commencer cette étude, ne voulant pas trop séparer Vienne de celle du Viennois, qu'elle pourra seule nous mettre à même de comprendre.

Dès l'époque de Conrad le Pacifique, les comtes et les gouverneurs d'Arles se disposèrent à se rendre indépendants, et obtinrent que leurs dignités, de temporaires qu'elles étaient, pussent leur survivre dans leur famille. Rodolphe III, mort en 1032, semble les pousser dans cette voie, qu'ils ont déjà paru parfaitement disposés à vouloir suivre sous son prédécesseur. Ne pouvant soumettre ses sujets, ce faible prince est bien aise de les voir dans les mains de chefs qui reconnaissent au moins fictivement son autorité, et qui continuent à gouverner en son nom les populations d'une province lointaine de sa résidence.

Les empereurs d'Allemagne qui lui succèdent ont encore plus de motifs que lui pour suivre cette politique, et elle amène quelques résultats, puisque sous l'empereur Conrad on trouve encore des actes en son nom qui prouvent, non que les comtes sont encore sous sa dépendance, mais qu'ils n'osent s'avouer suzerains et sentent le besoin d'avoir une égide.

Malgré cet antique prestige de la royauté, les comtes sont bientôt supplantés dans leur pouvoir par les évêques, comblés des dons des souverains d'Arles, qui ne peuvent plus s'y passer de l'influence qu'ils ont sur le peuple, dont ils sont les élus et les défenseurs. Plus agréables aux grands que les consuls et les anciennes municipalités romaines, ils firent disparaître ces vieilles dignités, et, vers le onzième siècle, consentirent à partager la ville d'Arles avec les comtes, qui y avaient toujours conservé une assez grande influence. Leur union avec eux ne fut pas de longue durée : ils eurent beaucoup de querelles, qui amenèrent de grands troubles, sans cependant occasionner de guerres civiles. Ce fut l'origine de la république d'Arles.

En 1080, la lutte entre le comte et l'archevêque Aicard était des plus vives. Raymond de Saint-Gilles en profita pour se substituer à la place de Bertrand, comte de Provence. Celui-ci ayant légué ses biens au Saint-Siége, le pape excommunia l'archevêque, et voulut anéantir son parti, qui n'en devint que plus redoutable. L'empereur Frédéric intervint, et soutint les évêques, dont il fit en quelque sorte ses lieutenants. Il déclara, pour les favoriser, leur propriété incommutable tout ce qu'ils avaient acquis, à n'importe quel titre, depuis cent ans révolus.

Arles était alors une capitale de la plus haute importance. Elle avait à elle un territoire de plus de cinquante lieues de circonférence, où l'on citait nombre de places : Aureilles, Montmajour, etc., etc. Ses bourgeois vivaient sur un pied d'égalité complète avec les nobles du voisinage; ils étaient armés comme eux, et combattaient avec eux au milieu de leurs cavalcades. Cependant ils étaient souvent opprimés par les gens des métiers, organisés en confréries; alors ils s'appuyaient sur les secours qu'ils recevaient soit de l'archevêque, soit des nobles du voisinage.

Arles resta dans cette position indécise et cette sorte d'indépendance, lorsque les comtes de Toulouse et de Barcelonne se partagèrent tout le Midi. Vers 1131, la république fut cependant proclamée dans la ville; elle était régie par un consulat, soi-disant sous la présidence de l'archevêque. Soutenue par la maison des Baux, elle fit en cette qualité la guerre aux comtes de Provence; en 1161, cependant, elle fut obligée de reconnaître le pouvoir des Bérengers, et n'existait plus que dans la portion de la ville qui était restée sous la domination de l'archevêque.

Les choses étaient dans cet état quand l'empereur vint s'y faire couronner; et son successeur Henri VI ne put s'y faire reconnaître par les habitants. En 1201, les Arlésiens en vinrent aux mains entre eux et se divisèrent en deux factions, qui eurent d'abord pour prétexte la construction d'une enceinte fortifiée. Ils se firent à ce sujet une bien longue et cruelle guerre. Elle continuait encore seize ans plus tard, mais pour un autre but, car chacun des deux partis, en 1217, voulait s'assurer de la prédominance et de la possession exclusive de leur consulat. Enfin, en 1222, la république y fut complètement abolie, après y avoir duré plus de cent années.

Cette petite excursion dans l'histoire d'Arles, qui sort un peu de mon cadre, puisque cette seconde capitale de la Bourgogne n'est point située dans le département de la Drôme, n'en est pas moins indispensable pour comprendre ce qui se passait dans nos villes ; car nous y trouvons un morceau de chronique contemporaine et voisine. Par malheur, pour les autres nous n'avons que quelques mots; or, des suppositions ne valent pas des faits en histoire.

Allodialité, première époque. — Gouvernement de l'Église. — Vienne.

Après avoir examiné quelques documents sur l'histoire d'Arles, la seconde capitale de la Bourgogne, qui avait tant d'influence sur la partie agricole et méridionale de notre département, nous allons jeter un coup d'œil sur Vienne, sa véritable capitale, qui avait encore, comme résidence habituelle des souverains, une bien autre importance dans le nord de notre province. Si nous trouvons quelque ressemblance dans l'état où on la voit lorsque le pouvoir impérial vint à disparaître, et qu'il n'y ait rien qui y fasse opposition dans le peu qui nous reste sur les autres villes du Dauphiné, nous pourrons en conclure, sauf quelques modifications amenées par les différences de population et de situation, qu'ayant subi les mêmes révolutions et les mêmes changements politiques, elles durent avoir une histoire presque semblable à celle des deux qu'il nous est permis d'étudier.

Vienne, vers 1038, gouvernée par son archevêque Léger, ne se trouvait pas moins qu'Arles dans une position des plus critiques. Appuyés par les principales familles du pays, ses chanoines y étaient pour le moins tout aussi puissants que leur archevêque; mais il y avait bien d'autres pouvoirs que les leurs dans l'enceinte de la même ville. Les comtes de Vienne, héritiers des Bosons, y avaient d'importantes possessions et une justice; les comtes de Savoie, dont le pouvoir provenait probablement de la même origine, y avaient le droit seigneurial; enfin, les habitants y nommaient huit consuls pour les gouverner, et avaient de plus le privilége de choisir les chefs de la milice à laquelle ils avaient confié la garde de la ville.

Il y eut force tiraillements dans un gouvernement si mêlé et si compliqué. On prenait volontiers les armes; mais il n'y eut guère que des escarmouches, dont l'histoire n'a pas à s'occuper.

Les archevêques, cependant, plus par d'adroites négociations que par l'emploi de la force, dominèrent en général la situation; et de superbes églises prouvent qu'ils y disposaient de puissantes ressources et même d'une certaine quiétude.

Guy de Bourgogne, nommé archevêque en 1088, y eut encore plus de puissance que ses prédécesseurs, parce qu'étant par sa naissance de la maison de Vienne, il ajoutait à l'autorité de sa dignité toute l'influence que, comme nous l'avons vu, possédait sa famille. Ce fut lui qui, comme nous l'avons dit, eut cette célèbre querelle avec saint Hugues pour la possession du comté de Salmorenc, qui nécessita l'intervention du pape et du concile, et mit le Dauphiné tout entier sur le point d'en venir à une guerre civile.

Son frère Étienne, vers 1097, lui emprunta la somme de huit mille écus d'or, en partant pour la croisade, et lui donna en gage du remboursement la seigneurie de Vienne, dont il devait reprendre possession à son retour, en rendant la totalité de la somme prêtée. Or, cet argent n'ayant jamais été restitué, par suite de la mort en Orient de l'emprunteur, les prélats prirent le titre de comtes de Vienne, qu'ils n'avaient pas osé adopter avant, quoique, comme nous l'avons dit, Sobon se fût déclaré archevêque par la *grâce de Dieu*, et que le roi Rodolphe, à la fin de sa vie, eût fait aux archevêques la donation formelle de cette dignité.

Guy était fils de Guillaume Tête Hardie, comte de Bourgogne, et d'Étiennette, héritière du comté de Vienne, et son père, qui, dit la chronique, ne parcourait la ville qu'à la tête d'une nombreuse cour de chevaliers, y avait été plus puissant que l'archevêque, et avait joui d'une telle autorité dans la province, que Chorier dit qu'il a vu dans la terre de Vitrieux des titres de ventes avec la formule : *regnante Villelmo in Burgondia*. Son fils Renaud lui avait succédé, et, après lui, son frère Étienne, comte de Mâcon, qui, comme nous l'avons vu, vendit ses droits à l'archevêque Guy, avant qu'il ne fût à Rome appelé à porter la tiare.

Devenu pape, Guy protégea son ancien diocèse et lui donna la suprématie sur les sept provinces voisines. Il en fit nommer son neveu archevêque, et lui fit présent des châteaux forts qui entouraient Vienne et qu'il avait acquis à cette intention. Après sa mort, en 1123, son neveu ayant été déposé, les ducs de Bourgogne profitèrent de cette occasion pour rétablir leur pouvoir. L'empereur, pour détruire leur influence, déclara illégitime l'autorité qu'avait exercée Guillaume et confirma le temporel des archevêques. Frédéric s'opposa à l'élection d'un Clermont à l'archevêché, et donna des terres considérables à un duc de Zéringhen, qu'il voulait rendre maître de Vienne; mais la mort de ce prince arrêta ses projets et laissa aux archevêques une certaine tranquillité.

En 1242, le dauphin Guigues VII prêtait encore à l'archevêque Jean de Bournin un hommage pour tout ce qu'il possédait entre le Rhône et Voreppe. Mais, quoique ce prélat eût acquis d'Hugues de Vienne le palais près Saint-Pierre, l'ancienne résidence royale, cette vassalité des Dauphins n'était plus qu'une vaine formule, mise en oubli après sa mort. Loin d'être leurs souverains, les archevêques étaient en quelque sorte bloqués par les possessions de ces princes. Vainement le belliqueux Amédée de Roussillon, évêque de Valence, administrateur de l'archevêché par intérim, essaya de les tirer de cette position : leur pouvoir continua à décliner, et les Dauphins ne cachèrent plus leur dessein de rétablir à leur profit l'ancien royaume de Vienne.

Ils ne trouvèrent de véritable opposition à leur projet que dans les partisans de la maison de Savoie, qui leur livrèrent quelques combats. Le roi de France profita de cette lutte et fortifia le faubourg de Sainte-Colombe. Ses projets furent un peu ajournés par sa guerre avec les Anglais; mais en 1349 ils recevaient bien plus d'extension qu'il n'en pouvait espérer, puisque ces princes lui remettaient le Dauphiné tout entier, et qu'il en devenait le souverain possesseur, à la seule condition d'assurer quelques fiefs en dédommagement à la maison de Savoie.

On voit par le récit que je viens de faire des événements qui se passèrent à Arles et à Vienne dès le début de l'abdication des empereurs, sous le gouvernement de leurs archevêques, que l'autorité ecclésiastique n'y fut en quelque sorte que la dépositaire du pouvoir, qu'elle fut constamment obligée de céder à tous ceux qui se trouvaient assez forts pour y prétendre, et qu'elle finit par y être à peu près totalement dépouillée par les familles qui étaient en mesure de recueillir son héritage. Il fallait au pouvoir, pour cette époque de troubles et d'ambitions, des hommes habitués à manier le cheval et la lance, ayant de nombreux fils derrière eux, et dont la mort ne pouvait ouvrir par l'élection une carrière à une masse d'ambitions subalternes.

Je pourrais continuer cette démonstration en faisant l'historique de tous les siéges de leurs suffragants en Bourgogne. Mais cette narration ne serait point ici à sa place, et je dois la garder pour l'histoire particulière de chaque évêché de la Drôme, dont elle est en quelque sorte l'introduction obligée. Je me permets donc d'y renvoyer le lecteur, après avoir appelé son attention sur ce sujet, et de n'en dire maintenant que quelques mots vagues, qu'il pèsera à leur juste valeur lorsqu'il aura lu l'ensemble du travail.

Je le préviendrai donc que les évêchés de Valence et de Die

furent d'abord dépouillés par leurs chapitres, et que les comtes de Valentinois et les rois de France se chargèrent de terminer cette œuvre; que l'abbé de Romans le fut par son chapitre, et surtout par la municipalité de la ville; qu'à Grenoble, conquis sur les Sarrasins par son évêque, son successeur remettait à son neveu, le comte d'Albon, la moitié de tout le temporel de son église; qu'à Embrun et à Gap deux évêques, qui avaient courageusement défendu leur troupeau contre les Sarrasins avec le casque et le glaive, avaient fini par prendre tellement le goût des armes, qu'ils étaient devenus de vrais chefs de brigands, et furent condamnés et déposés par l'Église, dont ils étaient le scandale et la honte.

Allodialité, Première époque. — Gouvernement de l'Église. — Les campagnes.

Malgré l'obscurité bien plus grande encore qui règne sur le sort des campagnes durant le gouvernement des évêques, on peut, vu l'état dans lequel se trouvaient les populations des villes, affirmer que leur position n'était guère plus assurée, et était peut-être encore moins heureuse. Il faut d'abord se rappeler que, dépourvues de tours et de murailles, elles étaient la proie assurée des Huns, des Normands et des Sarrasins, qui, remontant le Rhône ou descendant des sommets des Alpes, surprenaient les paysans et égorgeaient sans miséricorde les habitants des villages, dès qu'ils trouvaient dépourvues de gardes les issues de vallées, ce qui leur permettait de venir fourrager dans les plaines cultivées.

Les légendes des saints et les cartulaires des couvents abondent en renseignements sur les entreprises de cette espèce; et quand des maisons remplies de moines étaient enlevées de la sorte, il n'est pas probable que des chaumières et des habitations isolées aient été exemptes et de meurtres et de pillages.

Mais les pirates étrangers n'étaient pas les seuls ennemis des laboureurs, et les villes, qui parfois leur prêtaient d'utiles secours, étaient, vu leur continuel état d'effervescence, plus redoutables pour eux peut-être que des invasions barbares, qui étaient nécessairement peu fréquentes et passagères. Les chevauchées qui s'y organisaient parmi la bourgeoisie et la petite noblesse, les milices que la cité levait soi-disant pour la défense de ses murailles, les confréries armées des artisans de la ville n'étaient pas sans cesse occupées à lutter contre les Sarrasins, et, malgré cela, ne restaient pas toujours oisives sur leur territoire. Les vastes annexions que les citadins avaient ajoutées à leurs communes, prouvaient suffisamment le peu de respect qu'ils avaient pour les libertés municipales des bourgades voisines; et l'indiscipline de leurs troupes, qui n'avaient pas de solde, était un garant assuré de l'empressement qu'elles avaient à dépouiller les campagnards de leurs mobiliers et surtout de leurs récoltes. Aussi, ceux-ci, parmi lesquels se trouvaient des *miles*, cavaliers qui prenaient les armes dans les moments de péril, des écuyers, des archers et des hommes d'armes, qui faisaient métier de la guerre et combattaient tantôt l'un, tantôt l'autre, suivant la direction imprimée par la solde, trouvèrent-ils bien vite très-mauvais d'être l'objet des déprédations des désœuvrés de la ville.

Ils se réunirent en troupes, s'organisèrent comme ils purent, se firent des armes avec les outils des champs, creusèrent quelques fossés et établirent des barricades dans les endroits de la commune susceptibles de défense, et, sous la conduite de quelques chefs possesseurs de châteaux dans le voisinage, se disciplinèrent de leur mieux et tâchèrent de se créer quelques moyens de résistance.

Les lois qu'ils se donnèrent dans cette occasion furent celles qu'observe le soldat en présence de l'ennemi, c'est-à-dire aussi implacables et aussi sévères que possible. De ce point de départ vint la rigueur des lois de la féodalité, qui ne s'adoucirent par degrés que longtemps après que le péril était passé.

Ils comprirent bien vite qu'une défensive isolée ne pouvait résister à une masse mue par l'intérêt commun de l'agrandissement de la cité. Alors ils formèrent eux-mêmes des ligues. Ils furent bientôt amenés à faire plus que cela, et établirent des postes communs de défense, à des distances plus ou moins rapprochées de la ville dont ils redoutaient les attaques. Ce ne fut qu'à cette époque que l'histoire daigna s'occuper de ces agrégations armées d'hommes des champs. Elle nous les montre dans des forts, si ce n'est déjà sur des frontières bien armées. Elle nomme leurs chefs, indique la politique assez habile qu'ils dirigent, et nous laisse le soin de deviner ou d'expliquer comme bon nous semblera comment, de l'état d'esclaves, de serfs ou de laboureurs, ils sont, sans transition, devenus tout à coup des hommes d'armes, des chevaliers, enfin les conquérants des cités voisines, qui leur sont cependant bien supérieures en instruction, en richesses et en civilisation commerciale.

Leurs commencements, à la vérité, furent assez malheureux : ils agirent avec timidité dans leurs débuts, et furent souvent battus; mais ils finirent cependant par se rendre à peu près maîtres du pays, et lui imposèrent la sévère discipline et l'obéissance passive qui avaient présidé à leurs levées de boucliers, et qui contrastaient étrangement avec le sans-gêne républicain et l'absence de toute autorité qui régnaient dans les villes.

Mais il est temps de reprendre les textes pour édifier le lecteur sur la réalité des réflexions que nous venons de faire.

A Arles, dont nous avons d'abord parlé, après de longs succès, dont la conquête de leur si vaste territoire et des places voisines est la preuve, les citadins se trouvèrent en quelque sorte bloqués par une association de ruraux établis dans ce que l'on appela depuis les *terres adjacentes*, sous le patronage de la maison des Baux, qui devint alors toute puissante en Provence. Ils résistèrent d'abord aux Arlésiens, se mêlèrent à leurs querelles intestines, et plus tard vinrent au secours de leur bourgeoisie, opprimée par les classes ouvrières, organisées depuis les Romains en confréries, et réduisirent à quelques quartiers seulement une république fictivement gouvernée par leur archevêque.

A Vienne, les populations rurales se retranchèrent à Montbreton, qui fut pris et détruit par les milices urbaines, dont l'histoire s'est empressée d'enregistrer la victoire. Elles s'éloignèrent alors et se réfugièrent soit chez les comtes d'Albon, dont la forteresse était voisine de Saint-Vallier, soit même chez les comtes de Maurienne, qui pouvaient les défendre à la Côte-Saint-André. Plus tard, ces deux suzerains étaient maîtres de Vienne, dont il fallut le roi de France pour les déposséder.

A Romans, ce furent les places de Clérieux et de Peyrins qui furent les centres du soulèvement contre la ville. Du premier de ces lieux partit l'expédition commandée par Sylvion, qui mit à feu et à sang la ville et son abbaye, confisqua ses propriétés rurales, et fit certainement aux citadins bien plus de mal qu'ils n'avaient pu en éprouver d'eux. Quant à Peyrins, c'était en quelque sorte le camp retranché des ruraux. Ils y avaient à résidence un état-major de chevaliers, dont le cartulaire nous a transmis les noms et, qui plus est, la nomenclature des griefs qu'ils étalaient aux citadins, quand on traitait dans les rares moments de trêve.

Près de Valence, les gens de la campagne s'étaient fortifiés à Chabeuil, qui, comme Montbreton, fut enlevé par les gens de la ville, qui firent prisonnier leur chef après de longues guerres, et que Simon de Montfort, allant à sa croisade, eut beaucoup de peine à leur faire rendre à la liberté. Marsanne était le point que la ligue semblait occuper au midi, et l'on sait que le premier des Valentinois qui s'établit dans la Drôme eut beaucoup de peine à l'empêcher de subir le sort de Chabeuil.

On pourrait multiplier pour presque toutes nos villes des citations de ce genre; mais ce ne serait qu'aux dépens des histoires particulières des comtés, dont nous allons nous occuper. Je crois, pour éviter les redites, qu'il est beaucoup plus simple. après l'avoir averti, d'y renvoyer notre lecteur.

ÉTUDE
SUR
L'ALLODIALITÉ
DANS LA DROME
de 1000 à 1400.

SECONDE ÉPOQUE DE L'ALLODIALITÉ.

LE VIENNOIS DE LA DROME.

(Cantons au nord de la rivière de l'Isère.)

Les Dauphins.

Nous venons de voir dans l'avant-dernier chapitre comment les archevêques de Vienne, qui tenaient leur pouvoir des empereurs d'Allemagne, furent dépouillés de leurs possessions et même de leur ville archiépiscopale par les comtes de Bourgogne et ceux de Maurienne, héritiers de la maison de Boson. Nous allons maintenant rencontrer une nouvelle race de spoliateurs, plus habile et encore plus tenace dans ses projets de conquêtes que les précédentes, qui les supplanta complètement, et qui ne laissa échapper cet héritage que faute d'hoirs mâles aptes à le recueillir.

Je veux parler des Dauphins. Leur origine, trop longuement discutée pour qu'il soit possible de n'en dire que quelques mots, et leur histoire, trop volumineuse et à peu près connue de mes lecteurs, ne sauraient prendre place dans une analyse où nous ne voulons nous occuper que de leurs actes dans quelques petits cantons de la Drôme. Nous n'en parlerons donc qu'à l'époque où ils passèrent sous leur puissance; car, quoique établis dès le principe sur deux points différents de notre département, Albon et Génissieux, ce ne fut point par lui qu'ils inaugurèrent leurs conquêtes et attaquèrent les évêques de Grenoble, bien persuadés que, leur ville épiscopale tombée entre leurs mains, ils ne trouveraient plus de résistance sérieuse dans des bourgades agricoles, et qu'elles se soumettraient sans grand effort, du moment où elles se trouveraient dans un voisinage puissant, dont elles ne pouvaient songer à extirper la racine.

Ce ne fut donc qu'après leur victoire complète contre les évêques du Graisivaudan qu'ils revinrent attaquer les populations qui leur avaient donné naissance, ou tout au moins asile, en admettant qu'ils gouvernaient avant le Champsaur et qu'ils en furent chassés par l'invasion sarrasine. Il faut pour arriver à cette époque passer, de 912 à 1133, plus de deux siècles de leur histoire; car je ne puis considérer comme un fait qui leur soit personnel leur entreprise sur le comté de Salmorenc, où ils n'agirent que comme auxiliaires des archevêques de Lyon, qu'ils évacuèrent sur l'ordre du pape, après s'en être emparés, et qu'ils rendirent aux parties qui se le disputaient, sans songer à en retenir une parcelle.

On ne peut donc faire dater leur première entreprise contre leurs anciens compatriotes que de l'époque où ils vinrent assiéger la ville de Romans; encore pourrait-on contester cette date, car ce ne fut point une guerre d'annexion qu'ils firent alors contre ses habitants, mais une simple diversion, que dans une campagne contre les archevêques de Vienne ils opéraient sur une ville et des milices presque sujettes de leur adversaire.

Je ne saurais mieux faire, à propos de cette passe d'armes, que d'analyser en peu de mots l'excellent travail de M. Giraud sur ce point de l'histoire de sa ville natale.

Guigues VI avait alors un différend important avec Étienne, archevêque de Vienne, qui joignait à ce titre sa position comme membre de la maison de Châlons-sur-Saône. Il lui faisait une guerre acharnée, dont on n'énonce pas le motif, qui ne paraît autre que l'ambition des Dauphins, qui voulaient le dépouiller du Viennois et de sa capitale. C'était la première fois que les comtes d'Albon, tout puissants dans le Graisivaudan et si voisins de Vienne par leur domaine patrimonial, trouvaient une occasion pour s'en emparer.

Cette ville, du temps de l'archevêque Léger, avait été en la puissance de Guillaume de Bourgogne; mais son neveu, Étienne le Hardi, pressé d'argent, avait aliéné ses droits en faveur des archevêques, et Guy, qui l'était alors, était rentré en pleine possession du pouvoir temporel, que sa parenté avec l'empereur ôtait, du reste, à tous les prétendants le désir de lui disputer.

Depuis cette époque, les choses avaient bien changé. Une nouvelle dynastie était parvenue à l'empire. Le comte de Bourgogne Renaud III avait profité de ce changement pour rétablir dans Vienne les droits aliénés par sa famille. Le dauphin Guigues, son beau-frère, s'empressa de soutenir le pape Calixte II contre l'archevêque de Vienne, tout dévoué à son compétiteur le pape Innocent II, et sous ce prétexte voulut chasser l'archevêque; mais il ne put enlever Vienne, et fut obligé de se rejeter sur Romans, où, comme abbé de Saint-Barnard, l'archevêque exerçait une suzeraineté incontestée.

La ville de Romans n'était point alors, comme depuis, entourée de murailles et de tours, et les terres de Peyrins, Génissieux et Triors, dont le Dauphin était en majeure partie seigneur héréditaire, lui donnaient tout pouvoir pour se saisir des entrées de la ville. Vainement Sylvion, seigneur de Clérieux et vassal de l'abbaye de Saint-Barnard pour la citadelle de Pisançon, dont elle lui avait confié la garde, essaya de défendre la ville contre le Dauphin : il fallut céder, et, après un combat, dont on ne connaît pas les détails, mais qui dut être sanglant, puisque l'on sait qu'une partie des assaillants furent rejetés dans l'Isère, la ville fut enlevée de vive force, l'église livrée aux flammes, et les habitants se trouvèrent heureux de recourir à la médiation du comte de Genève, qui obtint du Dauphin qu'il se contenterait d'une contribution de guerre, très-considérable pour l'époque (1,400 sous viennois, qui furent payés à l'instant), et qui, satisfait de ce résultat, traita en 1134 avec les habitants, leur promit de respecter leur territoire, à condition qu'il ne servirait plus de place de guerre à l'archevêque, et leur permit même d'entourer la ville de fortifications, preuve bien évidente qu'il l'avait attaquée pour nuire à son ennemi, mais non pour en devenir maître.

Le pape, ayant reçu au sujet de cette affaire les plaintes de l'archevêque, n'en fut pas moins furieux contre le Dauphin. Il l'excommunia, et ne lui pardonna qu'à condition qu'il se présenterait en coupable à son légat, et irait en expiation en pèlerinage à Saint-Jacques de Compostelle.

Tel fut le résultat de cette première entreprise des Dauphins dans la Drôme. Ils tournèrent après leurs armes contre la Savoie, guerre où, comme on sait, le Dauphin trouva la mort.

On peut donc, malgré ce que j'ai dit des expéditions de Salmorenc et de Romans, n'admettre que soixante ans plus tard, vers 1191, les entreprises sérieuses des Dauphins dans la Drôme. La première race de ces princes venait de s'éteindre. et Béatrix, leur unique héritière, restée veuve du comte de Toulouse, son premier mari, avait épousé Hugues, comte de Bourgogne, et lui avait apporté non-seulement des droits incontestables sur quelques seigneuries voisines de Romans et des environs de la tour d'Albon, mais des titres plus incertains sur une importante partie du nord de la Drôme.

Quelle était leur provenance ? Il serait difficile de bien l'établir maintenant; car ils pouvaient avoir pour origine la dot que Marguerite de Bourgogne avait dû apporter à son père, ou peut-être seulement le récent mariage de sa fille avec le comte Hugues. Quoi qu'il en soit, elle songea à cette époque à les faire valoir, et vint pour quelque temps s'établir à son château de Saint-Vallier, qu'elle retira par cet acte des mains des prieurs du lieu, qui, soit au nom de leur archevêque, soit en celui des comtes d'Albon, absents depuis bien des années, s'étaient adjugé le bourg qui s'était formé à l'abri de ses murailles et quelques localités voisines.

Elle y fit appeler Guillaume, seigneur de Clérieux, et, voulant l'intéresser à ses projets ambitieux, elle lui remit le château de la Roche-de-Glun, peut-être seulement quelques droits qu'elle y avait, en reçut le serment de fidélité et, comme garantie, la seigneurie de Larnage. Cette alliance solidement établie, elle fit avec lui une ligue offensive et défensive contre les comtes de Valentinois, qui menaçaient habituellement les Clérieux, et pour l'ambition desquels l'Isère n'était plus une barrière suffisante.

Roger de Clérieux, son frère et son successeur, suivit la même politique. Pour s'assurer à tout jamais la protection des Dauphins, il se fit en quelque sorte leur second dans toutes leurs entreprises. En 1229, il appuie les habitants de Valence, qui, après avoir chassé leur évêque, s'étaient établis en république. En 1244, il les suit à Grenoble, et prend part aux querelles des Dauphins avec les habitants de la ville. Il va jusque dans l'Oisans un peu plus tard, pour y défendre leurs intérêts contre leurs vassaux révoltés.

Cet établissement positif des Dauphins dans la Drôme et les menées qui en étaient la suite dans leur voisinage, furent loin d'être agréables aux comtes de Valentinois, qui savaient comment ils s'étaient impatronisés dans le Graisivaudan, et, voyant à leur suite un homme aussi entreprenant que Roger de Clérieux, ils résolurent de les éloigner à tout prix de leurs possessions, et employèrent même la force des armes. Il y eut alors, à ce qu'il paraît, un premier choc entre eux et le Dauphin, combat dont on ne sait pas le résultat et dont le souvenir ne nous est resté que par une allusion du traité passé à Romans à une époque bien postérieure (1256), qui en parle comme d'un fait resté dans la mémoire de tout le monde. Ce fut le premier acte de cette interminable guerre que les Dauphins et les comtes se firent pendant un si grand nombre d'années, et qui, sauf quelques trèves rompues par celle de ces deux maisons qui y trouvait avantage, subsista presque sans interruption jusqu'à l'absorption par la France de ces deux puissances rivales.

Le motif véritable de cet antagonisme mortel fut, comme on vient de le voir, la rencontre sur le même terrain de deux pouvoirs qui cherchaient à s'étendre. Ils firent une trève à la suite de cet engagement, qu'ils s'accusèrent mutuellement plus tard d'avoir violée. On verra plus loin, à l'article des barons de Clérieux, pour éviter les répétitions, comment cette escarmouche amena le siége du château de la Roche-de-Glun sur le Rhône; comment le bon roi saint Louis, à la tête de tous les croisés de la France, se trouva employé par le comte de Valentinois dans une querelle qui ne regardait que lui, et comment, sous prétexte de venger quelques barques de pèlerins rançonnées, dit Joinville, au péage que le baron de Clérieux avait sur le Rhône, il fut amené à détruire la forteresse qui faisait ombrage aux Valentinois et à refouler pour un temps, avec les forces de la Chrétienté, les Dauphins dans la vallée nord de l'Isère, qui dès lors leur était abandonnée, mais d'où les populations et les seigneurs du département de la Drôme les voyaient avec effroi au moment de sortir pour faire de nouvelles conquêtes.

Cette affaire, qui fut abandonnée par les croisés après la destruction des fortifications du château, n'eut pas cependant pour le comte de Valentinois tout l'avantage qu'il avait droit d'en espérer. Battu par des forces supérieures sur les bords du Rhône, le Dauphin se garda d'y venir et dissimula pendant quelque temps son ressentiment; mais, profitant de l'occasion que lui offrait la riche succession d'Ozassiche, qui venait de s'ouvrir en faveur de son rival, et sur laquelle il avait quelques droits, il attaqua le comte dans le pays de Royans, où ses propriétés étaient bien plus vulnérables, par suite de leur voisinage avec les montagnes de Grenoble.

Nous verrons à l'article de la maison de Bérenger les suites de cette affaire. Disons cependant ici qu'il n'abandonna pas complètement alors ses projets sur les bords de l'Isère, car il acheta des héritiers de Lambert de Chabeuil la citadelle de Pisançon, qui l'avait gêné dans son expédition contre Romans, et y mit une garnison, qui inquiéta beaucoup les habitants de la ville.

Les progrès que faisait le Dauphin à l'extrémité nord du département pendant ce temps étaient bien plus rapides, et une foule de petits seigneurs se hâtaient de se ranger sous sa bannière. C'est ainsi qu'en 1260 il devient possesseur de Mercurol, de Ratières et de Galaure. En 1266, il reçoit Érôme; en 1295, la ville de Tain, Beausemblant et surtout Montchenu, terre fort étendue à cette époque. En 1184 il avait fait cependant une perte considérable, car Béatrix, héritière du Dauphin, transmit par son mariage la ville de Saint-Vallier et presque toutes les seigneuries qui en dépendaient à la maison de Bourgogne, et ce fief important, qui en 1290 passa par le mariage de Polie de Bourgogne à Aimar, chef de la maison de Valentinois, était par cette raison perdu à jamais pour la puissance delphinale.

Leur première expédition sur Romans, qui avait eu pour résultat de retirer cette ville de la domination de l'archevêque et de lever une forte rançon sur ses habitants, n'était pas de nature à décourager les Dauphins d'une nouvelle entreprise. Aussi, cinquante ans plus tard, reprenaient-ils leurs attaques, mais cette fois avec la ferme résolution de ne les abandonner qu'après son annexion à leurs vastes possessions. Voilà comment ils préparèrent cette grosse entreprise.

En 1280, Charles le Boîteux, fils du roi de Sicile, traversa Romans, peut-être par le fait du hasard, peut-être aussi avec une mission secrète du comte de Bourgogne, tuteur du jeune Dauphin, à qui l'on a supposé le dessein de s'emparer de cette ville. Quoi qu'il en soit, dans le court séjour qu'il y fit, le jeune prince remarqua qu'il existait depuis longtemps un vif mécontentement entre les habitants de la ville et le chapitre de Saint-Barnard, qui les gouvernait sous la suzeraineté de l'archevêque de Vienne.

Les rois de Sicile n'étaient point aussi étrangers à la Drôme que leur titre pourrait le faire croire. Devenus comtes de Provence, leurs limites fictives dans les anciens actes étaient le rivage de l'Isère qui traverse Romans; mais ce n'était plus qu'un souvenir, et de ce côté les comtes de Valentinois avaient fait une large brèche aux états de leurs prédécesseurs. Bien que devenus voisins plus éloignés, ils n'en étaient pas à une énorme distance, puisqu'ils possédaient alors la moitié d'Avignon, qui, quinze ans plus tard, leur appartenait en entier, par un mariage avec la maison de France.

Le jeune voyageur fut-il séduit par l'espoir de remettre cette ville sous son pouvoir, ou, comme nous l'avons dit et le pense M. Giraud, dans son histoire de Romans, se fit-il l'instrument du Dauphin ? Ce qui est certain, c'est qu'il se mit à prêcher la discorde à la bourgeoisie, y suscita de graves troubles, y organisa une république et des consuls, et, après les avoir mis en guerre avec les chanoines, s'en alla dans les états de son père et évoqua la querelle devant son tribunal de Brignoles, sur les bords de la Méditerranée, laissant les Romanais mortellement brouillés avec l'église et à la merci des suzerains voisins, qui n'attendaient que cette occasion pour s'en emparer.

Robert de Bourgogne, agissant pour son propre compte ou au nom de son pupille le Dauphin, y envoya des troupes. Le fameux Amédée de Roussillon, archevêque de Vienne par intérim, accourut à la tête de ses soldats, et, en qualité d'abbé de Saint-Barnard, vint, le casque en tête et l'épée à la main, défendre son chapitre. La mêlée fut des plus sanglantes. La ville, prise par les Bourguignons, fut reprise par les hommes d'armes de l'archevêque, l'abbaye et l'église pillées et brûlées en partie. L'évêque, vainqueur, fit construire une citadelle au milieu du pont; mais, lorsqu'il quitta Romans, les Bourguignons s'en emparèrent, et il fut obligé de revenir les assiéger et de démolir sa malencontreuse forteresse, après la leur avoir reprise. Il ne put cependant s'établir dans la ville : les habitants l'obligèrent à lever le siége, et poursuivirent la pique à la main ses troupes jusqu'à Alixan. Ce fut sa dernière campagne, car Amédée de Roussillon mourut peu après des fatigues de cette guerre.

Le jeune Dauphin étant mort vers ce temps, le comte de Bourgogne entra en rivalité avec Humbert de Faucigny, son successeur. Les habitants de Romans furent laissés de côté, et, pressés par les soldats du chapitre et excommuniés par le pape ils furent contraints d'avoir recours à Charles de Sicile, qui les traita comme de simples sujets et les obligea de venir à Aix plaider contre le chapitre, occupé lui-même d'autres projets (une expédition en Sicile). Il les laissa juger à des évêques, qui rendirent une sentence dans le pur intérêt du chapitre.

Aigris contre l'autorité par ce jugement partial, les habitants de Romans se répandirent dans les terres du Dauphin voisines de la ville, les pillèrent et maltraitèrent ses sujets. Humbert ne fut pas mécontent de ces actes; il se contenta de dresser un pilori à la porte de la ville, pour les exciter davantage. Enfin, en 1341, il perdit patience et entra dans Romans avec de nombreuses troupes à la suite d'une capitulation. Il commença par accorder aux habitants la charte qu'ils réclamaient inutilement du chapitre; après quoi, les réunissant dans l'église, il leur fit faire une espèce de confession générale des griefs dont il avait à se plaindre, les taxa pour chacun d'eux à des indemnités tellement fortes qu'il s'emparait par ce moyen de tous les biens de cette population, et, pour s'assurer à jamais de leurs personnes, il ajouta cette clause originale qu'elles seraient payées en totalité le jour où il serait contraint par la population d'en retirer ses troupes.

Le pape fulmina une excommunication contre le Dauphin, qui fut obligé de faire semblant d'évacuer la ville. Mais, étant mort peu après, son successeur se montra beaucoup plus traitable. Il se contenta de recevoir la terre de Visan, de quelques autres indemnités et fondations pieuses, d'une portion du pouvoir à Romans, que lui concéda le Dauphin, et alla même peu après jusqu'à le nommer chef de la croisade qu'il était occupé à organiser. Au retour de cette expédition, il ne fut plus question de cette affaire, qui se termina complètement par la cession que fit ce prince de tous ses états à la couronne de France.

Barons de Clérieux.

Il n'est certes pas difficile, après l'important travail de M. de Gallier sur cette très-ancienne maison, de faire un résumé intéressant de l'histoire, si peu connue jusqu'à présent, de ces petits suzerains de la Drôme. Mais il faut s'en tenir au rôle d'abréviateur, car on ne trouve plus guère que des détails insignifiants à ajouter à sa narration. Le premier qu'il cite vivait entre 956 et 964. On a renoncé maintenant à attribuer à un prédécesseur du même nom la bulle du pape Jean XII, que l'on croyait remonter à 931. Ce rapprochement de dates fait disparaître un Sylvion de Clérieux, que l'on n'avait imaginé que pour remplir une lacune, et fait commencer la famille à celui qui, comme témoin, porte dans un acte le titre de *prince*, dénomination qui indique une haute naissance et une supériorité sur celui de *magnat*, généralement employé [1], mais qui ne pouvait être alors qu'honorifique, puisque Conrad gouvernait encore toute la Bourgogne.

Cette famille, qui avait une bien haute position avant l'anarchie qui fit la fortune de la plupart des autres, était-elle originaire du pays? En 977, on la voit donnant à l'abbaye de Cluny de vastes terres dans le voisinage de Viviers. Est-ce une révélation dès son début sur son origine? Le nom patronymique de Guillaume, qu'elle alterne avec celui de Sylvion, semblerait la rattacher à cette maison de Poitiers du Vivarais, dont la

---

(1) Voir la charte de Saint-Barnard, N.° 140.

source élevée est encore une énigme. Quoi qu'il en soit, elle a comme elle le cachet gallo-romain dans ses noms de baptême et ses actes, et on voit par ses substitutions qu'elle pratiquait la loi romaine; car, à cette époque, chacun conservait sa loi nationale et la gardait comme une religion, sans s'inquiéter si elle était ou non usuelle dans son voisinage.

Les Sylvions, qui ne portèrent que plus tard le nom de Clérieux, se révélèrent dans notre histoire par un sanglant épisode. Au signal de Sobon, archevêque de Vienne, leur chef, à la tête de bandes rurales, se précipite sur son abbaye de Saint-Barnard de Romans, en révolte contre son autorité. Il pille et brûle son monastère et son église, et finit par partager tranquillement ses terres et ses possessions, comme si son archevêque lui en avait fait un parfait abandon.

L'heure du remords arrive cependant. On voit leur chef Sylvion aux pieds du pape, qui lui ordonne de reconstruire à ses frais l'église brûlée, de payer cent livres d'argent, d'affranchir soixante serfs, de nourrir des pauvres, de jeûner au pain et à l'eau et de n'user de la viande que les jours de fête, etc. Je ne sais s'il fut bien exact dans l'accomplissement de cette juste expiation; mais ce qu'il y a de certain par les actes de ses successeurs, c'est que cette famille resta nantie des biens de l'abbaye, et que ce ne fut qu'après un long espace de temps et force menaces du Saint-Siége que les chanoines rentrèrent peu à peu dans la presque totalité de leur domaine.

Des actes insignifiants nous apprennent qu'en 994 son fils Guillaume joint le nom de Clérieux à son nom de baptême. Son petit-fils Guillaume aussi se jeta, à l'exemple de son aïeul, sur le comté de Salmorenc à la demande de Guy de Bourgogne, archevêque de Vienne. De concert avec François Lambert de Royans, ils pillèrent et ravagèrent ce pays, soumis à l'évêque saint Hugues de Grenoble. Ils pouvaient avoir un motif particulier pour en agir ainsi, car ils étaient voisins d'Odilon de Châteauneuf, père de l'évêque. Cependant, sur les menaces du Vatican, ils se hâtèrent de rendre un butin que les bulles qualifient de *mal acquis*, et, après quelques autres restitutions, finirent par être récompensés par l'archevêque de Vienne, dont ils avaient épousé la querelle, et en reçurent l'un la citadelle de Pisançon, et l'autre le château, à titre d'usufruitiers seulement; mais qu'ils eurent soin de conserver et de transmettre à leurs familles. On les trouve aussi dans les querelles que le chapitre de Romans eut à soutenir à Peyrins contre les usurpateurs de son patrimoine.

Sylvion II, son fils, succéda vers 1123 à Guillaume. Il continua les sourdes menées paternelles contre les habitants de Romans, qu'il considérait comme sa proie, bien qu'il fût leur vassal pour le château de Pisançon. Il voulut les empêcher de s'entourer de murailles, et avait quelques droits pour en agir ainsi, car elles allaient le priver de l'usage de leur pont et couper en deux tronçons toutes ses terres. Cependant il changea bien vite de politique, et, voyant le Dauphin au moment de s'emparer de la ville par suite de sa querelle avec l'archevêque de Vienne, il devint son plus dévoué défenseur. Nous avons dit dans le précédent article combien il gêna ce prince dans ses projets de conquête; mais il reprit ses querelles avec les habitants dès qu'il l'eut vu abandonner ce pays et s'engager dans sa guerre de Savoie.

La maison de Souabe était parvenue à l'Empire, qui comprenait la Bourgogne depuis la mort de Rodolphe le Fainéant, en 1032. Ne pouvant espérer de rentrer dans la possession de cette province, qui avait échappé à ses prédécesseurs, elle chercha à s'y faire des partisans, et traita avec les seigneurs qui avaient usurpé ses droits, leur promettant sa protection, à condition d'une vague reconnaissance de sa suzeraineté. Sylvion de Clérieux se hâta d'accepter cette espèce de transaction, qui lui offrait une garantie contre la puissance des Dauphins et celle des papes, avec lesquels sa famille avait eu souvent maille à partir.

La bulle que lui accorda Conrad en 1151 fut la sanction de cet accommodement. L'empereur lui reconnaît le titre de *prince*, l'exempte de l'intermédiaire de tous comtes, et l'autorise à n'obéir comme suzerain qu'à lui et à ses successeurs. Il lui reconnaît la terre de Clérieux, le droit de lever des péages sur le Rhône et l'Isère, et toutes les propriétés acquises par son aïeul, sans égard aux promesses de restitution faites à l'archevêque de Vienne.

Frédéric, son successeur, auquel Sylvion se hâta d'aller faire hommage à Worms, fut cependant, comme on le voit par l'acte, moins libéral que Conrad, dont il confirma néanmoins les concessions. Il n'accorda plus au chef des Clérieux le titre de *prince*, mais celui de *noble* seulement. Outre l'hommage, il l'obligea à un service dans la milice et dans ses conseils, vasselage auquel ne forçait point l'hommage simple. Enfin, pour l'habituer à une dépendance réelle, sous prétexte de chevauchées, il l'entraîna à sa suite dans le Tyrol et l'Italie, et le fit asseoir dans son conseil à Besançon. Sylvion, qui vit bien où il voulait en arriver, fut peu satisfait des honneurs qu'on lui prodiguait sans qu'il les eût sollicités, et, profitant de la querelle qui s'élevait alors entre l'empire et la papauté, il se hâta de quitter la cour et de revenir dans sa baronnie.

De retour dans ses terres, le baron de Clérieux y reprit ses querelles avec le chapitre de Romans, et voulut l'empêcher de fortifier la ville. N'ayant pu y parvenir, il fixa son domicile dans les remparts de la Roche-de-Glun, se trouvant pour sa sûreté trop près à Clérieux d'une ville forte.

Il laissa en mourant trois fils, qu'il eut de deux mariages. Le premier étant mort peu après son père, Guillaume, son frère, qui était abbé de Saint-Félix à Valence, et qui avait donné la Part-Dieu aux religieux de Léoncel pour s'y établir durant l'hiver, se fit relever de ses vœux et se maria pour soutenir sa position baronniale.

Ce fut lui qui eut à Saint-Vallier cette entrevue avec la dauphine Béatrix dont nous avons parlé à l'article des Dauphins, et qui en reçut des droits sur la Roche-de-Glun. Les guerres entre la papauté et l'empire lui avaient rendu cette alliance nécessaire, les barons de Clérieux ne pouvant plus compter sur l'appui des empereurs. M. de Gallier remarque très-judicieusement à ce sujet que ce fut sans doute à l'occasion de cette alliance que les alleux de Montchenu, de Claveyson, de Crozes, de Margès, etc., passèrent dans la maison de Clérieux, où on ne les voit pas avant. S'il en est ainsi, ce fut la véritable fondation de la baronnie, car la première bulle de l'empereur ne reconnaissait que Clérieux et un emplacement fortifié près de Romans, et la seconde, comme nous l'avons vu, n'avait fait que restreindre la portée que l'on pouvait donner à la première.

Tout en faisant des donations aux religieux de Léoncel, il paraît que Guillaume, l'ex-abbé de Saint-Félix, ne négligeait pas la conservation des biens de cette terre; car, même après son mariage, il oublia complètement de rendre à l'Église les bénéfices qu'il en avait reçus. En 1196 il y eut plainte contre lui devant l'archevêque de Vienne et ses suffragants, et ce ne fut qu'après de vives difficultés que cette nombreuse assemblée parvint à retirer de ses mains les églises de Samson et de Saint-Mamans. On croit qu'il ne laissa pas de postérité.

Son frère, Roger de Clérieux, semble vers 1186 lui avoir succédé de son vivant. Il ne passa que quelques actes insignifiants, tels qu'une exemption de péage, pendant les trente ans qu'il dirigea la baronnie. Il ne laissa qu'une héritière, la femme du seigneur de Fayne; et Aimar de Valentinois, en épousant la fille unique sortie de cette alliance, fit passer dans sa maison une partie de l'héritage des Clérieux, mais non la Roche-de-Glun, qui était, à ce qu'il paraît, substituée aux neveux de Roger de Clérieux, et ne figura pas dans l'héritage de sa fille.

Guillaume Gratepaille et Roger de Clérieux étaient les petits-fils de Sylvion; on ne sait pas bien quel était celui de ses trois enfants qu'ils eurent pour père. Ils gouvernèrent en commun. Mais le premier, qui ne nous est connu que par un sobriquet ridicule, paraît avoir donné sa procuration à son frère et n'avoir que de cette manière figuré dans les actes de la baronnie.

Roger, qui, contrairement à Gratepaille, était très-ambitieux et très-remuant, fut le baron de Clérieux que sa querelle avec le roi saint Louis a rendu à jamais célèbre. Nous avons dit, dans les précédents articles, comment il était devenu l'âme damnée des Dauphins, et pourquoi ceux-ci étaient en guerre avec les comtes de Valentinois. Nous expliquerons, à l'article des Bérengers, les motifs d'influence que Flotte de Royans pouvait avoir auprès du roi saint Louis, et comment, devenue comtesse de Valentinois, elle en profita pour mettre dans son parti le chef vénéré de la sainte croisade.

Ce fut en juillet 1248 que le roi saint Louis descendit le Rhône, à la tête de l'élite de toute la chevalerie de France. Roger, qui, comme nous l'avons dit, avait sur le fleuve un droit de péage, qui paraît antérieur à la première bulle des empereurs, eut l'imprudence d'y vouloir soumettre les croisés. Les gens de saint Louis qui étaient à l'avant-garde de ses troupes résistèrent à sa demande, et il y eut alors une collision où ils n'eurent pas l'avantage. Le roi, fort irrité de cette audace, dont il ne comprenait peut-être pas le motif, vint assiéger, par terre et par eau, le château de la Roche-de-Glun, qui forme un promontoire dans le lit du fleuve. Il le prit, le rasa et fit mettre aux fers la garnison captive. Cependant, un peu plus tard, calmé par les explications et les instances du Dauphin, il alla jusqu'à consentir à rendre au baron de Clérieux le château où il avait reçu cette offense.

Le récit de Joinville, qui, naturellement donne à son souverain toutes les raisons dans cette échauffourée, ne dit que quelques mots de cette affaire; mais Fontanieu, dans son histoire manuscrite, déposée à la Bibliothèque royale à Paris, page 589, nous a conservé le texte d'un traité passé à Romans en 1256, c'est-à-dire huit ans après le siège de la Roche-de-Glun, entre Guigues, dauphin, et Aimar de Valentinois, qui ajoute quelques renseignements sur cette querelle. Ils sont d'autant plus curieux qu'ils montrent, à l'époque même de leur plus grande indépendance, toute la crainte qu'inspirait à nos petits suzerains du Dauphiné tout démêlé avec les monarques qui gouvernaient la France.

Le Dauphin, qui vient de terminer dans le Royans une autre guerre avec le comte de Valentinois, joint aux griefs qu'il lui reproche ceux plus anciens qu'il peut invoquer contre lui :

« Je n'ai pas, dit-il, seulement à me plaindre de lui dans
» cette occasion, et je dois rappeler que durant une ancienne
» trêve ledit Aimar ne craignit pas de venir avec une multi-
» tude de gens armés donner des secours à *ceux* qui assiégeaient
» la Roche-de-Glun, qui était un de mes fiefs et *rendable*, et
» que ledit Aimar et sa mère (Flotte de Royans) avaient fait
» bien d'autres choses contre la susdite trêve. »

On voit avec quel soin ce prince, tout bouillant encore de l'affront qu'il a reçu il y a si peu de temps, évite de parler de saint Louis, à qui le comte de Valentinois n'a fait que prêter secours. L'arrêt du seigneur de Crussol, qui, comme arbitre amiable, préside à ce nouveau traité, est encore d'une circonspection bien autrement remarquable. « Il se contente de dire
» que ce sont déjà choses anciennes, et que les deux seigneurs
» doivent se remettre mutuellement les choses qu'ils ont faites
» contrairement à la trêve. » Ce n'en est pas moins un fait très-grave à mes yeux que cette destruction de la Roche-de-Glun, après toutes les intrigues et les sacrifices faits par les Dauphins pour se procurer cette place en Valentinois, et leur refoulement opéré dans le Graisivaudan par toutes les forces de la France soulevée.

En 1255 Roger de Clérieux fit hommage de Baternay et de Miribel à l'église de Vienne. On ne sait que bien peu de choses de lui après la signature qu'il donna au traité de Romans en 1256. Il avait trois fils, dont l'aîné, Sylvion, fut un détestable sujet. Du vivant de son père, il était bailli des Montagnes du Dauphiné pour le Dauphin, et déploya dans ce poste une grande violence de caractère. Il fit arrêter et mettre en prison le baron de Vocance pour une querelle qui lui était personnelle, et donnait à Pisançon asile à l'assassin de Galbert, homme lige du Dauphin, qui pour ces faits le fit poursuivre au criminel par une commission du conseil delphinal, à laquelle il ne put échapper qu'en réclamant son droit d'être jugé par ce prince.

Héritier de la comtesse de Valentinois, son aïeule, il avait des terres qui le rendaient indépendant de la puissance paternelle. Cependant, en 1253, Roger, qui vivait encore, comme le prouve son sceau attaché à l'acte, craignant de le voir dissiper l'héritage de ses pères, l'obligea de l'assurer à ses deux fils, Roger et Sylvion, qui paraissent en avoir joui de son vivant même. Il usurpa la dot de son frère religieux. Enfin, jusqu'en 1262, on le suit dans une série d'actes tout aussi peu méritoires. A cette époque, ils se confondent avec ceux de son second fils, Roger; si bien que l'on ne sait si ce fut lui ou son fils qui prit part aux rixes que causa en 1274 la possession du château de Pisançon.

Roger et son frère Sylvion. Nous avons dit qu'il existait à Pisançon deux places importantes qui dépendaient du chapitre de Romans, la citadelle et le château, et que les chanoines en avaient donné la garde à deux seigneurs différents, Lambert de Chabeuil et Sylvion de Clérieux. L'archevêque de Vienne, sachant qu'ils étaient en guerre l'un contre l'autre, leur ordonna de vider les deux places. Sylvion obéit; mais Lambert fit occuper sa forteresse par son parent Humbert de la Tour, qui, après sa mort, acheta les droits qui lui avaient été conférés par le chapitre. Amédée de Roussillon, évêque de Valence et, par intérim, archevêque de Vienne, voulut employer les armes pour le chasser, et, ayant requis Sylvion, comme vassal, assiégea avec lui le seigneur de la Tour; mais ils furent battus l'un et l'autre, et, en 1279, le sire de Clérieux, poursuivi sur ses terres, les vit dévastées par Humbert, fut obligé de faire sa paix avec lui et eut beaucoup de peine à se faire rendre le château de la Roche-de-Glun, dont s'était emparé son adversaire.

J'ai parlé de cette guerre dans l'article des Dauphins, et on a vu qu'elle fut bien autrement désastreuse pour le chapitre, puisqu'elle amena la soumission définitive des habitants de Romans au Dauphin, et bientôt après à la France, son héritière.

Sylvion ne fut pas heureux dans ses autres guerres, car en 1267 il s'était fait battre et mettre à rançon par le comte de Valentinois, qui fût entré à la Roche-de-Glun, sans l'appui qu'il trouva dans le seigneur de Roussillon. Il mourut peu après sa seconde défaite, et vers 1280 laissa à son frère Roger la baronnie.

Celui-ci se hâta de reconnaître le Dauphin comme suzerain de la Roche, qu'il venait de lui rendre. Allard prétend, sans preuves certaines, qu'il prit part à Saint-Marcellin à une ligue de seigneurs qui voulaient défendre leur allodialité contre ce prince. En 1303 il faisait son testament, et y déclarait qu'il avait deux fils, Guillaume-Graton et Guichard, de sa femme Marguerite de Poitiers, qui lui avait apporté dix-sept cents livres de dot; que le premier aurait ses terres dans le voisinage de Romans : Clérieux, Pisançon, Montchenu, etc.; le second, celles de l'autre côté du Rhône : Solignac, Touland, etc., et celles près de Valence : Upie, Montmeyran. Il désigne des possessions qui doivent rester communes, et substitue les deux frères l'un à l'autre; enfin, il semble pressentir l'extinction de sa famille, et veut qu'à défaut d'héritiers mâles ce soient les comtes de Forez et de Valentinois qui deviennent possesseurs de la baronnie.

Graton, son fils aîné, eut une carrière assez glorieuse. Il fut bailli du Viennois pour le Dauphin, et des Montagnes pour le comte de Valentinois. En 1300 il figurait dans l'armée qui assiégeait Mérindol. Huit ans plus tard, le Dauphin lui confiait une négociation près du roi Philippe, qui le conduisit en Italie. De retour vers 1313, il fut nommé par ce prince membre de la régence du Dauphiné, qu'il organisait par son testament. Mais, en 1321, la guerre entre la Savoie et le Dauphiné s'étant ranimée, il fut fait prisonnier, et, après une longue captivité, soumis à une rançon tellement considérable qu'il fut obligé de vendre une grande partie de ses fiefs, Valclérieux, Pisançon, à son cousin Aimar, comte de Valentinois, qui eut la générosité de lui en laisser la jouissance. Touché par un procédé si désintéressé, il institua dans son testament, fait quelques mois après, Guillaume de Poitiers son héritier, au cas où son frère décèderait sans laisser de mâle. On sait qu'il vivait encore en 1325.

Guichard, son frère, avec qui il vécut toujours dans une

étroite union, eut aussi une carrière honorable. Attaché au Dauphin, alors son suzerain, il en reçut un souvenir dans son testament. Devenu vassal de la France par l'héritage qu'il reçut de sa mère, il acheta l'hommage important de la maison de Tournon en Vivarais; combattit à la bataille de Varey, et figura dans plusieurs traités, dont le dernier est celui fait avec Dragonnet de Montauban. Dans son testament, en 1333, il déclare que n'ayant pas d'enfants de sa femme, Humilie de Tullins, il se conforme aux désirs de son frère et laisse toute sa succession à son cousin Aimar, comte de Valentinois.

Ainsi finit cette antique famille des Clérieux, qui entre pour ainsi dire le glaive à la main dans notre histoire, et qui ne cesse de combattre que pour gagner l'abbaye de Vernaison, qu'elle a préparée pour ses sépultures. Sortie peut-être de la même tige que les Poitiers, elle leur remet après quatre siècles un héritage souvent compromis, mais toujours bien défendu, et qui est borné par deux limites resserrées qu'elle ne peut guère franchir : Romans et le Rhône. Par malheur, les actes qui nous sont restés d'elle, à peine suffisants pour sa généalogie, ne nous apprennent rien sur les populations militaires qui la suivirent dans ses constantes expéditions.

Leur sort fut-il digne d'envie ? Il est permis d'en douter. Sans cesse au milieu des combats, elles eurent une destinée tout autre que leurs voisines. Ce fut peut-être moins l'ambition de leurs barons que leur position topographique qu'il faut accuser de ce malheur. Placées dans un étroit couloir qui contenait le Rhône et la grande route, et bornées à droite et à gauche par des massifs de montagnes, elles étaient le défilé que devait traverser tout ce qui du centre de la France allait batailler en Italie et sur les rivages de la Méditerranée. De là ces interminables querelles. Toujours inondées de soldats étrangers, allant et venant sur leur mince territoire, elles ne pouvaient reposer que dans la cuirasse, et, victorieuses ou vaincues, n'avaient que des combats en perspective.

ROMANS

Son Abbaye et Romans, ville seigneuriale.

Je me suis félicité dans le chapitre précédent de trouver tous mes matériaux réunis, commentés et classés dans la récente publication de M. de Gallier; mais, grâce au remarquable ouvrage de M. Giraud *(Essai sur l'abbaye de Saint-Barnard et la ville de Romans)*, je suis encore plus heureux dans cet article, puisque, outre l'histoire de la ville, je trouve un cartulaire élucidé et presque constamment traduit, de sorte qu'il ne me reste à faire qu'une analyse, qui est certainement déjà dans la mémoire de tous ceux qui ont lu cet important ouvrage.

Vers l'an 1000, époque fixée dans le cadre où je dois restreindre mes recherches, Romans était déjà une place d'une certaine importance, ainsi que le prouvent les actes des comtes bourguignons chargés de régir la province. Saint Barnard, un des officiers de Charlemagne, retiré des affaires mondaines et devenu archevêque de Vienne, y avait fondé un vaste monastère. Attirés par sa présence jusqu'à sa mort et par celle des abbés qui lui succédèrent, de nombreux habitants étaient venus sous leur protection se grouper autour de ce cloître, et y trouvaient une existence facile par suite des nombreuses offrandes que ce saint établissement recevait des souverains et des magnats qui s'y recommandaient à ses prières. Il avait bien été détruit et incendié par les Normands peu après sa fondation; mais, l'invasion passée, il s'était relevé de ses ruines et, comblé des dons de tous les fidèles, était devenu peut-être plus important encore que ne le promettait son début.

Vers 941, autant que l'on peut le présumer par la comparaison de divers actes, il eut à subir une épreuve bien autrement longue et cruelle, car elle était le fait des populations du voisinage et commandée par l'archevêque de Vienne, Sobon, qui, comme son abbé, ordonna pour un méfait inconnu la destruction du monastère qu'il était chargé de présider et de défendre.

J'ai raconté à l'article des barons de Clérieux le peu de détails qui nous sont parvenus sur ce désastre. Il ne paraît pas qu'il ait eu pour cause l'esprit d'indépendance qui soulevait alors la Bourgogne contre son souverain, Rodolphe le Fainéant; car, en 999, au moment de son abdication, ce prince adressait une charte en faveur de l'abbaye, ce qui ferait croire que Romans n'avait pas pris part à la guerre avec l'Allemagne.

La position de cette ville n'en fut pas moins totalement changée, peut-être malgré elle, par les événements qui en furent la suite, car ils donnèrent des droits politiques à Guillaume, un seigneur que Sylvion de Clérieux avait imposé à la ville. Ces droits passèrent au chapitre et à la municipalité, quand elle chassa les chanoines; de sorte que cette ville devint le siége de son propre gouvernement; que ses terres, qui n'étaient que des propriétés rurales quand elles appartenaient à l'abbaye, étaient devenues des fiefs entre les mains des officiers de Sylvion; qu'elles restèrent dans ce nouvel état quand elles furent restituées à l'abbaye, et que la ville, usurpant par intervalles le pouvoir des chanoines, se trouva avoir un territoire politique, des vassaux et des seigneuries sur les deux rives de l'Isère.

Le règne des seigneurs, qui datait de la ruine du monastère, ne fut pas de longue durée à Romans. En 1025, Guillaume, voyant qu'il avait un fils, Léger, qui réunissait toutes les qualités désirables pour faire un abbé, et dont le mérite fut apprécié plus tard comme archevêque de Vienne, le proposa au chapitre, qui le nomma son supérieur, et, avec l'appui d'un chevalier appelé Bornon (tige de la maison de Bressieux), le fit agréer à tout le peuple. Guillaume, en considération de cette gracieuse élection de son fils, se dépouilla immédiatement de tous ses droits sur la cité, qui furent ainsi rendus, non aux habitants de Romans, mais au nouvel abbé. L'empressement que son père, qui possédait d'autres dépouilles du monastère, mit à se dessaisir du pouvoir, ferait croire qu'il était peut-être mal assuré entre ses mains, et que la population n'avait pu se faire à l'autorité qui avait dépouillé le chapitre.

Le jeune Léger se montra digne de la confiance que tout le monde avait en son mérite, et fit tout ce qui lui était possible pour préparer un brillant avenir à sa ville natale. Devenu archevêque de Vienne, après Burchard, qui, par ses promesses aux habitants, avait aussi fort contribué à son élection, il se dépouilla en sa faveur de son pouvoir archiépiscopal, devenu peu populaire depuis la vengeance de Sobon. Il s'entendit avec Conrad, alors souverain, qu'il alla voir en Allemagne; avec le pape, qui lui témoignait beaucoup d'affection, et, à la faveur de quelques légendes assez apocryphes sur la fondation de Romans, il dégagea son abbaye de la directe de Vienne et la mit sous la protection et l'autorité immédiate du pape, auquel, pour la forme, il fit reconnaître un léger tribut d'amandes, fruits alors fort abondants dans le territoire de la ville.

Après lui avoir ainsi assuré un appui trop éloigné pour gêner sa liberté, il voulut lui donner une population plus nombreuse et traita avec une assemblée considérable de seigneurs et d'évêques pour lui obtenir le droit d'asile. Cette concession, difficile à recevoir des autorités voisines, servait à cette époque à peupler les villes nouvellement établies, qui s'augmentaient ainsi de tous les vassaux du pays qui fuyaient les taxes et les chevauchées seigneuriales.

Il s'occupa en même temps d'agrandir vers le midi son petit territoire. Les évêques de Valence possédaient alors une vaste forêt, celle de Bayanne, qui s'étendait jusqu'à la ville de Romans et même à son levant, puisqu'elle comprenait une partie de la paroisse de Pisançon, qui en est si voisine. Léger l'échangea avec eux contre la forteresse d'Alixan, qui appartenait alors à un de ses parents, mais jadis à son abbaye.

Craignant de découvrir, par cette cession, Romans du côté

de Valence, il mit dans l'acte d'échange que la place serait rendue en temps de guerre, et que les évêques ne pourraient construire d'autres fortifications dans un espace fort étendu qui allait jusqu'aux portes de Valence, puisqu'il avait le Rhône pour limite. Cette précaution n'en fut pas moins insuffisante. et l'évêque Amédée de Roussillon devait bientôt en prouver l'inutilité à la bourgeoisie de Romans, dont vers le nord Léger augmenta les possessions d'une manière plus assurée, en les portant à Crépol et jusqu'aux limites actuelles du département. Non content de tout ce qu'il venait de faire pour la peupler et l'agrandir, il reconstruisit son abbaye et son église, et mérita ainsi d'être regardé comme un second fondateur.

Cette époque fut celle de la prospérité du chapitre de Saint-Barnard. Complètement maître de la ville, comblé des restitutions que les seigneurs des environs lui faisaient de son ancien patrimoine, accablé des dons des simples fidèles, qui se dépouillaient pour lui de leur chétif jardin et de leur misérable cabane, il n'aurait dû songer qu'à sa reconnaissance envers l'archevêque qui lui avait procuré tous ces biens. Il n'en fut rien. Il s'adonna au luxe et à l'insubordination contre lui, et Léger fut obligé de lui faire adresser par le pape une verte réprimande, où le Saint-Père leur rappelle l'abjection dans laquelle étaient les chanoines sous leur ancien seigneur Guillaume, et les menace d'une excommunication qui ne saurait se faire attendre, s'ils ne s'amendent à l'instant même.

Cette vive mercuriale du pape produisit son effet tant que Léger vivant put en faire valoir les termes; mais sous son successeur l'abbaye de Romans, qui avait été sécularisée après les désastres de Sobon et se trouvait composée de deux espèces de chanoines, les laïques et les séculiers, fut en proie à toute espèce de désordres. Les premiers chassèrent ceux qui étaient du clergé, et les papes eurent bien de la peine à maintenir un peu d'ordre. Ce furent les seuls événements qui agitèrent la ville. On publia la Croisade, et les seigneurs de Peyrins, qui prirent la croix sur l'autel de Romans, entraînèrent à leur suite en Palestine tous les hommes remuants, avides d'émotions et d'entreprises.

Vers ces premières années du XIIᵉ siècle, les chanoines confièrent leurs deux places de Pisançon à Guillaume de Clérieux et à Lambert-François de Peyrins. Nous verrons à l'article des Bérengers que ce dernier chercha toujours à s'approprier ce simple dépôt.

Malgré ses désordres, le patrimoine du chapitre s'accroissait promptement par les libéralités des seigneurs qui partaient pour la Terre-Sainte. Le fief de Crépol, les paroisses de Saint-Paul, de Chanos et une foule d'autres localités lui furent remises de cette manière. A la fin du XIᵉ siècle, la cité de Romans n'était pas dans un état moins favorable et n'est plus traitée comme un bourg obscur. Le pape Urbain la désigne comme ville et parle de son pont sur l'Isère et de son hôpital. Calixte y vient faire un séjour et y arrange dans une assemblée quelques difficultés qu'elle a avec son voisinage.

On voit qu'elle a profité des libéralités de Léger. Les habitants, comme nous l'avons vu à l'article des Clérieux, songent à lui donner une enceinte de murailles, et le premier siége qu'en fit le Dauphin, lorsqu'il se contenta d'une rançon et permit néanmoins cette construction, leur en fit une obligation pour leur sûreté, à laquelle les Clérieux seuls s'opposèrent pour obtenir quelques indemnités.

Un siècle et demi s'était déjà écoulé depuis la mort de Léger. Sous la protection assurée du chapitre les négociants de Romans s'étaient livrés aux commerces les plus lucratifs, et les pratiquaient, surtout celui des cuirs, sur une très-grande échelle. Leur richesse, dont l'abbaye profitait au moyen de ses droits seigneuriaux, avait acquis à certains négociants la faveur des chanoines, qui, comme nous le voyons au sujet des transactions pour la construction des murs, ne craignaient point de les appeler à la direction des affaires de la ville; mais c'était une faveur, et non un droit spécial qu'ils avaient à y prendre part. Or, en même temps que la fortune, le désir de l'indépendance s'était glissé dans leurs cœurs et ils ne voulaient plus d'une simple tolérance fondée sur le bon vouloir de l'Église. Vers 1200 donc ils commencèrent à s'assembler tumultueusement, et demandèrent enfin au chapitre la jouissance pleine et entière de *leurs bonnes coutumes.*

En quoi consistaient ces droits dont les chartes ne faisaient pas mention ? Ils ne le savaient peut-être pas eux-mêmes; mais ce qu'ils voulaient réellement c'était une grosse part au gouvernement, et le chapitre, fort de sa concession seigneuriale donnée par Guillaume, ne voulait pas la leur laisser prendre, et se montrait parfaitement sourd à des requêtes qui n'avaient pas de limites précises.

Tant que la ville était restée ouverte, ainsi que le remarque très-judicieusement son historien, M. Giraud, il n'y avait eu aucun débat à ce sujet. Les riches négociants, entourés de voisins assez suspects sur l'article de la légalité, renfermaient dans leur cœur une vanité qui pouvait être ruineuse, et avaient un besoin journalier de la haute protection de l'Église. Mais quand ils se virent entourés par une forte enceinte, flanquée de hautes tours, que les ruraux devaient se contenter d'admirer à distance, ce désir, comprimé depuis longtemps, devint une passion, et ils voulurent s'assembler librement sous la présidence de syndics ou de consuls, nommer des chefs à leur milice et s'imposer des tailles en dehors de celles du chapitre, dont ils règleraient eux-mêmes et l'emploi et la quotité.

La querelle entre les habitants et le chapitre commença par des injures et des voies de fait. L'archevêque Humbert accourut et vint interposer son autorité au milieu des deux troupes ennemies. Ce prélat était personnellement agréable à la multitude, et avait pris parti pour elle à Moirans dans une querelle du même genre. La bourgeoisie fut contrainte d'accepter son arbitrage et de donner même trente mille sous viennois comme gage de son obéissance à la sentence que le prélat allait prononcer. Humbert s'adjoignit un certain nombre d'évêques et d'ecclésiastiques renommés par leur modération, leur savoir et expérience, et, en 1212, il rédigea avec eux une charte constitutionnelle destinée à régler les droits des archevêques, ceux du chapitre et enfin ceux qu'il regardait comme indispensable d'accorder aux habitants, devenus riches et de plus possesseurs d'une forte ville de guerre.

Cet acte est beaucoup trop long pour pouvoir être rapporté ici. Comparé par l'auteur que j'analyse à celui de Moirans, promulgué dans des circonstances analogues, il est beaucoup plus favorable à la bourgeoisie. Cependant le chapitre y conserve seul le gouvernement et la juridiction de la ville. Les habitants ne peuvent sans son consentement y tenir des assemblées publiques. Les consuls n'ont plus d'autorité ; cependant, sous le nom de *syndics*, ils peuvent, en cas d'impositions et nouvelles tailles, réunir les habitants ; et le conseil qui les rejette ou les approuve n'est plus le chapitre seul, mais ses délégués et ceux de la ville. On ne peut plus arrêter un habitant qui donne caution suffisante, et ses meubles être saisis qu'après jugement. Les chanoines en cas de guerre paient les soldats mercenaires ; les bourgeois, leurs clients, après les avoir armés. Les premiers sont seuls chargés de défrayer les souverains qui passent dans la ville, etc., etc.

Cette charte règle également les droits et la maison de l'archevêque de Vienne. Il a à Romans un procureur pour toucher les amendes, un vehier, qui est chanoine, pour rendre la justice, mais en cassation seulement, car elle est administrée par des juges laïques ; un maréchal pour le précéder dans ses voyages à cheval, un camérier pour la garde de ses meubles, enfin un panetier.

La maison des chanoines est également soumise à ses articles. Ils ne peuvent plus prendre à crédit chez les marchands de Romans, et sont tenus de payer leurs comptes aux grandes fêtes. La charte nous les montre vivant en commun et servis par deux cuisiniers, un boulanger et un sommelier, et n'ayant d'autres officiers qu'un pontonnier percevant le péage du pont et un baile pour la police des rues de la ville.

Il y a dans cette charte une foule de documents intéressants pour cette époque reculée, mais qu'on ne saurait rapporter ici. Ce que nous devons remarquer, c'est que pour quelque temps elle mit fin aux discussions qui agitaient la ville, et qu'elle créa aux habitants de Romans une position toute nouvelle, en leur donnant des droits reconnus et écrits, et en leur permettant de partir d'une base indiscutable pour les nouveaux empiètements qu'ils voudraient se permettre sur les anciens droits du chapitre.

A la suite de cette convention, il y eut cependant entre les deux partis qui agitaient Romans une trêve d'une douzaine d'années, pendant lesquelles l'historien ne trouve à enregistrer que le passage de Simon de Montfort, qui venait de combattre les Albigeois et y négocia avec le comte de Valentinois, et les querelles insignifiantes du chapitre avec les seigneurs de Peyrins, qui ravageaient ses terres. Après cet intermède, les bourgeois reprirent leurs attaques contre les chanoines et, en 1212, se plaignirent amèrement de quelques abus dans l'exécution du pacte imposé par leur archevêque.

Ils tinrent des assemblées populaires, nommèrent des consuls, contre le texte même du traité, obligèrent les chanoines à consentir en 1233 à une révision du pacte et à subir quelques réformes dans leur chapitre. L'abbé temporisa de son mieux; mais ils ne furent guère plus satisfaits après qu'ils ne l'étaient avant ces concessions. L'archevêque de Bournin, fort aimé du peuple, suivit son exemple, et, sauf quelques légères querelles avec le Dauphin et les seigneurs de Peyrins, la paix continua jusqu'en 1270, où un nouvel archevêque, Guy d'Auvergne, dépassa les pouvoirs convenus et souleva même contre lui le chapitre. Il voulut profiter de la querelle entre les deux seigneurs gardiens de Pisançon pour faire passer la portion de Lambert de Chabeuil à son parent Humbert de la Tour-du-Pin, qui seul, disait-il, pouvait la prendre de force et la garder après l'avoir prise. Le chapitre, qui redoutait fort un vassal si puissant, n'osait refuser. Cependant, Lambert, qui était mourant à cette époque, lui restitua son fief, ce qui semblait anéantir toute discussion. Mais Humbert, désappointé dans ses espérances, imagina d'acheter de ses héritiers les droits temporaires que le seigneur de Chabeuil tenait du chapitre, et, aidé de son parent Guy, s'installa dans la forteresse, où il ne fut pas inquiété du vivant de l'archevêque de Vienne.

Amédée de Roussillon, administrateur de l'archevêché jusqu'à une nouvelle élection, n'était pas homme à supporter patiemment une usurpation de ce genre. Il assiégea Humbert de la Tour à Pisançon; mais il s'y défendit si bien qu'il fut obligé de traiter avec lui et en devint alors co-propriétaire avec les comtes de Valentinois, qui en héritèrent peu après des Clérieux.

Ce fut vers cette époque, 1280, qu'eut lieu à Romans le passage du fils du roi de Sicile. Nous avons vu dans l'article des Dauphins tous les troubles qui en furent la suite, les collisions qui eurent lieu entre le peuple et le chapitre, la prise de Romans par le Dauphin, la concession qu'il fit aux habitants de cette charte de liberté qu'ils désiraient depuis tant d'années, et la manière dont, au moyen d'une amende prodigieuse, il en paralysa les concessions et calma leur désir d'indépendance en s'emparant au préalable de leurs biens et de leurs personnes.

Arrivée à cette époque, où les Dauphins sont entièrement maîtres de la ville, notre histoire de l'allodialité de Romans est complètement terminée. Qu'importe que, comme en 1338, Humbert vienne encore de son château de Pisançon, suivi de ses hommes d'armes, prêter un serment dérisoire de vassal à l'abbé de Romans, puisqu'ils savent que ce vassal a entre ses mains et leurs biens et leur vie. En 1349, son abdication les remet à l'autorité française, qui, trop puissante pour avoir quelque chose à craindre de leurs velléités d'indépendance, leur laisse une petite juridiction sur Clérieux et Peyrins, qui dure jusqu'à Louis XI, lequel oblige enfin le chapitre à un serment d'*homme lige*.

Nous avons vu dans cet article qu'à la différence d'autres petites nationalités, Romans ne parvint pas à l'allodialité par une lutte directe avec le pouvoir des empereurs d'Allemagne; que ce fut à son archevêque Léger qu'il dut son indépendance et aux chevaliers soulevés les fiefs qui vinrent s'y joindre plus tard. On rendit au monastère d'abord de simples terres, après des églises : Baternay, Vinay, et, vers 1045, de petits fiefs : Samson, Chanos, Anse, Saint-Félicien en Vivarais, fruits des prédications faites sur la prochaine fin du monde. Le chapitre remit Saint-Geoire aux barons de Clermont, qui, à ce prix, ne dédaignèrent pas de devenir ses vassaux. Les barons de Clérieux l'étaient déjà, ainsi que ceux de Bressieux, qui avaient reçu Châtillon-Saint-Jean et Pisançon. Mais, dès qu'après la construction de ses murailles la bourgeoisie, qui s'était emparée du gouvernement, voulut s'affranchir du pouvoir de l'Église, qu'elle regardait comme devenu inutile, ses vassaux imitèrent son exemple et ne voulurent plus recevoir ses ordres ; car les populations rurales, qui avaient accepté sans difficulté la domination des chanoines, ne voulurent pas dépendre des classes inférieures de la cité, dont elles redoutaient les exactions et les violences. A leur exemple, les seigneurs vassaux renièrent un gouvernement auquel ils n'avaient rien promis, et se posèrent. si ce n'est en ennemis, du moins en protecteurs de la ville.

Villes et petites seigneuries des cantons nord de l'Isère.

Cette portion du Dauphiné, dans laquelle depuis l'époque allodiale le commerce a créé plusieurs centres qui maintenant jouissent d'une certaine importance, était, à ce qu'il paraît, à peu près purement rurale à l'époque de la disparition de la maison de Bourgogne. Le Grand-Serre n'était encore qu'un village; Saint-Vallier, un simple prieuré, qui s'était cependant annexé les paroisses de Saint-Barthélemy-de-Vals et de Saint-Uze. Saint-Donat s'était adjoint quelques villages voisins, dont il ne lui resta bientôt qu'Arthemonay. *Bourgs : Saint-Donat. Saint-Vallier.*

Ce bourg fut, comme on le sait, le sujet de la fameuse querelle entre l'archevêque de Vienne et saint Hugues, qui en obtint la suzeraineté, mais qui de fait appartint plus aux seigneurs de Moirans qu'aux évêques de Grenoble. L'occupaient-ils en leur nom ou en celui des Dauphins? C'est probablement une simple question de date; car, dans certains actes, si les Dauphins les traitent en vassaux et les appellent leurs *hommes*, dans d'autres ils agissent en véritables suzerains, et, en 1164, donnent des chartes aux habitants de leurs terres. *Sires de Moirans.*

En 1367 ils s'éteignirent, et leurs possessions, diminuées par des aliénations, passèrent dans la maison de Montchenu par héritage. Ils avaient, outre cela, quelques territoires dans le nord du département, entre les baronnies de Clériéux, de Clermont et les fiefs des Dauphins; ils comprenaient Ratières, Châteauneuf-de-Galaure. qu'en 1263 ils s'obligent à ne pas vendre sans le consentement du Dauphin, et Saint-Donat, qui, appelé alors Jouvincieu, passa des évêques, en 1315, aux barons de Faucigny, en 1428, à la maison de Saluces, etc.

Seigneurs de Beauvoir. Les seigneurs de Beauvoir, qui résidaient dans les environs du Royans, avaient des terres considérables dans le voisinage de Vienne, et, comme ceux de Moirans, plus d'indépendance que les vassaux ordinaires. En 1254 ils vendirent au Dauphin la majeure partie de leur territoire, et s'éteignirent, en 1477, dans la famille de Virieu-Faverge. En 1330 ils étaient encore possesseurs de la terre de Geyssans, dont ils firent hommage au Dauphin.

Chevaliers de Malte. L'Ordre de Malte avait deux territoires importants dans les cantons au nord de l'Isère : la commanderie de Saint-Paul, qu'en 1317 ils partagèrent avec le Dauphin, et le Laris et Montfalcon, dont ce prince avait la moitié.

Seigneurs de Peyrins. Les anciens seigneurs de Peyrins, descendants d'Ismidon de Royans, avaient aussi à la porte de Romans des terres allodiales, qu'ils aliénèrent aux Dauphins. Je renvoie leur article au chapitre suivant, qui est consacré aux branches de la maison de Bérenger.

Autres seigneurs. On voit par le tableau des actes qui est joint à la carte, à laquelle il sert de commentaire, qu'il y avait dans ce pays d'autres familles ayant tout au moins des prétentions à l'indépendance. J'y renvoie le lecteur, en le prévenant que ces nombreuses seigneuries m'empêchent pour cette fois de les classer autrement que par notre délimitation de cantons, qui est plus large et indique leur position topographique. Elle lui suffira pour avoir une idée de leurs toutes petites limites.

Il y a cependant deux baronnies qui, étant des premières du Dauphiné et occupant sur la carte un espace considérable, demandent une mention plus détaillée. Je vais finir par elles cet article un peu long, vu qu'il ne concerne que 54 communes, mais auquel j'ai été obligé de donner plus de latitude, car elles composent les cantons au nord de l'Isère, dont l'histoire, dépendante du Viennois, a une autre source que celle des cantons du midi du département,

Barons de Clermont. La maison de Clermont, dont la baronnie, sur les confins de la Savoie et du Dauphiné, ne dépendait ni de l'un, ni de l'autre de ces deux pays, serait restée étrangère à la Drôme, si elle n'eût hérité de la famille d'Hauterives, que les généalogistes regardent comme son ancienne souche, qui paraît dès 1100 et est, disent-ils, proche parente d'Henri V, empereur d'Allemagne. Je ne saurais rapporter dans cette analyse tout ce qui a été écrit à ce sujet. Cette branche s'éteignit vers 1300 et laissa aux barons de Clermont un territoire qui s'avance entre les terres du Dauphin et la baronnie de Bressieux jusqu'à celle de Clérieux, dont elle devient ainsi limitrophe.

Cette partie des possessions des Clermonts, dont nous avons seulement à nous occuper, contenait Hauterives, que ces barons cédèrent en 1420 à la famille de Poisieux ; les communes, en plus grande partie, de Saint-Martin, Saint-Muris, Saint-Germain, etc. ; Montrigaud, qui en 1327 fut hommagé au Dauphin, sauf réserve en faveur des Clermonts ; Charmes, qu'ils vendirent en 1420 aux Poisieux, et Crépol, qui suivit les mêmes mutations que Charmes.

Les barons de Bressieux étaient plus certainement que les Clermonts originaires du pays, car ils descendaient de ce chevalier Bornon que nous avons vu jouer un rôle important à l'élection de l'archevêque Léger, et qui, en récompense de son zèle, reçut de ce prélat la garde du château de Pisançon, qu'il transmit à son fils, Adhémar de Bressieux, à peu près à titre héréditaire, puisque l'on sait par le cartulaire de Saint-Barnard qu'il vendit une partie des terres de ce fief. Il paraît que ce fut après cette aliénation qu'il se fixa dans la terre de Bressieux, dont son père ne portait pas le nom.

Barons de Bressieux.

Cette famille, qui en 1206 fournit un grand maître du Temple, avait des terres considérables dans l'Isère et dans la portion de la Drôme qui en est limitrophe. Ces dernières, dont nous avons seulement à nous occuper, étaient en 1309 Saint-Jean-d'Octavéon, Parnans et Montmiral, dont elle fait hommage au Dauphin en 1340, le Grand-Serre, Lens, etc.

Vers la fin du XIVe siècle, l'héritière de cette maison fit par mariage passer ses possessions à la maison de Grolée, qui continua la famille et prit le nom de baron de Meuillon par suite d'un autre héritage. Elle conserva son allodialité bien plus tard que toutes ses voisines, puisque en 1612, époque où sa terre fut érigée en marquisat, Guy Allard prétend qu'il n'y en avait alors qu'un septième de la mouvance du Dauphin.

Faute de renseignements plus exacts, on peut se faire une idée de l'importance que pouvaient avoir ces petits états vis-à-vis les uns des autres, en relevant le chiffre de la population actuelle de leurs diverses communes. Mais il ne faut pas oublier que cette opération ne peut se faire qu'en admettant qu'elles étaient peuplées de même autrefois et ont conservé leur ancienne délimitation. Ces deux suppositions admises, on trouve pour les Dauphins 24,000 habitants, pour les Clérieux, 15,000, pour Romans et son territoire, 10,000, environ 5,000 pour chacune des deux baronnies de Clermont et Bressieux, et autant pour les autres réunies.

JUSTIFICATION DE LA CARTE.

Cantons au nord de l'Isère.

Anneyron, 2,527 habitants. Il faisait très-anciennement partie du patrimoine des d'Albons.

Albon, jadis *Épaône*, 2,663 habitants. Donné à Abon en 831. En 1248 le Dauphin donne des franchises.

Claveyson, 825 habitants. Dépend des Clérieux; mais en 1361 les habitants reconnaissent le Dauphin.

Beausemblant, 727 habitants. Villain Simboud en 1297 reçoit du Dauphin concession des Delphinaux.

La Motte-de-Galaure, 583 habitants. En 1307, Ramel, gendre de la Motte, fait hommage à Jean, dauphin.

Saint-Vallier, 2,409 habitants. En 1204, Jean, dauphin, donne des franchises; cependant la ville est à la maison de Bourgogne; en 1225 à Guigues, dauphin, époux de Marguerite de Bourgogne, qui a des terres voisines, et en 1267 achète le château d'Albert de la Tour-du-Pin.

Saint-Barthélemy, 1,043 habitants. En 1322 le Dauphin en alberge les moulins.

Saint-Uze, 609 habitants. Est du territoire de Saint-Vallier et en suit les changements.

Mureils, 286 habitants. En 1250 Odebert de Châteauneuf fait hommage à Sylvion de Clérieux, et plus tard la Motte en fait hommage à Guillaume de Moirans, qui le vend aux Allemans en 1343.

Ratières, 692 habitants. En 1263 Geofroid de Moirans s'oblige à ne pas vendre sans le Dauphin; *idem* 1288.

Châteauneuf-de-Galaure, 1,203 habitants. En 1263 le même comte prend le même engagement.

Épinouze, fut donné par Arthaud de Roussillon au Dauphin.

Moras, 4,053 habitants. Dès 995 les d'Albons reçoivent de l'empereur la moitié du château. En 1079 Guigues donne la chapelle. En 1321 il est hommagé aux Dauphins par noble Paladru, en 1364 à Aimar de Roussillon.

Montaney. En 1307 les seigneurs d'Hauterives en font hommage au Dauphin.

Hauterives, 2,284 habitants. En 1307 les d'Hauterives en font hommage au Dauphin, et en 1321 les Clermonts.

Saint-Martin, Saint-Muris, Saint-Germain. Aux Clermonts, avec hommage au Dauphin.

Le Laris, 239 habitants. En 1364 par moitié aux chevaliers de Malte et au Dauphin.

Montfalcon. Idem en 1394. Pariage du Dauphin et des chevaliers.

Montrigaud, 1,689 habitants. En 1327 hommage de Berlion de Luvaure au Dauphin et aux Clermonts.

Mantaille. Au Dauphin, sauf des droits à l'archevêque de Vienne jusqu'en 1383.

Valclérieux. Fait partie de la baronnie de Clérieux.

Le Grand-Serre, 1,771 habitants. Aux barons de Bressieux.

Lens-Lestang, 1,532 habitants. Aux Dauphins.

Montchenu, 958 habitants. Aux Clérieux. En 1284 les Valentinois le donnent au Dauphin. En 1297 Filioz de Montchenu leur prête hommage.

Bathernay, 244 habitants. Donné à Saint-Barnard en 942. Usurpé par le prieuré de Saint-Vallier. En 1340 le commandeur l'hommage au Dauphin.

Charmes, 878 habitants. Donné à Saint-Barnard au XIe siècle, au XIIe aux d'Hauterives, en 1336 hommagé au Dauphin.

Arthemonay, 368 habitants. Dépend de Saint-Donat. En 1446 au Dauphin de France Louis.

Saint-Donat, 2,084 habitants. Occupé par les comtes de Moirans. Revient aux évêques de Grenoble. En 1215, André, dauphin, y donne des terres. En 1315 aux Faucignys. En 1333 les Dauphins ont le château, après aux Saluces, etc.

Marsas, 730 habitants. Aux Clérieux, après aux Allemans et aux Saint-Valliers.

Margès, 308 habitants. Odebert de Châteauneuf, en 1259, en fait hommage à Sylvion de Clérieux. Il passe aux Allemans.

VIENNOIS DE LA DRÔME.

CANTON DE ROMANS.

Romans, 9,285 habitants. Fondé par le chapitre de Saint-Barnard. En 1246 paie redevance au Dauphin, qui 30 ans après en est possesseur.

Triors, 373 habitants. Au chapitre. Passe au Dauphin en 1446. Revient au chapitre en 1540.

Crépol, 983 habitants. Au chapitre. Passe au XII° siècle aux d'Hauterives et en 1420 aux Poisieux.

Saint-Paul, 1,118 habitants. Au chapitre. Passe au Dauphin, qui en 1317 partage avec le commandeur de Malte.

Génissieux. En 696 à l'église de Vienne, en 907 au chapitre. En 1160 Sylvion de Clérieux le donne aux d'Albons.

Peyrins, 2,785 habitants. Au chapitre et aux héritiers d'Ismidon. En 1302 ils vendent leur part au Dauphin.

Miribel, 431 habitants. En 1080 donné au chapitre par Gontard, à Bertrand de Moirans, en 1253 à Sylvion de Clérieux.

Clérieux, 1,678 habitants. En 1152 inféodé par l'empereur à Sylvion de Clérieux, en 1262 hommagé au Dauphin.

Geyssans, 482 habitants. En 1330 Guigues de Beauvoir fait hommage au Dauphin de sa Bâtie de Geyssans.

Saint-Jean-d'Octavéon, 762 habitants. En 1309 Hugues de Bressieux en est possesseur, en 1350 le Dauphin.

Parnans, 583 habitants. Est aux Bressieux. En 1344 Louis de Bressieux fait hommage au Dauphin.

Montmiral, 1,958 habitants. Aux Bressieux. Louis et Hugues de Bressieux en 1344 font hommage au Dauphin.

CANTON DE TAIN.

Serves. En 1248 Almeric, seigneur de Limone, en fait hommage au Dauphin.

Érôme, 1,923 habitants. En 1266 Sylvion d'Héras en fait hommage au Dauphin.

Tain, 2,340 habitants. En 1295 Guiot, seigneur de Tournon, en fait hommage au Dauphin, qui y reçoit d'autres hommages en 1342.

Mercurol, 1,104 habitants. Au XI° siècle donné par Odon de Mercurol à Saint-Barnard. Aux Clérieux, qui en 1260 font hommage au Dauphin.

Chantemerle, 622 habitants. Aux Clérieux. Aimar de Poitiers en fait hommage au Dauphin en 1338.

Curson. En 1152 inféodé par l'empereur à Sylvion de Clérieux. Roger en fait hommage au Dauphin.

Chanos, 970 habitants. Dès le XI° siècle aux Clérieux.

CANTON DE TAIN. (Suite.)

Larnage, 645 habitants. En 1191 est déjà aux Clérieux. En 1343 Louis de Poitiers en est encore suzerain.

Croze, 363 habitants. Fait partie de la baronnie de Clérieux.

Veaunes, 302 habitants. Fait également partie de la baronnie de Clérieux.

Beaumont-Monteux, 890 habitants. *Idem*. En 1343 transaction entre le Dauphin et les Poitiers, possesseurs.

Charmagneux. Péage sur l'Isère aux Clérieux. En 1343 les Poitiers en font hommage au Dauphin.

La Roche-de-Glun, 1,849 habitants. En 1208 aux Clérieux (lettre du duc de Bourgogne). En 1280 Roger fait hommage au Dauphin.

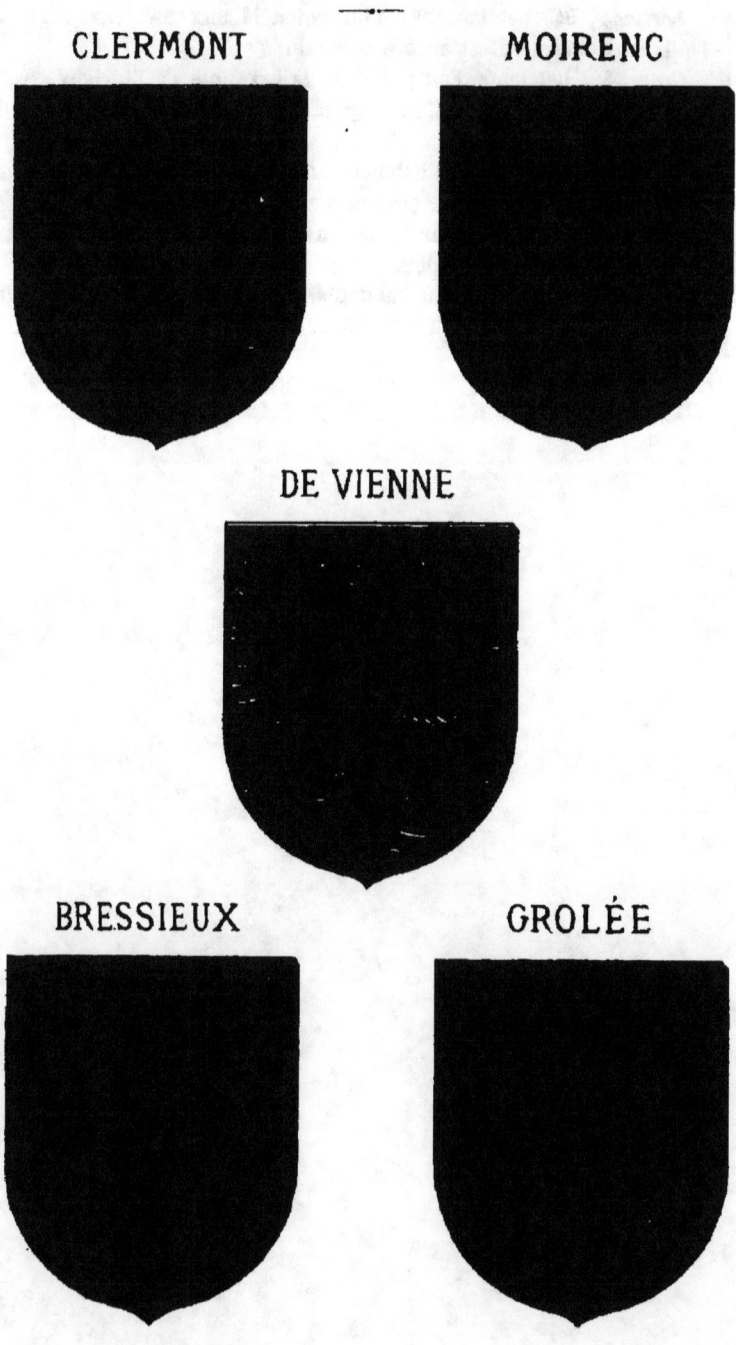

HAUT-VALENTINOIS

- ☐ Evêques
- ☐ Poitiers.
- ☐ Dauphins.
- ☐ Bérangers
- ☐ Chapitre St Barnard.
- ☐ Seigneurs de Chateauneuf.
- ☐ Mevillons

JUSTIFICATION DE LA CARTE.

Le haut Valentinois.

Le Péage-de-Pisançon, 3,577 habitants. Au chapitre de Saint-Barnard, au Dauphin, qui l'échange contre Avisan en 1296, en 1421 aux Poitiers.

Beauregard, 1,651 habitants. Sur la liste des places que les Poitiers offrent au pape. En 1272 hommagé à la Dauphine.

Charpey, 2,770 habitants. En 1328 hommagé aux Valentinois, sur leur liste au pape.

Barbières, 653 habitants. Donné en 1205 à l'évêque de Valence par l'empereur Philippe II; en 1330 rendu après confiscation aux Bérengers par les Valentinois et pourtant sur la liste au pape.

Pellafol, château de Barbières. Aux évêques de Valence et aux Rochefort-Samson.

Rochefort-Samson, 1,889 habitants. Rendu par Guillaume au chapitre de Saint-Barnard. En 1252 hommagé par Peloux aux Valentinois avec hommage au Dauphin; sur la liste au pape.

Marches, 610 habitants. Donné par Aimar de Poitiers à son fils en 1324, à Malet, et en 1360 à Bertrand de Taulignan; sur la liste du pape.

Fiancey, hameau donné à l'évêque de Valence par Frédéric en 1157, cependant sur la liste des Valentinois au pape.

Hostun, 1,044 habitants. Aux évêques de Valence. En 1421 aux Poitiers (voir l'enquête de Romans).

Saint-Nazaire, 1,022 habitants. En 1150 au Dauphin. En 1230 apporté en dot par Flotte de Royans aux Valentinois.

Eymeux, 1,737 habitants. Pas d'anciens titres, plus tard les Lyonnes, les Tallards, les Bérengers.

B.-DU-PÉAGE (Suite).

Alixan, 2,429 habitants. En 1070 donné par Léger à l'évêque de Valence. Confisqué sur lui par Louis XI. Ne passe au roi qu'en 1530.

Baume-d'Hostun, 403 habitants. En 1324 au Dauphin, qui le cède à Jean de Montmiral. En 1355 à Raymond Bérenger.

Châteauneuf-d'Isère, 2,264 habitants. Donné en 1157 aux évêques par Frédéric. En 1243 Raymond de Châteauneuf, confisqué par Louis XI. Reste à l'évêché cependant.

Châtuzanges, 1,737 habitants. Au chapitre de Saint-Barnard. Aux Poitiers lors de l'enquête de Romans.

CANTON DE CHABEUIL.

Montélier, 1,334 habitants. En 1157 donné aux évêques par Frédéric. En 1334 Adhémar de Poitiers en fait hommage aux évêques de Valence.

Châteaudouble, 737 habitants. En 1157 donné aux évêques par Frédéric. En 1222 acheté par les Valentinois, qui en font hommage à l'abbesse de Commercy.

Barcelonne, 337 habitants. En 1339 hommage de Guillaume de Cornillon aux Valentinois. Sur leur liste au pape.

Montmeyran, 1,842 habitants. En 1328 les Valentinois le reçoivent de divers seigneurs. Liste au pape.

Upie, 1,323 habitants. En 1341 Pons Avril d'Upie en fait hommage aux Valentinois. Sur la liste au pape.

La Baume-Cornillane, 560 habitants. En 1287 vendue par les de Vesc aux Valentinois. Liste au pape.

Baume-sur-Véore, 64 habitants. Donné aux évêques par Frédéric. En 1269 transaction entre Aimar de Poitiers et les chevaliers de Saint-Jean-de-Jérusalem.

Chabeuil, 4,452 habitants. En 1206 Albert et Lambert de Chabeuil le promettent par trois actes au Dauphin, qui l'achète en 1255 de Flotte de Sassenage.

Chaffal, *Léoncel*, 284 habitants. Est hommagé au Dauphin, comme baron de Montauban.

Combovin, 840 habitants. Pas d'anciens titres.

Montvendre, 1,015 habitants. Donné aux évêques par Frédéric et par Humbert de Montvendre en 1178, et par Sylvion de Crest en 1226.

Peyrus, 1,040 habitants. Pas d'actes.

CANTON DE VALENCE.

La Vache, 400 habitants. En 1279 Catherine de Bérenger, veuve de Châteauneuf, en fait hommage aux Valentinois. Sur leur liste au pape.

Étoile, 3,000 habitants. Donné à l'évêché en 1157 par Frédéric. En 1250 passe aux Poitiers et est sur leur liste au pape.

Valence, 10,406 habitants. Donné aux évêques en 1157 par Frédéric. Au XIIIe siècle disputé par les Valentinois, confisqué par Louis XI.

Bourg-lès-Valence, 2,820 habitants. Au chapitre de Valence. Les évêques l'ont conservé, même après la confiscation de Louis XI.

Fiancey, 435 habitants. Donné aux évêques de Valence en 1157 par l'empereur Frédéric.

Beaumont, 1,200 habitants. En 1178 donné aux évêques par Humbert de Montvendre. En 1539 aux Poitiers pour moitié.

Montéléger, 714 habitants. En 1157 donné aux évêques par Frédéric. Confisqué par Louis XI sur eux, qui le conservent.

CANTON DE SAINT-JEAN-EN-ROYANS.

Bouvantes, 955 habitants. En 1142 il y est fondé un couvent de Chartreux, qui en est possesseur.

Echevis, 195 habitants. Vallée du marquisat de Pont-en-Royans aux Bérengers.

Sainte-Eulalie, 385 habitants. Vers 1100 François Lambert en confirme la donation, ainsi qu'Abaldisie de Peyrins.

Saint-Jean-en-Royans, 2,710 habitants. Aux Bérengers et plus tard aux d'Hostun.

Saint-Martin-le-Colonel, 313 habitants. En 1100 François Lambert de Peyrins donne à Saint-Barnard la paroisse de Saint-Martin.

La Motte-Fanjas, 281 habitants.

Oriol-en-Royans, 820 habitants. En 1295 hommagé au Dauphin par Hugues de Gorces, en 1329 aux Poitiers.

Rochechinard, 424 habitants. En 1250 Arnaud Gelin le vend au Dauphin.

Saint-Thomas, 346 habitants.

Saint-Laurent-en-Royans, 1,175 habitants. En 1100 François Lambert de Peyrins en confirme la donation.

La Chapelle-en-Vercors, 1,300 habitants.
Saint-Agnan-en-Vercors, 1,254 habitants.

En 1357, en échange de leur part de Crest, les évêques reçoivent des comtes de Valentinois le Vercors, qu'ils détenaient ou leur disputaient.

Saint-Julien-en-Vercors, 532 habitants. *Idem*. Il était cependant en 1293 à François de Sassenage.

Saint-Martin-en-Vercors, 1,022 habitants. En 1337 hommagé par un chanoine aux Valentinois. Cédé 20 ans après aux évêques.

Vassieux, 1,003 habitants. En 1328 hommagé par les d'Urre aux Poitiers, au Dauphin et aux évêques.

Allex, 1,442 habitants. En 1157 donné aux évêques de Valence par Frédéric. En 1539 occupé par le roi. Est rendu aux évêques

Aouste, 1,148 habitants. Aux seigneurs de Crest, aux évêques de Die. En 1334 aux Poitiers, avec hommage au Dauphin. Liste au pape.

Beaufort, 407 habitants. En 1332 aux Valentinois, qui en font hommage au Dauphin. Sur leur liste au pape.

Cobonne, 244 habitants. En 1333 vendu par le seigneur de Monteysson aux Poitiers. Sur leur liste au pape.

Crest, 4,347 habitants. En 1226 Sylvion de Crest le donne à l'évêque de Valence. En 1239 moitié à l'évêque et aux Poitiers. En 1330 aux Poitiers.

Urre, 989 habitants. En 1205 donné à l'évêque par l'empereur Philippe II. En 1335 aux Poitiers. Confisqué sur l'évêque par Louis XI.

Gigors, 671 habitants. En 1291 reçu par Aimar de Poitiers de Pierre de Quint par suite d'échange.

Mirabel et Blacons, 349 habitants. En 1213 les Blacons en font hommage au baron de Meuillon.

Montclar, 564 habitants. En 1201 donné par le Dauphin aux évêques. En 1298 acheté par Aimar de Poitiers et hommagé par lui au Dauphin. Liste au pape.

Montoison, 1,267 habitants. En 1238 était déjà aux Poitiers. L'année suivante ils le donnent à l'évêque. Cependant sur la liste au pape.

Omblèze, 465 habitants. Pas d'actes.

Ourches, 309 habitants. En 1247 vendu par Guigues de Châteauneuf à Aimar IV de Poitiers.

Plan-de-Baix, 512 habitants. En 1278 le seigneur de Suze en fait hommage à Aimar de Poitiers. Sur la liste au pape.

La Rochette, 292 habitants. En 1339 hommagé par Bertrand de Montmeyran aux Valentinois. Sur la liste au pape.

CREST-NORD (Suite).

Suze neuve et *ancienne*, 407 habitants. Aux évêques de Die, aux Adhémars. En 1279 hommagée par le seigneur d'Aix aux Poitiers. Liste au pape.

Vaunaveys, 520 habitants. En 1318 les Poitiers y font des concessions aux habitants. Sur leur liste au pape.

Saint-Médard, actuellement hameau. En 1347 hommagé par Amédée de Saint-Médard aux Poitiers. Sur leur liste.

Relast? Aux Poitiers d'après l'enquête de Romans, et sur leur liste au pape.

CANTON DE LORIOL.

Ambonil, 86 habitants Cédé par les Poitiers à Arnaud Paulin.

Cliousclat, 775 habitants. En 1210 vendu aux Poitiers par Adhémar de Monteil. En 1345 était à Aimar de Poitiers.

Livron, 3,275 habitants. En 1157 donné à l'évêque par Frédéric. Confisqué sur lui par Louis XI.

Loriol, 3,048 habitants. Donné à l'évêque de Valence par Frédéric, confisqué par Louis XI.

Mirmande, 2,166 habitants. Donné par Guy Adhémar à l'évêque Giraud. Confisqué à l'évêché par Louis XI.

LES BÉRENGERS.

Branche des seigneurs de Peyrins.

J'ai renvoyé au Valentinois, pour ne pas morceler son histoire, ce que j'avais à dire dans le Viennois sur la maison de Bérenger, qui a joué un rôle si important dans notre Dauphiné. Établie en principe sur la rive nord de l'Isère, elle n'y eut que peu de seigneuries, tandis qu'elle s'étendait avec rapidité sur sa rive gauche, et s'impatronisait jusqu'au fond de la petite chaîne des Alpes qui finit aux portes de Grenoble, pénétrait dans le Midi au delà des limites de notre département, et s'établissait dans les montagnes des Hautes-Alpes qui confinent sa partie méridionale.

Cette famille surgit dans notre histoire dès l'époque de l'occupation du Grésivaudan par les Sarrasins, et y débute dans une position tellement élevée qu'il est bien certain pour tous nos auteurs dauphinois que ce sont nos chroniques qui commencent alors, mais non les siennes, dont l'origine se perd dans le passé et qui ne nous sont parvenues dès lors que sous forme de légendes.

On la croit généralement issue des comtes de Foretz, dont elle porte encore les armes. Cette opinion a cependant soulevé quelques doutes dans ces dernières années, mais seulement, je crois, par suite de la maladresse avec laquelle son historien Chorier établit son point d'attache à cette maison. Cette question, fort insignifiante au fond, nous entraînerait à des explications plus faciles après l'étude que nous allons faire ; nous la renvoyons donc aux notes, à la fin du volume, et nous ne nous occuperons des Bérengers que quand ils apparaîtront dans nos cartulaires de l'Isère et de la Drôme.

Ce qu'il y a de certain, c'est que cette famille appartenait à la loi Gombette, qui était celle de la cour de Bourgogne et celle des comtes de Foretz, qui en étaient issus, et qu'elle en a fait constamment une application si scrupuleuse qu'elle est souvent citée par les auteurs comme exemple des nombreux partages qu'elle entraîne. En effet, ce n'était pas seulement à la mort du chef de la maison que se divisait son patrimoine, mais encore à la majorité de chacun de ses fils. C'est, je crois, à l'exécution constante de cette règle que cette famille dut de se trouver constituée en quelque sorte en petite république oligarchique, où le pouvoir ne passe point au fils aîné de plein droit, mais au plus puissant de la parenté; ce qui amène des changements continuels de chefs, qu'elle prenait tantôt dans une de ses branches, tantôt dans une autre; de sorte qu'il y avait sans cesse déplacement dans son centre d'action, qui voyageait ainsi de Peyrins dans le Viennois, à Chabeuil près de Valence, mais résidait plus volontiers à Morges auprès de Gap ou à Sassenage, situé sous les remparts de Grenoble.

Ces alternatives rendent non-seulement l'histoire de cette maison fort difficile à suivre, mais arrêtent constamment son action politique. Semblable à celle des Allemans, régie par la même loi, le pouvoir y réside moins dans la branche principale que dans les branches collatérales qui en sont émanées; de sorte que pour qu'il y ait action efficace de sa part il faut, en quelque sorte, qu'il y ait accord complet entre tous les membres de la petite république.

Ismidon, prince de Royans, vers 960.

Le premier des Bérengers inscrit dans nos cartulaires est Ismidon de Royans, vivant vers 960. Il n'était pas le seul de sa maison qui eût exercé le pouvoir souverain sur cette délicieuse petite Suisse de notre département, puisque dans l'acte du cartulaire de Saint-Hugues (page 77) passé par Arthaud, évêque de Grenoble, vers 1040, il est fait mention d'un permis d'établissement donné par son père ou son grand-père aux moines de l'abbaye de Montmajour.

On ne sait pas exactement l'époque de sa naissance. Le 23 novembre 1025, jour de l'élection de Léger comme abbé de Saint-Barnard, il était à ce qu'il paraît fort âgé puisque, parmi les promesses que l'archevêque Burchard fait au peuple pour obtenir ses suffrages, il assure qu'il va non-seulement jouir dès à présent des droits de Guillaume sur Romans, mais encore qu'à la mort d'Ismidon il aura la portion des biens du chapitre dont il est détenteur. On comprend qu'il fallait qu'il fût au déclin de la vie pour qu'une promesse de ce genre eût quelque valeur près de la multitude.

Il ne me semble pas cependant avoir été d'âge à participer, dès 941, à la destruction de l'abbaye, car il ne paraît cesser de vivre que cent ans après ce désastre. C'est du moins ce que l'on peut conjecturer de l'acte du cartulaire de Saint-Barnard (N.° 13 bis) où une donation cite parmi des confins l'*hérédité du seigneur Ismidon, prince*; ce qui ferait supposer que sa mort était alors récente, et même que, le partage en étant inachevé, on ne pouvait encore désigner l'héritier. Cet acte, non daté, est de 1030 à 1070 par suite des noms qui y figurent.

Il vivait cependant peu de temps après ce désastre, car le N.° 4 du cartulaire nous apprend qu'il disposa en faveur de Lantelme de Saint-Lattier d'une part des dépouilles du couvent. On fit des démarches près de celui-ci pour en obtenir la restitution, mais ce ne fut qu'en 1052, après le décès d'Ismidon, que l'affaire fut terminée. Lantelme ne voulut pas se dessaisir gratuitement du fief réclamé et obtint mille sous du couvent.

Ce fut Oddon, l'un des héritiers du prince, qui traita cette vente, et les chanoines lui promirent un canonicat en récompense. Il fut convenu, en outre, qu'un psaume au nom d'Ismidon serait chanté journellement après l'office à Saint-Barnard. Les chevaliers tinrent, je crois, à cette clause pour bien constater qu'Ismidon avait agi en donateur, et que ce n'était point une restitution de biens usurpés faite à l'église.

Cet acte n'est point signé par Oddon, qui voulut peut-être, avant de le ratifier, attendre l'exécution de la promesse qui lui était faite ; mais il le fut par Ubold, qui s'y déclare neveu d'Ismidon ; par Arthaud, qui se dit son parent et que l'on suppose le comte de Foretz de ce nom ; enfin par deux Guigue, plus tard dauphins, qui paraissent appartenir à la famille.

Malgré le peu d'empressement montré par Ismidon dans cette restitution, il semble avoir vécu dans d'excellents rapports avec l'Église, car ayant été, ainsi qu'il a été dit, ratifier à Grenoble une concession à l'abbaye de Montmajour, l'évêque de cette ville, Arthaud, en parle en ces termes à son chapitre : « Sachez qu'Ismidon, prince de Royans, seigneur de cette contrée et ami de notre siége, est venu, etc. » Il mourut peu après cet acte et laissa de nombreux enfants, dont on ignore les noms, ses petits-fils étant seuls constatés par les cartulaires.

François-Lambert, son petit-fils, vers 1086.

Cette lacune dans nos annales nous oblige à jeter un coup d'œil sur les enfants d'Ismidon, que semblent lui désigner les actes de la seconde génération.

1° Bérenger, qui en 1107 laissa un acte dans le cartulaire de Domène et auquel d'autres postérieurs attribuent le titre de seigneur de Royans et de Morges, paraît avoir eu une grande part de son hérédité.

2° Hector, époux de Cana, dont Chorier, pour lui attribuer un acte étranger à la famille, fait le frère d'Ismidon, ne me semble pas avoir été moins bien partagé dans l'hérédité paternelle, car il a non-seulement de vastes terres dans les Hautes-Alpes, mais en 1099 il donne à l'évêché de Grenoble Lantz et Noyaret, près de cette ville, et toutes ses dîmes dans le Grésivaudan.

3° Enfin Didier, un autre de ses fils, paraît avoir hérité de la maison paternelle de Peyrins et des seigneuries du Valentinois et du Royans qui en sont voisines, puisque son fils Odde, après avoir réglé la succession d'Ismidon, y prend un fief pour payer son canonicat.

Malgré ces indices, tirés d'un assez grand nombre de cartulaires, ceux de Grenoble, Domène, Escouges, Saint-Barnard de Romans, ces données sont trop vagues pour qu'on puisse en sûreté les inscrire comme de l'histoire. Nous allons donc laisser cette première génération, et passer à François-Lambert, bien certainement son petit-fils, puisqu'il le déclare dans des actes écrits dans la maison paternelle, vingt-six ans seulement après la mort de son grand-père, et qui, établi dans le manoir de Peyrins, y continue avec les hommes d'armes de la localité et sa domination et sa vie de famille.

La première pièce que je trouve de lui (N.º 161, cartulaire de Saint-Barnard) est de 1086, et porte, avec la sienne, la signature de sa mère Abaldisie. C'est une ratification d'une donation des églises de Saint-Laurent et de Sainte-Eulalie dans le Royans, qui y prouve ses droits de suzeraineté. A cette époque, comme nous l'avons dit, il avait, à la demande de l'archevêque de Vienne, occupé et ravagé le comté de Salmorenc, et, cette querelle pacifiée, se livrait probablement pour son propre compte à quelque entreprise de ce genre sur les terres de ses voisins les chanoines de Saint-Barnard ; car, en 1095, il reçoit à ce sujet une verte réprimande du pape Urbain II (N.º 7 bis, cartulaire de Saint-Barnard), qui ne lui accorde sa bénédiction, ainsi qu'à son ami Guillaume de Clérieux, qu'à la condition qu'ils rentreront immédiatement dans l'obéissance, et qui avertit *leurs noblesses* (sic) de s'abstenir désormais de toutes provocations et rapines, et d'indemniser à l'instant les chanoines, sous peine d'une excommunication qui ne se ferait pas attendre.

Deux ans après ce rude avertissement, François-Lambert, qui se plaint cependant d'une route qu'ils ont faite dans ses prairies, fait pour lui et ses chevaliers sa paix avec le couvent. Il promet de respecter leurs terres, le bourg de Romans, ses us et bonnes coutumes, telles qu'elles étaient avant la mort de son grand-père Ismidon, etc. (N.º 169, cartulaire de Romans). Il y a dans cet acte une phrase sur laquelle j'aurai à revenir, c'est celle qui déclare que Lambert-François est frère d'Aimar, évêque du Puy, depuis deux ans à la croisade.

Une rixe surgit alors entre les populations de Peyrins et de Romans. Lambert se hâte de l'apaiser, et après, suivi de son bailli Archingaud, va dans leur église recevoir le baiser de paix de l'abbé de Saint-Barnard. Réconcilié avec ses voisins, il se dispose, sans doute par leur conseil, à aller rejoindre son parent à la croisade.

Dans ce dessein, il vient un jour à Romans, suivi de tous ses chevaliers, parmi lesquels s'enrôlent une foule d'habitants de la ville, et, après s'être fait lire publiquement les concessions faites par lui et ses ancêtres à l'abbaye, il ordonne à son fils Raynaud, encore enfant, son unique héritier, dont il va se séparer, de confirmer et d'approuver tous ces actes, autant qu'il lui était possible de les comprendre. L'enfant, qui était le propre neveu de l'archevêque de Vienne Guy, le fit volontiers, et, prenant le cartulaire des mains de son oncle l'archevêque, il le loua et approuva, acceptant ces pièces en leur entier et telles qu'elles étaient écrites; et, pour prouver sa ferme volonté à cet égard, alla les déposer sur le maître-autel même de l'église.

On rédigea un acte de tout ce cérémonial, et, vu le grand nombre des témoins, on ne le fit signer que par quelques-uns; mais les chanoines eurent le soin de choisir Guillaume de Clérieux et surtout Archingaud, le bailli de François-Lambert, qui restait à Peyrins et ne devait point accompagner son suzerain à la Terre-Sainte.

Ce fut, si ce n'est à cette occasion, du moins à cette époque que Guillaume de Clérieux et Lambert firent au chapitre l'abandon de leurs prétentions sur Pisançon et en reçurent la jouissance de l'abbé, à la condition d'un repas offert tous les ans aux chanoines et d'otages pour assurer, suivant leur volonté, la reddition du château à l'église. Les religieux mirent pour condition qu'ils seraient renouvelés, au cas où ils voudraient s'enrôler parmi les croisés ou même dans les ordres religieux.

En mai 1100, Lambert était de retour de son expédition et donnait encore, avec la signature de sa mère, les sept églises du mandement de Peyrins au chapitre de Saint-Barnard; il y joignait leurs dîmes, leurs presbytères, leurs offrandes, cimetières, etc. (N.º 172, cartulaire de Saint-Barnard), et, quelques années plus tard, la moitié qui lui restait de l'église de Saint-Paul.

Il ne faudrait pas cependant conclure trop vite de ces importantes libéralités que le sire de Peyrins et ses hommes d'armes fussent revenus complètement sanctifiés de leur guerre contre les éternels ennemis de l'Église. A leur retour au manoir, ils reprirent exactement les mêmes habitudes qu'ils y avaient laissées à leur départ et continuèrent contre leurs bons voisins les chanoines ces dévastations que ceux-ci les avaient envoyés porter aux mécréants de la Palestine. Cette page du cartulaire, qui n'est datée que par la mention de leur retour, est trop curieuse pour ne pas être ici reproduite dans ses détails; elle soulève un coin du rideau qui nous dérobe cette époque et nous montre non-seulement ce qu'était alors une petite cour baronnale, mais ce qu'étaient ces camps ruraux établis dans le voisinage des villes comme des avant-postes chargés de leur surveillance.

Les chanoines de Saint-Barnard, auxquels des vexations journalières ont fait perdre le souvenir des donations qui ont précédé le départ et les services rendus à l'Église par des chevaliers qui viennent de faire pour elle une campagne d'outre-mer, rédigent un petit factum des griefs qu'ils ont contre cet escadron, et même contre le chef de l'expédition romanaise. Voici la pièce qu'ils adressent à ce dernier sur ce sujet assez délicat (N.° 164 bis, cartulaire de Saint-Barnard) :

« François-Lambert, y disent-ils, ne paie plus les redevances
» pour Pisançon et n'en renouvelle plus les otages. Il détourne
» dans ses prés les eaux de Romans qui ont leur source à Pey-
» rins, nous laisse trois mois à sec, puis, brisant les digues,
» les lance sur nos terres, où elles ravagent les moissons et les
» vignes. Il nous a enlevé l'hérédité de La Baume, dans le
» Valentinois, ne paie pas la quatrième partie du fourrage
» qu'il nous doit pour la location d'une autre. Nous croyons
» devoir lui rappeler que s'il avait des droits sur la banlieue
» de Romans, il s'en était avant son départ parfaitement des-
» saisi en notre faveur, et qu'il semble avoir complètement
» oublié cet acte, etc., etc. »

Voilà la part qui revient au suzerain. Voyons maintenant ce qu'il y a à dire sur la conduite de ses chevaliers :

« Théotbert, son écuyer, commet des violences dans les
» prairies du monastère, où il mène paître en liberté plus de
» vingt chevaux. Les seigneurs Lantelme et Baudouin de Lat-
» tier nous ont enlevé le mas de Sélégra. Le seigneur Guil-
» laume bâtit une ferme sur le terrain de l'église. Ismidon de
» Ruffo a usurpé une grange. Lantelme de Champverse (fils
» du donateur des églises de Royans) nous a pris un mas à
» Mours. Les enfants de Bertrand Arnaud se sont remis en
» possession de ce que nous avait donné leur père, en y joi-
» gnant du patrimoine de l'église. Lantelme Méliorct a pris
» une condamine; Mallen, un bois donné par son père; Amé-
» dée d'Amblard et son frère, un mas à Mours et la terre de la
» Médrue. Guillaume et Baudouin du Puy nous disputent des
» terres à Saint-Ange. Quant à Archingaud, le châtelain de
» Lambert, il a complètement oublié notre traité pour les
» eaux, traité signé non-seulement par lui, mais par son père,
» qui l'avait précédé dans sa charge et qui, par les mains du
» seigneur de Clérieux, avait cependant bel et bien touché
» l'argent du couvent pour amortir cette querelle.

» Tous ces chevaliers ravagent nos terres, prennent nos
» hommes et nos bœufs quand ils font les labours, saisissent
» nos brebis, nos volailles, etc., etc. »

Voilà, si je ne me trompe, un réquisitoire en bonne forme et qui devait avoir un bon fonds de vérité. Il n'attaque pas moins d'une vingtaine de chevaliers, ce qui prouve que la cour était nombreuse, car j'aime à croire, pour son honneur, que tous ceux qui y vivaient n'agissaient point ainsi en vrais Bohémiens avec un chapitre composé de leurs parents ou tout au moins des amis de leurs familles.

On voit par cette énumération que la campagne d'Orient n'avait point enrichi toute cette chevalerie; qu'en conséquence les gens d'armes reprenaient à leur retour tout ce qu'ils avaient donné en partant à l'Église, et de plus s'imposaient en quelque sorte comme garnisaires aux religieux pour lesquels ils venaient de verser leur sang, ou tout au moins de vider leurs escarcelles.

Les moines, tout en se plaignant bien amèrement, comme nous venons de le voir, de semblables procédés, faiblissent cependant dans leur conduite et semblent reconnaître qu'ils doivent des égards à de malheureux soldats qui n'ont probablement plus rien retrouvé dans leurs tourelles. Ils ne parlent nullement d'excommunication, cette peine si usuelle alors et plus redoutée que la mort, qui ne frappe que dans un monde transitoire. Ils se lamentent, temporisent et finissent par accepter quelques promesses vagues de respecter leurs propriétés à l'avenir; maigre indemnité s'il en fut, car, vu le passé, elles ne leur inspirent peut-être pas toute la confiance désirable; puis ils se décident à pactiser de nouveau avec les chevaliers et vont jusqu'à présider à un second partage de la terre de Pisançon entre Lambert et Guillaume, et enfin acceptent sans trop de difficultés et leurs excuses pour les faits antérieurs et les nouveaux otages qu'ils leur présentent.

Nous avons dit que François-Lambert, bien positivement petit-fils d'Ismidon, avait pour père un des enfants de ce dernier, dont le nom ne nous est pas parvenu. Il est certain par les actes qu'il était frère d'Aimar, évêque du Puy, qui joua un si grand rôle dans les croisades; mais cette parenté lui est cependant disputée par les seigneurs de Montélimar, qui, grâce à une identité de nom de baptême et presque de nom de famille (*Montilio* et *Montilisio*), cherchèrent dans leurs chartes, plus que douteuses, à lui enlever cette parenté au profit de leur maison.

Ce fait, curieux par l'époque reculée où il eut lieu, demande quelques explications. Boyer de Sainte-Marthe, dans son *Histoire de la cathédrale de Saint-Paul*, nous donne peut-être, sans s'en douter, la clef de cette énigme, ou nous montre tout au moins comment eût pu se commettre cet étrange petit vol d'un personnage célèbre.

« En 1119, nous dit-il, il y eut un Adhémar de Monteil,
» évêque de Saint-Paul-trois-Châteaux, qui acquit un certain
» renom en Provence pour avoir transporté dans cette ville la
» résidence de ces prélats, établis avant à Orange. »

Grâce à ce renseignement, ne pourrait-on pas supposer qu'il a été facile à une famille puissante d'établir dans le midi du Dauphiné une confusion entre les souvenirs laissés par ces deux prélats, et de répandre dans les populations que l'Adhémar de Monteil, presque son contemporain, était le même que celui qui était mort en 1098 en Terre-Sainte, après avoir acquis un si grand renom dans les armées chrétiennes?

Quoi qu'il en soit de cette supposition, il paraît par les actes du cartulaire de Saint-Barnard (N.° 173 bis) que ce fut Montélier, et non Montélimar, qui figurait dans l'héritage paternel de l'Adhémar qui fut évêque du Puy. Une lettre du pape Urbain, qui, en 1099, après sa mort, écrit à l'évêque de Valence à sa recommandation au sujet de la possession de Pisançon, paraît décisive à cet égard et s'explique tout naturellement par l'intérêt qu'il portait à un frère menacé dans ses droits, car Lambert-François était propriétaire de l'une et probablement de l'autre de ces deux terres voisines.

Cependant, pour que la démonstration fût complète, il faudrait pouvoir dire le nom de ce père de l'évêque du Puy et de Lambert-François.

Un acte passé à Grenoble et, chose inexplicable sans admettre cette hypothèse, daté de l'époque où Adhémar était évêque du Puy, pourrait être un indice à ce sujet. Il concerne Hector, un des fils d'Ismidon, et son épouse Cana, et il cite un Adhémar parmi ses enfants. Ne pourrait-on pas penser que le tabellion, ayant par mégarde oublié de donner sa qualification d'évêque à l'un des fils absents d'Hector et voulant réparer une omission qui allait lui coûter un nouveau parchemin, a mis le titre d'évêque à la date de l'acte, ce qui était suffisant pour les contemporains, qui connaissaient les personnages, mais ce qui constitue une énigme pour la postérité, peu renseignée à cet égard?

En admettant cette explication, il en résulterait que Lambert-François aurait été demi-frère seulement de l'évêque du Puy, et le long veuvage de sa mère Abaldisie donnerait à croire à de secondes noces de la part de son père Hector. La qualification de *consul valentinois*, que donne au père de l'évêque le registre de son église, ne ferait pas obstacle à cette interprétation, car, si l'on ne peut en discuter l'opportunité pour Hector, sur la vie duquel on ne sait rien, on la trouve parfaitement applicable à son père Ismidon, dont il continua sans doute la position en Dauphiné, et que l'on ne pouvait qualifier ni de *comte de Valentinois*, ni de *comte de Valence*, puisque ces titres désignaient d'autres fonctionnaires de l'Empire; mais qui, comme comte élu par les populations, avait droit au titre de *consul*, jusqu'à ce qu'il eût fait son hommage à l'empereur d'Allemagne et eût pris rang dans l'Empire.

François-Lambert eut deux fils de sa femme Stéphanie. On ne sait du second que son nom de baptême, François. L'aîné s'appelait Raynaud, et son premier acte, daté de 1138, nous apprend probablement l'époque de la mort de son père.

Raynaud, vers 1138.

Nous avons déjà vu ce jeune suzerain figurer dans la cérémonie où son père avait pris la croix, dans la cathédrale de l'abbaye de Romans. Sa vie paraît avoir été aussi paisible que celle de son prédécesseur fut agitée.

Son acte de 1138 nous le montre pacifiant de son mieux une rixe qui s'était élevée entre ses vassaux et ceux du chapitre.

Les religieux lui firent à cette occasion renouveler le consentement donné par son père à la construction des murailles de la ville (N.° 292, cartulaire de Saint-Barnard). Il se prêta d'autant plus volontiers à autoriser les cintrages des portes et les échafaudages de défense qu'il se réserva le droit de s'y réfugier en cas d'une attaque inattendue; et il fit avec les habitants une alliance offensive et défensive.

En 1150 il signe un acte comme témoin (N.° 303, cartulaire de Saint-Barnard), et dix ans plus tard il figure, avec ses deux fils, François et Bérillon, dans une plainte adressée au chapitre sur l'extension que l'on a donnée à son permis d'enceinte et aux vastes travaux de défense que vient d'exécuter la ville. Du reste, il a constamment avec elle les mêmes querelles que son père pour les arrosages, pour les vignes, etc. Sa mort paraît avoir suivi de peu un acte de libéralité qu'il fit en 1174 au chapitre.

François, en 1174.

L'avénement du fils de Raynaud fut en quelque sorte le commencement de la liquidation de cette première branche des Bérengers, dont les affaires paraissent dans l'état le plus déplorable, car il n'est plus question d'eux dans le cartulaire qu'à l'occasion de leurs ventes successives. Il cède, pour 3,200 sous, au couvent les fiefs de son chevalier Lantelme, son oncle, qui vivait encore en 1247; vend également aux moines sa part de l'hérédité paternelle[1]. Le Dauphin, la même année, attaque

---

(1) 5ᵉ vol., *Cartulaire de Saint-Barnard*, p. 154.

en nullité les transactions de cette famille et déclare qu'il est propriétaire d'un quart des fiefs de Peyrins, etc.[1].

François de Royans, dit Chorier, n'eut qu'une fille, dont on ignore le nom. Elle s'appelait Raymonde (Voir le cartulaire de Léoncel, page 73), et dès 1204 elle épousa Raymond de Bérenger, et lui apporta dans sa dot des fiefs à Chabeuil et dans le Royans. Il paraît qu'elle fit passer le titre de cette principauté à son époux, car depuis cette époque, 1240, il est porté par Raymond de Bérenger, qui devient le chef de toute la famille, à laquelle il donne son nom de baptême[2].

Il semble cependant que la descendance de François ne s'éteignit que plus tard, car on voit par les archives des Dauphins[3] que jusqu'en 1302 ils achètent d'un Guillaume de François, qui s'y réserve encore un fief, les droits dont ils n'étaient pas encore en possession à Peyrins et qui existaient, non-seulement sur le mandement, mais encore sur le château seigneurial, qui passèrent ainsi, morceau par morceau, sous la puissance delphinale.

---

(1) 5ᵉ vol., *Cartulaire de Saint-Barnard*, page 171 ; — Chartes N.ᵒˢ 347, 371.

(2) VALBONNAIS, 2ᵉ vol., page 20.

(3) *Inventaire des Dauphins*, N.ᵒˢ 194 et 256.

LES BÉRENGERS.

Branche des seigneurs de Chabeuil.

Nous venons de voir comment, dans les environs de Romans, s'éteignit dans son manoir de Peyrins, qu'elle finit par aliéner au Dauphin, l'une des principales branches de la maison de Bérenger, et comment sa principauté du Royans passa par un mariage à Raymond de Bérenger, devenu chef et depuis considéré presque comme tige de cette puissante famille. Nous allons maintenant suivre en quelque sorte l'histoire de cette dot de Raymonde et voir comment elle devint, pour un court laps de temps, le patrimoine[1] des Bérengers de Chabeuil, ces ennemis jurés des évêques-comtes de Valence.

Raymond-Bérenger, vers 1204.

Nous avons dit que le gendre de François de Peyrins, Raymond-Bérenger, était petit-fils d'Ismidon. Sa jeunesse eut une

---

(1) Le traité de Romans dit en parlant du Royannais : *Feudum quod quondam fuit dominorum de Cabeolo.* — Histoire manuscrite de FONTANIEU, page 580.

éducation toute militaire ; dès 1151 il accompagnait en Italie l'empereur Frédéric II, et, vers 1177, faisait à l'évêque de Die une guerre, dont nous parlerons à l'article de ces prélats et qui avait pour motif un legs fait par son frère, du nom de Raymond comme lui, à son église de Die, dont il était chanoine. En 1187 il recevait la terre de Morges, qu'il transmit à l'un des quatre fils qu'il avait eus de son mariage avec Raymonde de Royans. Vers 1240, dit Valbonnais, tome II, page 21, il transporta dans les montagnes de cette principauté la résidence de sa famille, et, réunissant dans ses mains la majeure partie du vaste héritage d'Ismidon, devint un des principaux pouvoirs qui gouvernaient alors le Dauphiné. Voilà tout ce qui nous est resté de son histoire.

Chorier, l'historien de la maison de Bérenger, trop absorbé par les nombreux documents qu'il trouvait à Grenoble pour la rédiger, ne s'est malheureusement presque pas occupé des branches qu'elle avait autrefois dans la Drôme. Il n'en parle en quelque sorte qu'en passant ; et ce qu'il en dit, étant en général peu exact, est plutôt un embarras qu'un secours pour ceux qui veulent s'en occuper. Tout en déclarant cependant qu'il les croit bien issues de la même tige que celle dont il s'occupe, il avoue franchement qu'il n'a pas su découvrir le lien qui les rattache à elle. Je crois cependant qu'il est parfaitement écrit dans le traité de paix signé à Romans en 1256 et déjà cité dans cette étude, et qu'il suffit pour s'en convaincre de le rapprocher de la donation de Raymonde de Royans à la chartreuse de Léoncel.

Il y est dit textuellement que Raymond-Bérenger avait eu jadis la dominicature du château de Saint-Nazaire (bourg principal du Royans) *et les autres droits dans deux manses*, etc.: et que ces propriétés furent plus tard du seigneur Ozassiche. Ce ne fut donc point par son mariage, comme le croit Chorier, qu'Ozassiche, petit-fils de Raymond-Bérenger, devint seigneur du Royans et de Chabeuil, mais par l'héritage de sa grand'mère, et non de sa mère, comme le dit l'historien (Voir les actes passés par Flotte).

C'était un point essentiel à noter avant de poursuivre ce travail. Du reste il ressortira plus clairement encore, quand nous arriverons à l'époque du traité de Romans, et que nous examinerons la distinction qu'établit le Dauphin entre la dot de Raymonde, fille de François de Peyrins, et l'héritage paternel d'Ozassiche, sur lequel le Dauphin fait constater qu'il a des droits à exercer.

Guy ou Guidelin, seigneur de Chabeuil, vers 1174.

Guy était fils de Raymond-Bérenger, qu'il accompagnait en 1177 dans la guerre qu'il fit à l'évêque de Die, puisque l'on trouve sa signature sur le traité qui y mit fin[1]. Conformément à la loi Gombette, il paraît dès cette époque être depuis trois ans en possession d'une partie de l'hérédité de son père, que l'on trouve encore vivant quinze ans plus tard. C'est du moins ce que semblent indiquer sa donation de la montagne de Muson au couvent de Léoncel et surtout le droit de pâture qu'il accorde aux troupeaux des religieux sur toutes les rives de la Lyonne et de la Bourne, jusqu'au confluent de cette dernière avec l'Isère, ce qui implique nécessairement la seigneurie du bourg de Saint-Nazaire. L'acte en fut ratifié en 1232 par sa petite-fille Flotte, qui approuve, dit-elle, cette concession faite autrefois par son grand-père.

Guy, dans cette donation, nomme sa femme également Flotte (c'était un nom de baptême de l'époque), son fils Ber-

---

(1) CHORIER, *Histoire de la maison de Sassenage*, p. 240. — FONTANIEU, *Histoire manuscrite* (Bibliothèque royale).

trand, qui, plus connu sous le nom d'Ozassiche, devint la tige des Bérengers de Flandènes, et parle d'autres enfants, qui paraissent les continuateurs de la branche de Chabeuil, dont nous allons nous occuper, et peut-être la tige de ces seigneurs de Montélier et même d'Hostun, sur lesquels on ne trouve que de bien vagues renseignements, mais dont l'origine est fort ancienne et qui ne sont pas moins de dix dans un acte de 1290.

Gontard, seigneur de Chabeuil, dès 1194.

Vers l'année 1205 (cartulaire de Léoncel, page 60), Gontard, qui paraît être le fils de Guidelin, s'il n'est son frère, est installé dans la forteresse de Chabeuil et y soutient, au nom de la famille, une guerre acharnée contre la ville de Valence et ses évêques. Il épouse une fille de la maison de Poitiers, cette constante ennemie des prélats, et, du poste avancé qu'il occupe et que ses prédécesseurs ont fortifié pour servir de boulevard à la montagne, il brave impunément le choc de toutes les milices épiscopales, et, en cas de succès, les poursuit jusqu'aux portes du palais du prélat, qui en est à une si petite distance.

L'évêque qui soutenait cette guerre était alors Humbert de Miribel, sorti récemment d'un couvent de Chartreux et apportant dans le monde toute l'inflexible rigidité des moines de son ordre. Il somma Gontard de lui rendre hommage de deux fiefs relevant, disait-il, de l'Église, et de supprimer un péage qu'il levait dans le Valentinois sans son consentement, ainsi que le voulaient les concessions de l'empereur Frédéric.

Sur le refus de Gontard, il alla dans le Vivarais et jusqu'au fond de l'Auvergne et du Languedoc chercher des alliés pour lui faire la guerre. Gontard, de son côté, souleva toute la montagne et fut rejoint par ses parents, les Flotte et les Ozassiche. Il y eut entre les deux partis une lutte sanglante. Cependant le seigneur de Chabeuil finit par être repoussé dans sa citadelle par les épiscopaux. Assiégé plus tard et même forcé dans ses murailles, il figura, dit la chronique, en qualité de prisonnier dans l'entrée triomphale que le vindicatif prélat fit à son retour dans sa ville épiscopale.

Les seigneurs de Chabeuil étaient depuis trop longtemps, si ce n'est les plus redoutables, tout au moins les plus voisins ennemis des comtes mitrés de Valence, pour obtenir aisément leur pardon et la permission de rentrer dans leur repaire après une complète défaite. Aussi fut-il longtemps détenu dans les prisons de la ville. Ce ne fut que sur les pressantes sollicitations de Simon de Montfort, chef des croisés du Languedoc, de passage à Valence en 1213, que le sévère Miribel, qui n'avait rien à lui refuser, consentit à briser les chaînes de son prisonnier et lui accorda, dit-on, les conditions de paix les plus généreuses.

Gontard, corrigé par cette dure leçon, donnait en 1225, avec son fils Guilisius, aux moines de Léoncel les vastes pâturages qui s'étendent entre Chabeuil et Montélier. Il paraît qu'il survécut peu à cette libéralité, car on trouve que la tutelle de son fils passa à Albert, son frère.

Albert et Lambert, seigneurs de Chabeuil.

En sa qualité d'ecclésiastique, Albert, qui était prévôt de l'église de Valence, n'était guère apte à remplir une mission aussi périlleuse que celle de chef d'un camp avancé des ruraux de la montagne, aussi il se hâta de faire hommage au Dauphin[1], se démit de la tutelle de son neveu Guilisius en 1256, et la passa à son frère Lambert, à qui il fit prendre l'engagement de se soumettre à ce prince. Il parait que celui-ci se montra peu soucieux de remplir cette promesse, car on trouve dans les archives des Dauphins trois traités successifs qui ne paraissent pas avoir amené complètement ce résultat.

Ce fut ce Lambert qui, possesseur d'une partie de Pisançon, s'y battit, comme nous l'avons dit, avec les hommes d'armes de Sylvion de Clérieux, qui en tenait l'autre, et parvint à l'en dépouiller. Mais, étant mort sans enfant, Humbert de La Tour-du-Pin acheta d'Alix de Rochefort, fille de Guilisius, les droits de son père et se mit en possession de la citadelle, en dépit d'une substitution faite à Aimar de Châteauneuf, ce qui amena un procès qui durait encore en 1289.

Guy Allard dit, dans son *Dictionnaire*, qu'en 1330 cette maison de Chabeuil ne possédait plus rien dans sa seigneurie, et qu'elle s'y éteignit tout à fait par le mariage de Lucrèce de Chabeuil avec Gédéon de Vesc. Il ne nous reste donc plus, pour finir l'article des Bérengers, qu'à parler de la branche de Flandènes.

---

(1) *Inventaire des Dauphins.*

Ozassiche de Flandènes, vers 1200.

Nous avons vu au commencement de l'article des Chabeuil que Guidelin avait laissé plusieurs enfants, de sorte que, vu la loi Gombette, la majeure partie de ses seigneuries ne resta point dans cette maison, et le traité de Romans nous apprend que le bourg de Saint-Nazaire, la citadelle de Rochebrune et le château de Flandènes passèrent à son fils Bertrand, plus connu sous l'étrange surnom d'*Ocræ-Sichæ* (Jambes Sèches), qui eut un domaine qui s'étendait non-seulement de la Bourne à l'Isère, mais qui comprenait, à la porte de Chabeuil, le fief de Montélier, dont il faisait en 1219 hommage au Dauphin, et d'autres seigneuries dans le midi du Diois, connues par d'autres actes.

Il signa comme témoin, en 1202, le contrat de mariage de ce prince, à qui il paraît avoir été très-attaché, avec Béatrix, petite-fille du comte de Forcalquier, et fit pour lui dans la montagne une guerre à Pierre de Morges, son parent, qu'il fit prisonnier. Il fut choisi comme arbitre entre Arthaud, seigneur d'Aix, et l'église de Die, et paraît avoir dominé dans toute cette chaîne du Vercors qui s'étend jusqu'aux Hautes-Alpes.

De sa femme, dont nos historiens ont inutilement cherché le nom de famille, il eut un fils, dont il n'est question que dans un acte, et une fille, qui fut son unique héritière, Flotte de Royans, et qui, par son mariage avec Aimar, comte de Valentinois, transporta dans cette maison la majeure partie du Royannais, jusqu'alors resté dans les mains de la descendance du prince Ismidon.

Flotte de Royans et Flandènes, vers 1230.

Aimar de Valentinois, à qui son père avait remis une partie de son comté pour décider son mariage avec l'héritière du Royans, mourut peu après cette alliance et laissa sa jeune femme, avec un enfant, entre les mains de son père, qui essaya de la dépouiller de la tutelle de son fils, pour rentrer ainsi dans les fiefs concédés en faveur du mariage.

Flotte, qui fut une femme remarquable de son époque, se défendit courageusement contre les entreprises de son beau-père. Elle acheta la protection de l'évêque de Valence, en lui remettant Upie et Montoison, et battit les troupes du comte de Valentinois, qui mourut peu après et lui laissa ainsi tout le gouvernement du comté jusqu'à la majorité de son petit-fils Aimaret.

Devenue comtesse-régente du Valentinois, Flotte n'en continua pas moins à résider par moments dans le Royans. En 1234 elle y fit des libéralités à l'abbaye de Léoncel (Cartulaire de Léoncel) et en 1257 y remplit une singulière mission pour une personne de son sexe. Elle avait été choisie comme arbitre dans une querelle entre les religieux de cette maison et leur abbé, auquel ils disputaient la possession de pâturages. Elle termina cette contestation par une lettre, qui nous est restée, écrite de son château valentinois de Grane. Elle y donne une toute petite consultation juridique, où elle résume très-bien les dires des parties, et un arrêt fort net, auquel les religieux eurent l'esprit de se soumettre entièrement.

Nous avons dit dans l'article du Viennois qu'elle paraît avoir

SCEAU DE FLOTE DE ROYANS.

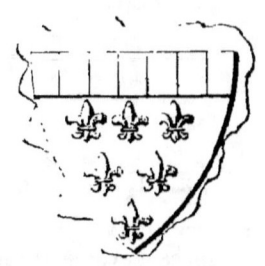

Note. — […] remarquer que Flote devait descendre de la maison de [Royans] […] de [Beaux], ait été porté le chef […] de [l]a […] qu[…] commença à se […] la terres de S.t [Laure] […] ses armes […] […] Confirmatio Dom. Flotæ super comm[…] […] facta per Graudinus Basieti inter Aynarum Pictavia […] prad Flotz et Guigonem Dolphinum ann 1250 […] […] parle d'un autre sceau de Flote […] […] d'Ecusse[…]

eu une grande part à la décision que prit le roi Saint Louis de raser le château de la Roche-de-Glun [1]. Le Dauphin, qui en était le suzerain, en conserva une vive rancune contre la comtesse. Il profita, pour la satisfaire, de la mort de son père Ozassiche, qui était son vassal pour quelques fiefs qu'il lui avait laissés. Flotte s'en étant mise en possession, sans s'inquiéter des droits assez vagues du Dauphin, ce prince la fit brusquement attaquer par ses hommes d'armes.

Il lui enleva le bourg de Saint-Nazaire, qu'essaya vainement de défendre le chevalier de Rostaing, qui y fut tué. La comtesse prit sa revanche de cet échec, car elle reprit à main armée cette place, qui fut incendiée dans le combat, et le Dauphin y perdit plusieurs de ses soldats, dont le chef, Guillaume de Chamaret, membre du conseil delphinal, fut dangereusement blessé, à ce que dit la plainte du Dauphin.

Après, sans doute, d'autres escarmouches, les deux partis belligérants eurent recours à la médiation de Giraud de Bastet, seigneur de Crussol, qui, ainsi que nous l'avons dit à l'article des Clérieux, leur fit, en 1256, signer le traité de Romans. On voit par cet acte que le Dauphin, encore courroucé de l'affaire de la Roche-de-Glun, avait averti la comtesse, lors de sa prise de possession de Saint-Nazaire, de la bâtie de Royans, etc., qu'il était suzerain de la quatrième partie du Royans; mais que Flotte avait continué à s'en mettre en possession sans lui faire hommage ni s'inquiéter de ses réclamations.

Le seigneur de Crussol arrangea cette affaire, et il fut convenu que ce qui était de l'hérédité de Raymond-Bérenger resterait au Valentinois, sauf le rachat obligatoire pour la quatrième partie des droits au dauphin Guigues; que le cours de la rivière de la Bourne (ligne actuelle de démarcation entre les départements de l'Isère et de la Drôme) serait désormais la limite entre les fiefs delphinaux et valentinois. Aimaret fit un simple hommage lige au Dauphin pour les fiefs contestés, et il

---

(1) *Histoire manuscrite* de Fontanieu, page 589 (Bibliothèque royale).

fut convenu que s'il avait plusieurs enfants, il en ferait un lot particulier pour l'un d'eux, qui deviendrait le vassal réel du Dauphin et de ses successeurs.

Valbonnais a fait à la suite de son ouvrage graver le sceau de Flotte de Royans, qui est fort singulier, en ce qu'il n'est ni celui des Bérengers, ni ceux des Sassenages et des Morges. Cet écu porte des fleurs de lis sous un chef échiqueté, ce qui semble indiquer une alliance avec la maison de Bourbon, qui en a contracté si peu dans notre province. Cet auteur croit pouvoir l'attribuer à la maison de Dreux, bien qu'il déclare n'avoir pu découvrir le nom de famille de la mère de la comtesse de Valentinois. Cette présomption eût pris certainement une plus grande importance à ses yeux s'il eût connu le traité de Romans, et s'il eût vu clairement l'influence que Flotte eut dans l'affaire de la Roche-de-Glun, qui s'explique tout naturellement par une parenté avec le roi, dont la trace est visible, mais dont la nuit des temps ne permet plus de découvrir l'origine.

La portion de la maison de Bérenger dont nous venons de suivre les branches principales dans la Drôme, a laissé cependant quelques membres que l'on ne sait comment y rattacher. En 1190 on trouve un Ismidon de Chabeuil, qui fut garant de Foulques, évêque de Valence [1]. En 1173 il y a un Lambert de Flandènes, qui fit une donation à Léoncel (Voir le cartulaire de l'abbaye). En 1327 un Lambert d'Hostun, qui fait hommage au Dauphin [2], etc.

Mon intention n'a point été de faire une généalogie complète de la maison de Bérenger, dont Chorier a, du reste, parfaitement étudié les branches voisines de sa résidence à Grenoble. Je ne saurais donc mieux faire, en finissant, que de renvoyer à son histoire les lecteurs curieux de se faire une idée de toute

---

(1) *Généalogie de la maison de Beaumont*, où est l'acte.
(2) *Inventaire des Dauphins*.

l'importance du rôle de cette famille dans nos annales dauphinoises, qu'elle précède en quelque sorte.

J'avais à traiter des populations pastorales de notre département, et je n'ai pu le faire sans esquisser les filiations des trois branches principales qui en avaient la conduite. Un autre, qui prendra un cadre moins étendu, complètera cette ébauche, qui doit, quand je serai au Diois, se terminer par quelques lignes sur les Bérengers de Morges, qui eurent des démêlés avec ses évêques.

Je voudrais, en terminant cet article, dire quelques mots sur ce peuple de bergers qui vécut si longtemps sous la domination des successeurs d'Ismidon; mais, malgré ce cartulaire de trois cents pages, écrit dans leurs montagnes sur les trois siècles seulement dont je m'occupe et élucidé par les savantes recherches de notre érudit compatriote l'abbé Chevalier, je suis obligé d'avouer que je ne trouve à peu près rien à en rapporter. C'est bien le cas de répéter cette réflexion de je ne sais quel philosophe : Heureux les peuples qui ont eu des historiens, et qui cependant n'ont point d'histoire. Car, il faut bien en convenir, l'histoire ne vit que de révolutions, de guerres et de calamités de toute espèce. Elle n'a rien à dire du tout sur des gens qui, occupés de leurs brebis, de la culture de quelques champs d'avoine, n'ont rien à démêler avec des voisins dont ils n'excitent pas les convoitises, et qui laissent ouverts aux passants des toits de chaume, sachant bien qu'ils ne se donneront pas la peine de les visiter et continueront leur route vers les villes, qui sont cependant peuplées de combattants et fermées par de hautes et épaisses murailles.

En effet, pendant la longue époque reculée dont nous venons de nous occuper, il ne se passe rien dans l'intérieur de ce paisible pays du Royans. Ce ne sont que ses frontières du côté des villes, Saint-Nazaire près de Romans, Chabeuil dans le voisinage de Valence, quelques petites localités près de Die, qui donnent seules matière à de bien minimes annales. Aucune histoire de ce genre à faire dans le massif de ses montagnes, ni dans les si nombreuses vallées qui le découpent. La lecture des fastes des moines qui vivent au milieu de ce pittoresque désert suffit pour nous en assurer. « Telle année, disent-ils, il y eu » quelques querelles entre les pâtres de telle ou telle mon- » tagne ; un arbitrage y mit fin, et il fut convenu que te » rocher ou tel ruisseau leur servirait désormais de limite. »

C'est là tout ce qu'ils enregistrent. De tels parchemins son plus rassurants sur le passé fortuné d'un pays que ces charte si habilement et si attentivement minutées des villes, comme Romans et Die, bien qu'elles aient été cependant munies des sceaux de toutes leurs corporations d'artisans, et qu'on les retrouve encore aujourd'hui corroborées des signatures et des serments authentiques de tous les citoyens les plus indisciplinés, qui se chamaillaient dans l'enceinte de leurs murailles

VALENCE

LE COMTÉ ET LES ÉVÊQUES DE VALENCE.

L'histoire de Valence et de ses évêques est peut-être une des moins complètes de celles des cités épiscopales de France, et celle où le manque de documents se fait le plus vivement sentir. Les auteurs ecclésiastiques, si soigneux de réunir les pièces se rattachant aux anciens siéges des Gaules, l'ont presque laissée dans l'oubli, et les laïques ne se sont guère occupés de combler ce vide. Catellan, son évêque, qui, en 1724, publia un gros volume sur les actes de ses prédécesseurs, n'a pu guère que constater cette lacune, dont il accuse les Calvinistes, grands destructeurs des anciens titres; si bien que des Romains aux Francs il ne nous reste que quelques passages sur cette ville, dont l'histoire particulière se perd ainsi dans celle de la Bourgogne, dont elle fait partie.

Elle fut cependant chrétienne dès une époque très-reculée, et ses diacres Félix, Fortunat et Achillée y prêchaient l'Évangile en 278 et y convertirent, dit-on, la majeure partie de ses habitants. Après leur martyre, sous la persécution d'Aurélien, les chrétiens dispersés disparurent en quelque sorte; mais à l'avénement de Constantin ils avaient repris leur ascendant, et la religion triomphante convertissait en églises les vieux temples païens que cette ville devait à la munificence romaine. Vers 419 elle tomba au pouvoir des Goths, qui étaient Ariens. Saint Apollinaire, son évêque, put y avoir une grande influence sur ses coreligionnaires, mais n'eut aucun pouvoir politique par suite du culte de ses vainqueurs, et il en fut de même de ses successeurs, dont les noms nous sont restés presque inconnus.

Alors les tribus sauvages des Germains venaient tour à tour occuper les rivages du Rhône, que le général romain Aétius, ne pouvant plus les défendre, abandonna, dit-on, à Sambida, roi des Alains, et où en 466 s'établissaient les Burgondes, qui y fondèrent un royaume, sous leur roi Gundicaire, et s'y livrèrent à la culture des terres, abandonnées ou enlevées à leurs anciens possesseurs.

Avec la paix, ramenée par cette puissante invasion, on vit renaître le pouvoir des évêques et du clergé, qui, admis par les empereurs romains dans les curies, où se nommaient des magistrats et se rendaient des jugements, étaient devenus nécessaires à des soldats, qui ne s'étaient jamais occupés que du maniement des armes, et où ils obtinrent bien vite une haute position.

En 474, dit Sidoine, Valence fut sauvé d'une affreuse famine par l'immense distribution de grains qu'y fit Patientius, évêque de Lyon; ce qui prouve que l'Église avait conservé ses richesses. Mais ce fut surtout par son savoir et ses vertus qu'elle prit de l'ascendant sur ces barbares, qu'elle entreprit de convertir, et l'on voit par l'histoire de Clotilde quels progrès elle avait faits jusque dans la famille royale et avec quelle ardeur elle désirait la domination des Francs, qui, idolâtres et non Ariens, étaient plus disposés à embrasser ses croyances religieuses.

Ses vœux étaient réalisés vers l'année 500 et la Bourgogne était sous la domination franque. Mais ces nouveaux convertis, comme nous l'avons dit dans l'introduction, ne ménagèrent guère les évêques et la population chrétienne. Le prélat Valdadus fut cependant, dit-on, protégé par Charlemagne, et Dalvarus, un de ses successeurs, put sous Louis l'Aveugle, en 910, fixer les limites de son diocèse ; ce qui prouverait que dès l'avénement des Bosons les évêques furent en quelque sorte délivrés de la tutelle laïque des comtes de cette province.

Mais ce ne fut cependant pas avant 937 qu'ils purent être appelés à les remplacer, quand ces fonctionnaires, dont une partie paraît être restée fidèle aux empereurs, eurent disparu devant les séditions populaires, et que Boson, fils du comte valentinois

Adelême, eut été du nombre. Il ne paraît pas que l'autorité ait passé de plein droit de ses mains dans celles de l'évêque. Elle alla, je crois, à la curie, et ce ne fut probablement qu'en qualité de son chef que le prélat fut appelé à l'exercer. (Cette opinion, qui n'est appuyée sur aucun acte positif, me semble résulter des faits de 1178, que nous examinerons à cette date.) Mais, si cette période exista réellement, elle ne dut pas être longue, car les évêques avaient dès lors en Bourgogne des fortunes très-considérables et des positions tout à fait prépondérantes, mais pas encore, je crois, de suzeraineté réelle sur la population de leurs diocèses.

C'est ce que prouve peut-être la donation que Remegarius reçut[1] vers 900 de Louis l'Aveugle, alors souverain de la Bourgogne, qui lui donna, ainsi qu'à ses successeurs, dans le comté de Die, les places de *Saxiacum* (la demeure et la forteresse), d'*Agentiolo* et de *Saou*, localités inconnues, (sauf la dernière, que les évêques ont possédées jusqu'à la Révolution de 1793), avec les colons et les esclaves qui cultivaient ces domaines, probablement dépendants du fonds fiscal du souverain. Mais rien ne prouve, malgré cela, qu'ils fussent pour la suzeraineté détachés de la domination royale. Les esclaves, comme les terres et les forêts, étaient alors des objets usuels dans le commerce et figuraient dans les transactions et donations entre les simples particuliers, sans cesser pour cela de rester sous la domination des fonctionnaires du royaume.

Peu d'années après cet acte la position des évêques de Valence semble s'être considérablement améliorée. Quand Gontard, un de ses successeurs, traite avec l'abbé Léger (Cartulaire de Saint-Barnard, N.º 16 bis), comme nous l'avons dit à l'article de Romans, il a plutôt l'air d'être le maître de sa ville épiscopale que le chef de la curie et le mandataire de ses habitants. Il donne à l'abbé, en échange d'une forêt, le droit aux Romanais d'établir un marché dans sa ville, déclare que les portes en resteront ouvertes trois jours consécutifs, et, pour

---

(1) COLUMBI, p. 14.

cette transaction, qui est, il est vrai, toute à leur avantage, ne demande ni l'approbation de ses chanoines, ni la signature des habitants, garanties que l'abbé Léger n'eût pas manqué d'exiger s'il eût supposé quelque opposition possible de leur part, et s'ils n'eussent l'un et l'autre contracté avec complète plénitude de leurs droits.

Il serait impossible de signaler les progrès que fit le pouvoir épiscopal sous Eustache, successeur de Goutard. C'était un fort grand seigneur, si l'on en croit les chartes suspectes de l'abbaye de Bonlieu, oncle de la comtesse de Marsanne et probablement un des héritiers des anciens comtes de Die; de sorte qu'il est impossible de faire maintenant la part d'influence que lui méritait sa naissance, ou celle seulement qu'il devait à sa qualité d'évêque. Quoi qu'il en soit, sa conduite était, à ce qu'il paraît, fort répréhensible et de nature à lui mériter une interdiction du Saint-Siège. C'est du moins ce que nous apprend une lettre de saint Bernard de 1101, qui nous le représente comme entouré d'une foule de courtisans et d'officiers de guerre, qui se livrent avec lui à toute espèce de dissipations. Elle lui reproche, en propres termes, d'abuser de cette puissance séculière qui lui vient de Dieu envers ceux qui lui sont soumis dans les terres de son évêché. Une autre à son successeur est plus explicite encore : « Usez de ménagements, lui dit le même saint, dans un palais épiscopal témoin de trop de rigueurs et de violences. »

Ces passages, ce me semble, sont bien suffisants pour établir que les évêques de Valence y étaient tout-puissants avant la donation que l'empereur Frédéric leur en fit, et ils n'y étaient nullement déchus, puisque le registre des évêques se contente de nous apprendre de celui qui précède l'acte *qu'il augmenta de beaucoup les biens temporels de son église.*

Ces observations ne sont point inutiles pour bien préciser que les évêques étaient possesseurs de Valence avant la concession de l'empereur Frédéric; car on ne s'en douterait nullement en lisant cette pièce. Ce souverain, dont les prédécesseurs ont cessé de figurer dans les actes, déclare tout à coup qu'il leur cède les droits dont il jouit dans la cité, et qu'à partir de ce jour ils y commanderont à sa place et y exerceront un pouvoir indiscutable.

Cet acte, si important dans l'histoire des évêques, les place parmi les grands vassaux de l'Empire, leur accorde non-seulement tous les droits impériaux sur leur ville épiscopale, ses habitants, ses impôts, ses marchés, sa justice, ses fortifications, sa milice, etc., mais leur crée encore un état indépendant, ayant droit de battre monnaie et possédant un certain nombre de places, qu'il énumère; ce sont : Alixan, Montélier, Montéléger, La Baume, Fiancey, Livron, Loriol, Châteauneuf-d'Isère, Châteaudouble, Montvendre, Étoile, Allex et Saou. L'empereur veut que la puissance épiscopale domine celle de tous autres barons du pays, de l'Isère à Montélimar et de Crest jusqu'à Soyons, au delà même du Rhône, ce qui est en quelque sorte établir leur suzeraineté sur toutes les seigneuries qui se trouvent dans leur diocèse.

Quelques années plus tard, en août 1178, l'empereur était, il est vrai, obligé de modifier cette vaste concession, qui avait excité de vifs mécontentements, surtout parmi la population de la ville. Elle se plaignait que son évêque Oddon eût été si extraordinairement favorisé par l'empereur et réclamait pour ses libertés, fort compromises par cette bulle impériale. L'empereur alors, par une autre, adressa des menaces aux récalcitrants, leur défendit, sous une amende de cent livres, de former entre eux des associations et des conspirations contre l'autorité de leur prélat; mais, en même temps, il interdit à l'évêque d'y lever d'autres impôts que ceux indispensables pour le service de la curie, supprima quelques taxes criantes, telles que les droits sur les prêteurs, sur les veuves qui convolent à d'autres noces, restreignit à soixante sous le maximum des amendes, etc.

Ce sont ces faits, souvenirs d'un état précédent, qui, quoique bien postérieurs, m'ont donné à penser qu'après la disparition des comtes les évêques n'héritèrent de leurs pouvoirs que comme chefs de la curie populaire, qu'ils se les transmirent en les augmentant le plus possible, jusqu'à ce qu'ils les eussent fait sanctionner dans leur intégrité par les empereurs, car ces troubles ne furent ni accidentels ni passagers, et nous allons en voir les suites.

Peut-être l'empereur ne fut-il point étranger à un mécontentement populaire qui mettait sous sa main un évêché et des populations indépendantes. Mais, par d'autres raisons sans doute, son successeur Henri IV ne suivit pas la même politique. Il admit les réclamations de l'évêque, qui avait attendu son moment pour les présenter, supprima ce second acte de son prédécesseur et rétablit l'exécution de la première bulle de Frédéric telle qu'elle avait été promulguée.

En ce temps Humbert de Montvendre donna aux évêques cette place, sur laquelle il avait conservé des droits malgré la concession de l'empereur, et y joignit celle de Beaumont, non portée sur la bulle.

Humbert de Mirabel parvint au siége épiscopal vers 1213 et y vécut au milieu des troubles et des rébellions des habitants, malgré l'appui qu'il trouvait dans l'empereur Philippe II, qui, en 1205, avait non-seulement confirmé la bulle de Frédéric, mais avait joint à sa donation la place d'Urre et les châteaux du Cope et de Barbières. Pour faire peut-être diversion à ces luttes intestines, l'évêque, en 1217, déclara, comme nous l'avons dit à l'article des seigneurs de Chabeuil, la guerre à Gontard, qu'il soumit et retint longtemps en prison. Cette prise d'armes, motivée par son refus d'hommage de deux places insignifiantes, fut une affaire sérieuse, comme le prouve un passage de l'histoire manuscrite de Fontanieu (p. 128), et le prélat y eut à vaincre toute une ligue, où se trouvaient Arthaud de Roussillon, Aimar de Bressieux et Ozassiche de Flotte. Il fut moins heureux après dans sa lutte contre son chapitre, appuyé par les principales familles du pays, qui voulait s'emparer de son pouvoir épiscopal.

Son successeur, Giraud, parvint à calmer toutes ces discordes pendant la courte durée de son ministère et reçut de Guy Adhémar la place de Mirmande, et de l'un de ses parents la quatrième partie de la ville de Montélimar.

Guillaume de Savoie, appelé à remplacer ce prélat, usa de la position que lui donnaient sa naissance princière et sa vaste fortune pour étendre le domaine de ses prédécesseurs. Il ne craignit pas d'attaquer les comtes de Valentinois, ces constants ennemis des évêques voisins, et donna, comme nous l'avons vu à l'article des Bérengers, des secours à Flotte de Royans, qu'il délivra, ainsi que son fils, des persécutions de son beau-père. Cette intervention lui fut payée par la cession d'Upie et de Montoison.

Mais il s'en fallut de peu qu'elle n'entraînât sa ruine, car huit ans plus tard Aimaret, l'enfant qu'il avait ainsi protégé, étant devenu comte de Valentinois, souleva contre lui ses vassaux mutinés et essaya de lui enlever sa ville de Valence. « C'est une indignité, disaient alors les habitants, que, grâce
» aux concessions arrachées aux empereurs Frédéric et Phi-
» lippe, nous ayons été dépouillés de toute participation au
» gouvernement de notre ville et remis ainsi à un évêque, qui
» dispose à son gré de nos fortunes et de nos familles. »

Ils s'assemblèrent aussitôt, élurent un recteur, un juge, des conseillers et un crieur public pour proclamer leurs arrêts, et chassèrent de Valence l'évêque et le clergé, dont ils eurent soin de fouiller et dévaliser les demeures. Vainement Giraud Bastet, seigneur de Crussol, leur voisin, essaya de leur représenter l'imprudence et l'odieux de leur conduite; ils furent sourds à ses conseils, fortifièrent une maison particulière pour y établir leur confrérie, et se préparèrent à une vive résistance. Émus cependant par la nouvelle que Guillaume de Savoie et ses soldats allaient enlever la ville, ils lui envoyèrent une députation à la Roche-de-Glun, où il tenait conseil avec le comte de Genève, Raymond Bérenger, Roger de Clérieux et d'autres seigneurs, et en obtinrent leur pardon (novembre 1229). Il fut convenu qu'ils paieraient six mille marcs d'amende, réduits par l'évêque l'année suivante à six mille livres viennoises; que la maison de la confrérie serait rasée et qu'ils deviendraient des vassaux fidèles à l'avenir.

Malgré ce traité, dès 1238 la position de l'évêque n'était plus assurée dans sa ville et il était obligé de demander à l'empereur Frédéric II une nouvelle confirmation des précédentes bulles. Cet acte n'en est guère qu'une répétition ; cependant, on y remarque que le domaine de l'église s'est accru des châteaux d'Upie, du Cope, de Mirmande, des basties de Conflans et de Lusignan, etc.; que, non-seulement on interdit sur son territoire la construction de toutes places fortes, mais que l'on y ordonne la démolition de celles élevées au mépris des précédentes prohibitions, etc.

Cet acte à propos des taxes à prélever par l'évêque me semble, suivant l'usage déjà remarqué de la chancellerie impériale, renfermer une toute petite clause qui me paraît d'une étrange portée : « Les vassaux, y est-il dit, paieront les dépenses faites par le prélat pour le service de l'empereur et celles de ses soldats lorsque l'empereur leur ordonnera de prendre place dans son armée. » Que devenait l'allodialité de l'évêché de Valence avec une semblable clause ? Il fallait que Guillaume fût dans une situation désespérée pour accepter une pareille condition, car il n'était pas facile en accommodements. Lorsque son parent, le roi d'Angleterre, le proposa pour l'évêché de Cantorbéry, alors vacant, le chapitre anglais n'en voulut pas entendre parler et répondit qu'il ne voulait pas d'un évêque toujours en guerre. Il mourut cependant évêque de Liége.

Sous son administration, en 1239, l'église de Valence avait reçu de Sylvion de Crest la moitié de cette place et de celles de Divajeu et d'Aouste, à la charge seulement de payer ses dettes.

Après Guillaume de Savoie, l'évêché passa successivement à ses deux frères. Le premier ne l'occupa que quelques instants. Quant au second, Philippe, promu en 1245, il eût été un excellent choix s'il eût été ecclésiastique, mais il était chevalier et n'avait jamais voulu abandonner la carrière des armes. Le pape le dispensa de prendre les ordres sacrés et de remplir toutes fonctions sacerdotales. Il n'en porta pas moins pendant longtemps le titre d'évêque, bien qu'il ne fût en réalité qu'administrateur du temporel de l'évêché. Il ne prit aucune part au concile qui se tenait alors à Valence, continua sur la frontière à faire la guerre à Aimar de Valentinois, et son frère, le comte de Savoie, étant mort, il quitta son diocèse, qu'il conduisait depuis dix-sept ans, et alla dans son pays y recueillir son héritage et y épousa Alixan, fille du comte de Bourgogne. Sous son administration l'abbesse de Soyons remit cette place aux évêques.

Le pape Clément IV voulait par tous les moyens possibles arrêter cette interminable guerre avec les Valentinois, si désastreuse pour les deux diocèses voisins. Il nomma à Valence Bertrand, proche parent du comte; mais celui-ci n'en poursuivit pas moins ses projets et se fit excommunier par lui. Guy de Montlaur, son successeur, ne fit que paraître à l'évêché, en 1274, et mourut la même année.

Ce fut à Amédée de Roussillon, de la puissante maison de Genève, qu'échut le pénible fardeau de cet épiscopat, et nous allons voir les efforts incroyables qu'il fit pour en rétablir les affaires et mériter la confiance qu'avait en lui le successeur de saint Pierre. Il était moine de l'abbaye de Saint-Claude en Franche-Comté, monastère qu'il fut jusqu'à fermer pour y rétablir la discipline. Il montra la plus grande tristesse quand il apprit sa nomination à Valence et ne quitta son couvent que sur l'ordre formel de rétablir cette église dépouillée.

Dès son installation sur son siége, il eut de si grands troubles à supporter qu'il demanda et obtint du pape Grégoire X. en 1275, la réunion de celui de Die à son évêché. Il fut ordonné que les deux chapitres se réuniraient à l'avenir à Crest pour les élections des prélats, et qu'ils seraient pris alternativement dans l'un et dans l'autre. Cette mesure, indispensable pour sauver les débris des deux diocèses, englobait en quelque sorte le comté de Valentinois au milieu de leurs terres, et, doublant leurs forces militaires, rendait quelque espoir de résistance à des clercs, auxquels, comme nous venons de le dire, on ne pouvait cependant reprocher ni manque d'énergie, ni défaut de ténacité.

Deux ans après son élection, Amédée faisait d'importants

préparatifs contre le fils d'Aimar de Poitiers, qui lui avait succédé et ne se montrait pas moins que lui effrayé et mécontent de la réunion des deux diocèses.

Réunion des évêchés de Valence et de Die.

Amédée s'attaqua d'abord à ceux qui suivaient le parti du comte. Il reçut à composition la place d'Espenel, assiégea Pontaix, prit d'assaut Aouste, obligea le seigneur Isoard à lui renouveler son hommage, ainsi que Geraud Aimar, seigneur de Montélimar; chassa Bérenger de Folians et fit une guerre si acharnée au comte que le roi de France Philippe crut devoir intervenir par un envoyé et obtint une espèce de trève, par laquelle le prélat restitua Pontaix et une partie de Crest, dont il fortifiait cependant la haute tour.

Débarrassé pour un instant de son adversaire, le fougueux prélat quitta son diocèse pour soumettre par les armes une sédition contre l'évêque de Saint-Paul-trois-Châteaux, après quoi il alla à la tête de ses troupes défendre son archevêque à Vienne, fit prisonnier le marquis de Montferrat et ne lui rendit la liberté qu'après qu'il eut restitué Turin au comte de Savoie.

Jamais on n'avait vu sur le siége de Valence un clerc aussi entreprenant et aussi redouté de ses voisins.

Enfin, en 1281, il alla faire cette malheureuse expédition de Romans, rapportée dans l'article des Dauphins, et, après l'avoir enlevé aux troupes bourguignonnes, fut battu par ses habitants à Alixan et revint en 1282 mourir à Die d'une fièvre, seul fruit réel de cette désastreuse expédition. A son lit de mort, il demanda pardon à tous ceux qu'il avait offensés, répara autant qu'il put les torts qu'il s'était laissé aller à commettre, et fit une fin de saint religieux qui surprit ses vassaux et édifia tous les hommes de son siècle.

Un inconnu, son contemporain certainement, écrivit une vie de lui, perdue maintenant, mais dont Columbi nous a conservé quelques passages, dont je vais extraire son portrait, empreint du cachet de son siècle [1].

« Amédée de Roussillon, pendant son épiscopat sur Valence
» et sur Die, vécut dans l'humilité et l'abstinence, vêtu pau-
» vrement et se nourrissant à la manière des paysans, sans suite
» de domestiques et ne voulant rien de pompeux autour de lui.
» Il s'abstenait de toutes sortes de plaisirs, abhorrait les festins,
» les richesses et la somptuosité des étoffes. Dans la suite, il leva
» des troupes et en prit la conduite contre les ennemis de
» l'Église. Ses chevaliers et ses clercs avaient soin de se tenir
» propres et rasés ; lui laissait croître une barbe prodigieuse,
» ce qui rendait son aspect aussi affreux que celui d'un Maure
» sortant du fond d'une forêt : *Inter comptos et compositos mi-*
» *lites et clericos, incompto crine et barba prolixa, velut alter*
» *Maurus ab eremo progrediens, hispidus apparebat.* Il affectait
» de camper sans tente, essuyait patiemment la rigueur des
» neiges, des glaces et des pluies, et lorsqu'il se trouvait le
» plus fatigué, ne prenait du repos que sur un peu de paille et
» sur le terrain découvert, pour encourager par son exemple
» ses troupes aux fatigues de la guerre. »

Je ne sais si je me trompe, mais je trouve qu'il y a une certaine grandeur sauvage dans la vie de ce prince, devenu moine par vocation et soldat à l'appel de son pape, qui l'arme pour la défense de son église.

Après Amédée, le siége de Valence resta vacant pendant deux ans, ce qui n'empêcha pas cependant la continuation de la guerre avec le comte de Valentinois. Jean de Genève, qui lui succéda, essaya d'une autre voie : il céda sa part de Crest, constante pomme de discorde, promit une rente annuelle et reçut Bourdeaux et Bezaudun en compensation. Il fut aussi obligé d'abandonner la moitié de sa juridiction à son chapitre.

---

(1) *Vie d'Amédée de Roussillon.* (Columbi, *Opuscula varia.*)

échangea Montelier contre Châteauneuf-d'Isère et obtint de l'empereur Rodolphe une confirmation de ses droits, un peu usurpés. on le voit, par tout le monde.

Guillaume de Roussillon, après lui, répara un peu les désastres de ses prédécesseurs. Il traita à prix d'argent pour Bourdeaux, qu'on lui disputait, acquit Châtillon et Auribel, et, pour dispenser les évêques d'être toujours en armes, acheta deux cents florins, en 1329, l'hommage d'Albert de Sassenage, qu'il mit à la tête de ses troupes et qui se chargea de défendre l'église contre tout assaillant, à l'exception du Dauphin, dont il relevait pour quelques seigneuries. Guillaume mourut peu après ce traité, qui assurait à son diocèse l'alliance de toute la puissante maison de Bérenger.

Aimar de La Voûte, petit-fils d'Aimar III de Valentinois, fut élu après lui. Il fit reconnaître son allodialité par le Dauphin, et, malgré sa si proche parenté, n'en fut pas moins obligé de continuer la guerre avec les Valentinois. Il se hâta d'échanger son diocèse contre celui de Viviers et le remit entre les mains d'Henri de Villars.

Ce n'étaient pas seulement les deux évêchés qui servaient de proie aux comtes de Valentinois, c'était encore tout le Comtat, qui cherchait à les défendre. Le pape, voulant à tout prix mettre fin à un état si désastreux, manda à Avignon l'évêque et le comte. Il fit acheter pour vingt mille florins et une pension annuelle de cent livres par le premier la suzeraineté de tout ce que les Poitiers possédaient en deçà du Rhône, et crut par ce moyen rétablir une paix éternelle entre les deux adversaires. Mais il fut trompé dans cette attente, et l'évêque, ne pouvant supporter sa position, changea de diocèse.

Pierre de Châtellus, le nouvel élu, reprit la voie des armes. Il alla investir Crest avec cinq mille hommes levés pour cette expédition[1]. Le comte de Valentinois accourut aussitôt avec des forces considérables et, prenant les devants sur ses hommes

---

(1) CHORIER, *Histoire de Dauphiné*, p. 320.

avec deux escadrons de cavalerie seulement, il surprit avec cette avant-garde les troupes épiscopales, les tailla en pièces, leur tuant deux cents hommes et faisant un grand nombre de prisonniers. Cette cavalerie portait l'écharpe blanche, signe de ralliement du comte. Pour venger leur défaite, les habitants de Valence vinrent incendier Charpey et Barcelonne, pendant que ceux de Die ravageaient les environs de Quint. Le comte, en représailles, brûla Alixan.

L'évêque se remit en campagne et ne s'arrêta que devant les habitants de Romans, qui, effrayés par ces désastres, s'étaient empressés de se mettre en armes. Il y eut alors des propositions de paix, dont le pape se fit l'intermédiaire. Cette bataille, la plus grave certainement de toutes ces querelles, n'a point de date marquée ; cependant elle ne peut prendre place qu'entre 1342, époque de la nomination du prélat, et 1344, année de sa mort.

Les évêques ne faisaient plus que passer sur cet infortuné siége de Valence. Louis de Villars seul put y rester un certain nombre d'années. Il fit confirmer ses droits par le Dauphin, dont ses vassaux ruinés commençaient à désirer vivement la domination. Au dire de Guillaume d'Hostun, il échangea avec le comte de Valentinois, pour sa part de Crest et une somme considérable, tout ce que celui-ci possédait dans les montagnes du Vercors. Ce fut, dit-on, un prélat des plus conciliants, et les habitants de Valence lui durent la permission de ceindre leur ville de nouvelles murailles.

Vers ce temps, Aimar de Poitiers témoigna le désir de céder au pape tout son comté de Valentinois. Ce fut le coup de grâce pour l'indépendance des évêchés de Valence et de Die, car ils se crurent au moment de passer entre les mains d'un souverain qui allait les annexer et contre lequel les évêques ne pouvaient songer à faire valoir leur position allodiale. Le pape se hâta de profiter de la bonne volonté d'Aimar. Le traité fut vite conclu, et c'est à cet acte, qui ne fut pas exécuté, que nous devons la nomenclature des seigneuries du comté de Valentinois, qui fut plus tard cédé en bloc à la France.

Le pape, aussitôt après la signature, unit au Comtat-Venaissin les comtés de Valence et de Die, se contentant de promettre à l'évêché une indemnité de trente-huit mille livres.

On trouve dans le cartulaire inédit de Fontanieu un extrait de cet acte, ignoré de Columbi et de Catellan. Il est des plus désastreux pour l'évêque, entièrement sacrifié au désir que le Saint-Siége a de s'assurer l'hérédité du comte Aimar. On lui fait perdre dès à présent dans le Valentinois Saou, cette antique donation de Louis l'Aveugle, Fiancey, La Baume-Cornillane et Châteaudouble, donation de l'empereur Frédéric. Ses possessions du Diois sont encore plus amoindries. On lui enlève tout droit de réclamation sur Crest (vendu par l'évêché, suivant l'enquête de Romans, encore en 1421), l'arrière-fief de Suze, hommagé par le seigneur de La Garde, Saint-Julien-en-Quint, Gigors, Sauzet, etc.

Cet acte, auquel il n'assista que comme témoin et où il était bien en droit de figurer comme partie, puisque c'était son domaine que le pape sacrifiait au comte, fut signé le 23 mars 1374. Il n'eut d'effet réel que pour les abandons faits à Aimar; car l'on ne voit pas que les pontifes aient usé des droits qu'ils venaient de se donner et que leurs gouverneurs du Comtat se soient mis en possession du temporel des évêques de Valence.

Au reste le pape, dans ce traité de Villeneuve-lès-Avignon, fut tout à la discrétion d'Aimar de Poitiers, qui avait épousé sa sœur et qui, après lui avoir laissé prendre la part de la ville de Montélimar qui lui appartenait, lui montrait un testament où il laissait tout son comté à l'Église, sauf le cas improbable où il lui surviendrait un enfant légitime.

Grégoire XI, qui le nomma son gouverneur du Comtat-Venaissin, fut dans cette circonstance complètement joué par le comte et sacrifia une partie de l'évêché de Valence pour de vaines promesses, qui ne furent point réalisées, puisque, comme nous le dirons à l'article du Valentinois, on trouva à sa mort un testament tout autre, qui instituait son cousin germain de Poitiers comme son héritier universel et donnait la jouissance de ses seigneuries à sa veuve Elips.

Louis de Villars mourut l'année qui suivit ce malheureux traité, lequel causa à Valence des troubles qui retardèrent la nomination de son successeur. Occupés de querelles et de procès avec leurs chapitres, les évêques qui le suivirent ne laissèrent aucun acte politique qui mérite d'être cité. Henry, évêque de Constance, l'un d'entre eux, voulut retrancher à François de Sassenage l'indemnité que payait le diocèse pour le commandement de ses troupes; mais le pape s'y refusa, trouvant injurieuse pour François la querelle qu'on lui faisait à cause de son jeune âge.

Jean de Poitiers, élu en 1390, eut à supporter une insurrection des Valentinois, qui le chassèrent de la ville et se mirent sous la protection du roi de France. Mais ces troubles eurent peu de durée. Ce prélat gouverna longtemps son diocèse et y montra une grande sagesse. Il racheta la plupart des places enlevées à ses prédécesseurs, et le laissa à son neveu Louis de Poitiers dans un état plus florissant que celui dans lequel il l'avait trouvé.

Le Dauphin Louis XI était alors occupé à annexer à son domaine toutes les petites suzerainetés du Dauphiné et n'avait garde d'oublier le comté de Valence, comprenant encore tout le centre du haut Valentinois. Il chercha querelle à son évêque au sujet de quelques faux monnayeurs réfugiés sur son territoire. Il envoya des avocats et des jurisconsultes, parmi lesquels était le célèbre Guy Pape, qui trouvèrent plus simple, pour trancher la contestation, de déclarer que le roi était souverain de la moitié de la ville. Plus tard, en 1456, sous un autre prétexte de conflit entre les officiers épiscopaux et ceux de France, ils déclarèrent le roi suzerain de tout le comté de Valence et obligèrent l'évêque à lui faire un serment d'homme lige. On lui donna la terre de Pisançon, en lui enjoignant de faire au nom du roi toutes les prières publiques. On accorda aux habitants, dont on craignait une sédition, l'exemption de quelques droits fiscaux.

Ce qu'il y eut de plus remarquable dans ces actes, ce fut l'hypocrisie de Louis XI, qui abandonnait, disait-il, à l'évêque tout son pariage sur les comtés de Valence et de Die à cette seule condition qu'il deviendrait son vassal et, pour plus de sûreté, se soumettrait à la juridiction du conseil delphinal, et qui ne faisait pas un dénombrement de ses seigneuries pour l'en dépouiller, mais pour rendre ses droits incontestables et surtout éviter qu'il ne s'égarât quelques parcelles de son territoire. Après cela, il se contente de réclamer vingt-deux places, qui, dit-il, sont déjà à lui, et se réserve le droit d'en demander davantage plus tard, si l'intérêt de l'État l'y oblige.

Il est intéressant pour le Valentinois de constater ce qu'il obtint par ce second coup de filet, car c'était bien certainement les places qu'il regardait comme les meilleures à cette époque : Alixan, Livron, Oriol-en-Royans, Châteauneuf, Montvendre, le château d'Aouste, Mirmande, Beaumont, Mirabel, le château de Bourdeaux, Crupies, Bezaudun, le château de Varesc (Vesc), Saillans, le château d'Aurelle, Chamaloc, la Bastie de Vercors, le château de Montmaur, celui de Châtillon, celui de Juncheriis (La Jonchère), celui de Valdrôme et celui de Chanalec, probablement Chalancon.

Voilà, après les conquêtes des Valentinois et le traité de Villeneuve-lès-Avignon, ce qu'il restait encore de son temps aux évêchés des deux diocèses. Fontanieu, dans son cartulaire inédit, cite une troisième saisie plus tardive, qui vint dépouiller l'évêque de la ville de Die, de Saillans et de Mirmande, qui avaient trouvé moyen d'échapper aux premières. La noblesse, dit-on, fut obligée de donner l'exemple de la soumission et de prêter serment au nouveau souverain. Quant au peuple, on obtint aisément son assentiment, et il suffit pour cela du nouvel établissement de l'université, que le roi créa à Valence.

On comprend qu'après ces confiscations de Louis XI il ne devait plus être question de l'allodialité des deux évêchés. Les prélats, que l'on chargea plus tard de la poursuite de l'hérésie des Vaudois, se renfermèrent dans leurs fonctions épiscopales et ne furent plus une puissance politique. Poursuivis par les huguenots, quand surgirent les guerres de religion, ils furent obligés de s'éloigner avec les catholiques, qui ne purent pas toujours l'emporter sur leurs adversaires.

Quand la paix eut ramené la prépondérance du parti catholique, l'évêque Léberon essaya de réclamer contre les spoliations royales. Il obtint même en 1639 un arrêt du parlement de Grenoble qui le rétablissait dans tous les droits de ses prédécesseurs; mais on fit à ce jugement des querelles juridiques, et il finit par ne pas obtenir la sanction du souverain, qui lui avait d'abord paru favorable. En 1643 c'était sans plus de succès que plaidait l'évêque devant le conseil privé, et on le promenait ainsi devant diverses juridictions. Enfin, en 1649, on lui donna une réponse positive. On ne pouvait accorder sa demande, *parce que son cas était semblable à celui de toutes les églises épiscopales de la Viennoise*. Il fallut se contenter de ce refus, et, pour le lui adoucir, on le mit à la tête de l'université de Valence, dont on déclara qu'il tenait la présidence de son droit d'évêque et non de la munificence royale. Il fallut se contenter de cette légère indemnité, et il ne fut plus question de plaidoiries sur ces griefs dans la suite.

Le cartulaire de Fontanieu (10e carton, Bibliothèque royale) nous montre cependant que les saisies de Louis XI ne reçurent pas une entière exécution. En 1540 nous y voyons que Die, fournissant un dénombrement au sénéchal de Crest, y déclare relever du pape pour les seigneuries de Menglon, Luzeran et Marignac, de même que pour les mandements de Saint-Dizier et du Vercors. En 1586 le roi fait vendre les biens des églises de Valence et de Die pour combattre les réformés. Enfin, l'on sait en Dauphiné que jusqu'en 1793 les évêques de Valence possédaient quelques seigneuries dans leur diocèse et à peu près exclusivement tout l'important mandement du Vercors.

La donation de l'empereur Frédéric fut un grand malheur pour nos évêques et pour les populations qu'ils eurent à gouverner. Ce prince n'eut d'autre but dans cette libéralité que de rétablir le pouvoir de l'Empire dans cette portion de la Bourgogne, qui s'en était séparée, et les prélats devinrent la proie des comtes de Valentinois du jour où la protection impériale vint à leur manquer. Ils se défendirent cependant avec un courage que l'on ne pouvait supposer à des ecclésiastiques, et il fallut toute l'adresse d'Aimar le Gros et sa proche parenté avec deux papes successifs, Clément VI et Grégoire XV, pour triompher de cette incroyable résistance.

Il serait curieux maintenant de jeter un coup d'œil sur les forces militaires qu'ils pouvaient opposer aux Poitiers; mais il est difficile de s'en rendre compte dans un petit état si disséminé, dont chaque combat changeait pour ainsi dire la forme et la contenance.

Ils avaient en entier le Vercors et presque tout le canton de Valence, dont la population actuelle est de quarante mille habitants; environ cinq mille dans les cantons de Bourdeaux et de Crest-Sud ou leurs enclaves dans le bas Valentinois. La réunion de l'évêché de Die put y ajouter environ vingt-six mille habitants, fort disséminés dans les six cantons qui le composent. C'était donc, tout compris, une population d'environ soixante-onze mille habitants dont ils pouvaient disposer.

En faisant le même calcul pour les populations sous le gouvernement des comtes, on trouve qu'ils devaient avoir environ soixante-deux mille vassaux sur la rive en deçà du Rhône, et que leurs forces n'y étaient ainsi que peu inférieures à celles de leurs adversaires. Mais il fallait ajouter à ce chiffre les nombreuses et très-peuplées seigneuries qu'ils possédaient sur l'autre rive, et, à la fin de ces longues guerres, le Royans, qui leur avait été apporté par la dot de Flotte, et tout l'héritage des barons de Cléricux dans le Viennois, sur la rive droite de l'Isère. Ce n'était donc, l'Empire disparu, qu'avec un appui constant de la part des papes que les évêques pouvaient prolonger une semblable lutte.

Liste, d'après Molinier, des fiefs réclamés par l'Évêché.

Je dois à l'extrême obligeance de M. Lacroix, le savant et si laborieux archiviste du département de la Drôme, la liste des fiefs dont le diocèse demandait au roi la restitution sous Mgr de Léberon. Elle fut dressée par Molinier de La Fabrègue, qu'une note manuscrite sur le volume U. N.° 39 de la bibliothèque de Grenoble m'apprend avoir été chargé par l'évêque de mettre en ordre les archives de l'église de Valence. Elle indique les places sur lesquelles le clergé appuyait principalement ses réclamations, et ajoute qu'elle en indiquera encore d'autres, soin devenu inutile par l'insuccès de la demande: Alixan, Allex, Auriples, Allan, Beaumont, Bourg-lès-Valence, Barbières, Châteauneuf-d'Isère, Cliousclat, Cope, Livron, Loriol, Montvendre, Mirmande, Ourches, Plovier, Soyons (aliéné), Solignac (en Vivarais), Toulaud et Tholanes (Id.) Valence, Volpillère, Urre et d'autres vérifiées depuis.

Évêché de Die : Aouste, Aurel, Bourdeaux, Bezaudun, Bastie-des-Fonts, Bastie-Crémezin, Bastie de Val-Thoranne, Bastie de Vercors, Bastie de Miscon, Bastie de Vesc, Bastie de Roys, Boysset, Boulc, Beaumont, Borne, Beaurières, Béconne, Bonneval, Brette, Bonnevaux, Barnodert, Chamaloc, Crupies, Chapelle-en-Vercors, Châtillon, Crescelon, Côte-Bâtie, Die, Jonchères, Julien-de-Crémieux, Lus, la Roche-Justin, la Penne, Lambres, la Touche, Montmaur, Montaignes en Champlaux, Marnais, Meuillon, Monts de Vercors, Montlaur, la Motte, Manas, Ortomale, Oryolles, Poyols, les Prés, Pontaix, Pelonne, Pellors, Saint-Agnan, Saint-Martin et Saint-Julien-en-Vercors, Saillans, Tonils, Valdrôme, Vassieux, Vercheny, Villars, etc.

Seigneurs de Châteauneuf-d'Isère.

Le gros village de Châteauneuf-d'Isère, attenant à une commune de plus de deux mille habitants, appartenait en 1157 à l'évêque de Valence, ainsi que le prouve la donation ou plutôt la reconnaissance de l'empereur Frédéric. Cependant il eut pendant longtemps des seigneurs plus indépendants que leurs voisins, si ce n'est tout à fait allodiaux.

Le premier signalé dans les chartes s'appelait Odillon et fut père de saint Hugues, le célèbre évêque de Grenoble. L'historien de son fils ne nous apprend de lui que sa mort à la Grande-Chartreuse, à une époque où il était presque centenaire et après une longue et brillante carrière militaire.

Le fils qui lui succéda dans sa seigneurie, sous le même nom de baptême, prit les armes à la demande de Guy, archevêque de Vienne, par conséquent son suzerain, et, comme nous l'avons dit, se joignit à Lambert-François et à Guillaume de Clérieux pour ravager le comté de Salmorenc, que son frère eut tant de peine à conserver à l'évêché de Grenoble.

La si proche parenté d'Odillon avec ce prélat a presque fait douter de l'exactitude de Chorier dans cette assertion; mais cette opinion ne peut se soutenir en présence du texte si positif du cartulaire de Grenoble (charte 55, p. 127), où saint Hugues, ayant à discuter un droit de propriété avec le seigneur de Moirenc, un des envahisseurs du Salmorenc, dit : « Cette
» terre et la maison d'Itier Chalvin sont bien du domaine de
» l'église de Grenoble, puisqu'elles furent ravagées par Geof-
» froid de Moirenc et par Odillon de Châteauneuf, quand ils
» combattirent ensemble. Les eussent-ils traitées de la sorte si
» elles eussent été la propriété du comte ? »

Ce passage pourrait même nous expliquer comment les seigueurs de Châteauneuf, qui paraissent dans l'origine de simples vassaux de l'église de Valence, parvinrent à une presque allodialité; car, cette guerre du Salmorenc étant terminée, en 1095, l'archevêque Guy, pour récompenser les seigneurs qui l'avaient faite, accorda probablement à Odillon une indépendance plus complète, pendant qu'il gratifiait ses deux associés, Lambert et Guillaume de Clérieux, le premier de la citadelle et le second du château de Pisançon, dont il faisait deux parts pour les satisfaire l'un et l'autre.

Du reste, il y a une raison qui rend fort difficiles toutes recherches sur les origines des familles qui portèrent le nom de Châteauneuf. Nous avons dit dans l'introduction de cette étude que presque toutes les localités du Dauphiné semblent s'être ceintes de murailles vers la même époque. Or, toutes ces fortifications improvisées par des architectes villageois, dont le métier était probablement tout autre, ne furent certainement pas parfaitement aptes à remplir le but que l'on voulait obtenir. Il fallut en abandonner un certain nombre. De là la création presque simultanée d'une seconde série de châteaux forts, qui se distinguèrent des anciens par la dénomination de *châteaux neufs*, qualification qui nous paraît étrange maintenant qu'on ne les distingue plus que par quelques pierres de leurs bastions, tout aussi ruinés que ceux de leurs frères aînés, et que ce titre s'étale sur des parchemins tout aussi détériorés par le temps que ceux qui parlent des autres.

Il n'en résulte pas moins qu'il existe en Dauphiné une foule de places portant le nom de Châteauneuf : celles d'Albenc, de Galaure, d'Isère, de Mazenc, du Rhône, de Bordette, de Chabre, d'Oze, de Veynes, etc.; que la plupart d'entre elles ont eu des familles auxquelles elles ont donné leur nom, et qu'il est fort difficile de suivre une généalogie qui n'aurait qu'une base aussi générale. Il est vrai que pour les Châteauneuf-d'Isère il en existe une autre plus certaine : c'est la suite des actes qu'ils passèrent avec l'abbaye de Léoncel pour le passage des troupeaux qui descendaient des montagnes du Royans et qui deux fois par an étaient appelés à traverser leur petit territoire.

Grâce au cartulaire de Léoncel, on pourrait, en classant ses actes, y trouver la suite des seigneurs de Châteauneuf-d'Isère ; on y verrait Raymond en 1163, Gontard en 1193 et une foule d'autres noms de baptême. Je crois qu'il vaut mieux ne pas s'engager dans cette nomenclature et dire quelques mots de ces beilles ou troupeaux de moutons d'Arles que depuis 1100 nous voyons d'après les actes venir passer l'été dans nos montagnes.

Il ressort des chartes des Châteauneuf qu'originairement ils faisaient par bateaux une partie du long trajet qu'ils exécutent maintenant sur nos routes ; car on les dirigeait alors sur les ports de Châteauneuf et de Conflans, d'où ils avaient bien vite gagné le Rhône, qui en coule à une petite distance. En 1282, Guinisius de Châteauneuf entre dans les plus grands détails au sujet des droits qu'il concède à ceux qui les conduisent :

« Ces troupeaux protégés du couvent de Léoncel auront,
» dit-il, non-seulement le droit de paître dans mes pâturages,
» mais encore dans les champs cultivés et même les bois, en ne
» faisant exception que pour quelques mois de l'année. Leurs
» bergers pourront y couper des herbages et même y prendre
» les bois qui leur seront nécessaires soit pour la construction
» des cabanes dans lesquelles ils couchent, soit pour le parcage
» de leurs troupeaux et des chiens qui les gardent. »

Il ne veut pas qu'ils soient soumis à des redevances et s'oblige à les défendre contre tout vol, autant, dit-il cependant, que faire se pourra. Deux ans plus tard, sa veuve se montrait beaucoup plus intéressée. Elle cherche querelle aux bergers et se fait payer par les moines de Léoncel soixante sous par an pour le trajet qu'elle leur permet sur ses terres. Mais ce qui prouve bien la pénurie d'argent dans laquelle tombe cette famille, ce sont les petites clauses suivantes qu'elle joint à son acte : Son fils Guillaume aura en outre dix sous par an, sa fille Guillemette trois sous, et elle, à ce qu'il paraît pour épingles, un *vellus* de laine (voile ou tenture) et un *caseum* (fromage).

En effet, dix ans plus tard, en 1290, Jean, évêque de Valence, leur a succédé dans les permis de pâturage donnés aux troupeaux. Il a, en échange de sa terre, qu'il ne peut plus sans doute conserver, remis à un Guinisius, qui paraît avoir été le dernier de la famille, la terre de Montélier, qui est de sa suzeraineté, où il semble vivre plutôt en châtelain ou bailli de l'évêque qu'en ancien seigneur allodial, et où il attend en paix le moment où disparaîtra sa famille.

Ce fut ainsi que s'éteignit cette maison, qui jeta un vif éclat à l'époque où saint Hugues, évêque de Grenoble, établissait les Chartreux dans nos montagnes, réunissait les deux rives de l'Isère par un pont de pierre, construisait le prieuré de Saint-Laurent, bâtissait l'hôpital et la maladrerie, et rachetait de ses deniers les droits de leyde, qu'il abolissait dans sa ville épiscopale, où son neveu, abbé de Bonnevaux, laissait dans l'ordre de Cîteaux en haute estime le souvenir de son savoir et de son éloquence, et où son parent Raymond de Châteauneuf fondait, à la porte de Romans, au moyen d'une large répartition de ses bois et de ses terres, l'abbaye de femmes de Vernaison, qui devait prospérer jusqu'à la Révolution de 1793.

Les armes de cette maison étaient un château, suivant M. de La Bâtie; mais je crois plutôt celles des Châteauneuf-d'Albenc d'or au chef de gueules, qui, à l'époque où les sceaux ne désignaient pas les couleurs, n'auraient pu s'indiquer que par un trait séparant le chef de l'écu, ce qui fait que leur cachet n'a vers 1100 qu'un chevalier brandissant une épée.

LES COMTES DE VALENTINOIS JUSQU'EN 1277.

Les Valentinois du Vivarais et du Dauphiné.

Peu de familles princières ont donné pour éclaircir leur origine autant de mal aux historiens et aux généalogistes que les comtes de Valentinois, et, il faut en convenir à leur confusion, ont mis plus en défaut toute leur science. Ce n'est point ici le lieu de critiquer leur travail. Je n'ai aucune prétention à deviner une énigme qu'ils ont fini à peu près par déclarer insoluble, et je renvoie aux notes de ce volume tout lecteur qui désirerait en quelques lignes prendre connaissance des nombreux arguments de leurs interminables querelles. La seule chose que je doive noter ici, c'est qu'ils paraissent à peu près d'accord maintenant pour reconnaître que les Poitiers n'eurent rien de commun avec les deux comtes, père et fils, Adelème et Boson, qui signèrent la charte de 912 et le deuxième celle de 937 en faveur d'un fils naturel, appelé Udalbert, qui fut abbé de Saint-Pierre de Vienne.

Après ce dernier acte ils disparaissent complètement, et ils ne furent pas les seuls fonctionnaires bourguignons auxquels il en arriva ainsi pendant les troubles qui suivirent la mort de Louis l'Aveugle; car ceux du Vivarais les avaient précédés de quelques années; et dès 923, où leur pays est envahi par le marquis de Gothie, qui y proclame le roi Charles le Simple, et où paraissent ces marquis Gélons ou Géleins, incontestables

ancêtres des Poitiers, qui héritent de leurs terres, on ne trouve plus ni leur nom ni leur titre dans aucun de nos cartulaires.

Ce nom de Gélein, qui était resté enseveli dans les actes du cartulaire de Saint-Chaffre jusqu'à une époque assez moderne, choqua vivement par son aspect tout plébéien les généalogistes, qui, à cette époque, leur rêvaient tout au moins une descendance troyenne; et, pour leur trouver une autre origine, ils fouillèrent inutilement tous les actes de famille des anciens ducs d'Aquitaine. Il me semble cependant qu'ils auraient pu s'en contenter, en se rappelant que l'illustre duc Guillaume, qui chassa les Sarrasins du midi de la France et que tous ces ducs réclamaient comme leur saint et l'auteur de leur race, avait été enterré à Gelonne, dont il était devenu moine; que les peuples méridionaux avaient pu, pour le distinguer d'autres Guillaumes saints comme lui, l'honorer sous le nom de son couvent, et que trois cents ans plus tard seulement ses descendants, qui avaient conservé religieusement ce nom de famille, crurent devoir, tout en le proclamant leur ancêtre incontestable, y joindre le nom de Poitiers, qui effaçait alors tous les anciens souvenirs.

Quoi qu'il en soit de cette interprétation, ces marquis Gélons ou Géleins, revêtus de leurs fonctions militaires probablement dès l'époque où Charlemagne divisait pour l'affaiblir le Languedoc en tant de comtés, n'étaient point des ancêtres que dussent renier même de petits souverains. Ils possédaient, il est vrai, un étroit pays sur le bord du Rhône, en face de Valence et bien resserré entre les petites rivières du Doux et d'Eyrieux; mais ils n'y relevaient de personne, ainsi que le prouvent leurs actes, et par les accroissements qu'ils lui donnèrent ils en firent au bout d'un siècle le solide noyau de ce comté de Valentinois qui, dans sa splendeur, s'étendit du Comtat-Venaissin jusqu'aux portes de Vienne, l'antique capitale de la Bourgogne.

Ce point d'histoire important me semble parfaitement établi par la déclaration d'Aimar en 1239, lorsqu'il fut obligé de remettre ses terres du Vivarais à son cousin le comte de Toulouse [1]. *Tous ces châteaux*, lui dit-il, *toutes ces villes étaient de mes aïeux, nos alleux propres, ne dépendant d'aucun autre seigneur, sauf cependant le château de Bays*, etc. Cet acte, passé seulement cent soixante ans après la mort d'Oddon, le dernier des Géloins que nous montrent nos cartulaires, me semble décisif, et ne saurait être infirmé que par la découverte de pièces dans un sens contraire.

Leur généalogie commence par deux seigneurs presque contemporains. L'un s'appelle le marquis Gélon ou Gélein (diminutif de Guillaume, Widelin dans le nord de la France), nom en usage, à ce qu'il paraît, dans ce temps dans notre province, puisque Guillaume, l'ancien comte de Forest, tué en 1097 à Nicée en Orient, fut enterré à Saint-Paul de Lyon sous le nom de Gillin [2]. L'autre s'appelle de l'étrange nom de Bantare, évidemment défiguré par les copistes, qui en ont fait tantôt Bernard, tantôt Gontard, suivant les diverses époques.

---

(1) Duchesne, *Preuves des Valentinois*, p. 7.

(2) *Obituaire de Saint-Paul de Lyon*, p. 51, publié par M. Guigues, élève de l'Ecole des Chartes.

LE COMTÉ DE VALENTINOIS EN VIVARAIS

GÉNÉALOGIE DES MARQUIS GÉLEINS ET DES VALENTINOIS.

Le marquis Gélein, en 920.

En 920 l'abbaye de Saint-Chaffre, dont il est protecteur, demande son autorisation pour sa réforme[1]. En 940 cet *illustre comte* lui donne, avec sa femme Gotheline, La Mure, Cornas et Soyons. En 956 Conrad le Pacifique ratifie tous ces dons dans le Valentinois et le Diois.

Bantare, Bernard ou Gontard.

Nommé dans la donation de son fils, le comte Lambert, ainsi que sa femme Ermanjarde (Ermangarde). Il fut, à ce qu'il paraît, de l'expédition de son fils contre les Auvergnats.

Le comte Lambert, en 956.

Les chroniqueurs l'appellent comte des Allobroges, dénomination commune aux Voconces et autres tribus dauphinoises. Il repoussa, en 956, les Auvergnats qui étaient venus pour piller la Bourgogne

---

(1) *Manuscrit de Saint-Chaffre* (Bibliothèque royale).

Gélein II, en 961.

Paraît fils du précédent et donne en 961 l'église de Macheville à Saint-Chaffre [1]; il y nomme sa femme Raymodi (Raymonde). Il est également cité dans le cartulaire de Saint-Barnard de Romans.

Gélein III, en 1058.

En mars 1058 (suivant la rectification de date de M. l'abbé Chevalier) il donne à Saint-Chaffre [2], avec sa femme Ava, l'église de Marnas, et est encore cité comme vivant en 1077. Ses enfants sont : Arbert, Rostaing, Hugon, Conon et Odon, évêque de Valence, mort avant lui, en 1063 [3].

(Art de vérifier les dates). En 985 il donne au couvent de Saint-Marcel des terres considérables, s'intitule comte dans cet acte et nomme sa femme Flectrude et ses deux fils Adhémar et Lambert, qui fut évêque de Valence (*Statistique Delacroix*, p. 533). Allard lui donne un troisième fils, Malenus, évêque de Grenoble.

Aimar ou Adhémar, en 995.

Fils de Lambert, donne vers 995 à l'église de Vienne le mas de Basaïcas (Bésayes) dans le Valentinois (Chorier, *Histoire de Sassenage*, p. 85). Il fut témoin d'un échange entre Thibaud, archevêque de Vienne, et Ponce, évêque de Valence (*Abrégé de l'histoire de Dauphiné*, de Chorier, t. I, p. 81).

---

(1) *Cartulaire manuscrit de Saint-Chaffre* (Bibliothèque royale).

(2) *Cartulaire de Saint-Chaffre* (Bibliothèque royale).

(3) Vers 961, les archevêques de Lyon s'aperçurent que les Geleins sortaient de leurs limites du Doux et de l'Eyrieux et usurpaient Lamastre. Désespérant de les repousser par un procès pour une occupation déjà ancienne, ils donnèrent, pour les arrêter, le château de Tournon à la famille de ce nom, qui en fit une place importante (*Histoire du Vivarais* de l'abbé Rouchier).

En 1011 il fut témoin d'une donation de son frère l'évêque de Valence *(Cartulaire de Saint-Chaffre)*. En 1037 il fait une donation pour l'âme de son père Lambert et y nomme sa femme Rotilde et quatre fils, Hugues, Lambert, Gontard et Gérard *(Les grands officiers de la Couronne,* du Père Anselme). Dans une donation à Cluny du lieu de Sauçay, il nomme avec eux son fils Pons, évêque de Valence.

Odon, évêque de Valence.

Il est le seul des enfants de Gélein III sur lequel on ait quelques renseignements. Il mourut avant son père, qui était encore vivant en 1077. Il est probable que ses terres du Vivarais passèrent après lui à l'autre branche, ainsi que son évêché, car on n'en trouve plus mention jusqu'à Aimar de Poitiers, en 1239, qui les déclare le patrimoine de ses ancêtres.

Hugues, en 1050.

L'aîné des cinq fils d'Aimar lui succéda en 1050 (suivant Chorier et Hubner). Ce fut l'époque de sa mort, suivant Brunet. On ne sait rien de sa vie, sinon qu'il eut deux fils : Gontard, évêque de Valence en 1063, après la mort des évêques Pons et Odon, ses parents, et Guillaume, qui lui succéda.

Guillaume I.

Hubner *(Généalogies historiques de Bourgogne)* en cite deux actes, l'un de 1073 et l'autre de 1083. Dom Vaissette le place en 1077, Chorier en 1080, et Brunet le fait mourir en 1083.

Le seul acte que je connaisse où figure son nom est celui de la fondation de Bonlieu, dans lequel Aimar de Poitiers le déclare son père.

Aimar II, vers 1110.

Aimar II, vers 1100, paraît avoir été l'héritier des deux branches de la maison de Valentinois, bien que ce soit peut-être de tous les membres de cette maison celui sur lequel on a le moins de renseignements. Chorier indique de lui deux actes de 1100 et 1120 ; Hubner 1110 et 1120, Brunet 1083 et 1120. Maintenant que tous ces actes ont disparu, il serait fort inutile de chercher à mettre ces auteurs d'accord entre eux.

Chorier et Guy Allard disent qu'Aimar II épousa Marchise, sœur du Dauphin Guigues, et le chanoine Guillaume[1], con-

---

(1) *Histoire de Marguerite de Bourgogne.*

temporain, parle de cette union sans indiquer le nom de baptême de la mariée. Valbonnais veut que ce soit sa sœur cadette, la première, dit-il, ayant épousé un comte d'Auvergne. Ce qu'il y a de certain, c'est que les deux sauvegardes de lui qui ont été conservées n'ayant point de date, nous n'avons d'autres données positives sur lui que la mention qu'en fait son fils Guillaume II.

Guillaume II, comte de Valentinois, de 1158 à 1189 [1].

On a fait beaucoup de légendes sur ce comte de Valentinois, qui, bien que consacrées par l'enquête judiciaire de Romans, en 1421, ne me paraissent pas avoir un fond bien réel. Il faut distinguer entre les faits récents à cette époque, pour lesquels les déposants, presque contemporains, méritent toute confiance, et ceux de beaucoup antérieurs, sur lesquels ils en savent encore moins que Jacques Vincent, le généalogiste, sujet et très-humble serviteur de Diane de Poitiers, dont les œuvres manuscrites sont à la Bibliothèque royale, N.° 4653, et qui, pour les besoins de la généalogie de la duchesse, invente un frère à Éléonore de Guyenne, qui, après s'être caché dix-neuf ans, pour ne pas troubler le roi de France, son beau-frère, dans la possession de son duché, ressuscite en quelque sorte, au grand étonnement de sa famille, uniquement pour donner naissance aux Poitiers du Dauphiné.

---

(1) Voir le *Cartulaire de Léoncel*, p. 10.

Cette enquête de Romans, qui nomme Guillaume II du petit nom de Berton, nous le dépeint comme un seigneur étranger, qui vint en Valentinois à cette seule fin d'y défendre contre les évêques de Valence et de Die les terres d'une comtesse de Marsanne, dont il épousa après l'unique héritière. La charte de Guillaume de 1183, peu remarquée jusqu'à présent, me semble faire justice de ce rôle de chevalier errant, conforme aux romans de l'époque, et nous montre dans une sauvegarde de l'abbaye de Léoncel que Guillaume II était bien du pays. qu'il portait dès lors le titre de comte de Valentinois et, qui plus est, *que son père lui avait légué en mourant des vassaux, parmi lesquels étaient de véritables pestilences, qui ne se faisaient scrupule de dépouiller les moines du couvent qu'autant que ses châtelains et baillis, à qui il les recommande, se tiendront en mesure de réprimer leurs déprédations et leur feront rendre surtout ces mules dont ils usent dans leurs montagnes comme transport des victuailles,* etc.[1].

Plus tard il renouvelait ce sauf-conduit, y ajoutant une exemption des péages de ses terres, et en 1193 son fils leur confirmait les donations de ses ancêtres.

On voit bien par ces actes que Guillaume II n'était pas un nouveau débarqué dans le pays, et qu'il y était paisiblement établi cinquante ans environ avant les bulles de l'empereur. Quant à ses faits d'armes contre les deux évêques voisins, ils me semblent encore plus problématiques, et je les crois imaginés à la suite de cette interminable guerre des Épiscopaux, toute récente encore à l'époque de l'enquête.

Il suffit, je crois, de jeter un coup d'œil sur la liste des évêques pour partager cette opinion. De 995 à 1011, nous trouvons au siége de Valence Lambert[2], fils d'un Valentinois et frère d'Aimar de Poitiers. En 1037, son successeur est son

---

(1) *Cartulaire de Léoncel*, p. 52.
(2) *Cartulaire de Saint-Chaffre.*

neveu Pons[1], fils du même Aimar, qui ne meurt qu'en 1056.
En 1063 l'évêque de Valence est Oddon, fils de Gélein II, qui
leur laisse son héritage. De 1063 à 1112 c'est Gontard, neveu
de l'évêque Pons et fils d'Hugues de Valentinois. Enfin, après
lui est Eustache, frère de la comtesse de Marsanne, que Guillaume de Poitiers appelle son bon oncle dans la fondation du
monastère de Bonlieu[2]. Quant aux évêques de Die, Guillaume II leur donne en 1163 Sauzet et Gigors.

On voit par cette simple énumération que non-seulement les
évêques de Valence n'étaient point alors les ennemis jurés des
comtes de Valentinois, mais que jamais diocèse ne fut plus que
celui-là la propriété exclusive d'une seule famille; que pendant
un siècle et demi il s'y transmit de neveu à neveu, comme
s'il était un des fiefs du Valentinois; que ces prélats, qui,
d'après la bulle de Frédéric, avaient le droit de porter le titre
de comte, s'en abstinrent dans leurs actes, par égard pour leurs
parents; que, plus que les d'Albon dans le Graisivaudan, les
Poitiers furent dans le principe redevables à l'évêché des accroissements de leur fortune, et que pour une alliance avantageuse ils pouvaient compter sur des parents zélés et non trouver des ennemis à combattre dans les possesseurs de ce siége.

Cette protection des prélats pour une famille, dans le Graisivaudan comme dans le Valentinois, fut probablement dans
l'un et l'autre pays la cause des querelles qu'ils eurent plus
tard avec leurs héritiers, lorsqu'ils sentirent enfin le besoin de
se soustraire à leur domination, et qu'ils voulurent réclamer
d'eux les débris de possessions qu'ils avaient été heureux de
donner à leurs ancêtres, ou tout au moins de leur laisser
prendre.

On comprend, après ces quelques réflexions, le cas que l'on
peut faire de la déposition de l'écuyer Chabert dans l'enquête,
qui parle « de la forte guerre que Guillaume fit aux évêques
pour la comtesse de Marsanne; des villes qu'il leur enleva par

---

(1) *Donation de Sauçay* (Cart. de Cluny).
(2) Cartulaire de Die, p. 35.

la force des armes, etc. ». Il est certain qu'il fit de grandes acquisitions dans le Valentinois, mais probablement par suite seulement de son mariage avec la fille de la comtesse, que Chifflet *(Opuscula varia)* dit s'être appelée Sybille et avoir été de la famille de Baux, une de ces vieilles maisons de Provence qui, lors de la disparition des comtes de Die, se partagèrent leur héritage.

La bulle que l'empereur Frédéric promulgua le 4 des calendes d'août 1178 appuie cette opinion, car elle constate que Guillaume possédait dès lors des fiefs considérables aux portes mêmes de la ville de Die, et, à l'exception de son château de Quint, les soumet à la suzeraineté de son évêque. Ce n'est pas cependant que le comte soit en disgrâce dans ce moment, car dès le lendemain l'empereur lui accorde, ainsi qu'au Dauphin, le péage de Valence à Montélimar; mais il y a eu accroissement rapide de l'un de ses vassaux du bord du Rhône, et il s'ensuit des arrangements politiques à prendre et peut-être des jalousies à apaiser ou prévenir.

On a quelques autres actes insignifiants de Guillaume de Valentinois. En 1181 il donne au prieur de Montmeyran les dîmes de Montéléger; plus tard, à la chartreuse de la Sylve-Bénite des redevances sur Étoile. Ce sont, à ce qu'il paraît, ses derniers actes, car les auteurs le font mourir dès les premiers mois de 1189.

Il paraît avoir été le premier de sa famille qui ait pris le titre de comte de Valentinois, car dans deux actes, ce qui est beaucoup, vu le petit nombre qui nous en est parvenu, il se croit obligé d'entrer en explications sur ce sujet avec un public qui avait sans doute oublié ceux de 912. Il leur déclare qu'il ne quitte pas son nom de Poitiers et qu'il ne s'appelle Valentinois qu'à cause de son office : *Ego Wilelmus, Pictavensis cognomine, officio verò Valentinus comes* [1].

Salvaing de Boissieu *(Usage des fiefs)* a pris note de cette

---

(1) Première sauvegarde de Léoncel et reconnaissance de fief *(Cartulaire de Die, p. 35).*

phrase, qui explique bien les changements de nom de la féodalité. On devrait la rapprocher de ce passage si discuté de la chronique d'Haute-Combe : *Giraudus non fuit comes, sed officialis regum;* car elle est la définition exacte du mot *officialis*, qui en fait toute la difficulté[1]. On continue cependant à l'appeler Poitiers, et ce n'est guère que sous son fils que son titre remplace réellement son nom de famille.

Aimar III, comte de Valentinois, de 1189 à 1230.

Dès ses débuts, ce comte abandonna avec les évêques la ligne de conduite dont s'étaient si bien trouvés ses ancêtres. Il est vrai que, limité par eux de tous côtés, ce n'était plus guère qu'à leurs dépens qu'il pouvait agrandir ses domaines. Henri, roi des Romains, fils de Barberousse, lui en adresse des reproches, et lui mande « qu'il a écrit à Raymond d'Agout, à Hugues d'Aix et à Eschafin, pour leur rappeler que les évêques de Die sont exempts de tout péage, qu'ils n'en ont tenu compte et qu'il est très-offensé de leur conduite[2] ».

Le nouveau comte de Valentinois paraît peu ému de ces reproches, que nous verrons se renouveler. Il a tourné toutes ses espérances ambitieuses du côté de son parent le comte de Toulouse et en reçoit un magnifique cadeau : l'investiture du comté de Die, qui lui est donnée en 1189, et où nous avons vu sa famille avoir, dès 1163, les plus importantes seigneuries. Dès lors, il n'a plus d'autre politique que celle de ce prince; il

---

(1) *Arbitrage de Giraud Adhémar en* 1184 (Cartulaire de Valence, chap. 3, N.° 1).

(2) Cartulaire de Die, p. 23.

signe avec lui une donation à l'abbaye de Léoncel[1], et, à son instigation apparemment, reprend sa querelle avec l'église.

Jarente, alors évêque de Die, avait acheté le fief d'Aurel[2], sur lequel le comte avait quelques droits, et cette difficulté avait été arrangée entre eux par un arbitrage, lorsque, 17 ans plus tard, Aimar et ses hommes, toujours disposés à envahir le voisin, s'emparèrent sous ce prétexte de la forteresse de *Paoneti*, érigée contre leurs invasions, et se firent donner par l'évêque deux mille sous viennois pour son emplacement, après avoir rasé ses murailles.

Cependant, sa conduite politique sembla s'amender un peu par suite de son mariage avec Philippe de Fay, dame de La Voulte, qui lui apporta en dot des terres très-considérables dans le Vivarais. Comme les possessions de sa femme étaient sur le territoire du roi de France, il devint son vassal pour ces seigneuries, et, vers 1209, époque de son mariage, y leva le ban pour le roi Philippe, qui, en échange des troupes qu'il lui envoyait, lui donna un péage sur le Rhône, que l'on a cru à tort être celui de Valence à Montélimar, qui était sur les terres de l'Empire.

Il eut de son mariage avec Philippe plusieurs enfants : 1° Guillaume de Poitiers, qu'il associa de son vivant à son comté et auquel il remit d'importantes seigneuries pour lui faire obtenir la main de Flotte, héritière du Royans. Nous avons parlé à l'article des Bérengers de la guerre qu'après la mort de son fils il fit à sa belle-fille et des succès qu'elle remporta contre ses troupes; et 2° deux filles : Josserande, qui épousa Bermond, seigneur d'Anduze, et que sa mère fit héritière de ses terres de La Voulte, de Clérieux et de la Roche-de-Glun; et Semnoresse, qui, selon Guy Allard, fut la première femme du Dauphin Guigues-André.

Le comte Aimar III de Valentinois timbrait le contre-scel de

---

(1) Cartulaire de Léoncel.

(2) Cartulaire de Die. p. 39 et 49.

ses actes avec un soleil ou une étoile à seize raies, qui a fort intrigué tous les auteurs qui se sont occupés de son histoire, et dont il existe au médaillier de la Bibliothèque royale un superbe exemplaire. Ce ne sont point les armes de sa femme, qui portent une aigle, ce qui a fait croire à plusieurs qu'elle appartenait à la maison de Vienne [1]; et il serait curieux pour la transmission du Diois de savoir à quelle famille on pourrait l'attribuer, car la donation qu'en fait le comte de Toulouse peut bien n'être qu'une reconnaissance de titre, et il importerait, dans l'intérêt de l'histoire du Dauphiné, de savoir positivement à qui les Poitiers furent redevables du Diois. Je renvoie cette question à mes notes.

Avant de continuer l'histoire particulière d'Aimar, il serait bon, je crois, pour bien la comprendre, de jeter un coup d'œil sur l'état du Valentinois depuis sa séparation d'avec la France. Ce pays paraît avoir très-peu souffert de la guerre avec les empereurs d'Allemagne, qui eut lieu en Suisse, en Franche-Comté, atteignit à peine Vienne et fut supportée surtout par les ducs d'Aquitaine, qui y acquirent une immense prépondérance par leur victoire et leur alliance à la famille impériale, qui en fut la suite.

Sous les faibles mains de leurs évêques, héritiers du pouvoir impérial, nos populations paraissent avoir joui d'une assez grande tranquillité, troublée seulement par quelques chevauchées insignifiantes qu'elles faisaient à leur appel contre les habitants des villes, bien moins soumis qu'elles au pouvoir épiscopal. Ces querelles intestines se terminaient ordinairement par des arbitrages. Mais, quand il leur arrivait d'amener une intervention armée, c'était du Languedoc ou de la Provence qu'elle surgissait. L'Empire et la France étaient trop éloignés. Le premier n'avait conservé qu'une certaine autorité, plus historique que légale, dont il usait avec une extrême circonspection et seulement par voie diplomatique. La seconde avait tel-

---

[1] Chifflet, *Opuscula varia* (Bibliothèque de Grenoble).

lement disparu de la mémoire des populations que le vieux registre des évêques de Valence va jusqu'à dire, en parlant de Renagarius, « qu'il était étranger de naissance, c'est-à-dire Français ». Il ne se fût pas servi, s'il eût été Teuton, d'une épithète si peu bienveillante.

Plus tard la tranquillité s'y maintint par suite des croisades. Tous ceux qui étaient avides de la vie guerrière le quittèrent pour l'Orient, à la suite des comtes de Die et des barons de Grignan. Quand les premiers eurent été dépossédés par les comtes de Toulouse, l'influence, si ce n'est le pouvoir, passa à ces suzerains, auxquels nous venons de voir que les comtes de Valentinois eux-mêmes firent hommage de leurs seigneuries indépendantes.

Ce fut un grand malheur pour notre pays, car à cette époque tout le Languedoc était remué par l'hérésie albigeoise, et ces comtes en étaient les chefs secrets, quand ils ne se mettaient pas ouvertement à la tête de leurs milices. Le Dauphiné avait d'autant plus de motifs pour être agité par cette hérésie que ses premiers apôtres, connus sous le nom de Vaudois, étaient sortis de ses montagnes et de celles du Vivarais. Saint-Paul-trois-Châteaux, Montélimar furent dévastés par cette secte, plus socialiste qu'hérétique et qui n'en voulait tant au clergé que parce qu'il possédait presque exclusivement la fortune mobilière.

Le comte Aimar de Valentinois fut un des premiers suzerains entraînés dans son mouvement, qui voulait envahir la France. Poussé par ses vassaux, qui s'y enrôlèrent, et, d'un autre côté, attiré par sa parenté et sa reconnaissance pour le comte de Toulouse, il lui eût été bien difficile de rester étranger à une lutte qui prenait ses domaines pour champ de bataille. Simon de Montfort, le chef de l'armée qui venait la combattre, le comprit bien vite, et, ne pouvant laisser derrière lui un centre si important pour tous les mécontents des bords du Rhône, il n'hésita pas à l'attaquer avec toutes ses forces. Le moine de Cernay raconte en quelques lignes ce qui se passa entre eux en 1213.

« Il y avait, dit-il, en ce pays un certain noble, puissant et
» méchant, qui détestait la cause du Christ et adhérait de
» cœur au comte de Toulouse. Quand il apprit l'arrivée du
» comte de Montfort, il renferma le plus de soldats qu'il put
» réunir dans un certain château, dont il devait sortir pour le
» combattre s'il passait près de lui. Le comte Simon passa ce-
» pendant avec peu de monde, et Adhémar, qui en avait bien
» davantage, n'osa pas sortir pour le combattre et le laissa
» demeurer dans le voisinage.

» Il y fut bientôt rejoint par Eudes, comte de Bourgogne,
» seigneur puissant et bon qui allait combattre les hérétiques.
» L'archevêque de Vienne y vint aussi, et il cita Adhémar à
» Romans, devant un concile, pour le juger comme ennemi
» de l'Église. Il y vint; mais ni le comte ni le duc n'obtinrent
» rien de son obstination.

» Enflammé de colère, le duc dit alors à Simon que si Adhé-
» mar ne se soumettait à l'Église et, en gage de sa bonne foi,
» ne remettait au chef des Croisés quelque place forte, il irait
» avec Montfort lui-même l'assiéger; et il donna ordre à ses
» troupes d'effectuer cette menace. Le comte de Valentinois,
» voyant ces dispositions, fut contraint de se soumettre et
» remit certaines de ses forteresses, que le duc se chargea de
» garder. »

Le comte Aimar dissimula son mécontentement, mais n'en
fut pas mieux disposé en faveur de l'Église; ce qui fit que le
23 novembre 1214 l'empereur Frédéric, ayant confirmé à l'é-
vêque de Die toutes ses possessions [1], y joignit le château de
Quint, qui appartenait au comte et excepté formellement,
comme il a été dit dans le précédent acte; et, l'ayant renou-
velé plus tard, y ajouta *Monte Podonis*, pour que l'évêque pût
s'y défendre contre *les pillards* et les *exactions des tyrans*.

Une lettre, qu'il écrivit le lendemain à Aimar, ôte toute am-

---

(1) Cartulaire de Die, p. 9.

biguïté à ces paroles : « Nous savons[1], dit-il, que, malgré les exemptions accordées par nos prédécesseurs aux évêques de Die pour les péages, vous ne craignez nullement de les y soumettre et allez jusqu'à leur interdire le passage. Nous vous engageons à vous en abstenir à l'avenir, à les indemniser et à agir de manière à ce que nous ne soyons pas obligé de vous écrire une seconde fois. »

L'intérêt du comte de Valentinois fut cependant un moment plus efficace que toutes ces remontrances. Le concile de Latran ayant privé le comte de Toulouse de ses domaines[2], Aimar s'en prévalut et s'empara du Vivarais, où les Croisés n'avaient point pénétré; sans vouloir cependant le rendre, il n'en continua pas moins à tenir le parti du comte, si bien qu'en 1217 Montfort passa le Rhône à Viviers et, renforcé par un corps de Croisés conduit par l'évêque de Nevers, vint mettre le siége devant Crest, la plus forte place de tout le Valentinois.

Il fut aidé par les évêques du pays et par les cent chevaliers français venus pour cette expédition. La place, défendue par Arnaud d'Aydu, un brave gouverneur d'Aymar, résista à toutes les attaques. Il fallut négocier, et on conclut un traité, auquel participa Humbert de Mirabel, évêque de Valence, qui avait pris part à la guerre, et il fut convenu que Montfort donnerait sa fille à Aimar, et que celui-ci livrerait des châteaux en exécution de ses promesses[3].

On a encore quelques actes d'Aimar III. En 1210 il reconnaît la suzeraineté de l'évêque sur Châteaudouble[4], et en 1222 fait cinq actes de donation au prieuré de Montmeyran et un autre à la Sylve-Bénite. En 1230, après la mort de son fils, il signe avec son petit-fils Aimaret, dont, comme nous l'avons dit, sa belle-fille lui enleva bientôt la tutelle, une sauvegarde

---

(1) Cartulaire de Die, p. 17

(2) DOM VAISSETTE, *Histoire de Languedoc*, t. XXIII. p. 265.

(3) *Idem*, t. XXIII, p. 372.

(4) Le P. Anselme.

pour l'abbaye de Léoncel, et meurt, à ce qu'il paraît, vers le 22 février 1230, où on le trouve encore signant une acquisition du Pouzin dans le Vivarais. Il eut pour successeur Aimaret, son petit-fils.

Aimar IV (*Aimaret*), comte de Valentinois, en 1230.

Dès l'année 1230, Aimar IV succédait à son grand-père, sous la tutelle de sa mère, Flotte de Royans, qui, comme nous l'avons dit à l'article des Bérengers, avait, avec le secours de l'évêque de Valence, défendu les armes à la main ses droits contre l'intervention de son beau-père. Mais ce n'est que neuf ans plus tard qu'on le voit prendre la direction des affaires du comté; et il eut pour ses débuts une négociation fort désagréable.

Son grand-père, Aimar III, profitant d'un jugement du concile de Latran, s'était, comme nous l'avons vu, mis en possession du Vivarais, aux dépens du comte de Toulouse. Celui-ci ayant fait sa paix avec le Saint-Siége, qui l'avait relevé de sa condamnation, il fallait maintenant aller à l'Ille, dans le Comtat-Venaissin, restituer à Raymond VII, son cousin, cette usurpation et lui faire agréer des excuses pour un acte qui ne lui était point personnel, mais sur lequel il n'avait pas montré trop d'empressement à revenir.

Ce fut alors qu'il fut obligé de lui remettre dix-sept places, importantes pour cette époque : la châtellenie de Bays, Tournon, Privas, le Pouzin, etc., et de lui faire cette déclaration dont nous avons parlé en tête du chapitre des Valentinois.

Après lui avoir démontré que tout ce territoire avait bien été la propriété de ses ancêtres, il ajoutait « qu'il se hâtait par une volonté spontanée, et nullement amenée par la fraude ou la crainte, de les remettre entre les mains de son cousin et de lui prêter en qualité de vassal hommage lige pour lui et ses successeurs, etc.

Raymond, en échange de cette soumission, se contentait de lui assurer que ces places ne seraient jamais aliénées par lui ou ses descendants, et que les comtes de Valentinois pouvaient en échange compter de leur part sur l'appui de leurs armes et sur une protection éternelle. Aimar n'en fut pas quitte pour cet hommage et était dix-sept ans plus tard obligé de le renouveler; mais, moins effrayé qu'alors, il déclare dans ses lettres, données à Guy Fulcodi, que ce fut la crainte seulement qui avait dicté cet acte, et que sur son refus son cousin était décidé à lui faire la guerre.

Aimar chercha à se dédommager de ce grave échec par de nombreuses transactions avec ses voisins. En 1244, s'étant fait remettre Étoile et quelques autres seigneuries par l'évêque de Valence, il se hâte d'en faire hommage au Dauphin, qui consent, s'il manque à le secourir, à les perdre, ainsi que la suzeraineté qu'il a dans le Royans sur les seigneuries de Flotte, sa mère. En 1247 il achète Ourches. L'année suivante, en qualité d'héritier de Sylvion de Crest, il oblige l'évêque à lui remettre cette place et à s'interdire toutes fortifications entre Livron et Valence. En 1250, par une transaction avec la veuve de son petit-fils, on voit qu'il est rentré en possession de Taulignan. Sept ans plus tard il promet au roi Saint Louis de lui remettre Bidage. Il bat Sylvion de Clérieux, le fait prisonnier, et se fût emparé de son château sans le seigneur de Roussillon, qu'il obligea cependant à lui céder les Londrins pour obtenir sa paix [1]. Il acheta Saint-Gervais, Châteauneuf-de-Mazenc; échangea avec le Dauphin Clérieux et Chantemerle contre les

---

(1) Histoire manuscrite de Fontanieu, p. 789.

droits qu'il avait sur Crest, Aouste et Divajeu ; reçut d'Alphonse de Toulouse Valaurie et Pierrelatte, donnés avant à Dragonnet de Montauban. Enfin, il prêta hommage à Philippe le Hardi, alors possesseur du Comtat.

On voit par cette énumération de faits, peu importants il est vrai, qu'il s'occupait vivement de son comté et fit de son mieux pour le maintenir dans la prospérité et dans l'état où le lui avait laissé son grand-père.

Aimar eut à la fin de sa vie de graves démêlés avec le Saint-Siége. Je les ai rapportés dans l'article des évêques de Valence, et j'ai dit comment le pape, n'ayant pu le faire vivre en paix même avec son parent l'évêque Bertrand, finit, pour mettre les évêques à même de lui résister, par réunir les deux évêchés dans les mains du belliqueux Amédée de Roussillon. Le comte de Valentinois n'en fut pas effrayé et lui fit constamment la guerre pendant les trois ans qu'il vécut encore. Il mourut en 1277 et fut enseveli dans l'abbaye de Bonlieu.

Aimar IV s'était marié deux fois, la première à Florie de Beaujeu, dont il eut le fils qui lui succéda et deux filles, dont l'une épousa Bertrand de Baux, au royaume de Naples, et l'autre Roger de Clérieux. Sa seconde femme fut Alix, dont il eut Guillaume de Chanéac.

Son testament de 1277 est très-long et curieux par les détails, qui y peignent son époque. Il y donne ordre à Arthaud de Roussillon de rendre le cheval qu'il a pris à un moine ; à Armand du Pouzin, de restituer une terre qu'il a usurpée sur une châtelaine ; attribue dix livres viennoises seulement à sa fille qui a épousé le sire de Baux, et deux cents à l'autre ; il fait son fils Aimar son héritier universel, le charge de l'éducation de son jeune frère Guillaume, qui sera clerc et n'aura que la terre de Chanéac. A défaut de son héritier universel, il lui substitue son neveu Aimaret et ses trois fils, ne voulant admettre ses filles à l'héritage qu'au cas seulement de l'extinction complète de la lignée masculine, etc.

Mais ce qui fait pour nous le vrai prix de cette pièce, c'est l'énumération qu'elle contient des places qu'il laisse à son successeur, chose trop rare dans les actes de cette époque, qui ne contiennent ordinairement que quelques lignes, et qui, en y joignant des mentions éparses trouvées dans d'autres actes de l'époque, m'a permis de dresser en quelque sorte une carte du Valentinois vers 1270, à laquelle je crois qu'il vaut mieux renvoyer le lecteur que de le fatiguer d'une sèche et ennuyeuse nomenclature.

Il va sans dire que l'on ne peut exiger une parfaite exactitude d'un travail de ce genre, et qu'il faut admettre comme faisant partie du comté toute place sur laquelle on ne trouve pas d'autres renseignements et qui se trouve située entre deux localités que l'on sait lui appartenir. Ce mode de classement, que l'on ne ferait aucune difficulté d'admettre pour une époque moderne, paraît bien incertain pour une époque si éloignée, alors que la féodalité avait amené les enclaves les plus extraordinaires. Au reste, le lecteur verra par la table justificative qui y est jointe les points sur lesquels on est fixé par des actes, et qui sont ainsi parfaitement séparés de ceux admis comme des probabilités.

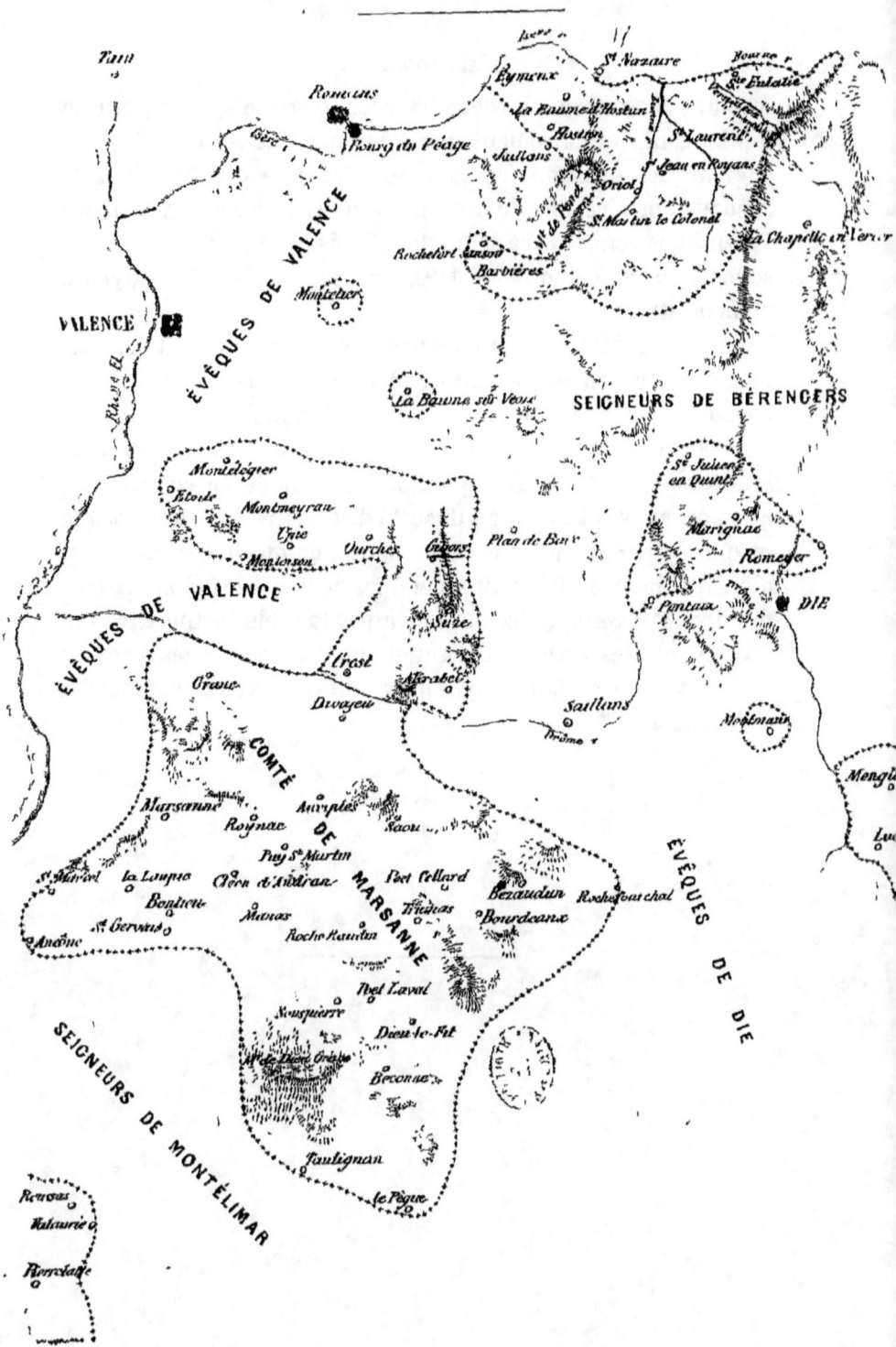

Possessions du comté de Valentinois en 1277.
(Testament d'Aimar.)

L.⁽ᵒⁿ⁾ DE S.ᵗ-JEAN-EN-ROYANS.

Sainte-Eulalie. Apporté en 1213, dot de Flotte de Royans.
Saint-Laurent-en-Royans. Idem. En 1100 Lambert en faisait une donation.
Oriol. Idem. Confirmé aux Valentinois par le traité de Romans, en 1256.
Saint-Martin-le-Colonel. Idem. En 1100 les Bérengers en firent don à Saint-Barnard.

C.⁽ᵒⁿ⁾ DU PÉAGE.

Saint-Nazaire. Dot de Flotte de Royans, confirmé aux Valentinois par le traité.
Hostun. En 1213, dot de Flotte.
Rochefort-Samson. En 1252 hommagé aux Valentinois par Humbert Pelloux.
Barbières. En 1278 vendu aux Valentinois, à charge d'hommage à l'évêque.

C.⁽ᵒⁿ⁾ DE CHABEUIL.

Montélier. Dot de Flotte. Son père en faisait hommage au Dauphin.
La Baume-sur-Véore. En 1269 acquis aux Valentinois des chevaliers de Saint-Jean-de-Jérusalem.

C.ᵒⁿ DE VALENCE.

La Vache. Hommagé en 1278 aux Valentinois par Catherine de Bérenger, veuve de Châteauneuf.
Étoile. En 1215 hommagé aux Valentinois par le seigneur de Crussol.
Montéléger. En 1180 les Poitiers en donnent la dîme à l'Église.

C.ᵒⁿ DE CREST-NORD.

Montoison. En 1238 était aux Valentinois.
Ourches. En 1247 acheté par Aimar à Guigues de Châteauneuf.
Gigors. En 1163 la famille de ce nom en fait hommage aux Poitiers.
Suze neuve et *vieille.* En 1279 hommagé aux Poitiers par le seigneur d'Aix.
Mirabel. En 1178 reconnu aux Poitiers par bulle de l'empereur.
Crest. En 1269 aux Poitiers par transaction avec l'évêque de Die.
Aouste. Par la même transaction.
Divajeu. En 1257 aux Poitiers, et confirmé par la précédente transaction.

C.ᵒⁿ DE DIE.

Saint-Julien-en-Quint. En 1178 aux Poitiers, bulle de l'empereur; en 1286 ils y donnent des franchises.
Marignac. En 1178, même bulle; il était cependant à cette époque aux Sylvestre de Marignac.
Romeyer. En 1178, même bulle.
Pontaix. Porté en 1277 au testament d'Aimar; en 1286 les Poitiers y donnent des franchises.
Montmaur. En 1178, même bulle, aux Poitiers.

C.ᵒⁿ DE CHATILLON. — *Menglon.* Aux Poitiers, même bulle.

C.ᵒⁿ DE LUC. — *Luc*, même bulle.

C.ᵒⁿ DE CREST-SUD.

Grane. En 1277 porté sur le testament d'Aimar de Poitiers.
Roynac. En 1263 inféodé à Dalmas par les Poitiers.
Puy-Saint-Martin. En 1295 les Poitiers, qui en sont encore possesseurs, le vendent aux Taulignan.
Auriples. En 1178 aux Poitiers, bulle de l'empereur.
Saou. En 1264 les Poitiers en étaient possesseurs.

LE VALENTINOIS.

C.ᵒⁿ DE MARSANNE.
Marsanne. En 1158 les Poitiers en deviennent possesseurs par mariage.
Saint-Marcel. En 985 les Poitiers en font donation.
La Laupie. En 1198 donné aux Poitiers par l'abbé de Cruas.
Bonlieu et son *château neuf.* En 1000 les Poitiers y fondent l'abbaye, en 1269 achètent le château.
Manas. En 1058 les Poitiers y font une donation.
Charols. En 1269 les Poitiers possesseurs par échange avec les chevaliers de Saint-Jean-de-Jérusalem.
Cléon-d'Andran. En 1269 aux Poitiers par la même transaction.
Saint-Gervais. En 1269 acheté par les Poitiers.

C.ᵒⁿ DE BOURDEAUX.
Le Poët-Célard. En 1279 aux Poitiers par divers actes.
Truinas. En 1269 aux Poitiers par transaction avec les chevaliers de Saint-Jean-de-Jérusalem.
Bourdeaux. En 1256 aux Poitiers par échange avec Isoard de Bourdeaux.
Bezaudun. En 1256 aux Poitiers par le même échange.

C.ᵒⁿ DE DIEULEFIT.
Comps. En 1278 Aimar de Valentinois en est possesseur.
Souspierre. En 1268 Aimar de Valentinois l'inféode aux chevaliers de Saint-Jean-de-Jérusalem.
Poët-Laval. En 1269 transaction entre Aimar de Valentinois et les chevaliers de Saint-Jean-de-Jérusalem.
Dieulefit. En 1269 les chevaliers de Saint-Jean-de-Jérusalem y reconnaissent Aimar pour suzerain.
Béconne. En 1253 les Valentinois en reçoivent hommage du comte d'Uzès.
Rochebaudin. En 1269 les Valentinois le donnent en échange aux Taulignan.

C.ᵒⁿ DE LA MOTTE. — *Rochefourchat.* En 1178 reconnu aux Poitiers par la bulle de l'empereur.

C.ᵒⁿ DE MONTELIMAR. — *Ancone.* En 1253 les Adhémar de Montélimar en font hommage aux Poitiers.

C.on DE GRIGNAN.
- *Taulignan.* En 1248 au fils d'Aimar de Valentinois, passe à son père en 1293.
- *Le Pègue.* En 1277 porté sur le testament d'Aimar de Valentinois.
- *Roussas.* En 1253 cédé aux Valentinois par les Adhémar de Montélimar.
- *Valaurie.* En 1270 cédé par Alphonse de Toulouse à Aimar de Poitiers

C.on DE PIERRELATTE.
- *Pierrelatte.* En 1269 cédé par Alphonse de Toulouse à Aimar de Poitiers.
- *Rochegude.* En 1270 cédé par le comte de Toulouse à Aimar de Poitiers.

LES COMTES DE VALENTINOIS DE 1277 JUSQU'A L'ANNEXION.

Aimar V, comte de Valentinois, en 1277.

Les circonstances dans lesquelles Aimar V remplaça son père étaient loin d'être aussi favorables aux Valentinois que celles dans lesquelles avait paru son prédécesseur. Nous avons dit que le Saint-Siége, pour éviter la ruine des deux diocèses, les avait réunis dans les mains redoutables de l'infatigable Amédée de Roussillon, de sorte que le comte, au lieu de cerner les deux évêchés, se trouvait tout à coup entouré par eux. Cependant, dès 1281, la prompte mort de ce prélat le délivra des craintes que devait lui causer cette nouvelle position.

Aimar chercha en conséquence dès son avénement à se mettre sous un puissant patronage. Il s'empressa de faire au Dauphin hommage des terres dont son père avait fait acquisition : Étoile, Crest, Aouste, et en même temps de celles qui par le mariage de Flotte étaient, avec le Royans, entrées dans sa famille. Plus tard il racheta cette concession par l'abandon de Clérieux, que le Dauphin ne tarda guère à lui rendre. Il s'attira ainsi l'affection de ce prince, qui alla jusqu'à promettre à son fils, quand il serait en âge, la main de sa fille, mariage qui cependant ne fut jamais qu'à l'état de projet.

L'histoire ne nous a conservé que bien peu de renseignements sur la vie de ce comte. On sait seulement qu'il acheta de ses voisins un grand nombre de seigneuries. En 1279 Arthaud d'Aix lui vendait Suze et Brette. En 1293 il se rendait acquéreur de l'importante place de Taulignan (à ce que dit Chazot), bien que dans l'Inventaire de la Cour des comptes on trouve au Dauphin l'année suivante un hommage d'Hugues Adhémar de la même seigneurie. Il était, à ce qu'il paraît, alors de retour de son voyage à Morat en Suisse, où il était allé avec d'autres suzerains et prélats de Bourgogne faire sa soumission à l'empereur Rodolphe, que les seigneurs bourguignons considéraient toujours comme leur souverain titulaire; ce qui n'empêchait nullement, d'après les lois féodales, qu'en 1298 le comte de Valentinois ne fît hommage au Dauphin de la terre de Montclar, qu'il venait d'acquérir. En 1324 il avait de plus hautes visées et traitait avec Giraud, baron de Grignan, pour obtenir à prix d'argent le haut domaine de toutes ses seigneuries.

Elles avaient, en 1277, été données par un des prédécesseurs du baron aux évêques de Valence; mais cet acte n'avait point été de leur part confirmé par une prise de possession. Aimar compta l'argent au baron de Grignan, alors chef avoué des habitants de Montélimar; mais il ne fut guère plus heureux que les prélats de Valence, car ces citadins, trente-six ans plus tard, s'étant révoltés contre leur seigneur, se donnèrent au pape Innocent VI; de sorte que le comte de Valentinois ne se trouva plus possesseur que d'un vain titre, que nous verrons cependant ses successeurs faire valoir à une époque plus favorable.

Une autre affaire eut pour lui un résultat bien plus positif. En 1322 son neveu Graton de Clérieux, s'étant fait battre et prendre dans le Viennois par Amédée de Savoie, fut mis par ce prince à une rançon énorme (8,000 florins, équivalant à 230,624 livres de notre époque). Le baron de Clérieux, ne sachant où trouver une pareille somme, s'adressa à son oncle Aimar V et lui proposa de lui vendre Mirabel-en-Clérieux, Pisançon et une tour qu'il avait contre l'église de Romans. Aimar accepta et fit mettre son neveu en liberté. Graton et son frère Guichard furent si reconnaissants de cet acte qu'étant morts sans postérité ils laissèrent la baronnie de Clérieux et toutes leurs terres aux Valentinois, succession qui fut partagée en 1336 par les fils d'Aimar, Aimar VI et Guillaume de Saint-Vallier.

Ce comte de Valentinois se maria deux fois, la première avec Polie ou Hippolyte, fille d'Hugues, comte de Bourgogne, qui lui apporta en dot le château et la ville de Saint-Vallier. Elle lui fut *(Mémoires de Gollat)* engagée pour une somme de 2,800 livres tournois, et en valait bien au moins 400 de plus; mais le frère de Polie, Othon, comte de Bourgogne, ne voulut pas la dégager en payant cette somme, parce que, disait-il, « elle avait à Dauphin affaire, et que la ville de Saint-Vallier en était en péril ». En effet, située au milieu des terres de ce prince, elle eût bien vite passé sous son pouvoir, si l'héritage des seigneurs de Clérieux n'était venu constituer à leurs cousins une frontière respectable, tout au moins vers le sud de la ville.

Aimar V eut beaucoup d'enfants de cette première femme : 1° Aimar VI, qu'avant sa mort il avait mis en possession des seigneuries de Taulignan et Saint-Secret; 2° Guillaume, qui, du chef de sa mère et son père vivant, eut Saint-Vallier et la majeure partie de la baronnie de Clérieux, dotation qui rentra peu après dans la famille, car il mourut sans postérité ; 3° Louis, évêque de Langres, qui, malgré sa dignité, battit à Chaudefouace les Anglais, qui étaient venus ravager son diocèse; Humbert et Othon, morts sans lignée, et deux filles, dont l'une épousa le seigneur de Roussillon et l'autre Adhémar de Monteil.

De son second mariage, avec Marguerite de Genève, Aimar eut encore deux fils, Aimé et Amédée, qui succédèrent à leur frère consanguin dans les terres de Clérieux et de Chantemerle, et deux filles, qui épousèrent l'une le vicomte de Narbonne et l'autre le comte de Rodez.

Aimar VI, comte de Valentinois, en 1329.

Aimar, qui dans sa jeunesse portait le nom d'Aimaret, pour se distinguer de son père, qui l'avait associé à son pouvoir dès 1307, ne lui survécut que dix ans; ce qui fait que l'histoire n'a que bien peu de choses à nous en apprendre. Du vivant de son père, en 1316, il fut chargé de faire hommage au roi de ses comtés, acte qui en 1333 lui valut un procès en cour de Rome avec le Dauphin, qui exigeait un hommage semblable. Le comte de Valentinois ne voulait faire qu'un hommage simple. Cependant le pape s'étant déclaré incompétent, il paraît qu'il fut obligé de se soumettre au désir de son adversaire et n'en put obtenir que le désaveu que le Dauphin fit des entreprises que ses officiers avaient déjà faites sur le Royans [1]. En 1336, par compensation, il recevait l'hommage qu'Adhémar de Monteil avait promis à son père, et, ainsi que nous l'avons dit, partageait avec son frère Guillaume de Saint-Vallier la riche succession des barons de Clérieux.

Le 12 août 1339, il faisait un dernier testament en faveur de Louis de Poitiers, son fils aîné, qu'il nomme son héritier universel, lui substituant, suivant la loi romaine, ses autres enfants, ses frères, en un mot tous les mâles de sa famille. Il mourut peu après cet acte, ayant eu de sa femme Sybille de Baux, fille de Reymond de Baux, comte d'Avellino, six garçons : Louis, qui lui succéda; Guichard et Aimar, morts avant leur père; un autre Aimar, seigneur de Veyne; Othon, qui fut évêque de Verdun, et Guillaume, moine de Cluny. Il eut aussi cinq filles, dont l'une, Hippolyte, épousa le vicomte de Polignac.

---

(1) FONTANIEU, *Cartulaire inédit*, 3ᵉ *portefeuille*.

Louis Ier, comte de Valentinois, en 1339.

Louis de Poitiers, qui hérita des comtés de Valentinois et de Diois, par suite de la mort de son frère aîné Aimar, décédé sans enfant et qui avait épousé Alix de Viennois, sœur du Dauphin, était, lors du décès de son père, attaché au service de Philippe de Valois et déjà fort avancé dans l'affection de ce souverain, comme on le voit par les dignités qu'il ne tarda pas à en recevoir. Ce fut, il faut cependant en convenir, un grand malheur pour toute sa famille, car, de suzerain indépendant, il devenait par suite de ces honneurs le sujet en quelque sorte du roi de France, et cet exemple, suivi par son successeur, ne fut pas, comme on le verra plus tard, une des moindres causes qui amenèrent l'annexion du Valentinois, ses sujets, depuis deux générations, se trouvant confondus avec ceux de la France.

La carrière militaire de Louis n'en fut pas moins très-glorieuse. L'année qui suivit sa prise de possession du Valentinois, le roi le nomma son lieutenant général dans tout le Languedoc, lui donnant le droit d'y établir tous gouverneurs qu'il jugerait convenable, d'y disposer de ses officiers et gens d'armes, etc. Il lui remit la suzeraineté de Châteaubourg et de Garenson, qui lui appartenaient, quoique de l'hérédité du comte, une rente de 500 livres et la seigneurie de Blein en Bretagne[1].

Il servit après dans l'armée du duc de Normandie. Pendant ce temps, le Dauphin[2] ayant voulu s'emparer de sa baronnie de Clérieux, le roi l'en empêcha et l'obligea de se contenter d'un hommage simple. Il fut fait prisonnier par les Anglais au siége

---

(1) FONTANIEU, *Son histoire inédite*, p. 49.

(2) FONTANIEU, 4e *portefeuille*.

d'Auberoche, en 1344, et, après une courte captivité, faisait l'année suivante la guerre pour le roi en Saintonge. Il fut tellement éprouvé par les fatigues de cette campagne qu'il quitta l'armée et revint mourir à son château d'Étoile en Dauphiné.

Il n'eut ainsi que durant cinq ans la direction du comté de Valentinois, où, comme nous l'avons vu à l'article des évêques de Valence, il battit l'évêque Pierre de Châtelus et les milices valentinoises, qui avaient fait une invasion sur ses terres. Il eut de sa femme Marguerite de Vergy, qui ne survécut que deux ans à son mari, deux enfants : Aimar le Gros, qui lui succéda, et une fille, qui épousa le sire de Beaujeu et à laquelle il se contenta d'assigner une pension de 1,200 livres, outre les 8,000 florins qu'il lui avait assurés en mariage.

Il demande dans son testament à être enterré dans l'église des Frères mineurs de Crest, où, dit-il, reposent ses ancêtres. Il fait comme eux des substitutions, non-seulement pour ses enfants, mais pour tous les descendants mâles de sa famille.

Ce comte soutint courageusement l'état de sa maison, et ce n'est pas encore à lui que l'on peut attribuer la mauvaise administration et la pénurie de finances que nous allons voir en causer la ruine.

Aimar VII, dit le Gros, comte de Valentinois, en 1345.

Aimar n'avait encore que dix-huit ans quand la mort prématurée de son père l'obligea à prendre sa place. Il reçut à son avénement l'hommage de Lambert-Adhémar pour la forteresse et la parerie de Montélimar et l'importante place de La Garde, les moitiés de Savasse et d'Ancone, les fiefs de Cléon-d'Andran, de Roynac, de Saint-Gervais, de Suze, de Saint-Martin et les châteaux de Montboucher et de la Bâtie[1]. Le Dauphin lui remit la terre de Veyne[2]; mais il eût regardé son héritage comme incomplet s'il n'eût accepté sur-le-champ la guerre que ses prédécesseurs lui avaient léguée avec les évêques de Valence.

Deux ans après son avénement, il y eut en Dauphiné une grande assemblée politique[3], que l'on peut regarder comme la première tenue des États généraux, quoique nos historiens ne lui aient pas donné ce nom et même n'y aient fait qu'une fort minime attention. Aimar de Valentinois y fut convoqué avec les autres seigneurs allodiaux; mais, tandis que la simple noblesse montrait un grand empressement à s'y rendre, les hauts tenanciers cherchèrent autant que possible à s'en exempter, car ils voyaient avec raison dans cette entreprise un prétexte pour les soumettre aux Dauphins et les dépouiller du reste de leur indépendance. Quoique ce récit sorte un peu de mon sujet, comme il n'a jamais, je crois, été imprimé, je vais résumer en peu de mots ce que Fontanieu en a écrit dans son précieux manuscrit de la Bibliothèque de Paris.

On convoqua l'archevêque de Vienne, qui s'y rendit; c'est peut-être la véritable cause pour laquelle ses successeurs eurent la présidence des États; l'archevêque d'Embrun, qui, vu son allodialité, trouva moyen de s'en dispenser; les évêques de Grenoble, Genève, Gap, et les abbés de Saint-Antoine et de Bonnevaux.

Le comte de Valentinois s'excusa sur la guerre qu'il faisait dans ce moment (*L'art de vérifier les dates* dit qu'en 1367 il était en guerre avec l'évêque de Valence, qui par le fait ne figure pas sur cette liste).

Le prince d'Orange prétexta son refus sur une fièvre quarte.

Amédée de Poitiers, le vicomte de Clermont, les seigneurs de Roussillon, d'Anjou, de Bressieu, de Viriville, de Mont-

---

(1) FONTANIEU, 3ᵉ *portefeuille* (Bibliothèque royale).

(2) *Idem.*

(3) FONTANIEU, 4ᵉ *portefeuille.*

breton, de Claveyson, de Tournon, de Paladru, de Châteauneuf, de Chaste et de Saint-André paraissent s'y être rendus; pour le Viennois, les seigneurs de Neyrieux, de Grolée, de Pusigneux; pour le comté de La Tour, les seigneurs de Sassenage, de Valbonnais, de Séchilienne, d'Uriage, du Mas, de Miribel; pour le Graisivaudan, ceux de Laugin, de Lins, d'Arlay, de Compeys, de Termini; pour le Faucigny, ceux de Montmaur, de Baume-Noire, de La Roche-des-Arnauds, d'Oze et de Val-Barret; pour l'Embrunois, ceux de Bésignan, de Raillane, Lambert-Giraud, Hugues de Montelier, et le manuscrit dit beaucoup d'autres nobles et barons, dont les noms n'ont pas été conservés. Le Dauphin, comme de juste, s'empressa de joindre à cette liste tout son conseil delphinal.

Il serait curieux maintenant de savoir précisément quelles furent les matières qui purent être traitées devant une assemblée qui se composait des hommes du Dauphin et de seigneurs qui n'avaient nulle envie et grande peur de le devenir. Par malheur, la note de Fontanieu n'en dit pas davantage, et, vu son silence, ce qu'il y a de mieux à faire est de reprendre l'histoire particulière d'Aimar de Valentinois, qui, comme je l'ai dit, eut bien soin de n'y pas aller, mais n'en fut pas moins obligé cependant de prêter hommage pour sa baronnie de Clérieux et son château de La Roche-de-Glun, que le Dauphin n'avait laissés à son père qu'à cette condition.

Le Dauphin ayant levé des troupes l'année suivante [1] (1348), il fut du devoir des grands vassaux de l'accompagner dans sa guerre contre le sire de Beaujeu; et le prince d'Orange lui amena 200 hommes d'armes, tandis que le comte de Valentinois le rejoignait avec 1,500 de ses vassaux [2]. Cependant l'année 1349 était arrivée, et ce prince était au moment de se dépouiller du Dauphiné en faveur du roi de France.

---

(1) Fontanieu, 11e *portefeuille*.
(2) *Idem*, 12e *portefeuille*.

Le comte de Valentinois comprit dès le début qu'un pareil voisin était la perte de son indépendance. Il fit ce qu'il put pour en atténuer les effets et se hâta d'avoir recours à l'empereur, seul assez puissant pour entraver les projets d'annexion qu'il voyait sur le point d'éclore, et se fit nommer par lui son vicaire général en Dauphiné. Cette déclaration déplut fort au Dauphin, mais inquiéta bien plus encore le roi de France, qui, pour le séparer de l'empereur et du comte de Savoie, qu'il pressentait devoir être ses alliés, donna à Aimar les péages de La Roche-de-Glun et de Charmagneux sur le Rhône, fort importants pour cette époque. Cette libéralité fut très-utile au roi, en ce qu'elle calma les inquiétudes du comte, qui alla bientôt jusqu'à solliciter auprès de lui la place de gouverneur du Dauphiné pour la France, dignité qu'on se hâta de lui accorder.

Ce fut un piége grossier dans lequel Aimar se laissa prendre, et nous verrons bientôt quelles en furent toutes les suites. Il faut dire pour son excuse qu'il était alors distrait par sa guerre avec l'évêque de Valence, auquel, en 1357, il venait d'enlever Crest[1], et qui se termina par ces longues négociations avec deux papes que nous avons rapportées tout au long dans l'article des évêques de Valence, dont elles amenèrent la ruine.

Il se réveilla cependant de cette léthargie lors de l'abdication d'Humbert et quand se fut accompli le transport de ses états à la France. Le comte de Savoie prit les armes et fit une très-vive guerre au roi. En sa qualité de son gouverneur en Dauphiné, c'était au comte de Valentinois à la soutenir; mais il agit très-mollement, car il s'était mis dans une étrange position, celle d'être obligé de combattre contre ses véritables intérêts. Après deux combats sanglants, il fit une nouvelle faute, plus lourde encore que celle qu'il avait déjà faite, ce fut de se charger d'un traité de paix avec le comte de Savoie et, qui

---

(1) FONTANIEU, 14ᵉ *portefeuille*.

plus est, d'un échange de seigneuries entre ce prince et la France; transaction qui était indispensable cependant, du moment où l'on désirait une paix durable, vu l'incroyable mélange de territoires que la féodalité avait créé sur cette frontière.

Le comte de Valentinois acceptait ainsi de gaieté de cœur la responsabilité auprès du pays d'un traité qui ne pouvait être que désavantageux, puisque son but était de calmer un voisin dont le mécontentement était fort gênant dans les circonstances. Peut-être dépassa-t-il un peu le sacrifice qu'il était nécessaire de faire. Ce qu'il y a de certain, c'est que le traité fut tout à l'avantage de la maison de Savoie, et que la France abandonna tout le Faucigny et le comté de Gex, pour quelques misérables dédommagements, tels que le Pont-de-Beauvoisin et quelques autres petites places sur la frontière, et que le comte de Savoie sauva cette inégalité en assurant au roi une vague suzeraineté, promesse qui dès cette époque n'avait presque plus d'importance.

Le roi fut très-mécontent ou fit semblant de l'être pour avoir occasion de s'en prendre à son malheureux négociateur. Les populations du Dauphiné, qui connaissaient les dispositions du comte en faveur de la Savoie, dont il était sur le point d'avoir besoin, l'accusèrent hautement de trahison, et, humiliées dans cette guerre, proclamèrent le gouverneur d'accord avec les ennemis de la couronne. A mesure qu'on s'éloigna des événements, ces accusations prirent plus d'importance; et, quinze ans plus tard, on alla jusqu'à condamner le comte pour malversations dans les finances de son gouvernement, et on voulait en même temps l'obliger à détacher de son comté et à rendre au roi l'équivalent des places cédées à la Savoie.

Quatre ans après, en 1368, Aimar effrayé essaya de transiger avec le roi[1]. On lui demanda mille marcs d'or, somme

---

(1) FONTANIEU, 19ᵉ *portefeuille*.

très-considérable pour l'époque. Il les paya, et ne continua pas moins à être poursuivi ; il fut même arrêté et retenu prisonnier à Cressieu (?) en Bourgogne. Dès qu'on l'eut rendu à la liberté, il porta plainte au pape de la violence qu'on lui avait faite pour lui faire avouer qu'il avait sans droit remis Sallenche et Châtillon à la Savoie. Grégoire XI ordonna une enquête, qui n'eut aucun résultat; et Adhémar, qui lui avait fait hommage de Montélimar à son avénement, profita de cette occasion pour se donner au pape et abandonner son suzerain [1].

Malgré toutes les persécutions auxquelles le comte de Valentinois était soumis, il n'en poursuivait pas avec moins d'activité ses projets contre l'évêché voisin. Ce fut alors qu'il obtint par le traité de Villeneuve-lès-Avignon presque tout ce qui composait le comté de Valence. J'ai dit tous les avantages que lui faisait cet acte, mais je n'ai point parlé des conditions qu'il lui imposait. On lui fit renouveler son hommage pour toutes ses terres en deçà du Rhône, ce qui n'avait probablement d'autre but que d'empêcher le roi de s'en mettre en possession. On lui faisait promettre de secourir l'Église avec 100 hommes d'armes et 400 fantassins, mais on lui donnait 38,000 florins d'or et la part que les papes avaient à Montélimar.

L'enquête de Romans prétend que ce traité lui enleva Bourdeaux et Bezaudun, ce qui est probable, car on ne voit pas qu'il ait fait hommage pour ces deux places. La seule concession importante qu'on lui fit faire fut la remise d'un testament qui déclarait l'Église son héritière, au cas où il n'aurait pas d'enfant, testament fort important pour l'historien, puisqu'il contient une énumération des fiefs du Valentinois, qui ne se trouve pas dans l'acte de cession à la France, où ce comté paraît avoir été donné en bloc; mais pièce qui n'eut réellement aucune valeur politique, puisqu'Aimar, comme nous allons le dire, l'annula par un testament postérieur.

D'après le témoignage de cet acte, les comtes de Valentinois

---

(1) FONTANIEU, 20e *portefeuille*.

n'avaient plus en deçà du Rhône que 25 fiefs qui fussent réellement allodiaux, c'est-à-dire leur appartenant en toute propriété ; 45 qu'ils possédaient à titre de fiefs, et 5 à titre d'arrière-fiefs seulement. Aimar ne fait qu'un simple hommage pour toutes ces terres et en donne un dénombrement détaillé et nominatif, que, pour éviter une inutile répétition, je ne mentionne point ici, mais que l'on trouvera tout entier à peu près dans le tableau justificatif qui accompagne la carte du Valentinois.

Aimar mourut peu après cet acte passé avec Grégoire XI, le 23 mars 1374, et fut enterré aux Cordeliers de Crest. Il avait en 1344 épousé Élips de Beaufort, déjà veuve du seigneur de La Tour-d'Auvergne, et n'en eut pas d'enfants ; aussi, dans le dernier codicille dont Duchesne nous a conservé le texte, il appelle à sa succession, comme héritier universel, Louis de Poitiers, son cousin germain, de la branche des Poitiers de Veynes, lui substituant, suivant l'usage de sa famille, tous les mâles de sa maison.

Mais, en même temps qu'il faisait ainsi un unique héritier, il laissait à sa veuve, Élips de Beaufort, la jouissance de toutes ses terres et seigneuries ; de sorte que le même acte créait un héritier pour le présent et un autre pour l'avenir. Il fut désastreux pour sa famille, mais peut-être par des causes qu'il ne pouvait prévoir.

Élips ou Alix était une femme très-altière, qui voulait conserver dans sa plénitude le pouvoir exercé par son mari ; de sorte qu'elle fut toujours en guerre contre son neveu, qui était obligé d'avoir recours au roi de France pour se délivrer des entreprises de celle qu'on appelait *la comtesse Major*. Au moment du décès d'Aimar il y eut cependant un instant d'union, car elle lui céda les terres en deçà du Rhône en jouissance, tandis que le testament ne l'obligeait qu'à pourvoir à son entretien et lui donner une position convenable.

Les auteurs qui ont écrit sur Aimar le Gros ont vivement blâmé son administration, qu'ils regardent comme la cause de la ruine dans laquelle nous allons voir tomber sa famille. Il est vrai qu'il fit deux fautes capitales. La première fut d'avoir accepté une lieutenance générale du roi au moment où il venait d'annexer le Dauphiné à la France; ce qui l'obligea à soutenir la guerre contre la Savoie, par laquelle seulement l'Empire pouvait venir à son secours, et le remettait, lui et ses sujets, sans défense entre les mains d'un souverain qui ne cherchait qu'à s'agrandir. Cependant, quand on voit l'effroi que dès le début lui inspirait cette puissance qui allait l'envahir, les efforts qu'il fit auprès de l'empereur, du pape, du duc de Savoie et de tous ceux qui pouvaient l'en préserver, on se demande s'il était réellement libre d'agir autrement, et si la moindre marque de défiance de sa part n'eût pas amené sa déchéance immédiate.

L'autre faute, celle d'avoir en mourant institué un partage de son petit état, ne saurait, ce me semble, lui être complètement attribuée. Il avait laissé le Valentinois tout entier à sa veuve, qu'il avait reconnue bien plus à même de gouverner que Louis de Poitiers, son héritier naturel; ce furent elle et son neveu qui, par des arrangements entre eux, modifièrent après sa mort ses dernières dispositions.

Ce qui est surtout certain, c'est qu'Aimar parvint au pouvoir dans les circonstances les plus malheureuses. Du jour où le Dauphin avait remis au roi son anneau et sa bannière, l'heure du Valentinois avait sonné. Un homme d'un grand caractère eût peut-être pu retarder de quelques instants le moment de sa chute; mais elle était déjà depuis longtemps consommée dans l'opinion publique. Les populations qui avaient créé toutes ces petites souverainetés particulières n'en sentaient plus le besoin, et, vers la fin de 1400, noblesse, clergé, peuple, tout le monde désirant l'unité d'un grand pouvoir, il ne pouvait dépendre d'un petit suzerain, tel qu'était le comte de Valentinois, de faire violence au courant général et rétrograder un mouvement qui était le résultat de la marche de tout un siècle.

Louis II, comte de Valentinois, en 1374.

Si les circonstances avaient été fâcheuses pour son prédécesseur, elles l'étaient bien autrement encore pour Louis de Poitiers, qui n'arrivait au pouvoir que par le consentement de sa tante, la comtesse Major, qui n'avait aucune affection pour lui et qui ne le lui cédait qu'en considération du mariage qu'elle lui faisait contracter avec sa nièce, Cécile de Beaufort.

Son oncle [1], le seigneur de Saint-Vallier, lui suscita les premières difficultés qu'il eut à aplanir. Il s'agissait des châteaux de Garde et de Rac, dont il avait été obligé de faire hommage au pape sans le consulter, ce qui était contraire à toutes ces substitutions, qui, appelant tous les membres de la famille de Poitiers à la succession du Valentinois, leur donnaient des droits à s'opposer à tout hommage non consacré par les anciens traités. Le pape se hâta d'appeler les deux parties à son tribunal, et arrangea les choses dans le sens où elles lui étaient le plus avantageuses. Il ordonna que Louis donnerait à son oncle les châteaux de Flandènes et de Saint-Nazaire, la baronnie de Chalancon en Vivarais, quand il en aurait la jouissance, plus une rente de 1,300 florins, pour laquelle il fut obligé d'engager sa baronnie de Clérieux; lui fit renouveler l'hommage que son père avait prêté au pape pour Montélimar, tout en soutenant par-dessous main l'opposition qu'y faisaient les Adhémar; et quand il l'eut dépouillé autant que possible, il l'envoya faire la guerre aux Milanais; intervention qui obligea, dit-on, le Dauphin à faire sa paix avec le pape.

---

(1) FONTANIEU, 23⁰ et 24⁰ *portefeuilles*.

La comtesse Élips, par suite de cet arbitrage [1], fut aussi contrainte de faire hommage au pape ; mais elle se fit avant remettre par lui une grosse somme ; puis, ayant déclaré se repentir de cet acquiescement au traité du précédent comte, elle le déclara nul et entra en conséquence en guerre avec le pape et son neveu Louis de Valentinois [2].

En 1378, l'empereur nomma Charles, Dauphin de France, son vicaire général en Dauphiné et en Valentinois ; la Savoie était exceptée. Le but du Dauphin, en demandant cette dignité, était de dépouiller les archevêques de Vienne de leur ancienne allodialité. Il en vint facilement à bout et, malgré l'archevêque, le chapitre et les habitants, fit occuper par ses troupes le château de Pipet et le palais des Canaux.

Dépouiller après le comte de Valentinois était plus difficile. Il se contenta de susciter contre lui les seigneurs de Montélimar. Effrayé par ce projet, le pape se hâta de prendre le parti du comte et le reconnut comme suzerain incontestable de cette ville. Louis de Poitiers, proche parent d'un pape, à qui il venait de rendre un important service, avait tout lieu de compter sur son solide appui ; mais le schisme qui venait de s'élever dans l'Église, à la suite de la nomination d'un second pape, le priva de ce secours, et le gouverneur du Dauphiné, profitant de ces circonstances, lui fit un procès en conseil delphinal, pendant qu'il entrait en Valentinois avec quelques troupes. Pressé de tous côtés, Louis fut heureux, au moyen d'un simple hommage pour ses deux comtés, de se tirer des mains du Dauphin. Il y mit cette clause adroite que c'était au vicaire général de l'Empire seulement qu'il faisait hommage, et affecta d'en excepter les quelques seigneuries qu'il avait en fief du Dauphin, comme si elles dépendaient d'un autre suzerain [3].

---

(1) FONTANIEU, 23ᵉ *portefeuille.*

(2) *Idem*, 25ᵉ *portefeuille.*

(3) *Idem*, 27ᵉ *portefeuille.*

La mort du roi de France Charles V et les troubles qui en furent la suite, en 1389, donnèrent cependant quelque répit à Louis de Valentinois et au pape, son protecteur. Il put pendant ce temps obliger Lambert-Adhémar à le reconnaître enfin comme suzerain de sa ville et soutenir contre Raymond de Beaufort, vicomte de Turenne, frère d'Élips, la guerre que lui faisait, ainsi qu'à Clément VI, l'implacable comtesse Major. Leurs troupes réunies prirent sur elle les châteaux de Savasse et de Leyne et rasèrent ces deux places; ce qui fut grand dommage, dit un témoin de l'enquête de Romans, car la dernière possédait une tour magnifique.

En 1395[1], la noblesse de Dauphiné, qui s'était assemblée pour arrêter les bandes de routiers qui allaient traverser le pays pour rejoindre le comte d'Armagnac, fut complètement battue. Le comte de Valentinois, le prince d'Orange et l'évêque de Valence, qui étaient à sa tête, furent faits prisonniers. Heureusement, ils furent peu après mis en liberté, et les chroniques du temps disent que cette échauffourée passa comme un orage et n'eut pas de suites.

On comprend cependant d'après tous ces événements que la position du comte de Valentinois comme suzerain n'était plus tenable depuis la cession à la France du Dauphiné. Louis ne chercha plus qu'à en sortir par la seule voie qui lui restait ouverte. Dès 1391 il y avait eu déjà quelques pourparlers avec le seigneur de La Rivière, envoyé par le roi. En 1404 ces négociations furent reprises d'une manière sérieuse.

Pour bien comprendre les conditions qui furent posées dans cet acte de cession, il faut connaître le caractère du comte Louis et savoir quels étaient alors ses rapports avec les sujets qu'il avait à gouverner. Je ne saurais mieux faire pour en instruire le lecteur que de rapporter le témoignage de son notaire impérial, interrogé sur cet article [2].

---

(1) Fontanieu, 28° *portefeuille*.
(2) Duchesne, *Enquête de-Romans*, p. 71.

« Bien que ledict comte oyst chacun jour messe, dît ses
» heures dévotement et se confessât et ordonnast chacun an,
» toutefois il étoit moult convoiteux et levoit plusieurs tailles
» sur ses subjets, qui le doubtoient moult, pour ce qu'il étoit
» quelques fois moult rigoureux, et mal gracieux, et de plu-
» sieurs d'eux a exigé plusieurs sommes de deniers aucunes
» fois pour petites occasions et aucunes fois sans causes; et
» par plusieurs fois a osté à ses juges et officiers la cognois-
» sance des causes criminelles pendantes par-devant eux, pour
» en avoir grand proufit par composition ou autrement, etc.
» Un escuyer demeurant à Romans ajoute à cette déposition
» qu'il a ouï dire par la voix publique et renomée ès dits pays
» de Valentinois et Dyois que le défunt comte avoit été par
» tout son temps très-avaricieux, grand exacteur de finances
» sur ses subjets et les contraignant par prison ou autrement à
» payer grosses sommes. »

Malgré les moyens indignes qu'il employait pour se procurer de l'argent, ses finances furent toujours dans l'état le plus déplorable. Il vendit pièce à pièce tous ses fiefs pour remplir le vide de ses coffres et ne pouvait équilibrer son budget. Ce suzerain, dans la même position que le dernier Humbert du Dauphiné, était bien l'homme qui convenait au roi pour les négociations qu'il allait entreprendre : il n'avait pas d'enfant, était en querelle ou en guerre avec toute sa famille, qui avait essayé de lui enlever son héritage. Aussi il s'entendit bien vite avec des négociateurs qui lui faisaient entrevoir du repos et de l'aisance pour ses derniers jours.

Le traité qui fut passé entre eux offre peu d'intérêt, car il est en quelque sorte calqué sur la cession du Dauphiné, à laquelle il s'en réfère, quoique d'une manière tacite, en déclarant plusieurs fois *que ses sujets du Valentinois auront les mêmes droits que ceux accordés aux sujets du Dauphin*. Il n'y a donc en quelque sorte qu'à nous occuper des différences que spécifie ce nouvel acte.

Il est passé entre Guillaume de Tignoville, pour le roi, et deux écuyers du comte Louis, Pierre Chabert et Pierre de

L'Isle, plus habiles sans doute au maniement de la lance qu'à celui des subtilités diplomatiques. On voit par cet exemple que, bien que dans les derniers temps les comtes eussent aussi une petite cour, on ne saurait leur reprocher d'avoir gaspillé leurs finances à l'entretien d'un corps diplomatique.

Dans cette pièce, le comte de Valentinois, n'ayant pas d'héritier mâle, laisse au roi-dauphin tout son héritage en terres et seigneuries. Il en excepte cependant la baronnie de Clérieux, les ville et château de la Roche-de-Glun et toutes les terres que son oncle Charles de Saint-Vallier possède au royaume de France. Le Dauphin, en échange, doit lui remettre 100,000 écus et cela au plus tard à la fête de Saint-André ; mais, avant de les recevoir, le comte lui fera prêter serment par tous les officiers des châteaux de ses terres. Mme Cécile de Beaufort (femme du comte Louis) aura Grane et Sauzet pour sa demeure, assurance d'une pension de 600 florins sa vie durant, et continuera à jouir de Romprye. Le roi prend à sa charge toutes réclamations faites par la comtesse Major sur sa *verchière* (sa dot) et suivra tous procès mus par elle. Il ne donnera, ni en son propre titre, ni en celui de vicaire de l'Empire, aucune sauvegarde aux sujets du comte, ni aucun ordre pour des chevauchées. Le comte pourra continuer à disposer comme bon lui semblera de son patrimoine particulier, etc., etc.

La portion de cette cession qui concerne les sujets du Valentinois n'est en quelque sorte qu'ébauchée dans ce premier acte. Le roi promet vaguement de leur conserver toutes leurs franchises, usages, bonnes coutumes, etc. L'université, la justice restent entre les mains du comte, sauf en cas de dénis recours au conseil delphinal. Les juges de Chabeuil et de Saint-Marcellin doivent signer le traité. Les Juifs conserveront leur liberté. Tous les procès faits au comte par suite de ses traités avec la maison de Savoie sont anéantis, et il n'aura aucun rapport avec le gouverneur du Dauphiné, son ennemi personnel.

Vu les nombreuses substitutions établies en sa faveur, cet acte eût été nul à l'égard de Charles de Saint-Vallier, s'il n'y eût consenti. Ce fut son fils l'évêque de Valence que l'on chargea de cette négociation et qui accepta la mission de le dépouiller. Quant au comte Louis, bien qu'il l'eût signé, il cherchait déjà à l'éluder et en remettait l'exécution. On le décida cependant à en traiter avec son oncle.

L'acte qu'ils passèrent ensemble énumère longuement tous les titres de Charles à la succession de son neveu : 1° la convention faite avec lui à son avènement qu'il lui succèderait, s'il n'avait pas de fils; 2° les testaments de son père Aimar et de son oncle Louis I; 3° le testament de son frère l'évêque de Troyes; 4° enfin une constitution faite par Aimar et signée même par le Dauphin. On lui fait faire abandon de tous ses titres et on lui accorde dès à présent la baronnie de Clérieux et toutes ses dépendances, avec succession à ses hoirs à perpétuité, et, après le décès de la comtesse Major, la Roche-de-Glun, la ville de Privas, la baronnie de Chalancon et absolument tout le Valentinois au delà du Rhône. Charles de Saint-Vallier fut obligé d'accepter ces conditions, et l'acte fut signé peu après le précédent.

Cependant, comme le remarque Fontanieu[1], ces deux actes ne constituent pas encore le transport à la couronne de France, qui ne fut fait réellement que par celui du 11 août 1404, dont il s'étonne que Duchesne, qui le cite, n'ait pas reproduit le texte. Il diffère du précédent en ce qu'il contient beaucoup plus de clauses en faveur du comte de Valentinois, qui semble toujours reculer devant sa mise à exécution. Le comte Louis y montre une grande défiance des projets du roi. Il stipule que, quelque accusation que l'on puisse porter contre lui, il ne sera jamais jugé que par le roi ou le dauphin en personne; que, s'il lui survient des enfants, ils auront le droit de racheter le Valentinois et le Diois, et que l'on ne pourra exiger d'eux que la somme qu'il aura touchée; qu'on lui donnera en outre une pension et une place dans les conseils; que le roi réparera

---

(1) FONTANIEU, 31ᵉ et 32ᵉ *portefeuilles*

toutes les places de la comtesse Major qui sont ruinées par ses guerres; et, pour ses sujets, que le roi s'oblige à ne pas dépasser un maximum dans la levée des tailles, à leur conserver l'administration de la justice, etc.

Fontanieu s'indigne, à la suite de cette pièce, que cette cession soit encore faite au *vicaire général de l'empereur*, et non au Dauphin ou au roi de France. Il remarque que, même en faisant l'abandon de toutes ses terres, le comte est toujours sous la crainte des poursuites judiciaires de la France; qu'il redoute toujours la comtesse Élips, maîtresse de toute l'autre rive du Rhône, et continue à témoigner son horreur pour le gouverneur du Dauphiné; enfin, qu'il n'est plus par sa malgouverne propriétaire que d'une part des seigneuries de ses ancêtres; qu'il a vendu avant les château et terre de Saint-Auban à Béatrix de Bressieux, celles de Soyans et d'Eygluy à Guillaume, bâtard de Poitiers, la Roche-Saint-Secret à Jacques, frère de Guillaume, Charpey à Guillaume de Roussillon, Myans, les Estables, Maupas au seigneur de La Faye, et que ses dettes, malgré toutes ces aliénations, lui font encore une loi de cette nouvelle vente[1].

Le roi fit ratifier ce nouvel acte par Charles de Saint-Vallier, auquel on donna quelques petites sommes de plus que dans le précédent pour annuler toute espèce de réclamation de sa part; après quoi il fit lever les tailles pour cas impérial dans tout le Dauphiné, et lui fit payer ainsi l'importante acquisition qu'il venait de lui faire.

Fontanieu[2] nous a conservé parmi toutes ces pièces une lettre fort curieuse du comte Louis et qui montre bien le peu d'intérêt qu'il portait à sa famille. Il écrit au roi qu'étant sans enfant il lui laisse, en qualité de *parent* (assertion dont on s'était servi pour le faire signer, mais nullement justifiée par ses papiers de famille), non-seulement toutes ses terres, mais

---

(1) Fontanieu, 31ᵉ *portefeuille*.

(2) Fontanieu, 32ᵉ *portefeuille*.

encore toutes celles réservées par le traité à son oncle Charles.

Cette lettre prouve suffisamment qu'il ne se repentait pas après d'avoir déshérité sa famille. Le roi, qui trouvait qu'il était allé assez loin pour le moment, ne donna aucune suite à cette triste ouverture et se contenta de nommer des commissaires pour l'exécution simple du traité.

Dans une autre le comte Louis lui écrit qu'il se contentera de l'argent *qu'on voudra bien lui donner.* Il était difficile d'être plus accommodant. Il est vrai que c'était en 1407 et qu'il était alors sous le coup d'une menace de guerre de la maison de Grolée. qui n'était nullement en mesure de l'attaquer, mais contre laquelle il invoquait cependant l'appui du conseil delphinal.

Ce qu'il y eut peut-être de plus singulier dans toute cette affaire, ce fut la conduite de l'évêque de Valence, qui, pour une somme de 2,000 livres tournois que lui fit remettre le roi, se montra tellement à sa discrétion que non-seulement il dépouilla pour lui toute sa famille, mais encore démembra son diocèse en engageant ses propres vassaux à l'abandonner et à se mettre de leur plein gré sous la protection du roi de France.

Cependant, en 1412, des événements inattendus semblèrent un moment rendre le Valentinois à la maison de Poitiers [1]. La France cette année courut les plus grands dangers auxquels elle ait été jamais exposée, par suite de la guerre des Anglais, de la démence de Charles VI et des factions d'Orléans et de Bourgogne. Charles VI, qui ne pouvait payer les sommes promises au comte Louis, lui rendit sa parole et le laissa de nouveau libre de disposer de son état comme il le jugerait convenable. Cependant, tout en faisant cette déclaration, il envoyait des commissaires à Charles de Saint-Vallier pour l'engager à se départir des prétentions qu'il paraissait regretter d'avoir abandonnées. Loin de se rendre à leurs suggestions, la branche cadette fit enlever le comte Louis et le constitua pri-

---

(1) Fontanieu, 34ᵉ *portefeuille.*

sonnier dans son château de Grane. Cependant, pour ne pas rompre entièrement avec le roi, les deux branches lui offrirent en même temps des délais pour achever ses paiements.

Trois ans plus tard, à l'instigation du roi sans doute, le comte Louis demandait à l'empereur la révocation des priviléges de Romans, qui faisaient obstacle à ses projets d'annexion. L'empereur reconnut le piége qu'on lui tendait, en accordant toutefois une requête qu'il ne pouvait refuser, mais l'année suivante s'en tira adroitement par une bulle qui déclarait qu'il ne reconnaissait que Louis de Poitiers comme souverain du Valentinois. On fit honneur de ce tour diplomatique à l'évêque de Valence, qui mettait le roi dans l'étrange alternative d'abandonner à jamais le Valentinois ou de se déclarer vassal de l'Empire, en qualité de successeur du comte Louis. On crut généralement qu'il serait obligé d'adopter le premier parti, et ses parents, dans cette persuasion, firent faire à Louis un nouveau testament, qui annulait tous les engagements contractés avec la France et proclamait son cousin germain Louis de Saint-Vallier, fils de Charles, l'héritier de toutes ses terres et de tous ses titres.

Le conseil delphinal intervint aussitôt de la manière la plus énergique. Il fit saisir à l'instant même toutes les terres du seigneur de Saint-Vallier et le menaça de la peine de mort, s'il ne se séparait à l'instant de l'évêque et de Lancelot, bâtard de Poitiers, qui gardait encore à Grane le comte Louis prisonnier et qui fut obligé de le mettre en liberté. On ne sait cependant si le comte n'était pas l'instigateur de toute cette intrigue, car, en se plaignant ouvertement de sa captivité et des violences que l'on exerçait contre lui, il faisait dire secrètement à ses vassaux de ne reconnaître que son neveu Louis de Saint-Vallier, et poussait toute la noblesse du Valentinois à prendre les armes contre la France.

On disait ouvertement alors pour activer ce mouvement que le comte avait non-seulement fait au roi l'abandon de toutes ses terres en deçà du Rhône, mais encore de celles de son oncle sur l'autre rive; et la lettre que nous avons citée est tout à fait de nature à justifier ce bruit. Lancelot appuya de tout son pouvoir ce mouvement, car il y allait pour lui de sa terre de Châteauneuf-de-Mazenc, que le traité royal donnait en dédommagement au comte de Saint-Vallier.

Le roi, pour fait de violence, fit casser par le pape Martin V tous les serments arrachés à Grane au comte Louis. Il se fit faire après un nouveau testament par le comte, qui, devenu veuf, songeait à se marier de nouveau pour avoir un héritier qui le délivrerait de tous ses engagements. Dans cet acte Louis déshéritait complètement la branche de Saint-Vallier et permettait au roi de ne payer qu'une partie des sommes qui lui étaient promises.

Le comte de Valentinois survécut peu à ce dernier acte et mourut le 4 juillet 1419. Il fut, comme ses prédécesseurs, enseveli aux Cordeliers de Crest. De son mariage avec Cécile de Beaufort il ne laissa que deux filles, dont l'aînée épousa Humbert VIII, sire de Thoire-Villard. Il ne paraît pas avoir eu d'enfants de Guillemette, fille du comte de Gruère en Suisse, qu'il épousa deux ans seulement avant sa mort et à laquelle il laissa son château et sa terre de Grane, tant qu'elle resterait dans l'état de veuvage. Il laissa également le château Dalmazan à Lancelot, son fils naturel, et ceux de Montmeyran et Valnave à son cousin Antoine de Clermont [1].

Ayant déjà dépassé d'une vingtaine d'années, pour finir l'histoire des Valentinois, le cadre que je m'étais tracé, je vais ajouter quelques lignes encore pour résumer la fin de cette importante affaire.

---

(1) FONTANIEU, 34° *portefeuille*.

Dès que Louis de Saint-Vallier eut appris la mort du comte, il se hâta de prendre son titre, et, pour apaiser le Dauphin. dit qu'il s'en remettait à son jugement. Le gouverneur du Dauphiné n'en prit pas moins possession de l'hérédité, pendant que le procureur général lui intentait un procès en cour delphinale; mais, Charles VI étant mort, il y eut en 1422 un arrêt de non-lieu et on adjugea à Louis les deux comtés.

M. de Saint-Vallier se fit alors rendre hommage par le seigneur de Montélimar; mais le Dauphin, qui avait laissé faire, se ravisant brusquement, réclama, par lettres patentes du 20 septembre 1422, le serment de fidélité de ses nouveaux sujets et déclara les comtés unis au royaume.

L'évêque de Valence, qui avait la parole du jeune souverain, se pourvut au conseil d'État et y somma le roi de tenir son engagement. Le prince lui accorda sa requête, mais son chancelier fit opposition, refusa l'hommage du comte et en appela *au roi mieux informé.* (On trouve à la Bibliothèque royale cette étrange procédure, dans le fonds de Sérilly [1]. J'en dirai quelques passages dans les notes.) Pendant ce temps, le comte de Savoie, héritier par testament en cas de refus du monarque, envoya des troupes, qui s'établirent dans le Valentinois [2].

Louis n'ayant pas cessé de vouloir s'y faire reconnaître, le roi ordonna de lui remettre la somme convenue et en même temps le fit poursuivre personnellement par son bailli de Saint-Marcellin, ce qui l'effraya tellement qu'il envoya sur-le-champ ses pouvoirs à l'évêque de Valence, qui, par l'intermédiaire du pape, ne put obtenir que 700 florins pour son désistement.

En 1424, le roi, ayant donné ordre au comte de Clermont de s'en mettre en possession, apprit par lui que le Valentinois était tout occupé par les troupes du comte de Savoie, qui avait pris son lieu et place et fait remettre à M. de Saint-Vallier tout

---

(1) SÉRILLY, manuscrits de la Bibliothèque royale.

(2) FONTANIEU, 35ᵉ *portefeuille.*

ce qui lui était dû pour la cession. Il fut alors obligé de faire avec le comte un nouveau traité, dont on ignore la teneur par suite de la disparition de l'acte.

En 1426 M. de Saint-Vallier était dans la plus triste des positions entre les mains du comte de Savoie, qui avait pénétré jusqu'aux portes de Valence et y faisait la guerre à son oncle l'évêque. Il fut obligé d'avoir recours au roi, qui réduisit à 500 florins les 700 qu'il venait de lui promettre. Enfin, l'évêque, le comte Louis et ses deux frères Jean et Jacques firent au roi une cession définitive au nom de toute la famille. Le monarque accorda des libertés à Crest, établit trois gouverneurs dans le Valentinois et reçut l'hommage des seigneurs de Montélimar, etc.

En 1434 le roi était encore débiteur du comte de Saint-Vallier [1], car celui-ci convient avec lui qu'il lui rendra un *quart de fleuron* de sa bonne couronne de France, un *fermelet* garni de trois grosses perles, un gros diamant pointu, un *balay* carré et trois *poires*, qu'il a reçus en gage pour la dette royale. On lui remet en échange les châteaux de Montélimar et de Châteaudouble, qu'il gardera jusqu'à parfait paiement, plus une rente sur les tailles du Briançonnais, etc. Ce ne fut qu'en 1437 que le roi put retirer lesdits châteaux et acquitter le reste de la dette avec les deniers de la reine. Malgré tous ces arrangements, Amé de Savoie continua à protester et à porter le titre de comte de Valentinois et Diois.

Pour ne pas trop morceler mes articles, je renvoie après celui des Baronnies ce que j'ai à dire sur les quelques places que possédaient les Dauphins dans le Valentinois.

---

(1) FONTANIEU, 35° *portefeuille*.

JUSTIFICATION DE LA CARTE.

Le bas Valentinois.

Auriples, 227 habitants. En 1339 hommagé aux Valentinois par Aimar de Chabrillan; sur leur liste au pape, mais réclamé par l'évêque

Autichamp, 347 habitants. En 1315 à Aimar de Valentinois; sur leur liste au pape, mais contesté par l'évêque.

Chabrillan, 930 habitants. En 1328 hommagé à Aimar de Poitiers par Dalmas de Vesc; liste au pape; en 1450 aux Morton de Chabrillan.

Crest-Sud, 554 habitants. Mêmes actes que Crest.

Divajeu, 499 habitants. A Arnaud de Crest. En 1239 pris par Amédée de Roussillon; en 1257 à Aimar de Poitiers; hommagé au Dauphin en 1277.

Grane, 1,684 habitants. En 1305 à Aimar de Poitiers; sur la liste des Valentinois au pape.

Piégros, 622 habitants. En 1323 Aimar de Poitiers en reçoit hommage de Guillaume Rippert. Liste au pape.

Puy-Saint-Martin, 935 habitants. En 1295 vendu par Aimar de Poitiers aux Taulignan; cependant liste au pape.

La Répara, 105 habitants.

Roche-sur-Grane, 362 habitants. Donné par les Valentinois en échange de Bays à Humbert de Bays; cependant liste au pape.

Roynac, 666 habitants. En 1263 inféodé à Dalmas par Aimar de Poitiers; sur la liste au pape.

Saou, 1,570 habitants. Dès 900 aux évêques; en 1157 confirmé par l'empereur Frédéric; en 1264 et 1333 aux Poitiers; sur leur liste, mais réclamé par l'évêque.

Soyans, 780 habitants. En 1245 donné par l'abbesse à l'évêque; en 1327 aux Poitiers; en 1461 saisi par Louis XI, réclamé par les évêques.

BAS-VALENTINOIS

☐ Évêques de Valence.
☐ Évêques de St. Paul.
☐ Évêques de Viviers.
☐ Poitiers.
☐ Adhémars.
☐ Des Baux.
☐ Chevaliers de Malte.
✠

CANTON DE BOURDEAUX.

Bezaudun, 375 habitants. En 1256 aux Valentinois par échange avec Isoard de Bourdeaux; ils l'échangent avec l'évêque; confisqué par Louis XI.

Bourdeaux, 1,281 habitants. En 1256 aux Valentinois par échange avec Isoard; échangé avec l'évêque; confisqué par Louis XI.

Bouvières alors *Beauvière*, 789 habitants. Confisqué sur les évêques par Louis XI.

Crupies, 451 habitants. Confisqué sur les évêques par Louis XI; leur reste cependant jusqu'en 1793.

Félines, 283 habitants. En 1339 hommagé aux Valentinois par Aimar de Félines; liste au pape.

Mornans, 191 habitants. En 1339 hommagé aux Valentinois par divers seigneurs; sur leur liste au pape.

Poët-Célard, 345 habitants. Dès 1279 aux Valentinois par plusieurs actes; sur leur liste au pape.

Tonils, 227 habitants. En 1300 Guillaume Chavanon en fait hommage aux Poitiers; confisqué sur les évêques par Louis XI; leur reste cependant jusqu'à la Révolution.

Truinas, 277 habitants. En 1269 Aimar de Poitiers transige avec les chevaliers de Saint-Jean-de-Jérusalem, ayant des droits.

CANTON DE MARSAYNE.

La Bâtie-Rolland, 685 habitants. En 1364 hommagé aux Valentinois par Pierre de Châtel-Arnaud; liste au pape.

Bonlieu, 202 habitants. En 1171 aux Poitiers, qui y fondent un monastère; en 1417 aux Adhémars.

Charols, 462 habitants. En 1269 transaction entre Aimar de Poitiers et les chevaliers de Saint-Jean-de-Jérusalem.

Cléon-d'Andran ou *Andras*, 676 habitants. En 1269 transaction entre Aimar de Poitiers et les chevaliers de Saint-Jean-de-Jérusalem et liste au pape.

Condillac, 195 habitants. En 1099 inféodé par les Adhémars (charte douteuse); en 1360 aux évêques de Valence.

Saint-Gervais, 1,024 habitants. En 1247 donné à Aimar de Poitiers par la veuve Raymonde et ses enfants. Liste au pape.

Lachamp (Calma), 428 habitants. Vers le XIVe siècle aux Adhémars.

La Laupie, 485 habitants. En 1198 donné aux Poitiers par l'abbé de Cruas; liste au pape.

Manas, 345 habitants. En 1169 par sentence entre les Poitiers et les chevaliers de Saint-Jean-de-Jérusalem; liste au pape.

CANTON DE MARSANNE (Suite).

Saint-Marcel, 479 habitants. En 1300 hommagé aux Poitiers par Guillaume Chavanon.

Marsanne, 1,379 habitants. En 1305 libertés concédées par les Poitiers, et en 1332; en 1337 hommage de Raymond de Marsanne; liste au pape.

Sauzet, 1,337 habitants. En 1279 hommage d'Arthaud, seigneur d'Aix, aux Poitiers; sur leur liste au pape; après aux Adhémars.

Savasse, 1,335 habitants. En 1291 transaction entre le pape et les Adhémars, les Poitiers en 1360; sur la liste au pape.

Les Tourettes, 363 habitants. En 1363 Giraud Adhémar de Grignan en fait hommage au Dauphin.

Leyne (forteresse et hameau). Sur la liste des Poitiers au pape.

CANTON DE MONTÉLIMAR.

Allan, 1,124 habitants. Aux Poitiers, après aux Adhémars, sur la liste des 22 places aux évêques de Saint-Paul.

Ancone, 531 habitants. En 1253 à Aimar de Poitiers, les Adhémars lui font hommage; liste au pape.

Châteauneuf-du-Rhône, 1,333 habitants. En 832 charte fausse des Adhémars, propriétaires en 1210, vers 1300 vendu aux évêques.

Espeluche, 585 habitants. Au XIIe siècle aux Adhémars; en 1328 aux Poitiers, et en 1344 aux de Vesc; une des 22 places de Saint-Paul.

Montboucher, 677 habitants. En 1336 hommagé aux Poitiers par Adhémar; sur la liste au pape; une des 22 places de Saint-Paul.

Montélimar, 7,560 habitants. En 1198 Lambert de Monteil donne une charte d'affranchissement; en 1377 la moitié au pape, l'autre aux Valentinois.

Portes, 511 habitants. En 1336 hommagé par Adhémar aux Poitiers; sur la liste au pape; une des 22 places de Saint-Paul

Puygiron, 354 habitants. En 1276 aux Montaubans, en 1312 vendu aux Poitiers par Arnaud de Saint-Bonnet; liste au pape.

Rac, 556 habitants. En 1237 aux Adhémars; plus tard aux Poitiers.

Rochefort, 352 habitants. En 1374 aux Poitiers; plus tard une des 22 places à l'évêque de Saint-Paul.

La Touche, 346 habitants. Au XIIe siècle aux Adhémars; en 1339 aux Poitiers, hommagé par Guillaume de Rochefort; liste au pape.

LE VALENTINOIS.

CANTON DE PIERRELATTE.

La Baume-de-Transit, 908 habitants. En 1287 hommagé aux Poitiers par les de Vesc; une des places de Saint-Paul-trois-Châteaux.

Bouchet, 841 habitants. Au XII⁰ siècle aux Adhémars de Grignan; abbaye de femmes; une des places de Saint-Paul.

Clansayes, 383 habitants. En 1378 hommagé à Hugues Adhémar par Sigoyer; place de l'évêché de Saint-Paul.

Donzère, 1,707 habitants. En 850 donné par l'empereur Lothaire aux évêques de Viviers; confirmé en 877, leur reste en principauté.

La Garde-Adhémar, 1,154 habitants. Aux Adhémars jusqu'en 1281; alors acheté par les Poitiers.

Les Granges-Gontardes, 580 habitants.

Montségur, 960 habitants. Une des 22 places à l'évêché de Saint-Paul-trois-Châteaux.

Saint-Paul-trois-Châteaux, 1.982 habitants. Aux évêques de ce diocèse; en 1202 dépendant des comtes de Toulouse; en 1408 pariage du Dauphin.

Saint-Restitut, 886 habitants. Une des 22 places de Saint-Paul-trois-Châteaux.

Rochegude, 1,077 habitants. Fief des comtes de Toulouse, cédé en 1270 aux Poitiers, qui en 1330 le cèdent au Dauphin.

Solérieux, 295 habitants. En 1120 aux Adhémars de Grignan et aux Taulignan; en 1293 aux Poitiers.

Suze-la-Rousse, 1,668 habitants. En 1279 Arthaud d'Aix en fait hommage aux Poitiers. En 1392 aux Saluces; avant aux princes de Baux; après les La Baume de Suze.

Tulette, 1,556 habitants. Une des 22 places aux évêques de Saint-Paul.

Pierrelatte, 3,447 habitants. Autrefois relevait des comtes de Toulouse; en 1270 cédé par Alphonse aux Poitiers.

CANTON DE GRIGNAN.

Chamaret, 587 habitants. En 1363 le Dauphin le donne en fief à Adhémar de Grignan.

Chantemerle, 457 habitants. Une des 22 places de Saint-Paul-trois-Châteaux.

Colonzelle, 494 habitants.

Grignan, 2,025 habitants. Dès le XII⁰ siècle à la branche des Adhémars qui en porte le nom.

Montbrison, 349 habitants. En 1284 à Randonne de Montauban, qui le donne à son fils; après aux Adhémars, aux Poitiers.

Saint-Pantaléon, 371 habitants.

CANTON DE GRIGNAN (Suite).

Le Pègue, 339 habitants. En 1298 Aimar de Poitiers en fait hommage au Dauphin ; sur sa liste au pape.

Réauville, 923 habitants. Une des 22 places à Saint-Paul. La *Calmette*, dans cette commune, aux Grignan.

Roussas ou *Rossas*, 471 habitants. Aux Adhémars, aux Poitiers en 1253 ; une des places de Saint-Paul.

Rousset, *Rieusset*, 739 habitants. Aux Adhémars de Grignan ; en 1327 aux Valentinois.

Salles, 560 habitants.

Taulignan, 2,145 habitants. Il y avait une famille de ce nom. En 1293 vendu aux Poitiers, qui en 1334 font hommage au Dauphin.

Valaurie, 552 habitants. En 1253 vendu par le seigneur d'Uzès aux Valentinois ; une des 22 places de Saint-Paul-trois-Châteaux.

CANTON DE DIEULEFIT.

Aleyrac, 103 habitants. En 1295 hommagé par l'abbesse d'Aleyrac aux comtes de Valentinois.

Béconne, 235 habitants. En 1253 hommagé par Jean d'Uzès au comte Aimar de Poitiers.

Châteauneuf-de-Mazenc, 1,698 habitants. En 1295 hommagé aux Valentinois par l'abbesse d'Aleyrac ; sur la liste au pape.

Comps, 317 habitants. En 1278 à Aimar de Poitiers ; sur la liste au pape.

Dieulefit, 3,952 habitants. En 1269 les chevaliers de Saint-Jean-de-Jérusalem reconnaissent les Poitiers ; sur la liste au pape.

Eyzahut, 223 habitants.

Montjoux, 514 habitants. En 1190 aux de Vesc. *Odefred*, forteresse importante, était cependant aux Adhémars et aux Poitiers.

Orcinas, 123 habitants. En 1372 hommagé à Amédée de Poitiers.

Poët-Laval, 1,102 habitants. En 1269 transaction entre les chevaliers de Saint-Jean-de-Jérusalem et le comte de Valentinois.

Pont-de-Barret, 676 habitants. Vers le XII° siècle aux Adhémars.

Rochebaudin (Rochebaudières), 403 habitants. En 1295 donné par les Valentinois en échange aux Taulignan ; liste au pape.

Roche-Saint-Secret, 593 habitants. Porté sur la liste au pape. *Alençon*, forteresse, y était aux Adhémars et en 1328 aux Poitiers.

Salettes, 99 habitants.

Souspierre, 188 habitants. En 1268 partie aux chevaliers de Saint-Jean-de-Jérusalem, partie aux Valentinois ; sur la liste au pape.

C.ᵒⁿ DE DIEULEFIT (Suite).

Teyssières, 426 habitants. Au XIIIᵉ siècle aux Arthauds, plus tard aux Valentinois.

Vesc, 1,097 habitants. En 1190 à une famille de ce nom; aux évêques de Valence, qui l'ont gardé malgré la confiscation de Louis XI.

DIOIS. — MONTÉLIMAR.
ÉVÊCHÉ DE SAINT-PAUL ET LES BARONNIES.

DIOIS

☐ Les Évêques
☐ ___ Poitiers
☐ ___ Meuillons
☐ ___ Montaubans

JUSTIFICATION DE LA CARTE.

Le Diois.

Aubenas (Aubenasson), 112 habitants. En 1338 appartenait à Aimar de Poitiers, qui en reçoit hommage.

Espinet (Espenel), 336 habitants. En 1277 pris par l'évêque Amédée de Roussillon, en 1332 hommagé à Aimar de Poitiers.

Chastel-Arnaud, 204 habitants. En 1318 hommagé à Aimar de Poitiers par Simon Nicolay d'Orusse. Liste au pape.

Aurel, 734 habitants. En 1193 partagé entre les Poitiers et les évêques, en 1200 aux évêques; leur limite.

Saint-Benoît, 218 habitants. Réclamé par les évêques comme leur domaine.

La Chaudière, 143 habitants.

Le Cheylard, 143 habitants. Promis au pape dans la liste des Poitiers.

Barry (hameau actuellement). Dans la liste des places promises au pape par les Poitiers.

Eygluy, 278 habitants. En 1279 Arthaud, seigneur d'Aix, le donne à Aimar de Poitiers. Sur la liste au pape.

Rimon, 233 habitants.

Saillans, 1,658 habitants. Confisqué par Louis XI sur les évêques et réclamé par eux comme ancienne possession.

Saint-Sauveur, 164 habitants. Hommagé aux Poitiers en 1383 par Raymond de Chavanon.

Savel. Réuni à *Rimon* maintenant.

Vercheny, 428 habitants. En 1335 hommagé par le seigneur du nom aux Poitiers, vendu par eux en 1528, réclamé par les évêques.

Véronne, 248 habitants. En 1201 donné par le Dauphin aux évêques, qui en 1239 reçoivent hommage de Pierre de Véronne, en 1282 aux Meuillons.

Aix, 230 habitants. En 1174 excepté dans la donation de Frédéric aux évêques, en 1278 au Dauphin, avec hommage à l'évêque.

Saint-Andéol et Saint-Étienne, 273 habitants.

Barsac, 190 habitants.

Chamaloc, 249 habitants. Dès le XIIIe siècle aux évêques de Die et réclamé par eux après la confiscation.

Sainte-Croix, 293 habitants.

Die, 3,555 habitants. En 1178 donné à l'évêque de Die par l'empereur Frédéric, confisqué sur eux par Louis XI.

Saint-Julien-en-Quint, 661 habitants. En 1178 Frédéric Ier le donne aux Poitiers, en 1214 Frédéric II à l'évêque, en 1286 il revient aux Poitiers. Liste au pape.

Laval-d'Aix, 202 habitants.

Marignac, 354 habitants. En 1178 aux Marinhacs et excepté de la donation de Frédéric aux évêques, après au chapitre de Die.

Molières, 101 habitants.

Montmaur (Montmajeur), 237 habitants. Excepté en 1178 de la donation de Frédéric aux évêques, confisqué sur eux par Louis XI.

Ponet et Saint-Auban, 274 habitants. Réclamé par les évêques, cependant sur la liste des Poitiers au pape.

Pontaix, 490 habitants. Dès 1286 les Poitiers y donnent des franchises. Sur leur liste au pape.

Romeyer, 436 habitants. Dès 1145 au chapitre de Die, cependant excepté par Frédéric en 1178 de la donation aux évêques.

Vachères, 104 habitants. En 1339 à Humbert, bâtard de Valentinois. Sur leur liste au pape.

Bonneval, 204 habitants. Confisqué par Louis XI et réclamé comme ancien fief par les évêques.

Boulc, 566 habitants.

Châtillon, 1,195 habitants. Acheté par l'évêque Amédée de Roussillon, confisqué par Louis XI, mais réclamé.

Creyers, 227 habitants. Cession de la baronnie de Meuillon au Dauphin.

Glandage, 778 habitants. Était au XIIIe siècle aux Arthauds.

Lus-la-Croix-Haute (Luzerand jadis), 1,745 habitants. Était au chapitre de Die, avec hommage au pape.

Menglon, 864 habitants. Au chapitre de Die, qui le possédait encore en 1540, sous hommage au pape.

Ravel, 157 habitants.

Saint-Roman, 218 habitants.

Treschenu, 847 habitants.

Le Pilhon, 170 habitants. Réclamé par les évêques après la confiscation de Louis XI.

Aucelon, 449 habitants. En 1279 hommagé par Arnaud, seigneur d'Aix, aux Poitiers.

Barnave, 319 habitants. Au XII° siècle aux Meuillons, qui en 1227 le vendent aux évêques de Die.

La Bâtie-Cremezin, 379 habitants. En 1279 le seigneur d'Aix l'hommage aux Poitiers. Sur leur liste au pape.

La Bâtie-des-Fonts, 71 habitants. Après la confiscation de Louis XI réclamé par les évêques.

Beaurières, 237 habitants. En 1189 aux comtes de Die, après la confiscation réclamé par les évêques.

Beaumont, 386 habitants. Après la confiscation réclamé par les évêques.

Charens, 234 habitants.

Fourcinet, 189 habitants.

Jansac, 179 habitants. En 1227 les Meuillons le vendent à l'évêque de Die, qui en 1339 reçoit l'hommage du seigneur de Jansac.

Jonchère, 328 habitants. Réclamé après la confiscation par les évêques.

Lesches, 485 habitants.

Luc-en-Diois, 697 habitants. En 1159 Isoard, comte de Die, le donne à l'évêque, en 1344 Isoard de Montauban le donne au Dauphin; opposition des évêques.

Miscon, 202 habitants. En 1306 aux Montaubans, après la confiscation réclamé par les évêques.

Montlaur, 273 habitants. En 1179 Arthaud d'Aix en fait hommage aux Poitiers, réclamé après la confiscation par les évêques.

Pennes, 124 habitants. En 1330 Guigues, dauphin, en reçoit hommage comme baron de Meuillon.

Poyols, 369 habitants. Réclamé après la confiscation par les évêques.

Les Prés, 221 habitants. Réclamé par les évêques.

Recoubeau (Reybaud), 169 habitants. En 1354 Bertrand de Baux en fait hommage au Dauphin.

Arnayon, 290 habitants.

Bellegarde, 672 habitants. En 1095 à Isoard, seigneur d'Aix, en 1229 fait dénombrement à la dauphine Béatrix.

Brette, 194 habitants. En 1279 vendu par Arthaud, seigneur d'Aix, à Aimar V de Valentinois.

Chalancon, 557 habitants. En 1268 à Isoard, au XVII° siècle aux Simianes.

Saint-Nazaire-le-Désert, 1,100 habitants. En 1289 appartient à la maison de Sahune.

CANTON DE LA MOTTE-CHALANCON (Suite).

Saint-Dizier, 392 habitants. Au chapitre de Die, avec hommage au pape.

Chaudebonne (Combonne), 452 habitants. En 1333 vendu par Aimar de Poitiers à de Monteysson.

Establet, 291 habitants. En 1279 Arthaud, seigneur d'Aix, l'hommage aux Poitiers, inféodé par Louis de Poitiers.

Gumiane, 174 habitants.

La Motte-Chalancon, 1,247 habitants. En 1327 hommagé par divers aux Poitiers. Liste au pape. Réclamé par les évêques.

Le Petit-Paris, 105 habitants. En 1278 à Isoard, seigneur d'Aix, après aux Arnauds.

Pradelles, 219 habitants.

Rochefourchat (Rochefort-de-Valdrôme), 159 habitants. Était à la famille Peloux. Est sur la liste au pape des Poitiers.

Villeperdrix, 594 habitants.

Rottier (Rattier), 221 habitants. En 1262 Dragonnet de Montauban le donne aux chevaliers de Saint-Jean.

Valdrôme, 1,178 habitants. En 1279 Arthaud d'Aix l'hommage aux Poitiers, confisqué par Louis XI et réclamé par les évêques.

Volvent, 421 habitants.

LES PREMIERS COMTES DE DIE.

Avant d'écrire les quelques lignes que l'histoire nous a léguées sur les anciens comtes de Die, il est nécessaire, pour éviter une lacune au lecteur, de lui dire quelques mots des comtes de Provence, qui gouvernèrent ce pays avant qu'il eût des suzerains particuliers. Leur histoire, moins étudiée encore que celle du Dauphiné, offre de grandes difficultés, dans lesquelles il est inutile d'entrer, n'ayant à nous en occuper que pour le Diois et la partie du Valentinois qui lui est limitrophe.

L'histoire du Viennois nous a obligé à une analyse de celle de la Bourgogne; celle du Valentinois à un coup d'œil sur celle du Languedoc, patrie de ses comtes, qui en suivaient la politique. Celle du Diois, de Montélimar, des Baronnies et des évêques de Saint-Paul va nous entraîner quelques instants en pleine histoire de Provence, car ce ne furent que nos Dauphins qui les arrachèrent à l'influence de cette province, et l'époque de leur intervention est presque celle de la limite fixée à cette étude historique.

Dans notre introduction, nous avons naturellement abandonné la Provence au moment où elle se sépare de la Bourgogne et se constitue des annales particulières. Nous allons reprendre les événements à cette époque, c'est-à-dire au règne du roi Hugues de Provence, car ce fut sous lui que ces dispositions à une séparation, que l'on entrevoit dès son prédécesseur, Louis l'Aveugle, arrivent à des résultats faciles à constater.

Le roi Hugues, comme nous l'avons dit, profitant de l'infirmité de son souverain et des victoires qu'il venait en son nom de remporter en Italie, fit son possible pour l'attacher à ce pays, dont il était au moment de saisir la couronne. Mais ses desseins ayant complètement échoué, la Provence se trouva isolée et séparée de la Bourgogne et tomba comme elle dans une anarchie qui n'eut pas pour cause une guerre civile comme la sienne, mais les continuels partages des familles princières qui la gouvernèrent. Il en résulta quelques différences notables dans les vicissitudes de ces deux pays. La Provence, comme sa voisine, ne chassa point ses comtes et évita ainsi les désordres qui suivirent le pouvoir des évêques, surveillés par des princes qui en étaient plus rapprochés; mais, par compensation, elle fut bien autrement que son ancienne associée tourmentée par les invasions des Sarrasins, qui, retranchés sur son littoral ou cantonnés dans ses montagnes, ruinèrent ses villes et ses campagnes, et qui, chassés du pays, s'y maintinrent à l'état de partisans et le désolèrent pendant un siècle de brigandages.

Le premier comte de Provence qui succéda au roi Hugues portait le nom de Boson, devenu commun depuis l'auteur de la race bourguignonne. Promu par le défunt souverain, il profita de sa position pour se rendre à peu près indépendant du sceptre que ce dernier avait remis aux lointains souverains de l'Allemagne. Cependant Conrad, le second de ces princes étrangers, exerçait encore quelque pouvoir en Provence, puisqu'il confirma la nomination de Boson, ou peut-être prit dans une autre famille un seigneur qui portait le même nom de baptême.

Ce fut au reste le dernier acte administratif du pouvoir allemand, car le fils de Boson II, qui succéda à son père en 968, fut le célèbre Guillaume au Cornet, qui massacra les Sarrasins au Fraxinet en 972, les chassa de la Provence, dont il devint le héros légendaire, et mourut vers 992, après avoir mérité par sa valeur les titres de duc, de prince des Provençaux et de père de la patrie.

Après lui les empereurs semblent avoir renoncé à leur suprématie sur son pays, car, son fils Guillaume II étant trop jeune pour lui succéder, ce fut son frère Ratbold qui, sous le titre de marquis de Provence, exerça jusqu'en 1008 une tutelle qui après lui passa à la veuve de son frère aîné, à laquelle, en 1014, nous voyons le pape Benoît VIII s'adresser pour demander la répression de brigandages.

On ne sait de Guillaume III que son mariage avec Gerberge, fille de Otte-Guillaume de Bourgogne. L'histoire se hâte de passer au règne de ses quatre fils, qui gouvernèrent en commun avec leur cousin Guillaume III, fils de Ratbold, leur oncle. Ce dernier, qui mourut sans postérité en 1037, ne leur laissa point cependant son héritage, qu'il légua à Taillefer, comte de Toulouse, époux de sa sœur, ce qui amena un premier partage de la Provence.

Il serait difficile de préciser maintenant sous lequel de ces suzerains se trouvait le Diois, qui faisait partie de leurs domaines. En 1024 Taillefer fait des libéralités à l'église de Marseille dans le comté de Sisteron [1], qui cependant en 1034 appartient à ses cousins et à leur mère. Il est probable ainsi qu'ils gouvernèrent en commun, ce qui était fréquent à cette époque. Bertrand, l'un des quatre frères, étant mort, il y eut alors une nouvelle division de ce pays, et les deux fils qu'il laissa séparèrent leur patrimoine de celui de leurs oncles et donnèrent naissance au comté de Sisteron, qui s'étendait de cette place au Comté-Venaissin. Suivant Ruffi [2], il avait pour confins au sud le Verdon et la Durance, et au nord le Dauphiné, limites qui impliqueraient la suzeraineté de tous les petits états dont nous avons à nous occuper.

Ce comté de Sisteron, important en Provence vers 1110, prit alors dans les actes le titre de comté de Forcalquier et fut à ses débuts, en 1054, gouverné, comme nous l'avons dit, par deux frères, Bertrand et Geoffroid, qui l'avaient séparé de la Provence, héritage de leurs oncles et de leurs cousins. Leur lignée

---

(1) Dom VAISSETTE, *Hist. de Languedoc*, l. XIII⁰, p. 12.
(2) RUFFI, *Dissertation sur les comtes de Provence.*

masculine ne tarda pas cependant à s'y éteindre. Geoffroid, le dernier, mourut sans postérité en 1094. Son frère, mort avant lui, n'avait laissé qu'une fille, nommée Adélaïs, qui épousa Ermengault, comte d'Urgel ; de sorte que dès ses débuts ce nouveau comté passa à une famille espagnole, dont il ne sortit qu'en 1209 par un autre mariage, pour rentrer par Alphonse II, comte de Provence, époux de Gersende, héritière de la lignée étrangère, dans la même maison dont un premier mariage l'avait fait sortir.

Il est temps maintenant de laisser les comtes de Provence et de Forcalquier, dont l'histoire devient étrangère au sujet qui nous occupe, et de parler du comté de Die, qui forme dès lors un état séparé et a son histoire particulière.

En 1034 il ne dépendait pas seulement des deux frères que nous avons vus donner naissance au comté de Sisteron, mais il avait encore un autre possesseur, qui s'appelait Bérenger et était fils d'un père du même nom et d'une mère appelée Osselane. C'est tout ce que l'on sait de son origine.

Ce Bérenger eut pour successeur un vicomte Miron, dont le frère, ainsi que le prouve une donation de Géraud, évêque de Sisteron, acheta en 1144 cet évêché pour son fils, encore enfant. Ce siège épiscopal était alors dans un tel état de misère, probablement par suite des déprédations des Sarrasins, qu'un de ses successeurs a écrit *qu'il n'y restait pas même une poule;* ce qui donne une petite idée de la prospérité du Diois, son voisin, à l'époque où il apparaît dans l'histoire.

L'Église fit alors à Adélaïde, comtesse tutrice de Forcalquier, de vifs reproches pour cet acte de simonie, qu'elle laissa faire ; mais elle en accusa surtout les vicomtes de Sisteron, qui en avaient eu presque tout le bénéfice. Ils en tinrent peu de compte, car, bien que formulant leurs actes au nom de l'empereur, ils paraissaient déjà à peu près indépendants. Il faut se rappeler ici que ce petit pays, appelé *Sextirone* et *Starone*, n'était pas de la Provence et n'avait point été délivré des Sarrasins par Guillaume-au-Cornet, mais par un seigneur nommé

Bobon[1], qui avait peut-être transmis à ses descendants une indépendance, fruit de sa conquête.

Quoi qu'il en soit à ce sujet, ces vicomtes de Sisteron, appelés Pierre[2], Rostaing et Ponce, paraissent être les véritables ancêtres des comtes de Die et peut-être la cause de l'indépendance de plusieurs familles de leur voisinage. Les généalogistes, embarrassés pour leur trouver une autre origine, avaient imaginé un fils posthume au célèbre Guillaume, qui eût été, il faut en convenir, bien médiocrement apanagé pour un comte de Provence.

Ces vicomtes, sur lesquels on a bien peu de renseignements, se vengèrent des reproches que leur avait adressés l'Église en persécutant leur évêque Gérard, à qui ils finirent cependant par faire amende honorable et par lui remettre leur château de Lurium comme indemnité de leurs méfaits. En 1045 on trouve un Pierre, comte de Gap, qui semble l'aîné de cette famille, et en 1069 un Ponce, comte de Die, qui paraît être le troisième des frères désignés dans l'acte que je viens de citer.

Ponce, comte de Die, en 1069.

Il eut de vives contestations[3] avec l'évêque de Die qui avait remplacé Lancelin, déposé comme simoniaque en 1073. Il laissa deux fils[4] : Pierre-Arthaud, évêque de Carcassonne en 1080, et Guillaume, son successeur.

---

(1) JULES OLLIVIER, *Revue du Dauphiné.*
(2) COLUMBI, *Opuscula varia*, p. 120.
(3) CHORIER, *Hist. du Dauphiné.*
(4) BRUN-DURAND, 32ᵉ livraison du *Bulletin archéologique de la Drôme*

Guillaume, comte de Die.

Il continua les querelles de son père contre l'évêque Hugues, et tenait ainsi dans le Diois le parti de l'empereur Henri contre le pape, qui l'avait excommunié. En 1073 il fut cependant obligé de lui prêter hommage du Diois[1]. Il eut pour successeur et probablement pour fils Isoard, comte de Die, que les historiens de la croisade appellent Isarne et Mathieu Paris, Hyscard, nom qui était plus germanique.

Isoard ou Isarne, comte de Die, 1096.

Il suivit à la croisade le comte Raymond de Toulouse, surnommé de Saint-Gilles, fils de Guillaume Taillefer, à qui nous avons vu que son beau-frère avait laissé son héritage, et il se distingua d'une manière toute particulière dans cette expédition, où il obtint le commandement de la onzième division de l'armée chrétienne. De retour dans son pays, il y mourut, dit Chorier, en 1116, après avoir vendu la majeure partie de son patrimoine à l'évêque Hugues. Il est probable que cette aliénation fut la suite d'une de ces dettes de traversée, que si

---

(1) COLUMBI, *Opuscula varia.*

peu de seigneurs croisés furent à même de payer à leur retour. Cet acte a fait croire à beaucoup d'auteurs qu'il n'avait point laissé de postérité. Il eut cependant deux fils, auxquels il transmit des fiefs importants (Luc, Aix, Bellegarde). L'un fut Josserand, chef d'une branche de sa famille, l'autre Isoard II, qui lui succéda dans la portion du Diois qu'il n'avait pas aliénée.

Isoard II, comte de Die, en 1159.

Malgré ses protestations, ce comte fut, par sentence du comte de Toulouse, obligé de remettre à son évêque la place de Luc, déclarée aliénée par son père. Il n'en conserva pas moins son titre de comte de Die et laissa en mourant deux filles. L'une, appelée dans les actes Alix ou Mathilde, fut la fameuse comtesse de Die des cours d'amour de Provence, dont on a des élégies provençales et l'histoire rimée de la Tarasque. Elle mourut, dit Allard, en 1192, à Tarascon, où elle s'était faite religieuse. L'autre, suivant le même auteur, qui n'indique pas d'actes, se nommait Philippine. On présume que c'est la même que la comtesse de Marsanne, appelée Véronique dans l'acte suspect de la fondation de Bonlieu de 1171, qui donna sa fille unique à Guillaume de Poitiers, gratifié comme comte de Diois d'une bulle de l'empereur de 1178. Cette opinion serait corroborée par les donations de Guillaume à ce monastère en 1189. A l'article *Durbon* de son dictionnaire, le même auteur dit que ces pièces lui furent communiquées par M. de Ruffi, mais il n'en donne pas l'analyse.

Josserand d'Aix, en 1140.

Josserand, l'autre fils du croisé Isoard, continue sa lignée masculine, qui prit le nom d'Arthaud[1] ou Arnaud, du nom de son fils, dans ses hommages aux Poitiers. Elle avait encore des terres considérables, qualifiées de comté dans les archives des chanoines de Die[2]. M. Chevalier a trouvé à la Chambre des comptes de Grenoble un rapport au Dauphin, de l'année 1440, qui affirme que les Arthauds ou Arnauds étaient de la même maison que les Marsannes. Enfin, une lettre du savant Peresc, conservée à la bibliothèque de Carpentras, dit que les « Arnauds de Crest, les Hugues de Crest, les Isoards et les Montaubans sont à ses yeux les descendants des comtes de Die et donnèrent naissance aux maisons de Sault et peut-être de Mison ».

Je ne compte pas fatiguer le lecteur de toutes ces généalogies, dont il trouvera des parcelles dans les tableaux justificatifs joints aux cartes du Diois et des Baronnies.

Les comtes de Die finissent naturellement à l'époque où ils furent obligés d'aliéner leur petite capitale, et les évêques de Die, qui l'avaient acquise, deviennent leurs successeurs. Il est bon cependant de remarquer que l'empereur réserva leur titre de comte de Diois, qu'il transmit aux Valentinois, probablement comme leur héritage maternel, et que ces comtes seraient devenus les seigneurs dominants des évêques sans leur trop étroite alliance avec la maison de Toulouse, qui faisait craindre à l'Empire que les Aquitains ne lui enlevassent son pouvoir nominal sur la Provence, comme ils lui avaient enlevé jadis son pouvoir réel sur toute la Bourgogne.

---

(1) COLUMBI, *De rebus gestis.*
(2) *Statistique de l'Isère*, t. VI, p. 272.

ÉGLISE DE DIE.

LES ÉVÊQUES COMTES DE DIE.

La ville de Die, ancienne capitale des Voconces, située sur les bords de la Drôme, dans une vallée fertile, adossée à de hautes montagnes, était une importante colonie romaine à l'époque de la déchéance de la République et a conservé jusqu'à nos jours de glorieux vestiges de son antique splendeur : ruines, tombeaux, médailles et inscriptions latines attestent encore au voyageur son ancienne opulence; mais un profond oubli, semblable à ces lierres qui tapissent les ruines, s'est attaché à tout son passé, et peu de villes antiques des Gaules ont laissé moins de souvenirs dans les riches annales des premiers possesseurs de notre patrie.

On ne sait même plus exactement à quelle époque elle devint chrétienne. Son premier évêque fut, dit-on, saint Martius, vers 220 de notre ère, et il n'y a pas longtemps que l'on se flatte de savoir presque tous les noms de baptême de ses successeurs jusqu'à la fin du VI° siècle. A cette époque l'obscurité redevient complète, et il faut se contenter du passage historique qui nous apprend que vers 574 elle fut ruinée par Zaban, l'un des trois chefs lombards qui envahirent alors le Dauphiné, et délivrée par le patrice Mumol, qui, par leur massacre, mit fin aux déprédations de ces hordes barbares.

Dès lors, chose rare dans la Gaule chrétienne, on ignore même la succession de ses pontifes, et il faut accepter cette phrase de Chorier, *que ses prélats disparurent dans les troubles politiques.*

Grâce à leurs signatures dans quelques conciles, on peut, à

partir du VII⁰ siècle, retrouver quelques traces de leurs pontificats ; mais on n'a aucun éclaircissement sur l'état du troupeau qu'ils étaient chargés de conduire et sur la situation de leur ville épiscopale, qui eut, à ce qu'il paraît, bien de la peine à se remettre des pillages et des incendies de l'invasion lombarde.

Vers 879, son évêque Biraco jouissait cependant d'une certaine importance politique, puisqu'il fut convoqué à Mantaille, à l'assemblée qui disposa de la couronne de Bourgogne, et plus tard un de ses successeurs, Hugues, est désigné dans une bulle de Conrad ; mais on ne sait même pas si c'est à son titre épiscopal qu'il doit cet honneur, ou à sa dignité de légat des Gaules, qui, à ces époques d'invasions, n'était point seulement un titre honorifique.

Plus tard, Ismidon, de l'illustre maison de Bérenger, fils de Cana et d'Hector de Sassenage, eut bien un épiscopat qui laissa des souvenirs ; mais, absorbé par ses pèlerinages en terre sainte, il semble s'être peu occupé des intérêts matériels de son diocèse. Il donna à Lotbert la place de Taulignan ; mais, vu sa haute naissance, il n'est point certain qu'elle fût un fief de l'Église et elle pouvait très-bien provenir de ses vastes possessions particulières.

La première trace positive de terres à l'évêché me semble résulter seulement de la donation de 1146[1] faite par Arnaud de Crest, descendant des comtes de Die, à l'évêque Hugues, qui, pour la somme insignifiante de 1,200 sous viennois, reçut de lui les châteaux de Crest et d'Aouste, les places de Divajeu et de Saint-Médard et généralement la suzeraineté de toutes ses possessions dans le comté de Die.

Reconnaissant de cette pieuse libéralité, l'évêque laissa entre les mains du donateur tous les fiefs qu'il lui avait ainsi remis, et lui assura, ainsi qu'à ses descendants, le droit de porter l'étendard de l'église de Die, ce qui semblerait indiquer que l'évêché avait déjà d'autres vassaux, dont il l'instituait le chef.

---

(1) Brun-Durand, *Bulletin archéologique de la Drôme.*

Une autre donation en 1159 vint se joindre à celle-ci, ce fut celle d'Isoard, comte de Die même, qui, comme nous l'avons dit à la suite de la sentence du comte de Toulouse, remit au prélat la place de Luc et s'engagea de plus à le défendre contre tous, *lui, ses successeurs et toutes leurs possessions*, ce qui prouve clairement la puissance temporelle de ces évêques dès cette époque, mais n'indique pas malheureusement leurs limites territoriales.

Le neveu du saint évêque Ismidon fit aussi, de 1165 à 1178, donation de tout son patrimoine au pontife : les châteaux de Foillans, de Tréminis, de Prébois et la moitié du mandement de Thoranne; mais cette donation ne fut nullement consentie par Raymond de Bérenger, son frère, seigneur de Morges et héritier de Peyrins, ainsi que nous l'avons dit. Il réclama l'épée à la main l'héritage donné, fut excommunié et remplit tout le Diois de troubles. Vers 1179 il fit sa paix cependant et pour une grosse somme d'argent céda tous ses droits à l'Église. Mais ce traité ne fut pas accepté par sa famille. Guigues de Sassenage exigea avant de le ratifier une autre indemnité et la jouissance des terres concédées. Ce ne fut qu'en 1228 que les Bérengers renoncèrent à toute réclamation.

Malgré le pouvoir des évêques de Die, bien démontré par tous ces actes, il leur manquait, aux yeux de leurs contemporains et aux leurs, un titre pour devenir suzerains de leurs terres, c'était d'être reconnus comme tels par les empereurs d'Allemagne. L'évêque Robert voulut franchir ce dernier pas et en 1178 il s'achemina vers Arles, où se trouvait alors l'empereur Frédéric 1er. Il sollicita et obtint de ce prince son admission et celle de ses successeurs au ban de l'Empire et la bulle qui les déclarait *comtes de leur ville épiscopale*. Frédéric n'avait garde de refuser une requête qui remettait, nominalement au moins, sous son sceptre des populations qui s'en étaient affranchies. Mais, par égard pour le comte de Valentinois, il se montra moins libéral pour l'évêché de Die qu'il ne l'avait été pour celui de Valence. Il lui reconnait bien dans la ville de Die tous les droits régaliens qu'il y exerçait certainement déjà, malgré l'insinuation de l'acte, et qu'il énumère même avec complaisance : le droit de battre monnaie, les péages, la police des marchés, etc. Il reconnaît à l'évêque la moitié de Crest et de son mandement, Aouste, le château de Saint-Médard, Montmaur, Romeyer, Menglon, Marignac, le Pègue, Rochefourchat, Mirabel, Auribel, Divajeu, Beaumont, le tiers du château d'Aix, Foillans et toutes les riches donations de Bérenger, voire même le haut domaine de tout ce que Guillaume de Poitiers possédait dans son diocèse. Mais c'est ici que l'on remarque une grave restriction qu'il établit en faveur de ce dernier, et qui n'existait nullement dans l'acte qu'il avait passé avec Pierre, le précédent évêque de Die.

En 1163, lorsque le comte de Valentinois avait reçu de ce dernier prélat Sauzet et Gigors, il s'était obligé, non-seulement à rendre ces deux places à première réquisition, mais s'était déclaré, lui et ses successeurs, hommes liges de l'évêché et avait soumis à sa suzeraineté, non-seulement toutes ses possessions actuelles dans le diocèse, mais encore *toutes celles qu'il pourrait y acquérir à l'avenir*. Ses fiefs s'y étaient largement accrus depuis cet acte, et peut-être regrettait-il l'engagement trop important qu'il s'était laissé aller à y formuler. Dans ce cas, il était tout simple que, profitant de son crédit auprès du souverain et de la demande que le prélat allait lui présenter, il tâchât de faire amoindrir à cette occasion les concessions qu'il avait été entraîné à consentir.

Quoi qu'il en soit, l'empereur, en accordant la demande de l'évêque de Die, modifia complètement sa position vis-à-vis du comte de Valentinois. Il laissa à ce dernier Gigors et Sauzet, et, au lieu d'une sujétion complète, ne lui imposa que celle de certains fiefs, et en excepta même formellement la si redoutable citadelle de Quint et quelques autres points fortifiés, énumérés dans mon article sur le Valentinois. Ce nouvel arrangement mettait sur le même rang et l'évêque et le comte, et, tout en ayant l'air de favoriser le premier, l'enfermait dans une enceinte de forts de son ennemi ; ce qui fut sans doute la cause de ces interminables querelles que nous verrons surgir entre ces deux puissances rivales.

Au reste, il n'y eut rien de remarquable sous les premiers successeurs de l'évêque Robert ; ils furent dans de constants démêlés avec leurs chanoines, qui voulaient partager leur autorité. Mais le voisinage des Poitiers était pour eux le seul péril réellement menaçant. Toutefois, jusqu'en 1193 ils eurent avec eux de bons rapports, puisqu'ils partagèrent ensemble la localité d'Aurel, qu'ils venaient d'acquérir. Seize ans plus tard ils se faisaient une guerre acharnée, qui dura près de deux siècles. Guy de Monteil en fut, dit-on, le promoteur, et l'évêque Didier était obligé d'avoir recours à l'empereur pour en éviter les dures conséquences.

Frédéric II fit ce qu'il put pour sauver l'église de Die. Il révoqua la bulle de Frédéric I*er*, défendit sévèrement à Aimar de Poitiers toute entreprise contre elle, annula toutes les exceptions de vasselage admises en faveur d'Aimar, principalement celle de Quint, qui, du sommet de sa montagne, présidait aux ravages du territoire de Die, et remit les Valentinois sous le vasselage de l'évêché. Cette puissante intervention procura quelque répit à l'évêque Didier, qui en profita pour régler avec les Bérengers la donation de Raymond et pour satisfaire le seigneur de Mison, à qui il rendit Ricobello. Ce calme ne dura que peu de temps. Les faveurs de Frédéric n'avaient pas été, à ce qu'il paraît, gratuites, et elles excitèrent la haine des vassaux de l'évêque, qui voulurent se soustraire entièrement à son autorité. Son successeur, Humbert IV, fut même assassiné, le 3 septembre 1222, à la porte latérale de son église, qui prit le nom de *porte rouge* à la suite de ce crime. On ne sait quel en fut l'auteur. Mais une délibération des chanoines, qui exclut des fonctions sacerdotales les descendants du coupable jusqu'à la quatrième génération, donne à penser que son but était de remplacer l'évêque par quelqu'un de sa famille. Au reste, nous allons remonter à cinq ans avant ce terrible événement, pour suivre, au moyen des registres de la ville, les menées séditieuses qui le précédèrent.

Vers 1217, les habitants de Die, furieux des concessions que le prélat avait obtenues de l'empereur, s'assemblèrent en grand nombre sous la conduite d'un nommé Albert Morin et le forcèrent de renoncer au banvin et à quelques autres droits accordés par Frédéric. Ils lui firent jurer de ne plus jamais solliciter de concessions impériales et, enhardis par ce succès, lui retirèrent le gouvernement de Die, qu'ils remirent à quatre ou cinq habitants, sous la surveillance d'un conseil de douze autres, invoquant, disaient-ils, un usage immémorial pour justifier cette révolution. Ils s'attribuèrent après le droit de lever des taxes à leur bon plaisir, de barrer les rues avec des chaînes en temps de paix comme en temps de guerre, de construire ou de démolir les remparts, d'en garder les portes, etc.

Tout soldat cessa d'être justiciable de l'évêque, sauf pour quelques crimes spécifiés. Il n'avait même plus le droit d'imposer une amende, et ses officiers étaient dispensés de lui obéir. Tous droits d'entrée furent abolis. On créa des consuls et on fit faire par des syndics une constitution, que l'on obligea les chanoines et l'évêque à signer et que le peuple se réserva le droit d'interpréter à son bon plaisir, etc.

C'était toute une révolution dans ce petit état de Die, et elle explique très-bien que l'on se soit servi du poignard contre un successeur de Didier, peut-être moins endurant que lui. Cependant cet assassinat d'Humbert eut un tout autre résultat que celui espéré par l'émeute. Il souleva l'indignation de tout ce qu'il y avait d'honnêtes gens dans la ville et amena une réaction politique qui permit à Bertrand, son successeur, de reprendre une certaine autorité sur la populace et, qui plus est, de solliciter une nouvelle bulle de l'empereur, sans s'inquiéter des menaces faites à son prédécesseur à ce sujet. Il reprit bientôt complètement la direction des affaires, put acheter les places de Barnave et de Jansac, donner une part de la vallée de la Drôme aux Hospitaliers de Saint-Jean-de-Jérusalem et même obliger Arthaud, petit-fils du croisé Isoard, à renouveler l'hommage prêté par son père.

En 1237 l'évêque Humbert V obtenait de nouvelles concessions de Frédéric. Mais ce prince ayant exigé en échange quelques contributions pour sa guerre d'Italie, il en résulta de nouvelles séditions contre l'évêque de Die, qui venait cependant d'obtenir la levée de l'excommunication infligée à ses vassaux pour l'assassinat d'Humbert IV et qui avait acquis Véronne à son évêché. En 1240 il fut même obligé de traiter avec les révoltés, de leur rendre leurs prisonniers et de consentir à ce que Guigues Arthaud et ses enfants fussent exonérés des amendes prononcées contre eux. Ce fut l'état de Die sous l'évêque Didier qui fut le type des arrangements faits à cette époque, et on dressa alors une nouvelle charte, qui nous est parvenue et dont voici les bases principales :

« Les bulles de l'empereur furent acceptées, avec les adoucissements consentis par l'évêque Didier. L'Église conserva à Die un juge et un courrier pour y rendre la justice, mais ce dernier est passible de la peine encourue par l'accusé s'il ne peut obtenir sa condamnation. Les habitants ont un avocat public; leur appel suspend l'exécution du jugement; les gages déposés au greffe ne peuvent être vendus qu'après complète décision du procès. Ils ne peuvent être emprisonnés que pour crimes entraînant perte d'un membre. Les injures et rassemblements tumultueux ne peuvent être poursuivis par l'évêque, mais seulement par les citoyens qui auraient été lésés. Les débiteurs peuvent traiter avec leurs créanciers. Les notaires sont soumis aux tarifs, etc. »

Après la justice, la constitution règle le gouvernement. Les habitants ont le droit d'élire des syndics, des consuls et des procureurs, même malgré l'opposition de l'évêque et sans que ses officiers puissent entrer dans la salle électorale. Ces magistrats ont la voirie, la police des rues, la garde de la ville et des remparts, etc. Le droit de vote s'acquiert par une résidence d'un an et un jour. Les clercs comme les laïques sont sujets à toutes les charges de la ville, mais les uns et les autres sont exempts des chevauchées.

Toutes ces clauses, en usage depuis l'évêque Didier, sont longuement développées et forment un petit code déjà usuel aux habitants; mais il y est ajouté une nouvelle restriction, qui me semble fort importante, c'est que les citoyens ont non-seulement le droit de modifier la justice de leur évêque, mais encore son administration et même sa cour temporelle.

Ce qu'il y a de fort étonnant après de pareilles concessions aux révoltes populaires, c'est que l'on ne voit point que les habitants de Die aient cherché à en abuser. Ils montrèrent un vif attachement à Amédée de Roussillon, qui ne fit aucune difficulté de les jurer et leva de fortes taxes sur eux pour son acquisition de Châtillon, charges augmentées encore par son frère, évêque après lui. Jean de Poitiers lui-même, en 1441, ne fit aucun effort pour abolir ces franchises. Columbi donne cependant à entendre qu'Humbert V fut quelque temps exilé de son siége, ce qui s'expliquerait suffisamment par les précautions prises contre son autorité.

Amédée de Genève, après Humbert V, fut en 1237 appelé à un siége épiscopal qui ne pouvait être désiré que par des clercs aspirant à la couronne du martyre. Il n'eut cependant point à se repentir d'avoir accepté ce poste de combat. C'était, comme nous l'avons dit, un prélat tout militaire. Il traita l'épée au poing les difficultés qu'il eut avec le dauphin Guigues, en obtint ainsi Châtelux, la Bâtie-sur-l'Orme, etc., reçut de Bertrand de Meuillon l'hommage d'une fraction de la Valdrôme, exigea les hommages de Raymond d'Agoult et de Jacob d'Entravennes, et mourut en 1276, laissant cependant les affaires de son évêché dans la situation la plus désespérée.

Nous avons dit à l'article de ses évêques comment le pape avait réuni à l'évêché de Valence, également dépouillé, ce siége de Die, dont l'existence était devenue impossible. Le lecteur trouvera dans cet article la suite des péripéties par lesquelles il eut à passer pendant la période qui nous occupe.

L'église de Die, sans cesse en guerre avec ses voisins, avait, comme nous l'avons dit, confié son étendard à Arnaud de Crest, le plus important des chevaliers de ses terres. On trouve dans les pièces justificatives de Valbonnais[1] une déposition, de

---

(1) VALBONNAIS, t. II, p. 19.

1279, qui donne quelques renseignements sur cet insigne, tout à la fois religieux et militaire.

Vers cette époque, dit-elle, la succession de Pierre de Morges se trouvant ouverte, Guillaume de Meyssenas fut envoyé par le chapitre de Die à son fils Fromond de Bérenger, pour réclamer ses droits sur Thoranne et les paroisses voisines. Il demanda que l'étendard de la bienheureuse *Marie de Die* fût arboré au donjon de ce château, dans la portion qui appartenait à Pierre de Morges. Des témoins furent entendus, et l'un dit que lorsque le défunt fut fait prisonnier par Ozassiche, le chapitre avait envoyé des chanoines à ce château pour la préservation de ses droits, que l'un d'eux y arbora l'étendard rouge portant l'image de la *Vierge de Die*, et que cet insigne fut déployé sur la plus haute tour tout le temps que dura la captivité de de Morges, etc. Le type de cette madone nous a été transmis par les sceaux du chapitre.

Il serait difficile de tracer des limites exactes à ce petit état des évêques, sans cesse en guerre avec le Valentinois, qui les déplaçait à chaque instant. On pourrait cependant diviser ses fiefs en trois groupes, nullement compacts et n'ayant souvent que de simples rapports de voisinage.

Le premier se composerait de Die, Montmaur, Luc, Jonchères, Poyols, la Bâtie-des-Fonts et Châtillon, dont le bourg seul était aux évêques. On peut évaluer la population actuelle de ce petit centre à 6,875 habitants.

Le second, dans les cantons de Saillans et de Crest, comprendrait Saillans, Saint-Benoît, Aurel, Divajeu, Aouste, Saint-Médard, Chamaloc, Gigors et aurait une population de 5,178 habitants.

Le troisième réunirait Bourdeaux, Bezaudun, Comps, Béconne, environ 2,208 habitants. Enfin quelques localités, impossibles à grouper : Sauzet, Cléon-d'Andran, Valdrôme, Vassieux dans le Vercors, environ 4,186 habitants.

En réunissant tous ces fiefs épars, on arriverait à trouver 18,448 habitants, environ la moitié de ce que possédaient les évêques de Valence. Il est vrai que l'on pourrait joindre à ce total les seigneuries données par Bérenger dans le département de l'Isère, la suzeraineté des possessions d'Arnaud de Crest dans le Diois, enfin, si l'on veut, celles des Valentinois dans le même pays, droits qui, comme nous l'avons dit, furent bien loin d'être profitables aux malheureux évêques de Die.

Les Adhémars de Montélimar.

Si l'on voulait en croire Bouche et quelques autres auteurs de la Provence, cette famille des Adhémars, puissante dans le midi de la Drôme, aurait eu une origine se perdant dans la nuit des siècles les plus reculés et pour point de départ un Lambert Adhémar, duc de Gênes dès 685, vicomte de Marseille, seigneur de Montélimar et autres places, dont le second fils, Hugues, commandant la flotte de Charlemagne, défit les Sarrasins, auxquels il enleva la Corse, et fut la tige des Giraud Adhémar IIe et IIIe, qui jouiront d'une grande renommée sous Louis le Débonnaire.

Pithon-Curt, plus réservé que ces auteurs, montre peu de créance à cette généalogie et discute ce que l'on en rapporte, car quant aux actes qui la prouvent, ils ont disparu depuis longtemps et sont complètement passés à l'état de légendes.

Les auteurs modernes, à la suite de ce docte écrivain, rejettent comme fabuleux tout le commencement de l'histoire de cette famille et ne l'inscrivent dans leurs œuvres qu'à partir du XIe siècle, où ils trouvent des documents positifs. Mais ils n'osent cependant lui assigner une autre origine et n'expliquent en aucune manière les possessions indépendantes qu'elle s'était dès lors créées sur les frontières de Provence.

On comprend que de tels préliminaires soient de nature à jeter dans un grand embarras ceux qui seraient tentés de s'en occuper. Les actes incriminés sont nombreux et fort anciens, puisqu'ils ont été découverts en 1637 dans les archives de la famille. Ils ont été fabriqués avec une connaissance parfaite de l'histoire locale ; cependant leur fausseté est choquante, et ils ne sauraient se soutenir devant les progrès modernes de notre critique historique.

Qu'en faire cependant? Les mettre complètement de côté et les considérer comme non avenus? Mais alors, cette famille, fort puissante dès le XIIe siècle, dont les alliances sont recherchées des Poitiers, des Meuillons et des autres suzerains de l'époque, devient un véritable phénomène historique, et il est impossible de deviner comment d'une obscurité profonde elle a obtenu une position presque souveraine, et comment elle a pu fonder et baptiser de son nom une des places importantes de notre Dauphiné, qui était alors à l'état de formation.

Choisir dans tout ce cartulaire les actes les plus probables et rejeter les autres? Mais ils sont inséparables, enchevêtrés ensemble, ce qui ne prouve point leur authenticité, mais l'adresse d'un généalogiste, qui n'a échoué dans son entreprise que par suite d'investigations impossibles à prévoir à l'époque où il s'occupait de cette matière.

Au reste, sans rejeter complètement cette origine italienne, qui pourrait peut-être se défendre en rappelant que Charles-Constantin, héritier des Bosons, avait pu ramener en Dauphiné quelques chevaliers du littoral où il avait combattu longtemps les pirates sarrasins [1], on peut trouver quelque autre point de départ à cette famille et indiquer soit les marquis Gélins, qui laissent des fils et disparaissent subitement de l'histoire, soit cette maison de Bérenger, leur voisine, dont les annales sont encore si incomplètes que l'on voit à peine les liens qui unissent ses branches, et que l'on est loin de pouvoir énumérer les individualités qu'elles contiennent.

Le parti le plus prudent est certainement de ne s'attacher à

---

[1] Les seigneurs de Moirenc, probablement vicomtes de Charles-Constantin avant d'être ses successeurs dans le Salmorenc, avaient les mêmes armes que les Grimaldi. Il n'en est pas de même, il est vrai, des Adhémars, dont on les fait descendre.

aucune de ces présomptions et de commencer l'histoire des Adhémars en 1198, époque où l'on trouve des titres certains, tout en convenant cependant qu'ils existaient probablement depuis longtemps à cette époque et qu'ils étaient déjà divisés en trois branches : les seigneurs de La Garde, les barons de Lombez et ceux de Grignan, propriétaires à peu près indivis de terres allodiales considérables.

Giraud V, baron de Grignan, qui paraît vers ce temps le chef de la famille, et son cousin Lambert de La Garde-Adhémar donnèrent alors aux habitants de Montélimar les plus larges franchises et, pour en assurer à jamais la perpétuité, les firent graver sur une table en marbre, qui est encore de nos jours conservée dans le couloir du palais de justice de cette ville *(Essais sur les Adhémars*, par M. l'abbé Nadal, page 27).

Bien qu'il n'y ait eu que deux Adhémars qui aient signé ces libertés, il en existait alors au moins trois, si ce n'est davantage, qui exerçaient le pouvoir suzerain dans les remparts mêmes de Montélimar. Gouvernaient-ils cette ville en commun, ou en possédaient-ils des parties séparées? D'autres exemples prouvent que ces familles, d'origine bourguignonne, attachaient peu d'importance à cette question, qui nous paraîtrait capitale. Ils gouvernaient ensemble, voilà tout ce que l'on peut dire, et comme les Bérengers, régis par la loi Gombette, avaient chacun une part dans une espèce de fonds commun, qui se composait du pouvoir et de certains fiefs qui y étaient attachés. Ce n'était point cependant la loi générale de leurs vassaux, car les populations du Midi vivaient alors sous la loi romaine, la législation franque n'ayant été en Dauphiné que très-éphémère.

On trouve du reste dans les actes de cette maison des Adhémars des preuves certaines de sa nationalité bourguignonne : dans le contrat de mariage du père de Giraud-Adhémar, dont nous nous occupons (acte qui n'existe plus, mais rapporté par Pithon-Curt, qui le dit daté de 1150). Cet auteur s'étonne qu'au lieu de recevoir une dot de son épouse, il l'ait achetée en quelque sorte de ses parents pour la somme de cinq livres d'or fin. Cette clause ne me semble prouver qu'une chose, c'est qu'elle était veuve avant cette seconde union. C'est le *Wittemont* de la loi Gombette, qui veut que l'on paie une indemnité aux parents de la veuve qui quitte sa famille pour convoler à un second mariage.

Au reste, une preuve bien autrement frappante résulte du mécontentement de Lambert de La Garde, lorsque, mis en possession de la part de cette seigneurie et de celle de Montélimar qui lui revient à sa majorité, il apprend que l'auteur de ses jours, usant de la faculté que lui donnait dans cette occasion sa loi nationale, a, après avoir doté ses enfants, disposé de sa moitié restante en faveur de son oncle Giraud, baron de Grignan. Il ne trouve, malgré sa fureur, aucune querelle légale à lui faire et est obligé de recourir à la révolte et aux armes pour arrêter l'exécution de cette disposition testamentaire.

Lambert en vint donc à exciter une sédition populaire contre son père et à se mettre à la tête des révoltés. Il assiégea dans la forteresse de La Garde son frère, qui était resté fidèle à son devoir filial, le tua, après avoir pris la citadelle, et obligea son père, qui s'était réfugié chez son oncle de Grignan, à rétracter l'acte cause de cette guerre de famille. Enfin, après trois ans de petits combats, Giraud de Grignan lui-même fut contraint de consentir à cette violence, de le reconnaître en 1198 comme coseigneur de Montélimar et de signer avec lui cet acte d'affranchissement de la ville, qui semble avoir été la récompense promise à la plèbe, pour l'engager à soutenir par ses armes son entreprise criminelle.

On voit par ces quelques lignes toute l'instabilité que présentait un gouvernement fondé sur une législation de ce genre et quelles occasions elle offrait à la foule pour trancher par la force toute discussion avec ses gouvernants. En effet, sous de telles lois, ce n'était pas à la mort seule du titulaire qu'elle pouvait faire passer le pouvoir à un successeur; il suffisait d'un simple partage d'hoirie à sa lignée masculine pour amener sa déchéance et transmettre la direction du petit état à une autre branche de la famille. Il est vrai qu'un autre partage dans cette branche pouvait ramener le déchu au pouvoir C'était tout un jeu de bascule constamment organisé, et, tout en laissant au père quelque latitude sur l'époque qu'il pouvait assigner à ce changement, la loi bourguignonne n'en fixait pas moins l'âge de quinze ans, non comme celui précisément de la majorité des enfants masculins, mais comme celui où, par l'émancipation, le père et les enfants devenaient propriétaires réels de leurs patrimoines respectifs (Titre LXXXVII, art. 1ᵉʳ de la loi Gombette).

La branche des Adhémars de Rochemaure se trouvant ainsi dépouillée par la révolte populaire et par la sanction que les deux autres avaient fini par lui accorder, celles de Grignan et de La Garde restèrent seules en possession réelle de Montélimar. Mais, devenues les humbles servantes de la populace, elles ne purent plus la dominer à l'avenir et furent obligées de la suivre dans cet immense mouvement libéral qui, sous le nom d'*Albigeois*, soulevait alors toutes les populations du midi de la France.

Cette prise d'armes de Montélimar dans un sens révolutionnaire ne fut point couronnée par le succès. Lambert Adhémar, vers 1216, ayant appris que Raymond VII, comte de Toulouse, allait revenir dans le Comtat, dont il avait été chassé par Simon de Montfort, en donna avis à son collègue Giraud de Grignan, qui, par suite de droits acquis par son mariage, revenait d'une expédition malheureuse faite contre Marseille. C'était là un ordre formel pour un seigneur sous la dépendance de la faction populaire. Il fut obligé de rejoindre Lambert avec quelques chevaliers levés à la hâte; mais Simon, instruit de leur projet, fit passer le Rhône à un corps de croisés et, malgré les menaces du comte de Valentinois, le fit défiler sous les murs mêmes de leur ville de Montélimar.

Inquiété de nouveau par leurs menées, il s'empara l'année suivante de la ville et, appuyé par la faction du peuple qui leur était opposée, la remit à un de leurs parents qui lui était dévoué. De là cette confusion qui règne dans les listes des suzerains de Montélimar : difficultés assez oiseuses à étudier, vu l'instabilité constante du pouvoir et surtout le peu d'autorité qu'il y avait sur la masse populaire.

Depuis cet acte, signé en 1198, une vraie maladie constitutionnelle s'était emparée de cette bourgade et avait donné lieu à un débordement de petites chartes, bientôt concédées, bientôt retirées, mais toujours jurées et violées par tout le monde. Ce jeu occupait agréablement cette petite population, qui, dégoûtée de ses anciens suzerains, nomma des consuls afin de pouvoir s'y livrer avec une plus complète frénésie.

En 1228 Giraudet, fils de Giraud-Adhémar, ajoute aux libertés jurées par son père une exemption de droits sur les loyers et les emphytéoses. En 1258 Lambert permet aux habitants de disposer de tous leurs biens par testament, non-seulement en faveur de leurs enfants, mais même de leurs ascendants, si bon leur semble. En 1275 on trouve de nouvelles concessions à l'*université*, mot qui ne peut signifier ici que la commune. En 1280 on dispense les étrangers mariés dans la ville du serment de fidélité et on rend les biens qui ont été confisqués par suite des guerres civiles. En 1281 les procès sont délivrés des droits du fisc. La même année tous les citoyens sont exemptés des guets et gardes des portes de la ville, etc.

Mais en 1285 Giraud, fils de Lambert, qui se dit majeur à l'âge de quinze ans, dépasse et efface toutes les libéralités de ses prédécesseurs : il exempte ses sujets de toutes corvées pour les forêts, des réparations aux remparts de la cité, les femmes de l'obligation de préparer les lits militaires, renonce à toutes taxes sur les vins et les blés, aux droits des fours et du moulin comtal, permet à chacun, quel que soit son parti politique, de porter des armes dans la ville, accorde le droit d'élire six gardiens pour la gouverner, permet à tout créancier de s'emparer de son débiteur et l'exempte de toute peine au cas où il aurait abusé de cette faculté. Enfin il permet à tout habitant de faire des collectes publiques, dispense tout le monde du serment de fidélité à sa personne et autorise chacun, non-seulement à arrêter tout individu qui lui semble suspect, mais encore à s'emparer de ses biens, etc., etc.

Pendant que les citoyens de Montélimar sont ainsi occupés à se faire accorder toutes les concessions imaginables, le comte de Valentinois, auquel l'entreprise de Montfort a révélé leurs dissensions et leur faiblesse, qui en est la suite, leur enlève sourdement la majeure partie de leur petit territoire. Il se met à la tête de l'un des partis politiques, et, sous prétexte de les débarrasser du soin pénible de veiller à leur sécurité, remplace par ses propres soldats les milices qui garnissaient leurs places de guerre, s'empare de tous les points défensibles et met ses hommes jusque dans les châteaux et les simples tours crénelées.

Cependant les sires de Poitiers n'étaient pas les seuls qui se fussent aperçus que Montélimar était à la veille de devenir la proie d'un maître. Dès 1277 les évêques de Valence avaient tenté de s'annexer cette ville; ils l'avaient même, pour cinq mille sous viennois, achetée de Guillaume de Grignan, qui s'en trouvait alors le possesseur momentané, mais qui ne put cependant délivrer à son acquéreur que Sauzet, Condillac et quelques autres points fortifiés.

Guillaume de Rochefort, qui avait épousé l'héritière des Adhémars de Rochemaure, leur enlevait pendant ce temps Aiguebelle et cherchait à les remettre sous le pouvoir de cette branche dépossédée; mais il fut prévenu dans ce dessein par Charles de Provence, frère de Saint Louis. Il dut se retirer devant ce puissant rival, et en 1279 son fils eut le chagrin de voir l'empereur, sans égard pour ses titres maternels, disposer de cette ville en faveur du dauphin Humbert et la remettre ainsi à une domination étrangère.

Cette bulle impériale fut non-seulement un coup de foudre pour toutes les branches des Adhémars, mais encore pour le comte de Valentinois, devenu plus puissant qu'elles toutes dans leur propre ville. Ils se liguèrent tous ensemble, et le comte profita habilement de la terreur de ses alliés pour se faire reconnaître leur suzerain et se faire donner le dénombrement de toutes leurs terres.

Le parti populaire opposé aux Adhémars prit les armes à

cette nouvelle et implora le secours du pape Innocent VI, auquel il fit dépeindre la triste situation dans laquelle se trouvait la ville. Ce pontife donna Condillac à l'évêque de Valence pour le dédommager de l'argent qu'il avait compté et remit Montélimar à un jeune Adhémar du nom de Giraud, à la condition qu'il gouvernerait cette place en son nom, adopterait la bannière pontificale et soumettrait à la curie romaine sa justice seigneuriale.

Ce gouvernement, amené par le triomphe de la faction populaire, n'en était réellement pas un. En vain élevait-on des remparts et des tours et faisait-on renouveler en 1372 les serments faits au pape : le comte de Valentinois seul se faisait obéir, car sa parole seule était dans l'anarchie soutenue par son glaive. Les barons de Grignan lui cédèrent leurs droits, ce qui obligea le jeune Giraud Adhémar à solliciter l'intervention du gouverneur de Dauphiné.

Jamais requête pareille n'arriva en saison moins opportune, car la France, décimée alors par l'invasion anglaise, n'avait garde de s'immiscer dans cette querelle. Le baron s'adressa alors au duc d'Anjou et se reconnut son vassal, ce qui le perdit dans l'esprit public. Le comte de Valentinois attaqua le seigneur de La Garde, qui seul tenait encore son parti, et vint fourrager jusque sous les murs de Montélimar, où il avait de nombreux amis à émouvoir. Le pape voulut alors imposer une trêve. Il déclara que les trois branches des Adhémars seraient vassales de l'Église et auraient en dédommagement le château de Grillon. Cette offre était dérisoire. Tous les Adhémars prirent les armes et poussèrent leurs ravages jusqu'à Avignon.

Il y eut alors plusieurs transactions, difficiles à comprendre. Le comte de Valentinois, qui recevait l'hommage des Adhémars, devait le transmettre au pape, ce qui constituait Montélimar en arrière-fief, etc. Le dauphin Guigues, en 1326, devenu baron de Meuillon, vint encore compliquer cette position en réclamant l'hommage de Montélimar pour les pareries de Pierre-Longue et Mollans, qui en dépendaient, etc. Pendant ce temps, les consuls, en hostilités avec tous ces prétendants, faisaient réparer les remparts, dont ils s'étaient emparés ; ce qui n'empêchait pas que le pape ne fût reconnu comme possesseur d'un tiers de la cité et que ses hommes d'armes ne circulassent librement dans la ville.

En 1340 Lambert Adhémar, censé suzerain de Montélimar, voulut remettre un peu d'ordre au milieu de cette anarchie épouvantable. Il convoqua tous les citadins et essaya d'en exiger le serment de fidélité consacré par les vieux usages. Mais ceux-ci, prenant au pied de la lettre les nouvelles concessions de ses prédécesseurs, déclarèrent qu'ils n'y étaient plus tenus et refusèrent net de se reconnaître ses hommes liges.

Il fallut alors avoir recours à une de ces formules qui, ne touchant pas aux difficultés, sont admises par tout le monde, parce qu'elles ne satisfont personne. L'assemblée fit d'abord jurer à Lambert qu'il ne diminuerait en rien les nouvelles franchises. Quand il eut pris sur l'Évangile cet engagement pour lui et ses successeurs, on le fit jurer par son bailli (noble des Odoarts), par les consuls, par les notaires; après quoi les citoyens, sûrs que leur serment ne les engageait à rien, le prononcèrent avec un dévouement complet à leur respecté seigneur. Sept ans plus tard ils faisaient renouveler à Giraud Adhémar ce même serment et gracieusement lui faisaient dire dans cette pièce qu'il y serait plus fidèle que ne l'avaient été tous ses prédécesseurs.

En 1348 c'était au Dauphin que l'on faisait renouveler ce serment d'hommage, tout en lui faisant réserver les droits du comte de Valentinois. En 1352 c'était un Gaucher Adhémar qui renouvelait cet acte et en 1354 deux autres Adhémars, qui en 1372 sont obligés de le faire au pape, qui les autorise à le renouveler au comte de Valentinois, à la condition expresse que celui-ci le prêtera à l'Église.

Le Dauphin en 1378 voulut faire valoir sur Montélimar les droits conférés par les bulles des empereurs à ses ancêtres. C'était alors un Giraud de Grignan qui en était considéré comme le possesseur. Il lui donna ordre d'arborer les étendards impérial et delphinal sur les remparts et sur les tours et de

16

faire proclamer et blasonner ses insignes en présence de son vassal le comte de Valentinois, et cela à peine de confiscation féodale. Cette requête, signée des baillis de Meuillon et de Montauban, fut, le 16 mai de la même année, suivie d'une petite ambassade, qui se composait de Jean de Vinsobres, procureur fiscal des Baronnies, de Jacques Casal, châtelain de Nyons, et de leur suite, que le Dauphin envoyait pour faire mettre à exécution sa précédente ordonnance. La réception qui leur fut faite est trop curieuse pour que l'on puisse priver le lecteur de cette page d'histoire.

« Ce fut vers les midi qu'ils se présentèrent à Montélimar,
» devant la porte d'Aygune. Nous sommes, dirent-ils au por-
» tier, les envoyés de Monseigneur le Dauphin, vicaire de
» l'empereur d'Allemagne, et nous voulons faire manger nos
» chevaux. Celui-ci, qui tenait à la main les clefs de la porte,
» se hâta de la fermer, et, ressortant par le guichet, leur répon-
» dit : Seigneurs, je ne saurais vous laisser entrer sans licence
» des gens de Monseigneur de Valentinois, et je vais la leur
» demander. Pendant ce temps les hommes de garde disaient
» au portier : Ne les laissez entrer; après ceux-là il en vien-
» drait d'autres. Ce qui fit qu'il ferma aussi le guichet et dit
» aux envoyés, qui descendaient déjà de leurs montures : Non,
» vous n'entrerez sans permission. Et cela disant il laissait ce-
» pendant passer d'autres personnes.

» Peu après sortirent noble Garin, bâtard des Adhémars, et
» Guillaume de Curneyer, l'un et l'autre de la garnison du
» seigneur de Grignan. Soyez les bienvenus, seigneurs, di-
» rent-ils aux envoyés. Nos gens de Grignan seraient heureux
» de vous recevoir; mais ce sont les Valentinois qui ont au-
» jourd'hui les clefs. Les envoyés se contentèrent de demander
» acte de la réponse. Elle fut mise en écrit et signée par les
» témoins devant la porte et la barrière inférieure.

» Sur ce, le frère du bâtard de Grignan étant entré : Et
» nous, dirent les députés, nous qui sommes les représentants
» du fils du roi de France, est-ce que nous ne pouvons faire de
» même? Et ils tirèrent leurs lettres de créance de leurs

» malles et en firent voir aux assistants et les bulles et les in-
» signes. Les officiers du seigneur de Grignan firent alors de
» profondes révérences, mais ils rentrèrent dans la place, en
» assurant qu'ils ne pouvaient pas les engager à les suivre.
» Prenez un peu patience, leur dirent-ils en fermant le gui-
» chet, nous allons consulter M. le bailli de Valentinois.

» Peu après le bâtard des Adhémars vint les retrouver. Il
» leur dit qu'il n'osait les introduire et, la porte toujours
» fermée, qu'il allait leur procurer des victuailles pour eux et
» pour leurs montures. Les envoyés se retirèrent alors sur la
» route d'Avignon, devant une église, et y firent une longue
» station. Lorsqu'il ne restait plus qu'une heure de jour, les
» hommes du comte leur apportèrent un pain, des poissons,
» outre cela de l'avoine pour leurs montures, mais toujours
» avec les mêmes refus d'entrer, ainsi qu'il est encore constaté
» par témoins, ayant signé un second acte à cette occasion.

» La nuit approchant, les délégués du Dauphin se retirèrent
» à Espeluche, où ils furent honorablement reçus par Gode-
» froid de La Roche, dont ils quittèrent le logis de grand ma-
» tin pour retourner devant la porte de Montélimar, où se
» trouvait le même Guillaume, habillé d'un justaucorps mi-
» partie *(de limbo et burello* [1]*)* avec un capuchon. Ami, lui di-
» rent-ils, est-ce que le comte de Valentinois ou son bailli sont
» ici? Le comte, répondit-il, n'y est certainement pas, mais
» son bailli et son capitaine viennent de me quitter; ils font le
» tour par une autre porte et m'ont dit de leur envoyer un
» soldat si vous reveniez.

» Après une autre très-longue pause arriva un serviteur du
» bailli, revêtu d'un *tobardo de burello* [2], une épée au côté et
» des brodequins *(pedaciata)* d'une peau verte que l'on appelle
» *velay*. Il vint à la barrière et dit aux envoyés : Vous croyez
» entrer? Mais il n'en sera rien, et vous nourrissez une vaine

---

(1) Tunique militaire de gros drap de bure *(Dict.* de Ducange).

(2) *Tobardo* ne se trouve pas dans Ducange.

» espérance. — Ami, répondirent les hommes du Dauphin,
» ton maître nous ferait peut-être une réponse plus gracieuse?
» — Vous n'en aurez d'autre, répliqua-t-il, car le bailli agit
» ainsi par l'ordre même du comte. — Qui es-tu donc? dirent
» alors les commissaires à ce serviteur arrogant. — Un homme
» qui a des pieds et des mains comme un autre, répliqua-t-il.
» — Eh bien! lui dirent-ils, puisque tu ne veux pas nous dire
» ton nom, tu vas savoir les nôtres. Nous sommes le procureur
» des Baronnies et le châtelain de ..... — Eh! que m'importe?
» interrompit le serviteur, vous n'entrerez pas; et voilà toute
» la réponse.

» Les envoyés retournèrent alors consulter les prud'hommes
» qui les avaient accompagnés. Vous voyez bien, leur dirent
» ceux-ci, qu'ils ne veulent pas nous laisser entrer!.. Lors
» survinrent à cette porte le chancelier du duc d'Anjou et le
» sénéchal de Toulouse, qui suivaient la route venant d'Avi-
» gnon. Faites-nous entrer par votre influence, leur dirent les
» délégués. — Nous n'osons, répondirent-ils. Et ils entrèrent,
» eux et leur suite.

» Les officiers du Dauphin attendirent encore assez long-
» temps. Enfin ils tirèrent leurs lettres originales de commis-
» sion et en firent à haute voix la lecture devant la porte
» fermée : Nous, procureur des Baronnies, etc., etc., prenons
» le seigneur de Grignan sous notre sauvegarde impériale et
» delphinale, etc., et ordonnons au comte de Valentinois, à
» peine de 200 marcs d'or fin, de déployer les étendards del-
» phinaux sur les tours de Montélimar, de faire peindre les ar-
» moiries sur les maisons comtales, hospices, etc., etc.

» Cette pièce étant lue une, deux et trois fois, avec espaces
» suffisants entre les lectures pour en apprécier toute la valeur,
» ces formalités faites et bien d'autres consignées par acte,
» mais de moindre importance, les délégués introduisirent
» sous la porte même, pour qu'ils parvinssent ainsi au comte
» de Valentinois, ces mêmes écrits; mais les gens du dedans
» les repoussèrent avec le pied, de sorte que le procureur des
» Baronnies se trouva obligé de les rapporter avec lui à sa ré-
» sidence. »

Tel fut le premier acte d'autorité fait à Montélimar au nom de la monarchie française. On voit par le rapport même des officiers du Dauphin qu'il eut un succès médiocre; aussi Louis XI, quand il voulut annexer cette ville, ne parla plus ni des droits des barons de Meuillon, ni de ceux concédés au Dauphin par les empereurs d'Allemagne, mais présenta seulement le testament du dernier comte de Valentinois, dont il réclamait tout l'héritage.

A la suite de cette entreprise malheureuse, il y eut des troubles graves dans la ville. Le comte Louis de Poitiers et ses hommes, voulant montrer le peu de cas qu'ils faisaient des menaces du Dauphin, tourmentèrent les seigneurs de La Garde, qui tenaient son parti, mirent en prison plusieurs de leurs gentilshommes, dont ils démolirent et pillèrent les demeures, et attaquèrent même la place de Salis, sous la protection spéciale de la France. L'occupation anglaise empêcha alors les Français de songer à aucunes représailles.

Le peuple de Montélimar, qui appuyait toujours le comte de Valentinois, commit d'autres excès et mit en jugement ses consuls mêmes. Il imagina de leur faire payer des amendes proportionnées au temps qu'ils avaient été en charge. En 1396 il se faisait accorder par le comte des libertés nouvelles, qui mettaient le comble au désordre. Toutes les taxes, tous les serments de fidélité étaient abolis. On leur donnait le droit de se refuser à tout jugement et de venger par les armes leurs propres injures. Quoique exempts de tout service militaire, ils avaient le droit de se donner des chefs et de se réunir en bataillons armés, avec ou sans leurs ordres. En un mot, la ville entière se trouva à la merci complète de la populace.

Pour comble de malheur, apparurent alors dans son territoire les compagnies franches ou bretonnes, que le connétable Duguesclin, après la paix avec l'Angleterre, cherchait à entraîner en Espagne et qui, sous prétexte de se faire donner des indulgences, venaient ravager les états du Saint Père et lui extorquer, l'épée à la main, les sommes qu'elles jugeaient indispensables à leur expédition.

Elles firent trois invasions en Provence, et celle de 1395, à leur retour d'Italie, fut encore plus désastreuse pour ce pays que les précédentes. Elles traversèrent tout le Comtat sans éprouver de résistance et, trouvant à leur gré le château de Grignan, le prirent d'assaut et en firent la place d'armes de leurs rapines. Le comte Giraud, son possesseur, et la nombreuse garnison qu'il y avait réunie pour les arrêter tombèrent entre leurs mains et furent cinq mois dans leurs prisons. Il fallut pour les rendre à la liberté l'intervention des troupes envoyées par la France; et le comte de Grignan, échappé de leurs mains, mourut des chagrins et des mauvais traitements endurés pendant cette longue captivité.

Quelques années plus tard, en 1419, Louis XI, qui était devenu le souverain de toute la France, voulut réunir Montélimar à ses vastes domaines. Il signifia aux habitants le testament du dernier comte de Valentinois, rendit au pape sa terre de Grillon, donna celle de Marsanne au baron de Grignan et se fit déclarer seul possesseur de la ville et des quelques fiefs restés dans sa dépendance.

Il n'y avait pas de querelle de droit à faire à un prince qui en avait agi ainsi avec toutes les allodialités du Dauphiné. Les habitants se soumirent et abdiquèrent toutes leurs libertés, qui, après l'expulsion de la première branche de leurs seigneurs, ne leur avaient pas procuré moins de deux cents ans de troubles ou de guerres civiles.

Vers 1422 on crut quelques instants que Montélimar allait revenir aux Poitiers. Charles, dauphin et régent de France, écrivit aux habitants qu'ils auraient à l'avenir à obéir au comte de Saint-Vallier ou à son bailli toutes les fois qu'ils en seraient requis. Le pape se hâta alors de réclamer la part de la ville qui lui appartenait. Hugues Adhémar en fit autant de son côté, et Louis Adhémar de La Garde se mit en possession de toute la cité, en jura toutes les franchises et y établit en son nom de nouveaux consuls. Mais, un mois plus tard, le Dauphin, dont la détermination était changée, nomma une commission pour la prise de possession du Valentinois tout entier, annonça aux habitants qu'il s'était entendu avec les héritiers du comte et leur avait remis en terres des indemnités suffisantes. En 1427 il faisait écrire aux consuls par Louis de Poitiers dans le même sens et les faisait engager à prêter serment au comte de Comminges, gouverneur du Dauphiné, que l'on avait du reste autorisé à jurer toutes leurs franchises.

Les Adhémars alors se retirèrent dans leur terre de Grignan, qui en 1558 fut érigée en baronnie par le roi, qui y joignit les fiefs de Chamaret, Aleyrac et Clansayes. Ils jouirent de la plus haute position en Provence, dont ils eurent souvent le gouvernement, et leur nom fut encore illustré par la célèbre Madame de Sévigné, dont la fille avait épousé le chef de leur famille.

Suivant Guy Allard, la première branche des seigneurs de Montélimar, qui avait des droits sur la vicomté de Marseille et dont Giraud Adhémar fut la souche, s'éteignit en 1559. Celle des seigneurs de La Garde, qui en descendait également, avait fini en 1099. Elle possédait le palais d'Orange, et ses biens passèrent après son extinction à sa branche aînée, qui en 1528 les céda au capitaine Paulin, qui fut la tige d'une autre maison du nom de La Garde également. La troisième branche des Adhémars, suivant le même auteur, avait cessé d'exister en 1296 et avait été remplacée par un rameau des seigneurs de La Garde, qui porta leur nom, mais ne dura que quelques années.

Il suffit de jeter un coup d'œil sur la carte qui accompagne cette étude pour voir que, grâce aux franchises et aux guerres civiles qui en furent la suite, les petits états de cette maison furent toujours la proie de leurs voisins, surtout des Valentinois, qui finirent par prendre jusqu'à leur capitale. Mais il faut remarquer que ce morcellement progressif ne commença pas avant 1277, ainsi que le prouve le testament de Guillaume de Poitiers; qu'à cette époque les comtes de Valentinois ne leur avaient pris encore que Sauzet et Savasse; mais que ces deux petits fiefs formaient déjà une enclave dans leurs frontières et découvraient Montélimar, qu'ils séparaient de Condillac et de tout le nord de leurs autres possessions.

Nous allons maintenant jeter un coup d'œil sur le partage de leurs fiefs entre les diverses branches de cette maison, en nous rappelant que la suzeraineté de Montélimar, resté en qualité de fonds commun entre elles, donnait une grande prépondérance à la branche qui momentanément en obtenait le gouvernement et la plaçait ainsi à la tête de toute la famille.

Possessions des Adhémars de Grignan.

C.ᵒⁿ DE MONTÉLIMAR.

Montélimar (Monteil), pour 1/3, 7,560 habitants. En 1198 Lambert de Monteil donne des libertés, etc.

Châteauneuf-du-Rhône, 1,333 habitants. (En 832 charte fausse.) En 1210 attaqué par Montfort, etc.

C.ᵒⁿ DE PIERRELATTE. — *La Garde-Adhémar*, pour 1/2, 1,154 habitants. En 1281 aux Adhémars alors vendue aux Poitiers.

C.ᵒⁿ DE GRIGNAN. — *Grignan*, 2,025 habitants. Dès le XII° siècle aux barons de Grignan.

C.ᵒⁿ DE MARSANNE.

Bonlieu, 202 habitants. En 1171 aux Poitiers, qui y fondent un monastère, en 1417 aux Grignans.

Le Puy-Saint-Martin, 935 habitants. (Charte douteuse de 1164.) En 1295 aux Poitiers, qui le vendent et cependant sur la liste au pape.

C.ᵒⁿ DE DIEULEFIT.

Le Pont-de-Barret, 676 habitants. Vers le XII° siècle aux Adhémars.

Montjoux, 514 habitants. En 1190 aux de Vesc; Odefred son château fort, aux Adhémars et après aux Poitiers

M. l'abbé Nadal cite d'autres possessions, qui ne furent, je crois, que passagères : Aix, Pierrelatte, Donzère, etc., et hors le département Valréas, Visan, Lapalud, etc. La population actuelle de cette petite suzeraineté serait de 8,722 habitants.

Adhémars de La Garde.

C.^{on} DE MONTELIMAR.
> *Montélimar* (Monteil), pour 1/3 seulement. Voir l'article précédent.
> *Rac* (forteresse), 556 habitants. En 1237 aux Adhémars, plus tard aux Poitiers.

C.^{on} DE PIERRELATTE. — *La Garde-Adhémar*. Aux La Garde pour moitié. Voir l'article précédent.

Les La Garde eurent passagèrement dans le Gard Barjac, La Calmette, etc. On ne peut estimer leurs vassaux dans la Drôme à plus de 3,700 habitants.

Adhémars de Rochemaure.

C.^{on} DE MONTELIMAR. — *Montélimar*, pour un tiers seulement. Voir les précédents articles.

C.ᵒⁿ DE MARSANNE.
{ *Condillac*, 195 habitants. En 1099 aux Adhémars (Charte douteuse); réclamé par les évêques de Valence.
Mirmande, 600 habitants. (Charte douteuse pour les Adhémars); réclamé par les évêques de Valence.

Cette branche, avec sa part de Montélimar, pouvait compter 3,300 vassaux dans la Drôme.

En réunissant les fiefs des trois branches des Adhémars, leur population actuelle, qui doit être peu différente de celle de l'année 1300, se monterait à quinze mille sept ou huit cents habitants.

LES ÉVÊQUES DE SAINT-PAUL-TROIS-CHATEAUX.

Le tout petit pays des Tricastins formait au temps des Romains une imperceptible nationalité, que les conquérants respectèrent. Vers la fin du IVe siècle, leur capitale, *Augusta Tricastinorum*, prit le nom de Saint-Paul d'un de ses évêques, pour lequel elle avait une dévotion particulière. Dès le commencement du Christianisme elle eut une existence séparée et forma un diocèse, qui n'avait que cinq lieues de long sur une largeur de quatre.

La légende veut qu'elle ait eu pour premier prélat l'aveugle-né connu sous le nom de saint Restitut, que Jésus-Christ guérit en l'envoyant se baigner dans la piscine de Siloë. Saint Paul ne fut, dit-on, que son cinquième évêque. Il vivait au temps des massacres des Vandales dans les Gaules, fut élu malgré lui et trouvé dans la campagne, où il était allé se cacher et labourait le champ d'un pauvre cultivateur. Il figura avec éclat au premier concile de Valence, en 374.

Son successeur fut Victor, en 560. Il fut, comme nous l'avons dit dans l'introduction, la victime de ses deux collègues, Salonius et Sagittaire. Sous l'évêque Aldebran, vers 792, la légende prétend que Charlemagne fit construire à Saint-Paul la belle et vaste église que l'on y admire encore, et qu'il donna à l'évêque la suzeraineté de son petit diocèse. On trouve, dit-on, trace de cette donation dans une charte du roi Lothaire.

Les Adhémars, qui résidaient dans cette petite ville, s'en prétendaient aussi les seigneurs. Leurs chartes sont trop suspectes pour en tirer quelque argument en leur faveur.

Vers 827 la peste et la guerre obligèrent les évêques à quitter cette ville. Ils se retirèrent à Orange, et ce fut alors, dit-on,

que Lothaire leur accorda tout le territoire entre l'Eygues et le Rhône. Les érudits regardent cette charte comme beaucoup plus moderne.

En 1085 le pape Victor voulut les remettre dans leur ancienne résidence; mais les populations qui leur avaient donné asile firent de telles réclamations qu'il fut obligé de créer un nouveau diocèse en instituant celui de Vaison. On traça des limites entre eux, qui restèrent les mêmes jusqu'à l'époque où écrivait Boyer de Sainte-Marthe, l'historien de Saint-Paul-trois-Châteaux.

Aimar ou Adhémar fut, ainsi que je l'ai dit dans l'article des Bérengers, le premier évêque qui, en 1119, reprit possession de leur ancienne résidence. On l'a confondu avec Aimar, évêque du Puy, qui s'illustra à la croisade. On ne sait rien de son pontificat, sous lequel cependant Gontard de Rochefort fonda la célèbre abbaye d'Aiguebelle, qui est actuellement la demeure des Trappistes. Guillaume II, son successeur, obtint en 1154 une bulle de Frédéric Barberousse, qui lui accordait les droits régaliens entre l'Eygues et le Rhône.

Ce fut sous Bertrand de Pierrelatte, un de ses successeurs, que les Albigeois, dirigés par le comte de Toulouse, firent irruption dans le midi du Dauphiné. Ils prêchaient l'indépendance politique et l'indépendance religieuse et firent de nombreux prosélytes dans ces deux doctrines. Ils assiégèrent Saint-Paul, réduisirent en cendres ses faubourgs et obligèrent à se rendre cette ville, atteinte par l'incendie. Les habitants leur envoyèrent alors une députation au nom de l'évêque, des chanoines, de la noblesse et de la bourgeoisie; ce qui donne à ce petit état une teinte constitutionnelle; et l'on traita avec le comte de Toulouse, qui, sous prétexte de les défendre, les associa à ses entreprises et leur promit une part dans ses conquêtes. Les chevaliers du Temple refusèrent de prendre part au traité, bien que, la paix signée, le comte eût embrassé l'évêque. Depuis ce jour ils cessèrent de payer à l'église les rentes dont ils lui étaient redevables. A la suite du traité l'évêque ne fut pas moins obligé de s'enfuir, et il alla s'ensevelir dans l'abbaye de Fraxinet, de l'ordre de Cîteaux, près de Pierrelatte.

Sous l'évêque Geoffroid, en 1210, le concile de Montélimar cassa ce traité, comme ayant été imposé par la force; mais le peuple, qui avait pris goût à la morale commode de ces hérétiques, fit, trois ans plus tard, une sédition inquiétante. Il pilla la ville et y brûla le palais des Adhémars. Giraud de Grignan, pensant que l'évêque avait consenti à cet acte, lui fit faire de graves menaces; mais il fut apaisé par l'intervention de l'évêque de Viviers et surtout par une indemnité de trois mille sous viennois. L'évêque porta plainte à l'empereur contre cette rébellion et en reçut une bulle qui confirmait son pouvoir à Saint-Paul et de plus la propriété du château de Quint, fief éloigné, qui ne fut que momentanément sous sa dépendance.

Sous ses successeurs, Saint-Paul fit quelques acquisitions importantes; du temps de l'évêque Bertrand : Clansayes et la moitié de Chamaret qui n'était pas à l'église. En 1272 le prince d'Orange lui fit hommage de Suze-la-Rousse; enfin Lombez lui fut remis par les seigneurs de cette famille, etc.

Mais l'évêque s'étant éloigné pour un long voyage, le petit diocèse en profita pour se mettre en pleine révolution. La populace s'y donna un chef, qu'elle décora du titre de châtelain et qu'elle fit siéger à l'hôtel de ville. Elle confisqua après les biens de l'évêque. Amédée de Roussillon, le prélat militaire de Valence, craignant que la révolte ne s'étendît à son diocèse, accourut à la tête de ses troupes, rasa l'hôtel de ville, bannit le chef qu'on y avait installé et fit restituer tout ce qui avait été pris à l'évêque de Saint-Paul.

Vers 1311, les chevaliers du Temple ayant été supprimés, une portion de la ville et du territoire de Saint-Paul fut saisie par la Chambre des comptes du Comtat-Venaissin[1], l'autre fut donnée aux chevaliers de Saint-Jean-de-Jérusalem.

Dragonnet de Montauban, alors évêque, n'osa pas réclamer contre cette confiscation qui le privait de la plus grosse part de son revenu. Ses chanoines furent plus hardis; mais ils n'ob-

---

(1) Supplément de l'ouvrage de BOYER.

tinrent rien de la cour pontificale. Ces biens, qui provenaient d'une donation de 1138 d'Hugues de Montségur, avaient été cependant fort accrus par l'évêque de Saint-Paul Grillon, qui y avait ajouté tout le quartier de Saint-Jean de la ville.

Après la répression si péremptoire exercée par Amédée de Roussillon, ce petit état paraît avoir joui d'une tranquillité de près d'un siècle; car il n'y est plus question de politique, mais seulement des querelles des chanoines et des évêques, les chanoines disputant aux évêques leurs modestes revenus et refusant ou différant de les remplacer lors de leur mort ou changement de résidence.

En 1398, Raymond de Turenne et ses soldats, avides de toutes les propriétés religieuses, vinrent troubler cette douce quiétude. Le ramassis de vagabonds et de pillards qui composait sa petite armée, sous prétexte de faire la guerre au pape, pilla pendant dix ans l'évêché de Saint-Paul et ses habitants, et montra une telle haine contre tout ce qui touchait à la religion que l'on fut contraint de cacher les reliques qui reposaient sous l'autel de la cathédrale.

M. d'Estaing, alors évêque, ne pouvant se délivrer de cette horde de brigands, réunit les trois ordres de son petit état et envoya en leur nom une députation à Grenoble au roi de France, pour lui proposer le pariage de tous ses fiefs. Cet arrangement fut accepté et on dressa les nombreuses clauses de cette cession. Il fut convenu, à peu de chose près, que le roi aurait à Saint-Paul la position de coseigneur et les habitants à peu près les mêmes priviléges que ceux de Grenoble. Les châteaux de Saint-Restitut et de Suze-la-Rousse furent seuls exceptés, parce que l'évêque ne pouvait les céder sans y perdre ses droits.

En 1408 le roi prenait, par des délégués, possession de la ville. On établit la parité dans la nomination des officiers seigneuriaux et on y arbora avec solennité les drapeaux et les écussons du roi et des évêques de la ville.

Ce fut à cet accord, mais surtout au peu d'importance de ce qui restait aux évêques que Saint-Paul-trois-Châteaux dut d'échapper à la rapacité de Louis XI. Mais ce partage avec le monarque causa plus tard une grande appréhension au clergé, dont il avait été l'heureuse sauvegarde.

Le roi Henri II, vivement épris de Diane de Poitiers, duchesse de Valentinois, eut l'étrange idée de lui remettre cette moitié de suzeraineté, qui allait l'associer d'une manière si intime et à l'évêque et à tout son chapitre de chanoines. On dépêcha à Saint-Paul un huissier pour faire le transport de la coseigneurie. Il va sans dire que tout le clergé fut dans la consternation, et il fit une si vive opposition que l'huissier fut obligé de quitter la ville. La duchesse, ayant appris le scandale causé par cette affaire, eut le bon esprit de renoncer sur-le-champ à cette faveur royale et d'écrire de ne plus songer à cette folle entreprise.

Depuis l'expédition de Raymond de Turenne, il n'y eut plus d'événements politiques à Saint-Paul. On rendit à l'église les reliques cachées pendant l'invasion, et les chanoines reprirent leurs entreprises contre le temporel de leur évêque.

Ce calme dura jusqu'en 1556, où les huguenots établirent deux prêches dans la ville et firent de nombreux prosélytes. Le bailli royal fit saisir les plus mutins, et l'évêque appela à son secours le fameux Escalin, baron de La Garde, qui leur fit les plus terribles menaces. Leur nombre cependant ne fit que s'accroître. En 1561 ils gagnèrent les consuls et se rendirent maîtres de la ville; puis, aidés de six prêtres apostats, ils proclamèrent la République, pillèrent la cathédrale et brûlèrent les archives du chapitre. L'évêque fut obligé de s'enfuir et son clergé bientôt contraint de le suivre.

En 1573 le comte de La Suze et Escalin reprenaient la ville. Ils démolirent le palais épiscopal, le clocher et le fort de Saint-Restitut. Plus tard Henri III fit démolir les remparts, pour empêcher de nouvelles entreprises.

Ce ne fut qu'en 1594 que les évêques purent rentrer à Saint-Paul, qui fut près de quarante ans entre les mains des hérétiques. On rebâtit alors les fortifications et l'évêché, et les chanoines reprirent avec leur prélat leurs anciennes querelles, momentanément abandonnées. Malgré ces discussions les évêques de Saint-Paul jouissaient encore de leur suzeraineté en 1684, car Boyer de Sainte-Marthe, dont l'histoire dépasse cette époque, dit qu'en 1710 ils recevaient l'hommage de Marie de Simiane et faisaient arborer leur bannière sur son château de La Baume-de-Suze.

Possessions des évêques de Saint-Paul.

(Liste d'Aymar du Rivail.)

C.ᵒⁿ DE PIERRELATTE.

Saint-Paul-trois-Châteaux, 1,982 habitants. En 1202 aux évêques, avec hommage au comte de Toulouse.
Saint-Restitut, 887 habitants.
Clansayes, 383 habitants.
Montségur, 960 habitants.
La Baume-de-Transit, 908 habitants. Elle fut en 1287 hommagée par les de Vesc aux Poitiers.
Le Bouchet, 841 habitants. Au XIIe siècle était aux Adhémars; il y avait une abbaye de femmes.
Suze-la-Rousse, 1,668 habitants. En 1392 était aux Saluces, sous la suzeraineté des de Baux.
Saint-Turquoi. Est devenu un hameau.

C.ᵒⁿ DE MONTÉLIMAR.

Allan, 1,124 habitants. A été aux Poitiers et aux Adhémars.
Espeluche, 585 habitants. Au XIIe siècle aux Adhémars, qui le partagent avec les Poitiers.
Portes, 511 habitants. Aux Adhémars; en 1330 ils en font hommage aux Poitiers.
Rochefort, 352 habitants.

C.ᵒˢ DE GRIGNAN.

Chantemerle, 457 habitants.
Roussas (Rossas), 471 habitants. Anciennement aux Adhémars, en 1253 aux Poitiers.
Valaurie, 552 habitants.
Réauville, 923 habitants. Les Adhémars s'en emparèrent quelque temps.
Aiguebelle. Hameau et couvent.
Cytelle. Maintenant hameau.

Les autres places citées par Aymar du Rivail sont dans le Comtat et avaient une certaine importance : Bollène, Visan, Grillon, etc.

En additionnant les populations des places appartenant aux évêques de Saint-Paul-trois-Châteaux et en prenant leurs chiffres actuels, on trouve qu'ils avaient dans la Drôme 12,600 habitants.

LA BARONNIE DE MEUILLON.

Les deux petits états de Meuillon et de Montauban, que l'on désigne en Dauphiné sous le nom des Baronnies, occupaient à l'époque de leur prospérité à peu près tout l'arrondissement de Nyons. Leur tracé sur la carte présente un aspect singulier, car ils sont pour ainsi dire posés l'un dans l'autre, avec deux châteaux voisins pour capitales. situés sur leurs frontières mêmes. Celui de Meuillon devait être jadis une citadelle fort respectable.

Cette étrange disposition de deux suzerainetés indépendantes semble indiquer un partage de famille antérieur à nos documents. Le savant Peiresc, dans ses manuscrits de Carpentras[1], croit que les Meuillon descendaient par la maison de Sault d'une comtesse de Die; mais des documents classés depuis les font remonter à une époque contemporaine de cette comtesse elle-même. Fontanieu[2], dans son cartulaire inédit, fournit la plus ancienne pièce connue sur cette famille; c'est une bulle du pape Honorius, de 1125, qui met Raymond de Meuillon sous la protection du Saint-Siége. Le même, vers 1168, est probablement celui mentionné dans le testament de Bertrand de Forcalquier, qui lui lègue, à titre de cousin, la ville de Sisteron, lot qui ne lui fut pas remis, par suite de l'opposition du frère du testateur.

---

(1) *Dissertation sur un acte des de Morges.*
(2) Fontanieu (Bibliothèque royale).

BARONNIES

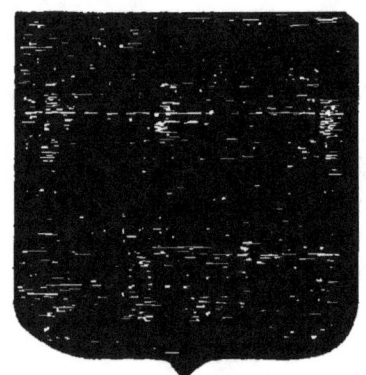

MONTAUBAN

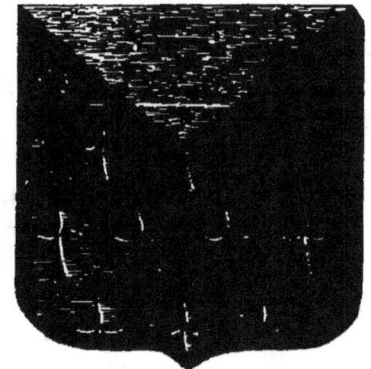

MEUILLON

ANCÉZUNE

CARITAT

Guy Allard, qui paraît avoir ignoré ces pièces, ne commence l'histoire de cette famille qu'à la date du 7 août 1178, où elle reçoit de Frédéric Barberousse la suzeraineté de ses fiefs. Les termes de cet acte me paraissent indiquer une reconnaissance de possession antérieure bien plus qu'une donation réelle.

« En reconnaissance de ses services, l'empereur accorde à Raymond de Meuillon ou de Méveuillon et à ses descendants la suzeraineté de leurs terres, à charge du simple hommage, et s'interdit à jamais de disposer de leurs fiefs, etc. »

Cette étrange restriction que s'impose le donateur indique, ce me semble, une transaction avec un donataire qui consent à une annexion à l'empire, mais refuse toute autre domination. Ces deux actes, dont le premier est de 1125, ne permettent plus de faire mourir Raymond en 1251 et prouvent qu'Allard l'a confondu avec son petit-fils. Il faut, pour combler cette lacune, intercaler Rippert de Meuillon, vivant avant 1209; car on trouve dans l'inventaire de la Cour des comptes que son fils, qui s'appelle Lachau, par suite d'un partage, donne des franchises aux habitants de cette localité et y nomme son père Rippert, probablement à titre d'ancien possesseur de cette seigneurie.

Les rares auteurs qui se sont occupés de cette maison reconnaissent que Rippert eut une nombreuse lignée et que son héritage fut partagé entre trois enfants, tous appelés Raymond, nom qui, suivant l'usage du temps, devint de nom de baptême le véritable nom de toute cette famille.

La première branche qu'ils formèrent fut celle des barons de Meuillon que nous allons suivre. Son auteur fut un Raymond, que nous appellerons le Dominicain, pour le distinguer de ses frères. La deuxième fut celle des Raymond de Lachau ou de Barret, dont nous venons de citer un acte; et la troisième celle de Mison, dont le représentant était Raymond le Bossu, qui n'eut qu'une fille, Galburge, qui en 1242 laissa son héritage à son oncle Raymond de Meuillon, qualification qui, depuis le partage, ne peut plus s'appliquer qu'à Raymond le Dominicain.

Enfin, Rippert avait laissé une fille, qui, comme ses frères, eut sa part des fiefs de son héritage. Elle les transmit à Dragonnet de Montauban, qu'elle épousa malgré les foudres de l'Église. Celui-ci les joignit à son héritage paternel, auquel jusqu'à cette époque ils semblent avoir été étrangers. Ce partage entre les trois Raymonds est l'origine d'une foule de confusions faites sur les actes de cette famille.

Raymond II, le *Dominicain*, vers 1200.

Le premier acte de ce Raymond date de neuf ans avant la mort de son père. Il était déjà veuf avec des enfants à cette époque et s'était même engagé dans l'ordre de Saint-Dominique. En 1205 il vend la terre de Taulac au seigneur de Montbreton, en 1213 inféode Curnier, reçoit l'année suivante l'hommage de Blacons, vend Saint-Marcellin et Saint-Maurice à Dragonnet de Montauban, à qui en 1230 il marie sa sœur Almodis, ainsi que nous l'avons dit à l'article de son père.

Il reçoit l'hommage de Sahune, donne Avisan et Pierrelongue aux chevaliers de Saint-Jean-de-Jérusalem, en 1240 achète Ubrils et douze ans après reçoit l'hommage d'Arpavon. Mais en 1250 il se retire tout à coup dans un cloître et abdique en faveur de son fils Raymond, appelé Raymondet pour le distinguer de son père.

L'administration de ce baron paraît avoir été sage et prévoyante. Il s'appliqua à centraliser son petit état, vendit aux évêques de Die, aux Montauban et aux Montbrun les places écartées, et fit en échange acquisition de la baronnie de Sahune, qui formait enclave au milieu de ses terres.

Raymond III, dit *Raymondet*, 1250.

Son père, ainsi que nous l'avons dit, l'avait mis de son vivant à la tête de sa famille, qui se composait d'un frère, du nom de Raymond, de l'ordre des Frères Prêcheurs, ce qui l'a fait confondre avec son père, le Dominicain (il fut un ecclésiastique distingué de l'époque, évêque de Gap d'abord et enfin archevêque d'Embrun), et de deux sœurs, dont l'une, morte sans postérité, épousa Isoard d'Aix, et dont l'autre fut femme du seigneur de Sault, auquel, lors de son acquisition de la baronnie, le Dauphin fit remettre une somme d'argent pour le dédommager des droits héréditaires de sa femme.

Malgré la bonne administration de son prédécesseur, le jeune baron fut dès son avénement dans une position très-difficile. Tous ses voisins voulaient s'annexer son petit état, qui était, à ce qu'il paraît, à la convenance de tout le monde. En 1251 il fut obligé de prêter hommage au Dauphin pour la seigneurie de L'Épine et contraint en quelque sorte d'employer dans cet acte des termes qui, quoique vagues, entraînaient une espèce de sujétion à ce prince. En 1263 il joint cependant Proyas à son patrimoine et dix ans plus tard Cornillac. En 1272 il donnait même des franchises à ses sujets de Meuillon; mais dès lors sa position était devenue bien précaire auprès de ses voisins. On voit qu'il ne peut plus se dispenser de choisir parmi eux celui qui doit devenir son maître, et l'on se demande si ce sera le roi de Sicile, le Dauphin ou le comte de Toulouse.

Raymondet cependant lutte avec énergie. Il achète Propiac en 1272, hérite de Vers en 1276. Mais les prétendants à sa baronnie sont à sa porte et épient toutes ses démarches. Il prend un parti désespéré, seul capable d'ajourner leurs espérances, et il abdique en faveur de son fils unique, à qui il remet et la baronnie et l'inévitable perspective de renoncer bientôt à son indépendance.

Raymond IV, dernier baron allodial, 1281.

Raymond IV ne pouvait, comme son père, se dérober par une abdication à la ruine imminente de sa famille. Il recueillit la succession de son oncle l'archevêque d'Embrun et dès son avénement s'opposa du mieux qu'il lui fut possible aux entreprises de son voisin le comte de Toulouse. Pendant ce temps (1281), son bayle ou premier ministre protestait par un acte contre celles du roi de Sicile. Curieux souvenirs, qui montrent avec quelle ardeur les princes de ce siècle se livraient à la chasse des petits états voisins de leurs terres.

Malgré tous ses efforts, il était clair à tous les yeux que le baron de Meuillon, ruiné, ainsi que beaucoup d'autres petits dynastes, par des armements indispensables à sa sûreté, ne pouvait plus que discuter ses intérêts et ceux de ses vassaux avec le nouveau seigneur appelé à prendre sa place. Le Dauphin, qui avait fait déjà plusieurs affaires de ce genre, se hâta en 1293 de lui adresser des propositions et offrit en échange d'un hommage lige et la protection du Dauphiné, dont il ne pouvait plus se passer, et six mille livres en espèces, que ses créanciers attendaient avec impatience. Le traité fut bientôt signé à ces conditions, et il fut convenu, en outre, que « Raymond conserverait tous les droits compatibles avec sa nouvelle position: qu'il seconderait le Dauphin dans toutes ses guerres, l'Empereur, l'évêque de Vaison et l'abbé de l'Ile-Barbe étant seuls exceptés de cet engagement; qu'il continuerait à frapper des monnaies; que ses terres ne pourraient être confisquées qu'au cas de trahison, constaté par jugement du conseil delphinal; enfin, qu'au cas où l'évêque de Valence réclamerait la baronnie, il ne serait tenu envers le Dauphin qu'à lui rendre les sommes qu'il en aurait déjà reçues, etc., etc. »

Cette dernière clause était d'autant plus nécessaire que Raymond venait de passer secrètement à l'évêque la vente qu'il consentait alors au Dauphin. Dès que l'aliénation nouvelle devint publique, il fut attaqué en justice par le prélat. L'archevêque de Vienne, choisi comme arbitre, arrangea cette affaire en 1295, et il fut convenu que « la seconde vente serait seule valable, mais à la condition que le Dauphin prêterait hommage à l'évêque de Valence, qu'il lui remettrait Crest, Aouste et Divajeu, et l'aiderait à apaiser une révolte de sa ville de Die ».

Le Dauphin souscrivit à toutes ces conditions pour conserver son marché et exigea à l'instant même les serments des seigneurs de la baronnie. Cette acquisition était vivement désirée par lui, et il y avait déjà soixante ans que les Dauphins étaient devenus possesseurs de la baronnie de Montauban et plus d'un siècle des comtés de Gap et d'Embrun, apportés par un mariage.

Chorier, dans son *Histoire du Dauphiné*, rapporte au long l'étrange procès que Raymond eut à soutenir contre le couvent de Dominicains où son grand-père avait terminé sa vie. Il n'avait rien légué en mourant à cet établissement religieux, et les moines, profitant de cet oubli, réclamaient, sur le texte d'une loi inconnue aujourd'hui, une part d'enfant posthume dans son héritage. Raymond, après avoir longtemps plaidé contre cette étrange prétention, fut obligé de remettre aux Dominicains la moitié de l'argent prix de la vente de la baronnie et de leur concéder dans la ville du Buis un emplacement pour y construire un couvent et une église. L'étranger peut encore visiter ces anciennes constructions, qui sont autour de ce que l'on appelle la *cour-vieille*. Cette créance paraît avoir été une des causes de la cession, et le Dauphin même montre une certaine appréhension à son égard, car il exige dans le traité les quittances prouvant qu'elle était soldée.

Jean ayant succédé au Dauphin, acquéreur de la baronnie, voulut joindre la possession réelle au titre légal et reprit de nouvelles négociations avec Raymond, qui n'avait pas d'enfants, mais beaucoup de dettes et était désireux d'aller en Terre-Sainte combattre les infidèles. Il lui avança huit cents livres et se fit faire enfin une donation complète. Le baron, dans cet acte, après avoir parlé des services rendus par les Dauphins à sa famille, fait une énumération de ses seigneuries qui ne nous est pas parvenue, déclare « les donner au dauphin Jean, en s'en réservant l'usufruit durant cinq ans, pour satisfaire ses créanciers. L'acquéreur ne pourra lever que deux cents hommes dans la baronnie, trois cents seulement en cas d'imminent danger; il paiera leur solde durant ce service, qui ne peut dépasser un mois, et dans ce contingent le seigneur de Bésignan ne doit être compris que pour un homme d'armes. Le Dauphin laisse au vendeur la jouissance d'Orpierre et paiera au seigneur de Sault une pension pour qu'il renonce à ses droits de succession, etc., etc. »

Aussitôt après la cession, Guy de Montauban, frère du Dauphin, prit, avec son consentement, le titre de baron de Meuillon, et vingt ans plus tard Humbert, dauphin, réunissait à ses états et Montauban et cette baronnie.

La cession de Meuillon n'avait pas eu pour cause unique le mauvais état des finances de ses possesseurs; elle avait été arrêtée dès 1257 et était la suite du traité de paix entre le Dauphin et le roi de Sicile. Ce dernier avait disposé en faveur du prince dauphinois et à titre de chef de famille, non-seulement de cette baronnie, mais même de la part de Galburge de Meuillon. On comprend que cet arrangement n'était point de nature à plaire à tous les Raymonds; aussi, en 1302, le prince d'Orange, beau-frère du baron, après avoir plaidé contre lui, prit les armes et lui enleva la place de Mérindol, qui était sous le séquestre de l'évêque de Vaison, exécuteur testamentaire. Il se hâta après d'en faire hommage au pape, pour l'intéresser à sa querelle; mais Raymond entra en campagne de son côté et avec l'aide du Dauphin reprit cette place, malgré les secours qu'elle tira du gouverneur du Comtat-Venaissin.

Cette petite guerre eut un grand retentissement dans les actes de l'époque, car elle paraît avoir été la seule qui ait eu lieu dans les Baronnies, qui jouirent toujours d'une paix constante. Elle ne fut pas de longue durée et se termina par des censures ecclésiastiques contre Raymond, que le Dauphin ne tarda guère à faire révoquer.

Les deux neveux du baron, le prince d'Orange et Bertrand de Baux, furieux de l'issue paisible de cette querelle, jurèrent alors la mort de leur oncle. Ils s'associèrent le chevalier Jacques de Roverie et promirent quarante livres viennoises à Jean de Verdun, son cuisinier, s'il parvenait à empoisonner son maître.

Il paraît que le secret du complot fut mal gardé, car le maître-queue de Raymond, ayant voulu passer à son exécution, fut arrêté au milieu de son entreprise criminelle et livré à Antoine de Chatellard et à Jean Bonnet, juges généraux de la baronnie. Ils lui firent son procès et, le 13 juillet 1323, le condamnèrent à être traîné nu sur un ais, attaché par les pieds à la queue d'un cheval, depuis la porte du château de Meuillon jusqu'aux confins de son territoire, qui sont les jardins qui entourent Villefranche, enfin à être pendu aux fourches publiques. Les exécuteurs désignés dans l'acte sont le commissaire et un *spiculateur*, espèce de garde du corps que les grands seigneurs avaient alors à leur suite. On ne sait si cette exécution fut accomplie.

Le retentissement considérable qu'eut cette affaire amena les deux neveux à faire au Dauphin l'abandon de leurs droits de succession. Robert de Robert, chancelier du baron, conduisit, dit-on, toute cette affaire, et on l'accusa vivement alors d'avoir été la cause de la perte de l'indépendance de la baronnie, en brouillant Raymond avec ses héritiers naturels au profit du Dauphin, qui l'avait acheté. Cependant, en jetant un coup d'œil sur la vie de Raymond IV, on est tenté d'absoudre son chancelier, car on voit qu'il fut toujours obsédé par cette pensée d'une cession inévitable. En 1281, quand il abandonna Mollans, il fit insérer dans l'acte qu'il conserve ses droits sur le Buis; et, en 1285, quand on lui fait hommage des Pilles, il affecte de déclarer que l'empereur et lui ont seuls des droits sur cette place. Au reste, cette annexion était une nécessité du temps, et nous allons bientôt voir le baron de Montauban, dans la même position que celui de Meuillon, faire pressentir dans tous ses actes une solution qui, malgré son vouloir, lui semble inévitable.

Lors de son premier traité avec le Dauphin, Raymond avait montré une loyauté assez douteuse, en soulevant la population de Die contre l'évêque de Valence pour se soustraire aux engagements qu'il venait de contracter avec lui. Sa conduite envers le Dauphin ne fut pas exempte de tout reproche. Il s'associa, malgré ses traités, à des seigneurs qui voulaient défendre contre lui leur indépendance, tout en convenant dans cet acte qu'il n'était plus dans leur position et qu'il était devenu vassal de ce prince. Ces menées répréhensibles n'eurent pas cependant pour lui d'issue fâcheuse, car il conserva jusqu'à sa mort la jouissance du patrimoine qu'il venait d'aliéner et, malgré l'entreprise de l'évêque de Metz, dont nous avons parlé, parvint même à en transmettre le titre à sa famille. Ce titre passa ensuite aux Meuillon de Lachau, qui, en 1466, le remirent sans contestation à la maison de Bressieux, d'où par un autre mariage il parvint à celle de Grolée.

La branche de Mison s'éteignit également dans celle de Lachau; Galburge, fille de Raymond le Bossu, en avait été la dernière héritière. Les sceaux de l'époque nous la dépeignent comme une héroïne des romans chevaleresques. Elle y est représentée armée de pied en cap, son écu pendu à son cou et chargeant sur un cheval à fond de train, en brandissant son glaive sur sa tête.

Elle n'eut pas d'enfants, bien qu'en 1247 elle eût épousé Humbert Adhémar, dont elle devint bientôt veuve. C'est elle qui, en 1259, passa cet acte, rapporté par Valbonnais, où elle s'engage envers le Dauphin à épouser Guillaume de Tournon, ou tout autre de ses vassaux, pourvu toutefois qu'*il soit gentilhomme*, à condition que ce prince l'aidera à reprendre de vive force sa place de Serre, qui lui avait été injustement enlevée.

LA BARONNIE DE MONTAUBAN.

Nous avons dit dans l'article de Meuillon que ces deux baronnies, dont les citadelles étaient si rapprochées, étaient en quelque sorte contenues l'une dans l'autre ; ce qui faisait présumer un partage de famille antérieur à nos documents historiques. Il existe d'autres indices qui semblent appuyer cette conjecture. Il n'y a pas de reconnaissance impériale pour ce petit état ; ce qui donnerait à penser que cette formalité était inutile et qu'il était entre les mains d'une famille déjà posée au ban de l'Empire. Les partages occasionnés par les nombreux enfants de Rippert, sa cession faite par le roi de Sicile en même temps que celle de Meuillon, enfin, la si proche parenté du premier des Montauban avec Raymond de Meuillon et la similitude de ses armoiries avec celles des Mison, tout tend à prouver entre les Meuillon et les Montauban une identité d'origine. Il suffit en effet de suivre sur l'ouvrage de M. Roman *(Antiquités de Gap.)* les transformations subies par ces deux écussons pour se convaincre que les trois tours des Montauban furent dans l'origine le même type que le château aux trois créneaux des Mison, dont peu à peu la maladresse des graveurs finit par faire deux armoiries fort dissemblables.

Dragonnet de Montauban, vers 1202.

Le premier acte qui enregistre cette maison dans les annales de la province est de 1202 et signale à Pierrelatte une chevauchée dont deux Montauban paraissent les chefs. L'un s'appelle Guillaume, et comme son nom ne se retrouve plus dans les actes postérieurs, il est à présumer qu'il est le père du second, qui porte le nom de Dragonnet, lequel, pendant un long laps de temps, va jouer un rôle important dans les Baronnies. On l'a confondu avec un Dragonnet de Montdragon, podestat d'Arles de 1224 à 1227; mais, outre le texte du registre de la Cour des comptes, on voit que plus tard Alphonse de France enlève à Dragonnet de Montauban cette même place de Pierrelatte, avec quelques autres fiefs de ses seigneuries.

Dragonnet devait être cependant encore enfant quand il signa avec son père l'acte de Pierrelatte, ce qui du reste était dans les usages de l'époque, car cinq ans après il était encore bien jeune quand l'abbesse de Césarée lui remit Vinsobres, puisqu'il ne s'écoula pas moins de soixante-six ans entre cette donation et son décès. Cette longévité, plus encore que l'éclat de ses actions, explique l'importance qu'il acquit dans les Baronnies, où l'on prononce encore son nom, qui y est resté populaire presque jusqu'à notre époque.

Ce n'est réellement que vers 1214 qu'il semble en état de gérer ses propres affaires. Il en profite pour faire une importante acquisition de Raymond le Dominicain, qui deviendra bientôt son beau-frère, et achète de cette famille, qui vend toujours et cependant manque toujours de numéraire, les seigneuries voisines de Nyons, de Saint-Marcellin, Saint-Maurice et Mirabel, et vers 1230 épouse Almodis, sœur de Raymond, baron actuel de Meuillon, malgré toutes les foudres de l'Église, qui, pour cause de proche parenté, ne consentit à cette union que quinze ans après qu'elle eut été célébrée.

Cette alliance, dont la position géographique de sa baronnie semble lui avoir fait une nécessité, y raffermit son autorité, car on le voit aussitôt après recevoir les hommages féodaux des chevaliers et même des nobles de Montauban, ses propres sujets, que l'on peut trouver avoir pris le temps de la réflexion et ne s'être nullement pressés pour l'assurer d'un dévouement inaltérable.

En 1246 il traite avec l'abbé de l'Ile-Barbe, qui avait des possessions jusqu'au fond des Alpes, lui remet La Fare pour s'en faire un allié et a de bonnes relations avec les comtes de Toulouse, qui lui donnent Valréas, porte de ses états, mais avec lesquels il se brouille un peu plus tard. Tandis que tout semble ainsi lui sourire, son pouvoir est cependant à la veille d'un grand danger, et il apprend en 1257 que Charles de Provence, roi de Sicile, vient de faire sa paix avec le dauphin Guigues-André, possesseur du comté de Gap, et a disposé en sa faveur, comme appoint du traité, de la suzeraineté de sa propre baronnie de Montauban.

Nous n'avons pas de titres pour préciser comment le roi Charles pouvait, sans le consentement de Dragonnet, disposer ainsi des fiefs du baron. Peut-être était-ce comme chef de la maison de Provence, dont les Meuillon et les Montauban semblent descendre. Lorsque Gouffrey de Montauban, d'une branche collatérale de cette maison, fit en 1228 hommage de Saint-Alban à la Dauphine, femme de Guigues-André, il profita de cette occasion pour lui rappeler *qu'elle est elle-même de la maison de Montauban,* qu'il confond ainsi avec celle de Provence. L'acte du roi de Sicile abonde dans ce sens; il agit tellement en possesseur incontestable qu'il n'a pas l'air de croire que le baron puisse en être blessé, et qu'en le dépouillant il stipule que si la guerre venait à recommencer, ce serait son parti et non celui du Dauphin qu'il serait tenu de suivre. Il prétend donc le garder, quelque chose qu'il puisse survenir, et le considère comme un parent dévoué, dont il n'entend pas que les événements le séparent.

Quelle que fût l'opinion du roi sur ses droits à la baronnie, Dragonnet ne semble disposé ni à les comprendre ni à les admettre. Il feignit d'abord d'être indifférent, de croire qu'un acte qu'il n'avait pas signé ne pouvait l'engager en aucune manière, et refusa le serment lige qu'on voulait lui imposer. Quand la publicité du traité et les menaces l'obligèrent à quitter ce rôle, seul capable d'entraver les redoutables préparatifs de ses voisins, il s'empressa de recourir à la protection du pape, et, pour intéresser l'Église à sa défense, remit solennellement en 1262 la directe des vingt fiefs qu'il possédait à titre allodial aux chevaliers de Saint-Jean-de-Jérusalem, en énonçant avec affectation dans l'acte qu'*il possédait ces seigneuries en franc-alleu, et qu'elles ne relevaient que de Dieu et de lui seul*. En 1272 il se fit donner Vercoiran par les chevaliers, pour bien établir par ce gage la réalité que cet ordre religieux attribuait à ses droits de seul propriétaire.

Cette conduite, dans les circonstances périlleuses où il se trouvait, était d'autant plus audacieuse qu'il n'avait rien à espérer pour le moment du comte de Toulouse, avec qui il était brouillé. Elle lui réussit cependant; ce qui prouve qu'elle lui était indispensable. Il en imposa par elle aux deux princes ligués contre lui et obtint qu'en ce qui concernait sa baronnie le traité signé resterait lettre morte, tout au moins encore pour quelques années.

Sa position cependant devenait chaque jour plus critique. Non contents d'avoir cessé leurs relations de bon voisinage avec lui, Alphonse de France et sa femme, Jeanne de Toulouse, confisquèrent ce qu'il tenait d'eux dans le Velay et le Vivarais, et, par le ministère de Guillaume de Vaugrigneuse, le firent passer au comte de Valentinois, ce qui créait un puissant ennemi de plus au malheureux baron. Ils ne s'en tinrent même pas à cette offense et lui reprirent Valréas et ses places paternelles de Pierrelatte, Rochegude et Piégon.

Il fallut que Dragonnet déployât une grande habileté politique pour se soustraire encore à un péril si pressant. Il y parvint cependant, on ne sait par quels moyens, car le dernier acte que nous ayons de lui le montre en 1272 recevant tranquillement les hommages des chevaliers de Vercoiran, et cela dans un âge bien avancé, puisqu'il comptait, ainsi que nous l'avons dit, soixante-six ans depuis son entrée en possession de la baronnie. Il mourut, à ce qu'il paraît, peu après, ne laissant pour héritier de ses fiefs qu'une fille, du nom de Randonne, et fut enterré dans la chapelle de Beaulieu de Miribel.

Malgré les dettes qu'il fut obligé de contracter pour la défense de son petit état, il paraît qu'il y laissa de très-bons souvenirs. La *Statistique de la Drôme* de Delacroix dit que jusqu'à l'époque des guerres de religion ses anciens vassaux venaient de la ville voisine en procession chaque année à sa chapelle mortuaire et y adressaient à Dieu des prières pour leur ancien baron et pour toute sa famille, qui, si fort éprouvée lors de son décès, ne tardera guère, comme nous allons le voir, à être entièrement dépossédée.

Randonne de Montauban, vers 1276.

Lorsque Randonne, l'unique héritière des Montauban, parvint au pouvoir, l'orage grossissait toujours et s'était étendu sur tous les points de l'horizon. Elle trouva cependant moyen de conserver sa vie durant le fragile état laissé par son père et commença même d'une manière assez brillante sa carrière administrative. C'était, dit la tradition qui existe encore dans le pays, *une très-puissante et très-altière baronne*. Ce fut elle qui fit construire dans sa petite capitale de Nyons la haute tour qui y domine l'habitation seigneuriale et qui, renfermant maintenant le charmant petit oratoire gothique dédié à la Vierge, reçoit les visites empressées du pèlerin et du voyageur, et leur rappelle le nom et le souvenir de sa bienfaisante mais redoutée fondatrice.

En 1276 et les années suivantes, qui furent probablement les premières de la jouissance de son héritage, les sires d'Oddefray, de Venterol et de Rioms lui prêtèrent hommage et semblent se ranger pour la première fois sous les enseignes de la baronnie. Quant au seigneur de Montfort (1277), est-ce hommage à la vaillance de sa suzeraine ou seulement malice d'un copiste? il la traite en preux chevalier et lui fait serment de fidélité sous le nom masculin de Randon de Montauban.

Elle contracta deux mariages, le premier en 1278 avec Raymond de Castellane et en reçut les possessions du Pègue, de Teyssière et d'Alençon, et l'année suivante Noveysan et Autane. Vers 1284 on la retrouve veuve et mariée en secondes noces à Gocelin, comte de Lunel, qu'elle nomme comme étant défunt dans son testament. A cette époque elle semble pressentir sa fin prochaine et ne s'occupe que de mettre en ordre les affaires de son fils unique, Ronsolin, qu'elle établit dans les seigneuries de Lunel, dont son père lui a laissé la régence. Elle lui remet en outre quelques places dans le Vivarais, probablement celles saisies sur Dragonnet par le comte de Toulouse, et enfin la baronnie de Montauban, dont elle donne un dénombrement qui nous a permis d'en tracer les limites.

On ne sait que fort peu de choses de ce fils, mort en bas âge dix ans environ après sa mère. A cette époque les finances du petit état sont tombées dans un tel délabrement qu'Hugues-Adhémar de Loubières, qui en est devenu l'héritier, ne peut songer qu'à l'aliéner pour satisfaire à de nombreuses créances. Il s'adresse alors au Dauphin, qui en avait acquis la suzeraineté lors de son traité de paix, et le préfère au roi de Sicile, qui, malgré ses conventions, s'est remis sur les rangs de ceux qui s'offrent à en faire l'acquisition. Il en obtint 8,000 livres, outre ce qui était dû aux créanciers, et, en 1304, essaya de l'en mettre en possession, malgré l'opposition très-vive du roi italien.

Il écrivait alors aux exécuteurs testamentaires, effrayés par les menaces de son concurrent : *Mais qu'attendez-vous donc pour conclure? Je vous offre quelqu'un qui présente plus de garanties que moi. Pourquoi faire attendre les créanciers? Ayez donc en pitié ces âmes des défunts qui ont traité avec eux.*

Le Dauphin les pressait vivement de son côté et employait habilement comme solliciteur Alleman du Puy, grand-maître même de l'ordre de Saint-Jean, ce qui faisait tomber toutes les objections que l'on pouvait faire au sujet des engagements de Dragonnet avec l'ordre de Malte. Pendant ce temps il se faisait reconnaître par les seigneurs de la baronnie et, au moyen d'appel à la cour des pairs de France, échappait à l'excommunication prononcée contre lui par l'évêque de Vaison.

L'abbesse de Saint-Césaire d'Arles, qui avait conservé quelques droits, se montra la plus récalcitrante aux pieuses supplications des âmes du purgatoire, dont Adhémar s'était constitué l'avocat. Cependant une forte somme et des promesses d'hommage tempérèrent ses réclamations; ce qui n'empêcha pas, comme nous l'avons dit plus haut, que cette affaire ne put être terminée que par les héritiers du Dauphin, qui joignirent ces deux baronnies au Dauphiné, dont elles suivirent la fortune.

Une branche collatérale des Montauban continuait à exister dans notre province et y possédait des fiefs considérables : les vallées d'Orpierre, de Rosans, de Saint-Alban, etc. Les Dauphins les détachèrent des comtes de Toulouse et en 1302 acquirent presque la totalité de leurs domaines. Elle s'éteignit en 1434 par le mariage de l'héritière de Raymond-Arthaud de Montauban avec Sochon de Flotte, qui mourut sans postérité. Cependant Allard dit que son titre passa à son cousin Arthaud, qui le transmit 1° à une branche de la maison de Flotte, 2° à celle de Sault, dont l'héritière épousa Antoine de Créqui, 3° et 4° aux seigneurs de Jarjaye et du Villard, dont il dit mal connaître les généalogies.

Autres seigneuries des Baronnies.

Ce serait donner au lecteur une idée incomplète de ce que fut l'allodialité dans le canton de Nyons que de se borner à parler des familles de Meuillon et de Montauban, qui le possédaient presque en entier quand elles le remirent au Dauphin. Deux autres y eurent des établissements considérables : ce furent les Sahune, connus jadis sous le nom d'Ancézune, dont la plupart des possessions passèrent aux Meuillon ; et les Caritat, plus ordinairement appelés Condorcet, qui vendirent leurs terres aux princes d'Orange.

Au reste l'allodialité fut presque de droit commun pour toute la noblesse de ce petit pays. Les Montbrun, les Rosans, les de Vesc, etc., en jouirent plus ou moins suivant les circonstances, et les actes de céssion et d'hommage rapportés dans le tableau justificatif de la carte suppléeront suffisamment à cette lacune dans mon travail. Je vais, en terminant ce sujet, dire quelques mots des vingt-une places qui y appartenaient au Dauphin, tout en prévenant le lecteur qu'elles sont en dehors de mon cadre, ne faisant pas partie pour la plupart du département de la Drôme.

Ancézune.

Pithon-Curt a publié sur cette famille une généalogie qui remonte aux temps les plus obscurs. Établie sur les bords du Rhône dans le Comtat-Venaissin, à la suite d'un empereur qui lui donna dans ce pays des terres considérables, elle y commença, dit-il, par un Guillaume, qui y vivait en 1080. Ils devinrent très-puissants plus tard, comme coseigneurs d'Orange et ducs de Caderousse, titres auxquels ils joignirent ceux des familles de Tournon et d'Oraison. Les citations des actes auxquels ils ont pris part m'obligent à dire quelques mots de leur généalogie.

En 1202 Arnaud de Sahune, un de ses membres, achète Sainte-Jalle du seigneur d'Arzeliers et son successeur Gertrutus fait hommage d'Ancézune et de Montréal à Raymond de Meuillon. Cet acte est suivi de beaucoup d'autres, qui ne nous apprennent que des noms de baptême jusqu'en 1330, où Jean de Sahune semble avoir épuisé les finances de cette maison par l'achat de Rochebrune. Depuis cette époque leur déchéance est complète, et en 1341 le prince d'Orange, qui est devenu propriétaire de leur baronnie, constate cet état par des inventaires remplis des demandes des Lombards, ces impitoyables banquiers du moyen-âge. Le prince ne peut lui-même acquitter toutes ces créances et est obligé de transmettre au Dauphin et son marché et ses lourdes charges. Cette baronnie eut donc une existence trop ancienne et surtout trop éphémère pour qu'on puisse en tracer les limites. En 1300 elle comprenait Sainte-Jalle pour deux tiers, Sahune, Arpavon, Eyrole, Montréal, Montbrison, en un mot une grande partie du nord des deux baronnies de Meuillon et de Montauban.

Les Caritat ou Condorcet.

Guillaume, seigneur de Caritat au territoire d'Orange, chevalier également distingué par son illustre naissance et par les services qu'il rendit à l'empereur Conrad, obtint de ce prince, à ce que dit la bulle qu'il lui octroie, la ville et le mandement de Condorcet en septembre 980.

Quelque honorable que fût cette inféodation, faite à la seule réserve d'hommage à l'Empire, Conrad dans cette pièce a l'air de s'excuser du peu d'importance de la récompense, eu égard aux services du chevalier et aux sacrifices qu'il a faits en faveur de la cause impériale.

Ribaud de Caritat, vivant en 1030, donna des libertés aux habitants de Condorcet. Paul de Caritat fit avec le dauphin Guigues et Raymond de Meuillon un pacte où il stipule son indépendance et traite avec eux d'égal à égal.

Falquet de Caritat, qui avait confirmé les libertés accordées par ses ancêtres, suivit le parti de Raymond, prince d'Orange, contre Jeanne, comtesse de Provence, qu'ils firent prisonnière à Courthéson. Cette princesse en fut si courroucée qu'elle les fit condamner à mort l'un et l'autre. Le comte perdit toute sa fortune dans cette guerre et fut obligé de vendre sa seigneurie au prince d'Orange, qui s'engagea à la conserver intacte et la céda néanmoins au Dauphin. Elle fut plus tard rachetée par les Condorcet, mais avec dépendance de ce prince.

Je ne suivrai pas Pithon-Curt dans toute la généalogie de cette famille, qui conserva une position élevée jusqu'à Jean-Laurent de Condorcet, conseiller au parlement de Grenoble du vivant de ce généalogiste.

Seigneuries des Dauphins en Valentinois.

Les Dauphins n'y eurent que des droits assez vagues, provenant de sources diverses et n'étant pas exclusifs de ceux des seigneurs du pays. Ils concernaient vingt-huit places, répandues çà et là dans le haut et le bas Valentinois et pour la plupart en qualité d'arrière-fiefs entre les mains des Poitiers; car lors de leur cession à la France le roi ne leur en réclama pas moins de vingt-deux. Je n'ai trouvé nulle part la liste de ces localités. On peut cependant la reconstituer en consultant des actes postérieurs.

Les plus anciens droits de ces princes dans ce pays paraissent provenir de cette guerre que j'ai signalée entre les seigneurs de Chabeuil et les évêques de Valence. Après 1205, époque de leur défaite par l'Église, ils eurent, à ce qu'il paraît, recours aux Dauphins pour éviter une ruine totale. Ils les reconnurent pour suzerains de quelques fiefs, peut-être de toutes leurs terres. Ce qu'il y a de certain, c'est qu'après beaucoup de négociations les choses restèrent à peu près telles qu'elles étaient avant leur défaite.

Cependant le traité de Romans montre qu'en 1256 Rochefort-Samson et Beauregard avaient passé entre les mains des Dauphins. Je pense que leurs droits sur Étoile eurent la même origine.

Ces princes venaient également d'obtenir des comtes de Valentinois le haut domaine du bourg de Saint-Nazaire et du château fort de Rochechinard. Le premier devait être racheté par les comtes; mais cette clause du traité n'eut pas d'exécution, par suite de la cession du Dauphiné à la France. Oriol-en-Royans, Vassieux et La Baume-d'Hostun leur parvinrent probablement par le même traité. Quant à Pisançon, il leur fut vendu par l'héritière de Lambert de Chabeuil. Beaufort, Montclar et Aouste leur furent hommagés par Aimar IV de Valentinois et son fils. Ce furent leurs plus anciennes possessions dans le haut Valentinois, Léoncel ne leur étant parvenu que comme barons de Montauban et n'ayant été que temporairement et par échanges seigneurs de Clérieux et de Châteauneuf-d'Isère.

Dans le bas Valentinois leurs titres de possession ne datent guère que de 1308, où ils étaient devenus acquéreurs des baronnies de Meuillon et de Montauban. En 1229 Béatrix, qui leur avait apporté le Gapençais, leur avait bien donné des droits sur Bellegarde, et en 1278 Raymond de Meuillon leur avait bien remis Aix en gage, tandis que l'empereur leur inféodait vaguement Montélimar et les Tourettes; mais on accorda peu d'importance à ces actes, qui n'eurent guère d'exécution et furent plutôt des menaces contre les possesseurs que des investitures réelles. Ce ne fut, on peut le dire, que plus tard que l'établissement de leur pouvoir dans le midi de notre département devint un fait incontestable, et il eut pour causes les cessions à vil prix qu'ils obtinrent des deux grandes baronnies.

JUSTIFICATION DE LA CARTE.

Baronnie de Meuillon.

C.^{on} DU BUIS.

Saint-Auban, 506 habitants. En 1240 il est vendu par Raymond II de Meuillon aux Montauban

Beauvoisin (Bello-Vicino), 118 habitants. En 1330, Pons Remuzat en fait hommage au Dauphin comme baron de Meuillon.

Bénivay (Benneuvay), 123 habitants. Porté sur l'acte d'acquisition de la baronnie de Meuillon.

Bellecombe, 271 habitants. En 1346 Pons de Remuzat en fait hommage au Dauphin comme baron de Meuilon.

Bésignan, 183 habitants. En 1332 Guillaume de Bésignan en fait hommage à Raymond de Meuillon.

Le Buis (Buxo), 2,180 habitants. En 1240 vendu par Guillaume de Flotte à Raymond II de Meuillon.

Eygaliers (Aquileriis), 151 habitants En 1259 Jordan de Rosans en fait hommage à Raymondet de Meuillon. Acte de cession

Mérindol, 387 habitants. En 1230 vendu par Rostaing de Mérindol à Raymond II de Meuillon; repris par Raymond IV.

Mollans, 1,178 habitants. En 1281 donné à son oncle par Raymond IV de Meuillon, et acte de cession au Dauphin.

La Penne, 136 habitants. En 1330 les seigneurs en font hommage au Dauphin comme baron de Meuillon.

Pierrelongue, 207 habitants. En 1234 inféodé à Guillaume Martinel par Raymond II de Meuillon; acte de cession.

Plaisians, 773 habitants. Acte d'acquisition de la baronnie de Meuillon, après aux de Baux, Saint-Vallier, etc.

Poët-en-Percip, 164 habitants. En 1060 la femme de Raymondet de Meuillon le donne à l'église de Marseille.

Propiac, 98 habitants. En 1272 hommagé par Reybaud Joffrey à Raymondet de Meuillon.

LES BARONNIES

C.on DU BUIS (Suite).

La Roche-sur-le-Buis, 678 habitants. En 1281 réservée par Raymond de Meuillon dans sa donation à son fils.

La Rochette (Rocheta). Portée sur l'acte d'acquisition de la baronnie de Meuillon.

Saint-Sauveur, 449 habitants. En 1332 Guillaume de Bésignan en fait hommage au Dauphin, baron de Meuillon, et sur l'acte de cession.

Sainte-Jalle, 652 habitants. En 1202 aux Sahune, pour un tiers seulement aux Meuillon, un autre aux Montauban.

Et quelques châteaux : *Ubrieux* (Ubrilis), vendu par Guillaume de Flotte; *Autane* et *Gouvernet*, pour moitié avec les Montauban, etc. (acte d'acquisition de la baronnie).

C.on DE NYONS.

Arpavon (Arpoun), 328 habitants. En 1242 Arnaud de Sahune en fit hommage à Raymond II de Meuillon.

Curniers, 264 habitants. En 1205 Raymond II de Meuillon l'inféode à Orcelary et sur l'acte de cession.

Les Pilles, 617 habitants. En 1285 Raymond IV de Meuillon en reçoit l'hommage.

C.on DE REMUZAT.

Montréal, 230 habitants. Pour 1/2. En 1282, Arnaud de Sahune en fait hommage à Raymond IV de Meuillon.

Sahune, 672 habitants. Pour 1/3. En 1231, Gérente de Sahune fait hommage de sa part à Raymond II de Meuillon

Poet-Sigillat, 392 habitants. Porté dans l'acte d'acquisition de la baronnie de Meuillon.

C.on DE SÉDERON.

Aulan, 168 habitants. En 1240 vendu à Hugues de Montbrun par Raymond de Meuillon.

Barret-de-Lioure, 588 habitants. En 1317 sur l'acte de cession de Raymond de Meuillon au Dauphin

Eygalayes, 467 habitants. En 1259 hommage de Jordan de Rosans à Raymond de Meuillon.

Mévouillon, 790 habitants. En 1178 bulle de l'empereur Frédéric aux Meuillon; reconnaissance de Montcalinum.

Séderon (Sederodio), 763 habitants. Acte d'acquisition de la baronnie de Meuillon par le Dauphin.

Vers, 260 habitants. En 1276 donné par Pierre d'Apt à Raymond de Meuillon. En 1317 le château de Vers est dans la donation des Meuillon au Dauphin.

Villefranche, 112 habitants. En 1232 hommage par de Baux au dauphin Guigues, baron de Meuillon, et sur l'acte de cession

Localités hors des Baronnies.

C.ᵒⁿ DE DIEULEFIT. *Alençon* (Alenzono). Acte de cession de Meuillon au Dauphin.

D.ᵗ DES HAUTES-ALPES. *La Fare de Villard, Montmorin, Laspeyres, Montaut, Sorbiers in Rozanerio*; acte de cession de la baronnie de Meuillon.

Localités qui me sont inconnues.

Villa de Prohasio, Marcena pour 1/2, *Bastida Collis Gabaroni, Castrum Clemontis.* Acte de cession de la baronnie.

Baronnie de Montauban.

Sainte-Euphémie, 378 habitants. En 1277 Raymond Raimbaud en fait hommage à Randonne de Montauban.

Ollon, 66 habitants. En 1284 porté sur le testament de Randonne.

Rioms, 127 habitants. En 1277 Montbrun de Reilhanette fait hommage à Randonne. Sur son testament.

Rochebrune, 403 habitants. Testament de Randonne de Montauban. En 1323 cette place était à Jean de Sahune.

Vercoiran, pour moitié seulement, 497 habitants. En 1272 Dragonnet de Montauban en reçoit l'hommage.

Sainte-Jalle, pour un tiers, 652 habitants. Testament de Randonne; le Poët de Sainte-Jalle est aux Meuillon.

Et quelques châteaux : *Autane* et *Gouvernet* (pour la moitié), *Pennaforte*, *La Bâtie-Verdun*, *Tarendol*. *Montaulieu*. (Testament de Randonne).

C.^{on} DU RUIS.

Aubres, 347 habitants. Aux barons de Montauban et plus tard aux princes d'Orange.

Châteauneuf-de-Bordette, 250 habitants. En 1262 Dragonnet de Montauban le donne aux chevaliers de Saint-Jean-de-Jérusalem.

Saint-Ferréol, 424 habitants.

Saint-Maurice, 577 habitants. En 1214 acheté par Dragonnet de Montauban à Raymond de Meuillon le Dominicain.

Mirabel, 1,816 habitants. En 1330 Bertrand de Mirabel en fait hommage au Dauphin, baron de Montauban.

Montaulieu, 218 habitants. En 1262 il est donné aux chevaliers de Saint-Jean-de-Jérusalem par Dragonnet de Montauban.

Nyons (Nihoniis), 3,397 habitants. En 1247 à Dragonnet de Montauban, à partir de 1317 aux Dauphins.

Piégon, 498 habitants. Enlevé à Dragonnet de Montauban par Alphonse de France, comte de Toulouse.

Valouse, 78 habitants.

C.^{on} DE NYONS.

C.ᵒⁿ DE NYONS *(Suite).*

Venterol (Ventayrola), 1,042 habitants. En 1276 Hugues de Venterol en fait hommage à Randonne de Montauban.

Vinsobres, 1,576 habitants. En 1206 l'abbesse de Césarée en fait donation à Dragonnet de Montauban.

Novesan, hameau. En 1283 les chevaliers de Saint-Jean en font hommage à Raymond de Castellane-Montauban.

C.ᵒⁿ DE REMUZAT.

La Charce, 251 habitants.

Chauvac, 274 habitants. En 1294 Adhémar de Lombières, héritier des Montauban, en fait hommage au Dauphin.

Cornillon, 326 habitants. En 1268 vendu par Isoard de Chalençon.

La Fare, 41 habitants. En 1246 Dragonnet de Montauban la donne à l'abbé de l'Ile-Barbe.

Laux-Montaux, 92 habitants. En 1330 Raymond de Montferrand en fait hommage au Dauphin, baron de Montauban.

Lemps (Lencio), 350 habitants. Testament de Randonne de Montauban.

Saint-May, 283 habitants.

Montferrand, 172 habitants. En 1330 hommagé au Dauphin, comme baron de Montauban.

Montréal, 230 habitants. En 1294 pour moitié. Remis par Adhémar de Lombières, héritier des Montauban, au Dauphin.

Pelonne, 72 habitants.

Pommerol, 42 habitants.

Remuzal, 688 habitants. En 1346 Pons de Remuzat en fait hommage au dauphin Humbert.

Roussieux, 145 habitants. Testament de Randonne de Montauban. En 1329 Guigues de Morges en fait hommage au Dauphin.

Sahune (Anceduna), pour un tiers, 672 habitants. En 1294 remis au Dauphin par Lombières, héritier des Montauban.

C.ᵒⁿ DE SÉDERON.

Ballons, 500 habitants. En 1389, reconnaissance d'Hugues Adhémar au Dauphin, baron de Montauban.

Izon, 141 habitants. En partie aux Montauban et sur l'acte de cession des Meuillon au Dauphin.

Laborel, 630 habitants. *Idem.*

Lachau (Costa Calida), 645 habitants. Testament de Randonne de Montauban.

Montauban, 533 habitants. En 1235 Dragonnet de Montauban y reçoit l'hommage de ses vassaux.

C.ᵒⁿ DE SÉDERON (Suite).

Montbrun, 1,446 habitants. En 1276 Hugues de Montbrun prête hommage à Dragonnet de Montauban.

Ferrassières de Montbrun, 480 habitants. En 1276 hommage d'Hugues de Montbrun à Dragonnet.

Reilhanette, 513 habitants. En 1276 hommage de Montbrun à Dragonnet de Montauban.

Montguers (Monte Guerso), 295 habitants. En 1276 hommage de Montbrun à Dragonnet.

Villebois (De Arboribus), 126 habitants. Testament de Randonne de Montauban

---

Localités dans les Hautes-Alpes aux Montauban.

Saint-Genis (de Geniaco); *Rosans* (Rosanis); *Saint-André-de-Rosans*; *Ribiers* (Rimbertis). Testament de Randonne de Montauban.

Places aux Montauban hors l'arrondissement de Nyons.

C.ᵒⁿ DE GUIGNAN.

Valréas. En 1248 donné par le comte de Toulouse à Dragonnet de Montauban.

Taulignan. En 1294 Adhémar de Monteil en fait hommage au Dauphin, baron de Montauban.

Montbrison. En 1317 Guillaume de Caderousse en fait hommage au Dauphin, baron de Montauban.

Le Pègue (Podio Guigone). Hommagé au pape en 1295 par Adhémar de Monteil, héritier des Montauban

C.ᵒⁿ DE DIEULEFIT.
> *Béconne.* **Testament de Randonne de Montauban.**
> *Montjoux (Monte Jovis).* **En 1278 hommagé par de Vesc à sa femme, héritière des Montauban.**
> *Teyssières* (Teysseriis). **Testament de Randonne de Montauban.**

C.ᵒⁿ DE PIERRELATTE. — *Rochegude* (Rupis acutæ Castrum). Testament de Randonne.

C.ᵒⁿ DE LA MOTTE. — *Rottiers* (Roterio). Testament de Randonne.

Localités incertaines.

Castrum Caïvana, **Cayrenne**, département de Vaucluse.
De Durboso.
De Grillone, département de Vaucluse.
De Balma.
De Audefredo, **commune de Valouse** (Drôme).
De Ninsolio.

De Rupe Blave, **Rocheblave, Montaulieu (Drôme).**
De Marceu. **Entre Sainte-Jalle et Sahune.**
De Deliono.
De Duroforti. **Département du Gard.**
De Balma. } **La Baume-de-Rison**
De Rizono. } **(Hautes-Alpes).**

AUTRES SEIGNEURIES ALLODIALES DES BARONNIES.

La maison de Sahune.

La maison de Sahune eut un certain nombre de places dans le nord des Baronnies et les vendit aux deux barons.

C.ᵒⁿ DE NYONS. — *Eyroles.* En 1266 était d'après les actes à la maison de Sahune.

C.ᵒⁿ DU BUIS. — *Rochebrune.* En 1323 acheté de Pierre de Saïx par Jean de Sahune.

Idem. — *Sainte Jalle.* En 1202 acheté à Bertrand d'Arzeliers par Arnaud de Sahune.

Il serait fort difficile maintenant et de peu d'intérêt de fixer les limites de ses possessions.

La maison de Caritat (*Condorcet*).

Possédait aussi quelques places dans les Baronnies, qui passèrent au prince d'Orange. La principale était :

C.ᵒⁿ DE NYONS. — *Condorcet* (Condorcesio). En 1381 transaction entre Louis de Poitiers et Raymond d'Orange.

Les Dauphins.

L'inventaire de la Cour des comptes donne au Dauphin vingt-deux seigneuries dans les Baronnies. Mais, d'après les dates des acquisitions, excepté le château de l'Étoile et Sainte-Marie-de-Val-d'Olle, qui sont dans les Hautes-Alpes, il ne devint possesseur de ces terres qu'après son acquisition des Baronnies, ce qui ôte tout intérêt à cette liste. En voici les principales :

Bellecombe, hommage en 1346 par Pons Remuzat; *Gouvernet*, en 1334 par Bertrand Ollivier; *Ollon*, en 1297 par Augier; *Le Poët-Sigillat*, en 1329 par Guigues de Morges; *Verclause*, en 1339; *Roussieux*, en 1329 par Guigues de Morges; les autres sont dans les Hautes-Alpes et ne sont pour la plupart que des châteaux forts.

CONCLUSIONS.

ÉTABLISSEMENT ET FIN DE L'ALLODIALITÉ DANS LA DRÔME.

Me voici, après de nombreuses recherches et une longue patience, arrivé ou à peu près au terme de la lourde tâche historique que je m'étais imposée. Ai-je réellement lieu d'être satisfait du résultat qu'elle a produit? Ce serait tromper le lecteur que de le laisser dans le doute sur ce point. Non, je dois l'avouer en toute franchise, je n'ai pas réalisé toutes les espérances conçues lorsque j'entrepris d'analyser les légères épaves qui nous restent d'une époque si reculée. En consultant des collections de généalogies, en parcourant des foules de testaments, de ventes, de donations, etc., on peut, comme Cuvier pour ses animaux antédiluviens, reconstituer un squelette de notre histoire, par hasard même en galvaniser quelque faible partie, c'est-à-dire pour quelques secondes leur rendre une apparence de vie; mais ce travail artificiel ne saurait suppléer aux mémoires contemporains, qui manquent totalement, et, après quelques efforts plus ou moins heureux, on finit par se retrouver en présence d'ossements dépouillés de leurs muscles et de leurs chairs, que l'on serait tenté d'abandonner à jamais, si l'on ne jetait avant un coup d'œil consolateur sur les rapides progrès réalisés par notre histoire moderne.

Oui, dans un travail de ce genre, on a besoin de se répéter à chaque instant que ce n'est pas avec les seules parcelles existant encore dans un département que l'on peut se flatter de faire revivre des siècles si lointains, que tant de causes ont effacés des mémoires de générations successives; il faut s'unir à l'immense travail historique qui s'effectue maintenant dans notre France et auquel tous ceux qui peuvent fournir quelques renseignements sont tenus de s'associer ; se dire sans cesse que ce monument en construction n'a pas seulement besoin d'architectes habiles, et que le simple gâcheur de mortier est tout aussi indispensable que l'auteur du plan général, bien que son nom ne soit nullement appelé à être gravé sur l'inscription commémorative.

Enhardi par ces réflexions, nous allons donc jeter un regard sur la route que nous venons de parcourir et résumer en quelques mots les réflexions qu'elle nous a inspirées et qui peuvent servir à des travaux bien autrement utiles que celui que nous venons de terminer.

La première qui se présente à notre esprit est d'engager le lecteur à se méfier en histoire des idées préconçues, à n'admettre de théorie générale qu'après examen attentif des documents, et surtout à ne pas les laisser mutiler pour leur faire prendre place dans des moules préparés d'avance pour en recevoir un grand nombre d'autres, qui n'ont souvent avec eux d'autre rapport que de pouvoir à la rigueur figurer dans le même livre.

Qui pourrait croire, par exemple, après tous les petits faits que nous venons d'examiner, qu'une foule d'écrivains, dont les noms font autorité et dont le savoir n'est méconnu de personne, ont conclu, disent-ils, d'une étude approfondie de notre histoire de Bourgogne « que la féodalité, comme dans le reste de la France, y eut pour unique origine la trahison et la révolte des fonctionnaires que l'Empire avait mis à la tête des populations ; que ces grands officiers chassèrent leurs souverains et s'emparèrent des fiefs qu'ils étaient chargés d'administrer, les gardèrent au moyen de la force brutale dont ils disposaient et s'imposèrent ainsi, eux et leurs descendants, à des populations timides et complètement ignorantes de l'art de la guerre » ?

Voilà cependant, depuis le siècle de Louis XIV, ce qui a été constamment professé par des hommes habiles et même consciencieux, parce que cet axiome évitait une foule d'explications; ce qui a été répété par une masse de littérateurs persuadés de leur exactitude et regardant comme inutile, peut-être même impertinent, d'émettre quelques doutes sur l'origine de la féodalité, qui s'expliquait ainsi d'une manière si naturelle. Leur foi fut si inébranlable sur cet article que, sans y faire même attention, ils nous transmirent des faits, ignorés avant eux, qui en étaient la négation complète, et par leur conviction parfaite inculquèrent si profondément cette manière de voir dans tous les esprits qu'à l'heure qu'il est il faut pour la combattre se contenter de soutenir que cette usurpation ne fut point aussi générale qu'on le croit communément, et faire en quelque sorte l'autopsie de cette révolution sociale pour amener seulement le lecteur à quelques doutes et sur son origine et sur ses causes premières.

Laissons donc à ceux qui au XIXe siècle s'en contentent encore ces théories historiques, qui vous expliquent toute une époque en quelques paroles, et, après avoir étudié aussi soigneusement que nous l'avons pu un certain nombre de faits dans un cadre fort restreint, cherchons à remonter à leur cause, sans prétendre, après l'avoir reconnue, l'imposer à des actes qui se sont passés dans d'autres parties de la France et dont nous n'avons qu'une très-imparfaite connaissance.

Quels furent donc, nous demanderons-nous d'abord, ces comtes et ces hauts fonctionnaires en Bourgogne qui s'emparèrent de ces provinces aux dépens du sceptre de leur maître? Leurs noms doivent être célèbres, car ils étaient peu nombreux, comme on le voit par les assemblées, et leur souvenir pendant des générations à dû servir d'insulte à tous ceux tentés de violer la foi jurée. Je n'en vois aucun cité dans les actes. Les comtes du Valentinois et du Vivarais disparaissent, il est vrai, au milieu de la tourmente politique; mais ils ne gardent pas leur poste et même ne le transmettent pas à un unique possesseur : leurs gouvernements sont dépécés à l'instant même par de nouveaux venus et servent dès les premiers jours à satisfaire les ambitions de nombreux conjurés qui exigent leurs récompenses.

« Ils conservèrent leurs fiefs au moyen de la force publique qui leur était confiée. » Mais il n'y avait pas de troupes soldées à cette époque, et les milices du pays n'eussent pas agi dans un intérêt contraire à celui de leurs compatriotes. « Ils s'imposèrent ainsi que leur postérité à des agriculteurs timides et ignorants de l'art de la guerre. » Mais dans un soulèvement général comme celui-ci on ne s'impose pas à ses conjurés, on tâche de se faire nommer leur chef et on ne peut parvenir au pouvoir qu'à condition de ne pas l'exiger et de ne pas violer leur libre arbitre.

Je suis loin d'affirmer que des faits semblables ne se soient pas passés dans d'autres parties de la Bourgogne; mais en Dauphiné on voit clairement que le mouvement prit naissance dans les classes populaires, qui renversèrent non-seulement le souverain, mais ceux qu'il avait établis à leur tête. Il y eut dans ce temps, disent toutes les traditions, *une grande liberté*, probablement une *complète anarchie*, qui, dépouillée par le temps des souvenirs fâcheux qu'elle pouvait avoir pour des contemporains, qui se hâtèrent d'en sortir, se traduisit peu à peu dans l'esprit de leurs descendants par des légendes de *grandes franchises* et de *bonnes coutumes*, qui, déifiées par les ambitieux, furent proclamées aux préfaces de toutes leurs constitutions urbaines et devinrent aux yeux de la postérité l'âge d'or des villes et des grands centres de population.

On dirait à cette époque qu'il existe deux peuples différents en Dauphiné : celui des laboureurs et celui des artisans des villes. Tous les deux, sans aucun doute, aspirent à une douce indépendance et à une plus grande prospérité matérielle; mais leur orgueil, peut-être même leur patriotisme ont jeté entre eux et ces aspirations naturelles une barrière infranchissable. Les habitants des villes, comme nous l'avons dit, plus avancés en civilisation et possédant des ressources qui manquent à leurs voisins, qu'ils méprisent, délivrés de tout pouvoir central, ne voient pas de raison pour se priver d'assujétir une race maudite du ciel, qui, courbée sur ses charrues, leur semble d'un instinct peu supérieur à celui des animaux qu'elle y attache.

Alors les moindres agglomérations de maisons prennent une importance rapide, et les plus minces bourgades, Saint-Donat, Saint-Vallier, etc., ont des communes limitrophes sous leur rude vasselage.

Les agriculteurs, bien plus nombreux que leurs envahissants voisins, font peu de cas de ces arts qui les enorgueillissent si fort, produits futiles qui nécessitent des échanges avec eux pour procurer l'indispensable nourriture. Ils n'iront pas les attaquer dans leurs remparts, mais ils les repousseront de leurs moissons et ne voudront pas remettre à des êtres inutiles et leurs libertés et leurs récoltes si péniblement obtenues.

La guerre s'allume bien vite entre ces deux races fixées sur le même sol. Dès lors cessation de commerce, cessation de production, famine générale et profonde misère. Les désirs de bien-être et d'indépendance sont ajournés à des temps meilleurs. Dans l'un et dans l'autre parti on ne songe plus qu'à se défendre; on se donne des chefs des deux côtés, et l'on se garde bien de leur marchander un pouvoir discrétionnaire, que l'on regarde comme le seul gage restant à la sécurité publique.

On choisit d'abord les évêques, seul pouvoir existant encore sur les ruines de tous les autres. Mais la lutte civile devenant sans miséricorde, il fallut recourir aux chevaliers pour organiser les chevauchées. On choisit de préférence ceux qui avaient de nombreux fils, pouvant prendre la tête de l'escadron quand le père tombait dans la mêlée.

Les campagnards furent les premiers à donner cet exemple; mais il fut bien vite suivi par leurs adversaires, car ils redoutaient avant tout leur triomphe et ne pouvaient leur abandonner les grands avantages fournis par la discipline militaire.

Ce fut ainsi qu'une aristocratie purement militaire se trouva naturellement fondée dans les deux partis qui se disputaient la Drôme, et il n'arriva à cette époque reculée que ce qui eut lieu dans la guerre des huguenots, sur laquelle nous possédons tous les renseignements désirables. Dans l'une comme dans l'autre guerre civile il existait des différences de fortune et de naissance entre les chefs et les soldats; mais les Lesdiguières, les Dupuy-Montbrun, les La Baume-Suze, qui y trouvèrent quelques facilités pour gravir les premiers échelons du commandement, y seraient restés à jamais dans des rôles subalternes, si leur capacité, leur bravoure dans les combats, leurs qualités personnelles en un mot ne leur eussent promptement gagné et assuré pour l'avenir la confiance et le dévouement de leurs troupes.

Les deux peuples belligérants ayant donc en Dauphiné concouru avec une égale ardeur à l'établissement d'une aristocratie toute chevaleresque, il en résulta bien vite ces petites suzerainetés dont nous venons d'étudier les diverses fortunes. Celles qui surgissent dans les villes se reconnaissent au premier coup d'œil par leurs aspirations républicaines. Les vassaux qui les composent, bien qu'isolés par petits groupes au milieu des ruraux qui leur sont hostiles, semblent s'être donné le mot pour leurs revendications particulières de *franchises* et de *libertés*. C'est le même programme qu'ils proclament dans toutes leurs assemblées politiques. La différence ne consiste que dans l'étendue qu'ils osent lui donner. Les uns se contentent de quelques concessions fiscales : l'abolition des fours, des moulins comtaux, etc. D'autres veulent de plus une petite part du gouvernement : le droit de nommer des syndics, de lever des contributions particulières, etc. Mais les plus hardis, comme Montélimar par exemple, veulent le gouvernement tout entier et décrètent la saisie des biens et l'incarcération de tous ceux qui font obstacle à leur suprême volonté.

Malgré leur apparente modération, toutes ces petites républiques ont le même but et veulent que le gouvernement de la localité soit remis aux *confréries* et aux *corporations d'artisans*, qui sont les clubs politiques de cette lointaine époque

Il semble, autant du moins que la rareté des actes permet d'en juger, qu'il y a bien plus de variété dans les petits états auxquels les camps ruraux ont donné naissance, et les aspirations des montagnards, par exemple, ne paraissent pas les mêmes que celles des cultivateurs de la plaine que traverse le

Rhône. Il est vrai que la différence des législations auxquelles sont soumises les familles qui les gouvernent, modifie quelque peu ces légères nuances.

Les suzerains qui pratiquent la loi Gombette organisent pour ainsi dire de petits états constitutionnels, où le peuple intervient plus ou moins à chaque partage des hoiries seigneuriales. Ceux qui suivent la loi romaine paraissent bien moins populaires. A sa mort seulement l'aîné succède au comte son père, et la foule n'est point admise à discuter un gouvernement réglé par le droit de naissance comme un héritage de famille.

Les montagnards surtout paraissent exempts de cette fièvre de liberté qui par moments agite aussi les gens de la plaine. Perdus au milieu d'abruptes solitudes, ils ne redoutent nullement un despotisme auquel leur isolement habituel est suffisant pour les soustraire. Ils paraissent même parfois heureux d'avoir recours à leurs suzerains pour trancher, comme juges désintéressés, les continuelles discussions de parcours de bétail qu'ils ont avec les autres bergers de leur voisinage.

Tous ces petits gouvernements si variés, abandonnés à eux seuls pendant quatre siècles et enfermés dans un assez vaste territoire, clos d'un côté par un large fleuve, de l'autre par de hautes chaînes de montagnes, offrent un certain intérêt à étudier, soit dans leurs revers, soit dans les phases de prospérité qui leur succèdent.

Par suite des mariages et des héritages de leurs gouvernants, ces petites monarchies, pressées les unes contre les autres, se concentrent de plus en plus sous le pouvoir de quelques-unes de ces familles; mais, malgré l'accroissement des territoires soumis à leurs ordres, la vitalité de leur domination diminue à mesure qu'elles s'éloignent de l'époque du cataclysme qui leur donna naissance, et nous les voyons à l'envi les unes des autres s'absorber graduellement dans ce grand état français, étranger maintenant pour elles, mais qui les contenait cependant au moment où elles s'en séparèrent par une foule de petites voies différentes.

Il est tout simple que nos jugements sur leurs diverses politiques diffèrent parfois de ceux de nos prédécesseurs, car, par suite des dépouillements de nos archives et de la publication de nombreux cartulaires, nous avons pour les apprécier de tout autres ressources que celles qu'ils eurent entre les mains. Cependant nous ne devons pas oublier que les recherches ne sont nullement terminées, que de nouvelles pièces sont probablement appelées à être mises au jour, et ne pas prétendre à des décisions trop absolues dès ce moment. La seule chose que la prudence permette d'assurer, c'est que dans l'état actuel des découvertes il n'est pas plus absurde de croire que l'allodialité dut sa naissance en Dauphiné à l'anarchie du XIe siècle que de soutenir que le soulèvement de la Vendée, dans notre histoire contemporaine, eut une de ses principales causes dans les échafauds politiques dressés en 1793.

Tous ces gouvernements militaires n'avaient demandé d'autre temps pour naître en Dauphiné que celui qui est indispensable pour lever et discipliner une armée. Leur décadence, quand ils furent privés des événements qui les avaient motivés, ne fut guère moins rapide. Nous allons l'examiner, et nous allons voir que les mêmes causes qui avaient créé des despotismes populaires sur quelques points, des sujétions complètes à des chefs héréditaires sur d'autres, vont maintenant jeter les deux factions ennemies dans les bras d'un même gouvernement. Car le Dauphiné ne fut nullement soumis par la force des armes; il se donna tout entier à la France, non-seulement par la volonté des classes inférieures de la population, mais par celle de sa bourgeoisie, celle de sa noblesse, et l'on peut dire plus, souvent avec l'assentiment et sur l'invitation expresse de ses suzerains mêmes qui étaient chargés de le gouverner.

Cette dernière période de l'allodialité n'est pas la moins curieuse à étudier, et elle est tellement inattendue qu'elle semble le produit de tout autres intérêts que ceux qui amenèrent la première. Il n'en est rien cependant, quand on l'examine avec attention, et l'on est obligé de convenir que l'esprit humain est un véritable kaléidoscope, qui avec les mêmes petits morceaux de verre colorés trouve moyen de créer les dessins les plus variés, n'ayant aucun rapport entre eux, en dépit des éléments identiques qui leur donnèrent naissance.

Ces gouvernements particuliers, qui avaient amené d'imperceptibles localités à ne compter que sur elles, qui leur avaient mis les armes à la main et leur avaient donné les moyens de résister aux Normands, aux Hongrois, aux Sarrasins et à toutes les hordes de barbares qui ravageaient alors la France, qui leur avaient permis de disposer à leur gré de leurs impôts, de conserver dans leurs foyers leurs suzerains, leurs sénats, leurs juges, leurs fonctionnaires, en un mot tous leurs citoyens riches, dont les capitaux pouvaient développer leur commerce ou leur agriculture, avaient, malgré tous ces avantages, de non moins grands inconvénients, qu'un trop long usage avait fait reconnaître même par ceux intéressés à éterniser ces morcellements infinis.

Les besoins généraux du pays étaient forcément restés en dehors de cette organisation spontanée, et chacun sentait qu'il y avait là un immense vide à combler et qu'après quatre siècles il n'était que temps d'apporter remède à un tel état de choses. Ces magnifiques voies romaines, par exemple, vraies artères du pays, avaient été complètement négligées, non par insouciance, car on les reconnaissait bien comme indispensables à tout le monde, mais parce qu'il aurait fallu un trop grand concours de capitaux et de volontés pour les remettre dans un état convenable et les rendre après tant de siècles au commerce et à l'agriculture. Cette dernière, qui ne pouvait exporter ses denrées, s'était arrêtée à la suite de l'autre et ne pouvait songer à dépasser par ses produits ses ventes à la consommation locale.

L'argent avait cessé de circuler parmi les masses populaires, et ces immenses fortunes de la cour de Bourgogne avaient fait place à l'extrême gêne des classes aisées. Cet état de malaise, né dans les plus basses classes de la société, avait gagné de proche en proche son sommet le plus élevé, et les suzerains eux-mêmes, quelque parcimonie qu'ils missent à rétribuer un tout petit nombre de fonctionnaires, en étaient accablés et avaient fini eux et leur petit entourage par descendre par des degrés imperceptibles, mais successifs, dans un état voisin du dénûment et de la misère.

A l'époque des Croisades, les comtes et les barons avaient emprunté au clergé, exempt des charges de la guerre et de la plupart de celles de la famille. Mais depuis cette époque on ne pouvait plus compter sur ces prêteurs bienveillants, parents ou amis de ceux qui faisaient des appels à leurs bourses. Cette source était tarie, et il fallait maintenant s'adresser aux banquiers génois et lombards, qui prêtaient de faibles sommes sur les riches joyaux qu'on était obligé de leur remettre. Les besoins augmentant tous les jours, on dut bientôt mendier les secours du Juif, ce peuple immonde du moyen-âge, se soumettre à toutes ses exigences, l'aider à torturer le laboureur, à déposséder du manoir paternel le châtelain qui avait eu recours à ses coffres, que dis-je? à son ordre mettre ses propres fiefs aux encans des voisins, heureux quand ce fils des bourreaux du Christ en Judée voulait bien ne pas trafiquer de l'honneur ou de l'épée du suzerain son débiteur, car l'un et l'autre étaient devenus sa propriété incontestable.

A la famine, qui désolait tous ces petits états, il fallait souvent ajouter la guerre, car on avait des voisins bien rapprochés, qui se donnaient volontiers ce qu'on avait de la peine à défendre. Plus de vastes et généreux desseins à poursuivre. Ces immenses armées cinglant vers l'Orient, où le clergé enrôlait non-seulement des seigneurs qui ne s'étaient jamais vus, mais des ennemis irréconciliables, n'allaient plus en Palestine combattre les sectateurs du Prophète. Tout était mort dans ce triste siècle, et les ambitions particulières, parquées dans d'étroites limites, n'avaient même plus un espoir vague de pouvoir en sortir. Que l'on ajoute à ce tableau l'amour du changement, si enraciné au cœur de l'homme, et l'on comprendra avec quel empressement les populations se jetèrent dans un état nouveau, qui remédiait aux maux présents et dont l'inexpérience empêchait de reconnaître les inconvénients et les charges.

Les classes éclairées en Dauphiné, qui comme les autres sentaient le besoin d'une autorité centrale, mais qui craignaient de lui voir aspirer toutes les ressources locales du pays, auraient voulu que l'on négociât avec le roi de France et qu'on ne lui remît qu'un pouvoir circonscrit dans des limites impossibles à dépasser. Mais elles avaient affaire à Louis XI, le plus astucieux et le plus habile politique de son siècle, qui, sachant très-bien que l'on ne pouvait se passer de lui, ne leur en laissa pas le temps, se mit à flatter la multitude et vit bientôt qu'il n'avait pas de concessions à leur faire, puisqu'il était en mesure de tout obtenir à l'instant même du peuple.

Il prit donc la masse, qui ne sait jamais attendre, par son patriotisme même et lui représenta adroitement que ce n'était point le Dauphiné qu'il livrait à la France, mais bien cette dernière qu'il soumettait au Dauphiné, puisqu'il lui interdisait de se l'annexer, tout en le remettant au futur héritier de la couronne de France. Ces promesses magnifiques firent disparaître toutes les objections. Le peuple l'acclama avec transports, ne s'enquit ni s'il voulait tenir ses promesses, ni même si cela lui était possible. Il se jeta dans ses bras sans conditions, c'est-à-dire sans aucune garantie de l'exécution du traité.

Louis XI se hâta d'en profiter et ne songea plus qu'à faire disparaître les vestiges de l'organisation politique qui avait précédé celle qu'il allait y introduire.

Il est curieux de jeter un coup d'œil sur l'état de notre département après le règne de ce prince et de voir le peu qu'il laissa subsister de toutes ces allodialités qui un demi-siècle avant lui y régnaient encore en souveraines.

Le canton de Nyons, par exemple, qui sous le nom de Baronnies renfermait presque autant de francs-alleux que de seigneurs de leurs paroisses, ne vit presque plus que l'imperceptible village de Condorcet qui, au prince d'Orange, échappât encore à la domination royale. Les évêques de Saint-Paul, plus heureux, grâce à leur minime importance, avaient conservé leurs vingt-deux fiefs, mais à la charge que le roi les gouvernerait avec eux, ce qui, vu la différence des personnes, était une annexion à peine déguisée. Adhémar de La Garde avait été dépouillé par le parlement, sous prétexte de félonie, et les barons de Grignan, qui sous Louis XII, en 1498, essayèrent encore de faire hommage à l'Empire, obligés en 1558 d'y renoncer à jamais, acceptèrent quelques minimes paroisses du roi, en lui abandonnant le droit d'ériger leurs terres en baronnie. Voilà ce qu'il restait des allodialités du midi de la Drôme.

Dans le haut Valentinois, les évêques de Valence, dépouillés à trois reprises, ainsi que nous l'avons dit, par Louis XI, n'avaient plus que le Vercors et quelques petits fiefs oubliés, dans lesquels ils ne rentrèrent que par la commisération des successeurs de ce prince. Le chapitre de Die disputait encore à la France cinq ou six petites seigneuries. Celui de Romans avait conservé le Bourg-de-Péage, mais soumis au roi, à condition de lui livrer le pariage de Romans, il voyait l'année suivante, sous prétexte de franchises, disparaître cette légère épave. L'archevêque de Vienne, naguère souverain de tout le Viennois, n'y conservait plus que le château et la paroisse inhabitée de Mantaille. La baronnie de Clermont était depuis bien des années incorporée au Dauphiné; celle de Bressieux, qui n'avait que trois ou quatre paroisses dans la Drôme, était encore à la vérité restée indépendante.

Il n'y avait donc plus réellement dans ce département que les héritiers des Poitiers qui eussent conservé un domaine allodial d'une certaine étendue, si le traité de cession du Valentinois eût été fidèlement exécuté; car ils avaient encore en propre, non-seulement tout le Valentinois de l'autre côté du Rhône, mais l'importante baronnie de Clérieux, la ville de Saint-Vallier et quelques places dans le Royans et le Diois. Aussi Louis XI, à qui ces possessions avaient donné plus d'embarras que toutes les autres, mit un soin particulier pour les réduire sous sa dépendance.

Nous avons dit comment en 1461 il avait dépouillé Guillaume, bâtard de cette maison. L'année suivante, il abandonna au pape, dont il avait besoin dans ce moment, tout le Valentinois de la rive droite et fit poursuivre judiciairement les Poitiers, qui voulurent s'y opposer.

Charles VIII, en 1490, acheva à peu près l'annexion de ce

pays, en ordonnant vaguement à son gouverneur de Dauphiné de faire reconnaître le roi de France sur les deux rives du Rhône. Ces débris d'un autre régime déplaisaient souverainement à la magistrature et au fisc, qui y trouvaient des entraves à l'exercice de leurs charges.

La première ne pouvait supporter les juges d'appeaux indépendants des bailliages et voyait avec un profond regret quelques notaires, procureurs et greffiers exempts de sa juridiction générale. Le second y trouvait également quelques difficultés pour la levée de ses tailles, principalement pour ses droits sur les confiscations et les amendes.

Ces deux corps, unis d'intérêts, continuèrent, à l'insu même de leur souverain, à dépouiller les quelques alleux existant encore des débris de leurs priviléges. Ce fait est si positif qu'en 1606 le duc de Bouillon, un des héritiers de Diane de Poitiers, qui disposait alors de la volonté du roi, mais ne songeait guère à réprimer des empiètements aussi minimes, fut obligé de plaider au Conseil d'État contre le procureur général pour rentrer dans les petites usurpations commises sur sa belle-mère. Cette guerre sourde contre les possesseurs absents dura jusqu'à l'époque voisine de ce procès, où la baronnie de Clérieux passa à la maison de La Croix-de-Chevrières. Cependant les rois de France, pour effacer les derniers vestiges d'une allodialité encore vivante dans quelques autres provinces, imaginèrent, au lieu de distribuer des fiefs, comme aux Grignan, de créer des titres de marquisats et de comtés pour les propriétaires de francs-alleux, dont ils étaient loin de vouloir accroître les terres. La noblesse aux États de Blois[1] s'éleva contre cette entreprise qui mettait sa vieille organisation à la discrétion des ministres. La cour rejeta ses remontrances et joignit à ces distinctions des avantages plus solides, qui, au moyen d'entrées à la cour, etc., finissaient ordinairement par se traduire soit en bénéfices, soit même en charges importantes. Un grand nombre

---

(1) SALVAING DE BOISSIEU, *Usage des fiefs*, page 346.

de propriétaires d'alleux acceptèrent cet échange et consentirent pour ces positions à la reversibilité à la couronne de leurs fiefs, au cas, bien rare, de la déshérence de leurs hoiries, et aux hommages au souverain, formalités sans lesquelles ils ne pouvaient plus à cette époque exercer des commandements dans l'armée. D'autres prirent un parti moyen et laissèrent ériger en titres seulement celles de leurs terres dont le roi avait déjà le pariage; ce qui leur permettait de conserver leurs souvenirs d'ancienne supériorité, tout en profitant cependant des nouveaux avantages concédés aux possesseurs des terres érigées.

Il y eut cependant bien moins d'empressement de leur part que la cour avait pu le croire. Nous avons vu les Grignan demander quelques fiefs en échange de cette concession. Il y eut même, à ce qu'il paraît, quelques refus, car Guy Allard[1], qui écrivait son dictionnaire à une époque bien postérieure cependant à celle-ci (1700), s'étonne encore que les Bressieux aient en 1612 laissé ériger leur terre en marquisat, vu, dit-il, qu'il n'y en avait que le septième au Dauphin, le reste étant tout entier un franc-alleu de leur famille.

On voit par ce que je viens de dire que les traces de l'époque allodiale subsistèrent dans la Drôme jusqu'à la veille de la Révolution, et que le culte que certaines familles avaient voué à un passé déjà bien lointain existait encore dans leur mémoire à une époque presque contemporaine. Mais le régime allodial n'en était pas moins parfaitement mort en Dauphiné depuis le règne de Louis XI, et ce n'était plus que dans les parlements que nos souverains pouvaient rencontrer une opposition sérieuse à leurs volontés, devenues irrésistibles.

---

(1) Guy Allard, vol. I, p. 186.

TABLEAU CHRONOLOGIQUE.

Lors de la mort de Rodolphe, en 1032, les petites nationalités qui avaient décomposé la Bourgogne cessèrent si promptement leurs relations entre elles que l'on peut presque sans inconvénient suivre, ainsi que nous l'avons fait, leurs diverses histoires particulières, leurs rapports ne continuant plus qu'avec celles qui leur sont limitrophes. Cependant il existe encore quelques faits généraux dont elles subirent l'influence, et ce ne serait pas assez que de ne les considérer que tout à fait isolément. Il faut, si l'on peut s'exprimer ainsi, les rattacher les unes aux autres par quelques lignes horizontales. Quelques mots suffiront pour amener le lecteur à faire lui-même ces rapprochements.

Du Xe au XIe siècle, dissolution complète de l'ancien royaume de Bourgogne. Chaque localité est abandonnée à elle-même. Le pouvoir passe aux évêques. Les Bérenger et les Gelins occupent le Valentinois, tandis que le midi de la Drôme reconnaît les comtes de Provence et de Toulouse. La formule *Dieu régnant* figure sur les actes. L'évêque de Die est obligé de partager avec les comtes.

Du XIe au XIIe, l'Empire reconnaît ces suzerainetés, qu'il ne peut détruire, et admet parmi ses grands vassaux les ducs de Bourgogne, les Dauphins, les barons de Clérieux, les évêques et jusqu'aux seigneurs de Meuillon, et attend de leur nombre et de leurs querelles le retour d'un pouvoir sur eux qui vient de lui échapper.

Au XIIIe siècle, ce sont les Albigeois qui profitent de sa politique. Ils sèment des révolutions dans tout le pays. L'archevêque de Vienne est obligé de donner une charte à Romans. Valence chasse son évêque. Die assassine le sien. Les Adhémar à Montélimar acceptent la République. L'hérésie triomphe à Saint-Paul-trois-Châteaux. Cependant apparaît une réaction. Les évêchés de Valence et de Die sont réunis, et les populations effrayées se donnent au Dauphin, qui s'annexe Meuillon et Montauban.

Du XIIIe au XIVe siècle, les petites suzerainetés se rattachent aux plus importantes. Les seigneurs d'Hauterives, de Clérieux, de Moirans, de Chabeuil disparaissent. Montélimar se donne aux Poitiers. Les Dauphins prennent Romans. Meuillon et Montauban sont incorporés au Dauphiné. Mais c'est la France qui doit bénéficier de ce mouvement centralisateur. Elle reçoit le Dauphiné et enfin le Valentinois, ce qui fait disparaître les enclaves qui morcelaient ses frontières méridionales.

TABLEAU CHRONOLOGIQUE.

De 1000 à 1100.

VIENNOIS.

- 923. Rodolphe remet le Viennois à l'archevêque.
- 925. Élection de l'archevêque Léger, seigneur de Romans.
- 1032. Mort du roi Rodolphe.
- 1037. Défaite et mort d'Eudes, comte de Champagne.
- 1069. Premier acte à la formule *Deo regnante.*
- 1097. Étienne de Bourgogne engage le Viennois à l'archevêque.

VALENTINOIS.

- 1040. Acte d'Ismidon à Grenoble.
- 1052. Acte prouvant la mort d'Ismidon.
- 1077. Dernier acte des marquis Gelins.
- 1080. Avénement de Guillaume 1ᵉʳ au Valentinois.
- 1095. Fin de la guerre du Salmorenc.
- 1100. Retour des Croisades de François-Lambert.

BARONNIES.

- 1034. Bérenger Iᵉʳ, vicomte de Sisteron.
- 1037. Guillaume III de Provence fait héritier Taillefer de Toulouse.
- 1054. Bertrand et Geoffroid, seigneurs de Sisteron (Forcalquier).
- 1069. Pons Iᵉʳ, comte de Die.
- 1085. Les évêques rentrent à Saint-Paul et quittent Orange.
- 1094. Mort de Geoffroid; Sisteron passe aux comtes d'Urgel.

De l'an 1100 à 1200.

VIENNOIS.

Vers 1100 les seigneurs d'Hauterives, souche des Clermont.
1123. L'archevêque de Vienne déposé; les ducs de Bourgogne au pouvoir.
Vers 1123 Sylvion de Clérieux s'oppose aux remparts de Romans.
1134. Les Dauphins prennent Romans.
1154. Bulle impériale donnant le titre de prince aux Clérieux.
1164. Les seigneurs de Moirans donnent des franchises.
1184. Béatrix d'Albon porte Saint-Vallier à la Bourgogne.

VALENTINOIS.

1101. Lettre de saint Bernard à Eustache, évêque de Valence.
1138. Consentement de Reynaud de Peyrins aux murs de Romans.
1157. Bulle qui donne aux évêques le comte de Valence.
Vers 1158 Marsanne au comte de Valentinois par un mariage.
1178. Bulle qui soumet le comte de Valentinois à l'évêque de Die.
1189. Aimar III de Valentinois reçoit le comté de Die.
1194. Gontard, seigneur de Chabeuil.

BARONNIES.

1116. Isoard meurt après avoir vendu Die à l'évêque.
1125. Le pape prend sous sa protection Raymond de Meuillon.
1154. Bulle donnant l'allodialité aux évêques de Saint-Paul.
1159. Isoard II, comte de Die, remet Luc à son évêque.
1178. Robert, évêque de Die, reçoit le titre de comte.
1178. Bulle impériale donnant l'allodialité aux Meuillon.
1198. Premier titre positif des seigneurs de Montélimar.

De l'an 1200 à 1300.

VIENNOIS.

04. Raymonde porte le Royans à Raymond Bérenger.
12. Humbert, archevêque de Vienne, donne une charte à Romans.
42. Le Dauphin prête hommage à l'archevêque de Vienne.
48. Saint Louis prend la Roche-de-Glun aux Clérieux.
56. Traité de Romans entre le Dauphin et le comte de Valentinois.
80. Charles de Sicile soulève Romans.
90. Polie de Bourgogne rend Saint-Vallier aux Valentinois.

VALENTINOIS.

1209. Aimar de Valentinois épouse la dame de Fay, possédant le Vivarais.
1217. Aimar de Valentinois prend en Vivarais la portion des comtes de Toulouse.
1217. Guerre de Gontard de Chabeuil et de l'évêque de Valence.
1229. Fin du soulèvement des habitants de Valence contre l'évêque.
1230. Flotte de Royans; elle épouse le comte de Valentinois.
1240. Raymond de Bérenger se fixe dans le Royans.
1275. Amédée de Roussillon réunit les évêchés de Valence et de Die.

BARONNIES.

1200. Raymond II le *Dominicain*, baron de Meuillon.
1202. Dragonnet, premier baron de Montauban.
1210. Le concile casse le traité entre Saint-Paul et les Albigeois.
1222. Assassinat d'Humbert IV, évêque de Die, et la révolte.
1228. Giraudet Adhémar donne des franchises à Montélimar.
1280. Raymond III de Meuillon abdique en faveur de son fils.
1295. Raymond IV de Meuillon vend au Dauphin sa baronnie.

De l'an 1300 à 1400.

VIENNOIS.

Vers 1300 extinction des Hauterives. Les barons de Clermont.
1321. Graton de Clérieux est prisonnier dans la guerre en Savoie.
1333. Graton de Clérieux lègue sa baronnie aux Valentinois.
1341. Le Dauphin prend Romans.
1349. Abdication du Dauphin. Romans à la France.
1367. Extinction de la maison de Moirans. Vers 1400 la baronnie de Bressieux passe aux Grolée.

VALENTINOIS.

1330. Extinction de la maison de Chabeuil.
1336. Aimar de Poitiers reçoit l'hommage de Montélimar.
1343. L'évêque Pierre de Châtellus battu par le comte de Valentinois.
1368. Aimar VII de Valentinois arrêté par ordre du roi.
1374. Traité de Villeneuve-lès-Avignon; union de Valence au Comtat.
1390. Valence se soulève contre l'évêque Jean de Poitiers.
1404. Louis de Valentinois cède son comté au roi.

BARONNIES.

1302. Le prince d'Orange prend Mérindol.
1304. Adhémar de Lombières vend la baronnie de Montauban.
1317. Le Dauphin unit Meuillon et Montauban au Dauphiné.
1378. Le Dauphin réclame ses droits à Montélimar.
1398. Invasion des bandes de Turenne à Saint-Paul-trois-Châteaux.
1408. Le roi prend possession de la seigneurie de Saint-Paul.
1419. Louis XI prend possession de Montélimar.

NOTES

Note de l'Introduction, p. 9.

Établissement des Bourguignons dans la Gaule.

M. Fustel de Coulanges, dans son excellent ouvrage publié en 1875 sur *les institutions politiques de l'ancienne France*, émet une opinion nouvelle sur l'invasion des Bourguignons, dont il n'a pas peut-être examiné toutes les conséquences.

« Quand les Germains, dit-il, page 459, s'établirent dans les Gaules, ils n'eurent pas la pensée de mettre en commun ses terres; ils s'établirent dans les parties vacantes, achetèrent celles cultivées avec l'argent de leur butin et se firent surtout distribuer par leurs chefs les terres du fisc, qui étaient très-considérables. »

Dans une note spéciale, page 534, il complète sa pensée sur ce point de notre histoire et ajoute : « Lors de la conquête des Gaules, aucun titre ne démontre que les Francs aient dépossédé les indigènes de leurs propriétés territoriales. Dans les lois des Visigoths et des Francs on ne trouve pas de preuves suffisantes pour établir un fait si considérable, et l'article de celles des Burgondes qui leur attribue le *tiers des esclaves et les deux tiers des terres*, n'étant point *contemporain* de l'époque de leur établissement, ne saurait avoir rapport à une expropriation du sol. »

Il démontre alors toute la perturbation qu'aurait amenée dans l'État une confiscation pareille, et ne voit point dans les auteurs du temps, qui parlent si amèrement des razzias et des pillages exercés par les Francs en Auvergne, qu'ils aient songé à ravir des terres à leurs anciens possesseurs, ni même qu'ils aient essayé de les priver d'une partie des fruits qu'elles avaient coutume de leur produire.

Pour soutenir cette thèse, il affirme que les Burgondes entrèrent dans les Gaules en quelque sorte plus en suppliants qu'en vainqueurs; qu'en 434, époque de leur invasion, ils venaient d'être battus par Aétius, et que l'année suivante ils étaient presque exterminés par les Huns, et ne comprendrait pas, après ces défaites, qu'on leur eût livré la Savoie à partager et qu'on en eût pour eux privé ses anciens possesseurs.

Il est, dit-il, bien plus naturel de croire ce qu'en dit Frédégaire, qui vivait au milieu d'eux, et de penser qu'ils n'y vinrent qu'en qualité de tributaires et de fermiers, et qu'eux, leurs femmes et leurs enfants furent engagés à s'y établir par les Romains et les Gaulois, qui en étaient alors les paisibles propriétaires.

Il reconnaît cependant que ces Burgondes décimés et vaincus exercèrent dans ce pays deux espèces de droits, et cela dès leur arrivée : celui de *propriétaire* pour les terres qu'ils y avaient légitimement acquises à prix d'argent, et des droits d'*hospitalité* sur celles dont ils n'avaient point la nue propriété; mais il ne spécifie en aucune manière ce second genre de possession qu'il leur accorde et semble ne lui supposer d'autre valeur que celle qui dépend du bon vouloir et en quelque sorte de la commisération que le barbare inspire à l'ancien propriétaire du sol.

Il cite à ce sujet l'article de la loi Gombette qui interdit à l'hôte de se mêler du procès de son propriétaire, n'admet en un mot pour sa propriété réelle que la terre qu'il a achetée ou celle provenant du fisc qui lui a été octroyée par le chef militaire qui préside à la cohorte dont il fait encore partie.

M. de Coulanges termine son article en déclarant « qu'il ne croit pas que les rois barbares aient décrété jamais une confiscation du sol; mais que, par des prétextes et des raisons politiques, ils cherchèrent à éloigner les grands propriétaires et y faisaient vivre des guerriers, qui ne devenaient pas maîtres des terres, mais étaient des hôtes, presque des fermiers, et qui, tout en gardant la meilleure part des fruits, étaient obligés d'acquérir la terre quand ils voulaient en avoir la propriété. C'est ainsi, dit-il, si nous ne nous trompons dans des recherches si difficiles, qu'il faut entendre le *partage* dans les lois burgondes, et il n'y eut que ceux qui avaient donné au souverain des motifs plausibles qui, comme punition, eurent à souffrir de ses conséquences. »

Malgré l'habileté avec laquelle M. de Coulanges présente sa nouvelle thèse au public, et malgré les concessions adroites qu'il finit par lui faire subir, en transformant ses fermiers barbares en simples dépositaires de confiscations exercées contre des rebelles ou des gens en voie de le devenir, je crois qu'une telle interprétation ne saurait convenir au texte si positif de la loi Gombette. Son insuffisance ressort tellement de l'ensemble de cette législation, qu'il est, je crois, inutile de la réfuter en la suivant article par article. Il résulte même des explications de notre auteur qu'il y eut des confiscations, et nous allons voir que ce fut d'elles principalement que sortirent les terres accordées en récompense par les chefs bourguignons, qui, de son aveu même, venaient d'être trop cruellement battus par leurs ennemis pour avoir beaucoup de butin à vendre et à consolider en acquisitions territoriales.

Entraîné par le souvenir d'une espèce de bail romain, qui donne au preneur la tierce part des fruits du propriétaire, M. Fustel n'a voulu voir qu'un ancien mode de fermage dans la lourde charge que l'invasion imposa alors à la Bourgogne [1], et, s'attachant à un seul article de la loi Gombette, qui, traitant du défrichement, dit que dans ce cas *le barbare doit au Gallo-Romain la tierce partie des fruits qu'il en recueille*, fait de ce cas unique, qui constitue après le partage une nouvelle propriété à diviser entre eux, un simple fermier du soldat bourguignon, et étend à la propriété déjà divisée ce qui n'est applicable qu'à

---

(1) M. de Savigny, dans son livre *Du droit au moyen-âge*, donne une autre explication à cet article.

la parcelle de forêt dont ils avaient la jouissance commune, pour représenter le soldat comme un simple mercenaire employé par le Romain à l'amélioration de ses propriétés.

Quelles que soient les inductions que l'on puisse tirer de textes barbares écrits dans une langue qui n'était point leur langue naturelle, il serait impossible d'en conclure qu'il n'y eut après l'occupation de la Bourgogne que de simples actes de location entre les anciens possesseurs et les nouveaux arrivants, que la force ne fut pour rien dans ces transactions commerciales, en un mot qu'il fut facultatif au Gallo-Romain de s'y refuser; car on ne peut découvrir l'intérêt qu'il avait à les contracter. Ses terres, dit-on, étaient dévastées, et il manquait de bras pour en continuer la culture. Mais, s'il en était ainsi, l'article qui l'obligeait à remettre au Germain le tiers de ses esclaves devait alors lui paraître intolérable. Comment admettre que, pour se procurer un simple régisseur, il eût de plein gré consenti à se priver d'un tiers de ses esclaves et de deux tiers de ses propriétés rurales ?

Il paraît, d'après le texte même de la loi Gombette, qu'il y eut des transactions faites entre les nouveaux et les anciens habitants ; mais on peut dire hardiment qu'elles furent conclues sur des bases tout à fait différentes. Fondées sur des besoins mutuels, elles obtinrent sans doute le libre consentement des deux parties contractantes, et la loi n'eut à s'occuper que de celles qu'elle imposait au vaincu et qui constituaient pour lui un sacrifice auquel la nécessité des temps pouvait seule le décider à se soumettre.

Ici il devient nécessaire d'entrer dans quelques détails historiques au sujet de l'invasion bourguignonne. Elle prit naissance en 406, où l'on voit apparaître ses bandes sous la conduite de leur roi Gondichaire; mais ce ne fut alors qu'une première tentative : leur établissement réel dans les Gaules ne date que de l'empereur Honorius, en 413, et, si l'on en croit l'évêque d'Avenches, ce ne fut qu'en 456 seulement qu'eut lieu le partage des terres. Or la loi Gombette lui fut postérieure d'un grand nombre d'années : ce ne fut que vers 500 ou 502 que Gondebaud.

le roi bourguignon législateur, rédigea ou refondit le code de cette nation, dont il ne possédait qu'une portion avant cette époque, et ce prince mourut en 516.

Il y avait donc plus de quarante ans d'écoulés depuis le partage quand parurent ses ordonnances. Ainsi on ne peut songer, comme l'insinue M. de Coulanges, à le mettre en doute, parce qu'il n'a pas pour source le texte promulgué si longtemps après; mais il n'en est que plus certain à mes yeux, puisqu'elles n'en parlent point comme d'une opération qui doit se faire, mais comme d'un événement qui a eu lieu depuis longtemps, et qu'elles en entretiennent tout un peuple pour lequel il eut une énorme importance et dont la majeure partie, encore existante, se rappelle d'en avoir été le témoin et même la victime.

On voit clairement, par ce rapprochement de dates, que ce ne fut point sous le législateur Gondebaud qu'eut lieu cette cruelle opération, dont il est appelé à modifier les conséquences, mais bien sous l'empire des anciennes lois germaines, qui n'avaient point encore été mitigées, comme elles le furent sous son règne et par le christianisme et par la cohabitation avec les peuplades régies par la loi romaine. Il en résulte que ce n'est point dans une législation venue plus tard que nous pouvons trouver des éclaircissements sur le mode qui présida à cette révolution sociale, et qu'il est indispensable, pour le comprendre, d'avoir recours aux très-anciens auteurs qui ont traité cette question, et de chercher dans Tacite et dans César des données sur la manière dont les anciens Teutons comprenaient à leur époque la propriété rurale, qui avait alors un caractère si différent de ce que nous la voyons devenir parmi les populations civilisées de notre siècle; ce qui modifie considérablement les difficultés que l'on pouvait trouver alors à en disposer ainsi qu'on le fit dans cette occasion.

Montesquieu, dans son ouvrage sur *L'esprit des lois* (livre XVIIIe, chapitre 22), a écrit à ce sujet : « Nous savons par Tacite et César que les terres que les Germains cultivaient ne leur étaient données que pour l'année, après quoi elles redevenaient publiques ; car ils n'avaient pour patrimoine que leurs maisons et un morceau de terre situé dans l'enceinte qui était tracée tout autour. »

On comprend que la possession rurale, enchaînée par des limites si étroites, n'avait alors qu'une bien médiocre importance, à côté de celle qu'elle a prise de nos jours. En disposer ne devenait donc plus pour un souverain une entreprise aussi colossale. Cette réflexion suffit pour réduire à peu de chose les objections que M. de Coulanges fait contre l'impossibilité d'une pareille opération, et va nous aider à comprendre comment un acte de ce genre ne souleva pas tout le peuple conquis, et comment, avec de faibles sommes données au moment opportun, il put espérer de retirer des mains du soldat le patrimoine de ses ancêtres et échapper à une législation qui était plus effrayante dans son texte que dans les actes auxquels elle allait donner suite.

Ce n'était donc aux yeux du barbare lui-même qu'une propriété encore plus incomplète que celle à laquelle il était habitué dès son enfance, que son souverain lui accordait comme récompense sur la terre gauloise où il désirait former un établissement. Elle n'était pas probablement restreinte à la jouissance d'une seule année, comme la précédente; mais elle n'en devait pas moins avoir un terme plus ou moins long, après lequel elle retombait dans le domaine public, suivant l'usage; et il ne devait donc s'y attacher que jusqu'à un certain point et bannir toute idée de la transmettre jamais à sa postérité. Aussi ceux qui profitèrent de ces largesses se montrent-ils, dans les articles de la loi Gombette, médiocrement jaloux de les conserver. Ils désirèrent, paraît-il, les revendre à leurs anciens propriétaires; et Gondebaud est obligé de rédiger un article pour les empêcher d'aliéner, (ainsi qu'ils le faisaient probablement avant son règne,) des propriétés communes entre les anciens habitants et les nouveaux colons, sur lesquelles il comptait pour fusionner les Gallo-Romains et les barbares et former une nation homogène de deux peuples dont les mœurs, les lois et les langages semblaient à tout jamais devoir faire sur le même sol deux nations mortellement ennemies.

Son intention n'est pas douteuse à cet égard, et il rédige des articles pour entraver des cessions si contraires à son but politique. Il commence par en interdire la vente au Bourguignon, et ne la tolère qu'au cas où il la fait à l'ancien propriétaire; car l'indivision peut parfois être bien difficile avec lui. Il veut, tout au moins, que cette acquisition lui soit proposée et n'admet que sur son refus tout autre acquéreur. Mais il va encore plus loin dans un autre article de sa loi et décide que la vente, même faite à l'ancien possesseur, sera nulle, si le barbare, qui est par son imprévoyance disposé à échanger contre de l'argent cette quasi propriété, ne se trouve pas après possesseur d'une autre terre où il puisse établir son domicile.

On comprend donc maintenant que le Germain, entravé par les conditions si étroites de sa concession, ne dépossédait pas complètement le Gallo-Romain, son prédécesseur; qu'il s'en dessaisissait volontiers pour quelque argent; car, vis-à-vis de son chef militaire, ce n'était qu'une jouissance passagère qu'il avait reçue; elle restait toujours à sa discrétion, et il pouvait sans indemnité l'en dépouiller dans un temps non fixé dans la nouvelle législation, mais court certainement, puisque l'ancien usage ne lui accordait qu'une année. On peut donc dire, avec M. de Coulanges, que les Gaulois ne furent pas expropriés, dans la rigueur de la signification donnée par notre code à ce terme. Nous allons voir maintenant qu'ainsi que M. de Coulanges l'a compris dans son ouvrage, cette quasi expropriation ne fut pas, à ce qu'il paraît, une mesure appliquée à l'entière population gauloise.

On voit, par les profondes études que le même auteur a publiées sur les dernières années de l'empire romain, que toutes les terres n'y étaient point alors soumises à des taxes uniformes. La noblesse à cette époque *(majores personæ, senatores)* était exempte de certaines redevances payées par le reste de la nation; mais, en échange, elle supportait seule des charges bien autrement ruineuses que celles imposées au menu peuple : c'étaient celles de la curie, qu'elle fuyait parfois en abandonnant ses propriétés; celles des jeux du cirque, des sacrifices du culte, etc., taxes qui n'avaient d'autre compensation que le relief qu'elles donnaient parmi le peuple à certaines familles.

Ce ne fut qu'elle, à ce qu'il paraît, qui supporta ce prélèvement que les barbares se réservèrent sur les terres et les esclaves consacrés à leur culture; c'est du moins ce qui paraît résulter du témoignage de Marius, évêque d'Avenches en Suisse, contemporain de l'époque du partage. « Cette année (l'année 456), dit-il, les Bourguignons occupèrent une partie de la Gaule, dont ils divisèrent les terres avec les sénateurs gaulois. » *(Eo anno, Burgundiones partem Galliæ occupaverunt, terrasque cum gallicis senatoribus diviserunt.)* Ce témoignage, qui s'explique si naturellement par les faits, me semble l'emporter de beaucoup sur celui de Frédégaire, dont on ne connaît pas la personnalité et dont on ne présume l'époque que parce que sa chronique finit en 666; ce qui prouve qu'il vivait au moins deux cents ans après le partage et cent cinquante ans après que Gondebaud se fut dans ses lois efforcé d'en faire disparaître les traces.

Il nous reste encore à examiner le grand argument de M. Fustel contre l'existence du partage, c'est-à-dire le peu de plaintes qu'il excita parmi la population gallo-romaine, ou tout au moins le peu qui nous en est parvenu, tandis que nous trouvons partout celles de l'Auvergne, pillée et dévastée par les Francs vers ce temps-là, et que nous savons cependant qu'ils n'avaient point songé à la dépouiller de ses terres.

Pour répondre à cette absence de clameurs en Bourgogne à la suite d'une mesure à laquelle on n'avait point soumis l'Auvergne, il faut remarquer que cette contrée n'avait point, comme l'autre, des Sidoine Apollinaire et des Paulin pour nous les transmettre et les faire valoir; que l'indifférence pour l'histoire était telle à cette époque que ce n'est que comme ouvrages pieux ou littéraires que ces témoignages nous ont été conservés, et qu'il n'y a rien d'étonnant à ce que l'on ne nous ait pas transmis des écrits privés de ces deux caractères. Au reste, la loi Gombette supplée parfaitement à cette importante lacune; elle nous montre les graves désordres qu'une mesure si acerbe avait jetés dans toute la Bourgogne et les efforts que son souverain législateur fit pour calmer les rancunes des populations et en amoindrir les conséquences.

On voit ce prince écrivant dans un des articles de son code, titre 54, article 1er : « Malgré la défense qui fut faite à notre peuple, lorsqu'il reçut le tiers des esclaves et les deux tiers des terres de notre munificence ou de celle de notre famille, de ne rien exiger de semblable dans le lieu où l'hospitalité lui a été assignée, nous nous apercevons qu'au mépris du danger qu'il court il a transgressé nos ordres. Nous ordonnons donc que ceux qui ont éprouvé ainsi notre munificence rendent à l'instant même les terres qu'ils détiennent à leurs hôtes. »

On voit par cet article qu'il y eut des Germains dotés avec les terres du fisc et d'autres seulement avec celles de leurs hôtes; enfin une troisième catégorie de Bourguignons, contre lesquels le roi fait des menaces, qui cumulent les deux indemnités et voudraient conserver les terres des Gallo-Romains après avoir reçu du souverain la portion de territoire du fisc qui leur était donnée comme équivalent de leurs droits sur les hôtes.

Gondebaud est encore plus explicite dans son article 2me du même titre. Il défend que les anciens possesseurs soient molestés par des réclamations injustes des soldats bourguignons, admis chez eux aux droits de copropriétaires, et veut que ce soit la moitié des défrichements que le nouveau venu leur remette ; un précédent article n'accordait qu'un tiers au Romain propriétaire.

Il défend, dans le titre 55, article 1er, au barbare de s'immiscer dans les procès de son hôte et ne l'admet à plaider qu'au cas où il aurait obtenu l'entière propriété du sol. Au titre 57, il veut que l'esclave qu'il aurait affranchi continue à dépendre de l'ancien maître gallo-romain et ne le reconnaît comme libre qu'au cas où celui-ci ferait aussi l'abandon de sa tierce partie, etc.

Enfin, s'apercevant que ses leudes et ses comtes n'observent qu'imparfaitement ses prescriptions à ce sujet et continuent à favoriser autant qu'ils le peuvent, aux dépens des Gallo-Romains, les Bourguignons, leurs anciens frères d'armes, qui sont devenus les *hôtes* depuis la conquête, le souverain oublie un instant son rôle de législateur, s'emporte contre eux et leur adresse des menaces. « Sachez, dit-il, que les effets de notre colère retomberont sur vous, si vous négligez de tirer une vengeance éclatante de toutes les infractions qui pourraient être faites à la présente loi. » (Titre 54, art. 4.) Et ces paroles à ses officiers ne constituent pas une vaine formule, car je ne les trouve employées dans tout ce code qu'à la fin de ce chapitre, qui est consacré à règlementer les suites du partage.

On voit par tout ce que je viens de citer qu'il est indubitable qu'un droit de jouissance sur les fortunes d'une classe privilégiée ait été accordé aux Burgondes envahisseurs par leur souverain, lors de leur établissement dans la Gaule; qu'il est certain qu'il souleva de vives réclamations parmi la classe riche, dont un tiers de la fortune était compromis, si ce n'est totalement enlevé; que le souverain bourguignon qui succéda à celui qui avait présidé à l'invasion fit son possible pour apaiser les plaintes et sortir des embarras causés par cette dilapidation de la fortune particulière; qu'il chercha, autant que possible, à faire rentrer dans les mêmes mains la jouissance et la nue propriété des terres, dont la division est si fatale à l'agriculture; enfin qu'il ne craignit pas de prendre contre son peuple et contre ses premiers officiers le parti des vaincus, et tempéra, autant que possible, les rigueurs exercées contre eux par ceux de ses prédécesseurs qui les avaient anciennement dépouillés.

Malgré tous ses efforts, il n'est pas douteux qu'un tel arrangement entre deux nations ennemies ne fut l'origine de nombreuses querelles et même de voies de fait entre deux possesseurs dont les droits ne pouvaient être parfaitement définis. M. de Coulanges, page 543, nous donne un exemple de ce genre, qui prouve que la Bourgogne ne fut pas la seule contrée qui eut à s'en plaindre. Un chroniqueur, dit-il, raconte qu'une troupe d'Alains au service de l'Empire, ayant été établie sur le territoire d'une cité par l'ordre de l'empereur, entra bien vite en querelle avec ses anciens habitants et fut obligée de les chasser tout à fait pour mettre fin à tous les ferments de litige.

Les Francs, plus adonnés à la vie de soldat que les Bourguignons, qui comptaient dans leurs rangs d'habiles ouvriers pour les constructions, ne paraissent pas avoir dépouillé les vaincus de leurs terres, qu'ils ambitionnaient médiocrement, ne leur enlevant guère que des richesses et des esclaves. Aussi leurs lois baptisaient leurs possessions du nom de *terræ aviaticæ*, terres des ancêtres. Il n'en fut pas de même pour celles des Visigoths et des Bourguignons, que leur langue juridique qualifiait du nom de *sors*, qui était par la suite devenu le synonyme de l'expression franque et signifiait simplement *héritage*, mais qui pouvait très-bien avoir été pris d'abord dans un autre sens et indiquer dans le principe un tirage au sort comme source du droit de propriété.

Pour terminer cette trop longue dissertation, en laissant de côté tous les textes cités, on arriverait encore à la conclusion que j'indique. Comment admettre, avec M. de Coulanges, que les Bourguignons soient venus dans la Gaule uniquement pour aider les habitants dans la culture de leurs terres ? Comment croire que les terres du fisc, quelque considérables qu'on les suppose, suffirent pour les indemniser, leur fournirent les deux tiers de l'étendue arable du pays et les esclaves suffisants à sa culture ? Ces terres fiscales ne furent point encore toutes distribuées dans cette circonstance, et elles suffisaient plus tard à la couronne des souverains bourguignons, dont elles étaient les domaines privés et presque l'unique revenu.

Il est impossible d'admettre une telle conclusion, et, même en l'absence de tous les textes que nous avons rapportés, la logique obligerait à croire que la propriété privée ne fut alors nullement respectée et qu'on y puisa largement pour adoucir et désarmer les barbares envahisseurs.

Ce ne fut pas, si l'on veut, au moyen d'une expropriation proprement dite, ainsi que l'affirme M. de Coulanges; ce mode, tel que nous le comprenons, n'eût peut-être, comme il le fait remarquer, pas été supporté par le peuple gaulois. Mais, si l'on veut absolument se servir d'un terme juridique pour désigner cet acte, ce fut par une hypothèque légale, frappée, non sur toutes, mais sur un grand nombre de terres, avec accompagnement de garnisaires, jusqu'à l'époque où, au moyen d'une finance, l'ancien possesseur obtiendrait d'eux leur déguerpissement.

Note, chapitre des empereurs allemands rois de Bourgogne, p. 43.

UN DUEL JUDICIAIRE.

Il existe dans le cartulaire de Saint-Barnard une pièce (la charte N.° 140), dont l'authenticité ne saurait être mise en doute, qui donnerait de bien précieux renseignements sur la formation de l'allodialité dans notre province, si elle nous avait été transmise avec toute la lucidité désirable.

Par malheur, elle est du nombre, considérable à cette époque, de celles qui ne portent point de date. On pourrait, malgré cet inconvénient, parfaitement s'en servir pour cet usage; mais on y rencontre encore une difficulté bien autrement embarrassante, c'est que, les noms de famille commençant alors à peine à paraître, les personnages qu'elle nomme ne sont désignés que par des noms de baptême; ce qui réduit à de simples conjectures les renseignements qu'elle peut nous donner. Nous allons cependant essayer d'en tirer quelques indices sur le sujet qui nous occupe.

Nous avons dans l'introduction (page 16) indiqué au lecteur que l'Église, au temps de Louis le Débonnaire, avait tenté une révolution en France, en essayant de supprimer en bloc toutes les lois que les Barbares nous avaient apportées des forêts de la Germanie. Nous avons montré qu'en 817 elle avait obtenu presque un succès complet à l'assemblée d'Aix-la-Chapelle; mais que quatre ans plus tard tous ses projets étaient renversés par le plaid de Worms, et qu'elle était obligée d'abandonner définitivement une réforme bien désirable, mais encore beaucoup trop prématurée. Elle fut donc forcée de se soumettre de nouveau non-seulement à la loi franque, mais à celle des Burgondes, des Ripuaires, en un mot à toutes ces législations dont la suppression subite avait exaspéré les barbares sectateurs.

Deux siècles plus tard, vers la fin du XI°, la loi Gombette régnait tellement encore en Dauphiné que les ecclésiastiques eux-mêmes, malgré leurs immunités et tous leurs priviléges, étaient contraints de s'y soumettre, et que tout le chapitre de Saint-Barnard, dans une contestation de médiocre importance, était, bien à contre cœur certainement, obligé par elle de présenter un champion prêt à mourir le glaive à la main pour soutenir sa juste cause.

Ce fait était un trait trop caractéristique des mœurs de cette époque pour ne pas avoir attiré l'attention de tous ceux qui ont écrit sur notre histoire ; mais il a par sa date une importance pour nos chroniques locales qui semble avoir échappé à ceux qui s'en sont occupés, et nous allons entrer dans quelques détails sur les formes et les règles qui présidèrent au jugement auquel cette contestation servit de prélude.

Lorsque l'empire romain prit une extension telle qu'il n'était plus possible de réunir tous les plaideurs dans sa capitale, les empereurs donnèrent à leurs gouverneurs l'*imperium*, c'est-à-dire le droit de juger dans toute l'étendue de leur territoire administratif [1]. Ils ne devaient point attendre dans leur résidence les plaideurs ou les criminels, mais se transporter dans leurs districts et juger sur les lieux mêmes et les procès et les crimes. Des règles sévères leur étaient imposées. Ils devaient juger dans un lieu public, et non dans leur domicile particulier, devant une nombreuse assemblée et secondés par un certain nombre d'assesseurs, qu'ils pouvaient choisir, mais seulement parmi les habitants du pays distingués soit par leur capacité, soit par leur réputation et leur fortune.

L'empereur lui-même, quand il rendait la justice, était tenu

---

(1) *Institutions de l'ancienne France*, par FUSTEL DE COULANGES, p. 164.

de s'entourer de conseillers, mais, ainsi que dans le cas précédent, il ne rédigeait point la sentence, qui appartenait à leur seul président. La majeure partie de ces dispositions furent adoptées par les barbares après la chute de l'empire romain.

Un passage de Tacite d'ailleurs nous fait voir cette jurisprudence en usage chez les Germains, même avant leurs invasions [1]. Leurs chefs, dit-il, se transportent d'un village à l'autre pour y rendre la justice et sont tenus d'y choisir une centaine d'habitants pour servir d'assesseurs. On les désigne sous le nom de *rachimbourgs* (boni viri) [2]. Quand le souverain juge en personne, ces conseillers sont pris dans des classes plus élevées et portent les titres d'*optimates* et de *procères*, car on y voit parfois ses principaux officiers. M. Fustel de Coulanges cite deux arrêts de ce genre. Clovis III en 692 a parmi ses assesseurs 4 évêques, 3 *optimates*, etc., et dans un autre, l'année suivante, 12 évêques, 12 *optimates*, 8 comtes, etc.

Comme le jugement dont nous allons nous occuper fut prononcé par le souverain même de la Bourgogne, c'est donc parmi cette haute classe que furent choisis les rachimbourgs dont nous allons examiner les signatures.

On comprendra aisément quelle clarté cette étude jetterait sur la formation des petits états allodiaux que nous allons voir paraître, si on pouvait déduire de ce travail, non-seulement le nom de famille adopté par leurs descendants, mais encore la portion du territoire où s'exerçait leur influence. Par malheur, nous sommes loin de pouvoir espérer des résultats si décisifs, et, grâce aux noms de baptême uniquement employés, nous sommes obligé de nous contenter de vagues indices et sur les futurs suzerains du pays et sur les chefs de la guerre contre l'Allemagne, qui existaient encore dans cette assemblée ou y étaient tout au moins représentés par leurs héritiers immédiats. Jetons d'abord un coup d'œil sur le jugement.

---

(1) *Institutions de l'ancienne France*, par FUSTEL DE COULANGES, p. 299.
(2) *Idem*, p. 447.

Le procès et le jugement.

Le 21 août 1066, Henri étant empereur et Léger archevêque de Vienne, un chanoine de l'église de Romans, nommé *Oddo*, fit donation à son chapitre de la moitié du cimetière de Saint-Paul, dont il était propriétaire; l'autre moitié appartenait à son frère *Alcherius*.

Plusieurs années après, mais on ne sait combien, le fils de cet *Alcherius*, frère du donateur, portant le nom de Didier, s'était mis en possession de toute cette église et déniait au chapitre de Saint-Barnard et la donation de la moitié du cimetière faite aux religieux par son oncle *Addo* et le consentement que son père *Alcherius* aurait, disaient-ils, donné à cette libéralité.

Il est bien clair que ces deux actes ont rapport à la même affaire et que le second, quoique non daté, lui a été postérieur de peu d'années, puisque l'on interroge des témoins probablement contemporains du premier acte, et que l'une des parties conteste non une donation d'ancêtre, mais une libéralité de son père et de son oncle.

La contestation étant donc ainsi engagée, les chanoines de Saint-Barnard allèrent se plaindre au prince Guillaume, qui, dit l'acte, était entouré de ses assesseurs et d'une multitude de personnes, et lui offrirent de prouver en justice leur bon droit au moyen d'un champion, un homme, disaient-ils, *instructum ad bathaliam*, préparé ou dressé au combat. Cette pièce, d'une concision désespérante, comme toutes celles de l'époque, laisse à deviner où se passait cette scène. Mais, question bien plus difficile, quel pouvait être en Bourgogne ce prince Guillaume, qu'on y voit figurer en juge souverain et que les nombreux auteurs qui ont copié ce passage, remarquable par l'étrange requête des chanoines, ne se sont nullement occupés de désigner autrement que par son nom de baptême ?

D'après ce que nous avons dit de la justice chez les Germains et à la fin de l'Empire, il est clair que la salle d'audience était l'église de l'abbaye ou plus probablement encore celle même de Saint-Paul. Si le jugement eût été prononcé à Vienne ou dans toute autre ville princière, il est certain que les religieux, malgré leur aversion des détails inutiles, n'auraient pu se dispenser d'en informer la postérité.

Mais la question concernant le prince Guillaume est bien autrement difficile à résoudre. Ce n'était point un arbitre, car l'acte eût contenu l'accord des deux parties sur le choix qu'elles en avaient fait. Il était sur les lieux et on n'avait pas eu besoin de l'aller chercher au loin. Il est clair, d'après le texte, que ce personnage ne pouvait être autre que le seigneur suzerain des deux parties, dont l'une possédait la ville de Romans et l'autre le territoire d'Albenc, dans le département de l'Isère, qui en est à une certaine distance. Il faut donc, pour résoudre cette question, trouver à l'époque contemporaine de l'acte un comte de Bourgogne du nom de Guillaume, qui, par sa naissance, ait le droit de porter le titre de prince et qui, par suite de sa possession actuelle du pouvoir, soit dans l'obligation de rendre justice aux deux parties contendantes.

Le prince Guillaume, ayant donc, suivant la législation que nous avons indiquée, constitué son tribunal en présence de la multitude et y ayant en qualité d'assesseurs installé un certain nombre de conseillers, auxquels le jugement donne le titre de *magnats*, réservé alors à tous ceux éminents dans le pays soit par leur naissance, leurs fonctions ou leur fortune, écouta les plaintes du clergé de Romans et reçut leur offre de prouver par le combat la justice de leur cause.

Ce n'était point d'après la loi des Francs que ce jugement allait être rendu, car les articles qui concernent le duel judiciaire ne se trouvent que dans les lois des Ripuaires et des Bourguignons, et la loi Gombette seule est parfaitement précise sur cette matière. Le titre 8, article 2, veut que lorsque le serment est déféré aux plaideurs, celui qui le refuse soit soumis à l'épreuve du jugement de Dieu, etc., etc. Le titre 45 va même jusqu'à donner au défendeur le droit de rejeter le serment de l'autre partie, en lui imposant le duel judiciaire. Enfin le titre 80, article 2, veut que, la mort de l'un des champions démontrant la fausseté des serments de tous ceux qui ont juré qu'il était dans son droit, chacun d'eux soit condamné à 300 sous d'or d'amende, la mort d'un seul, dit la loi, ne pouvant effacer le crime de tous; et l'article suivant veut que la même peine atteigne quiconque a engagé le défaillant à combattre, etc.

Le prince qui présidait au jugement ayant transmis à Didier l'offre des chanoines et voyant celui-ci refuser le combat singulier : Pourquoi, lui dit-il, refuses-tu ce jugement par le duel ? Fais donc toi-même le serment que tu es le seul possesseur de l'église de Saint-Paul.

Didier refusa encore cette seconde proposition, et, à sa demande, le prince Guillaume ordonna que les chanoines, revêtus de tous leurs ornements sacrés, jureraient la réalité de leurs droits sur l'église en litige. Mais lorsque leur adversaire vit que six d'entre eux se revêtaient de leurs chapes et se disposaient à prêter le serment qu'il leur avait déféré, il eut honte de sa conduite, déclara qu'il abandonnait la contestation et les reconnut seuls propriétaires des immeubles en litige, se réservant seulement que le chapitre donnerait un canonicat à son fils, s'il entrait dans les ordres, et qu'il aurait lui-même droit à sa sépulture dans l'abbaye.

Cette petite contestation, où la vie barbare se montre encore dans toute sa naïveté, a vivement frappé tous les auteurs qui ont écrit sur notre histoire. Ils se sont étonnés à juste titre de la vivacité avec laquelle tout un chapitre ecclésiastique et un magnat du voisinage s'étaient disputé un simple cimetière et une église de campagne, qui ne pouvaient offrir un bien grand intérêt ni pour l'une ni pour l'autre des parties contestantes, et pour lesquels cependant elles se soumettaient toutes les deux à une législation aussi draconienne que celle que nous venons d'indiquer.

M. Dochier, dans son *Essai historique sur Romans*, page 30, nous donne peut-être le motif réel de cet acharnement des plaideurs dans cette circonstance. Ce Didier, dit-il, l'adversaire de l'abbaye, n'était autre que Guigues-Didier, bien connu par les reliques de saint Antoine, dont il avait hérité de son parent Josselin, qui les avait rapportées de la Terre-Sainte et ne s'en séparait jamais, même quand il allait à la guerre.

Le pape Urbain II, ayant trouvé répréhensible l'usage qu'il faisait de ce saint dépôt, l'avait menacé d'une excommunication s'il ne le remettait entre les mains des ecclésiastiques et ne le plaçait dans un lieu stable, où il pût être vénéré par les fidèles. Averti par cette menace au premier possesseur des reliques, Didier avait résolu, à ce qu'il paraît, de les déposer dans cette église de Saint-Paul, qu'il disputait avec tant de ténacité aux chanoines. Mais ceux-ci, trouvant ce lieu beaucoup trop rapproché de leur église de Saint-Barnard, célèbre par les pèlerinages aux saints martyrs Félicien, Séverin et Exupère, et redoutant le voisinage d'un saint aussi renommé que le patriarche des cénobites, ne négligèrent aucun moyen pour déranger ce projet, et l'obligèrent par leur opposition à construire une église spéciale à la Motte-Saint-Didier, qui par suite de cette fondation changea de nom et devint célèbre en Dauphiné sous celui de bourg de Saint-Antoine.

Après avoir mis le lecteur au courant de cette singulière affaire, il nous reste à appeler son attention sur le rapport que ce jugement a avec la matière traitée dans ce volume, l'allodialité dans la Drôme, dont il dévoile en quelque sorte la portion la plus difficile à étudier, c'est-à-dire son établissement dans notre pays, qui avait été jusqu'alors à peu près sous la seule dépendance d'un souverain unique. Il faut, avant toute autre considération, se rappeler l'époque où se réunit cette assemblée judiciaire. Elle est, comme nous l'avons dit, très-rapprochée, à ce qu'il paraît, de l'année 1066, où fut signé l'acte qui donna naissance à la contestation.

Or, cette époque était bien voisine de 1043, où nous avons dit, dans notre introduction, que s'était signée la paix avec l'Allemagne, et où l'empereur Henri III, après son mariage avec Agnès de Poitiers, qui en fut le gage, avait renoncé en quelque sorte à l'exercice de sa domination en Dauphiné et abandonné à ses populations le droit de se gouverner à leur guise.

C'était donc un des premiers actes de cette nouvelle indépendance auquel ce jugement nous fait assister, et il serait bien curieux, si les notions qu'il nous donne étaient plus précises, de voir au milieu des troubles quel était le gouvernement qui avait succédé en Bourgogne à celui de l'Empire, ou tout au moins de connaître les chefs qui s'étaient emparés du pouvoir, après avoir soutenu la guerre, et dont les héritiers vont établir de petits états chez les diverses populations que leurs auteurs viennent de conduire à la victoire.

On voit par l'énumération des personnes réunies dans ce conseil que tous ces personnages, comtes, barons, suzerains un peu plus tard, n'ont encore aucun titre officiel qui établisse une hiérarchie parmi eux, et sont uniformément désignés par l'acte sous la qualification de *magnats*, qui semble une simple appellation honorifique. Ils ne paraissent encore ni chefs de clan, puisqu'ils ne représentent pas des populations distinctes entre elles, ni même des chefs de famille, puisque leurs parents et leurs enfants mêmes ne sont point du même nom qu'eux et semblent des individualités indépendantes de leur personne; ce sont des notables appelés à créer une nouvelle société au lendemain d'un chaos qui a fait disparaître l'ancienne et bouleversé toutes les positions sociales. De vieilles prérogatives existent cependant encore, puisqu'ils ont pris pour chef un héritier quelconque de l'antique famille qui gouvernait avant le cataclysme amené par la guerre civile.

Le prince Guillaume.

C'est dans l'histoire si obscure des comtes de Mâcon et des sires de Salins qu'il faut aller chercher ce membre de la maison de Vienne, qui prend alors possession de la Bourgogne en quelque sorte par droit d'héritage ; et les auteurs qui ont écrit sur son avénement sont loin d'être d'accord sur les causes de son élévation au pouvoir, qui sont l'élection, tout au moins autant que sa descendance des anciens souverains d'Arles et de Bourgogne. Il faut remonter à son grand-père pour comprendre quelque chose à son histoire.

Lorsque Charles-Constantin, fils de Louis l'Aveugle, eut été dépouillé de ses états et réduit au comté de Salmorenc, ses héritiers gardèrent encore une grande autorité dans la ville de Vienne, dont ils conservaient le titre de comtes. L'un d'eux, du nom de Paton, laissa une jeune veuve, Gerberge, qui se remaria à Odalbert, duc de Lombardie, et en troisièmes noces avec Eudes ou Henri, duc de Bourgogne et frère du roi Hugues-Capet.

Elle avait eu un fils de son premier mariage avec le comte de Vienne, qui s'appelait Otto-Guillaume, et elle eut l'adresse de le faire adopter par son troisième époux, qui lui laissa la Bourgogne en héritage. Mais Robert, fils de Hugues-Capet, n'admit nullement un arrangement qui le privait d'une si belle province. Il lui fit la guerre et lui enleva toute la portion qui s'appela plus tard le duché de Bourgogne, ne lui laissant que la partie qui depuis lors prit le nom de Franche-Comté.

L'empereur Henri, qui avait hérité des droits de ses prédécesseurs sur des populations qu'il regardait comme définitivement annexées à l'empire, était alors absorbé par sa guerre de Pologne et de Hongrie; de sorte qu'Otte-Guillaume put jouir avec une certaine sécurité de la partie de la Bourgogne qui lui était restée, y joindre son comté de Vienne et laisser le tout à son fils Raynaud, comme le légitime héritage de ses pères. Aussi ce dernier fut-il très-étonné quand l'empereur, revenu de ses lointaines conquêtes, vint réclamer les anciens sujets de l'Empire. Il refusa péremptoirement de les lui rendre, et Henri, le voyant vivement soutenu par des populations toujours fidèles au souvenir de leur roi Bozon, traita, à ce qu'il paraît, avec lui et devint même son neveu, en épousant sa nièce, fille de Guillaume, duc d'Aquitaine, mais sans renoncer à ses droits, bien qu'il lui laissât léguer la Bourgogne à son fils Guillaume Tête-Hardie.

Telle est sur cette phase de notre histoire la version de Moreri, de Chorier, de Mermet et de nos auteurs dauphinois, qui, après examen de nos chroniques, la regardent comme la plus vraisemblable. Duchesne émet une autre opinion et croit que ces droits sur le Dauphiné proviennent d'un mariage avec Gertrude, unique héritière d'un comte de Vienne du nom de Gérard. *L'art de vérifier les dates* partage cette opinion, en appelant toutefois Henriette l'héritière du Dauphiné, et fait Otte-Guillaume fils du second mariage de sa mère avec le duc de Lombardie.

Peu importe au reste cette petite discussion pour notre article. Il est bien possible que les droits de Guillaume Tête-Hardie fussent assez douteux; mais son pouvoir réel sur le Dauphiné à l'époque du jugement qui nous occupe n'a été méconnu par personne. Comme nous l'avons dit, page 51 de l'introduction, il faisait des chevauchées avec les chevaliers de Vienne, en datait les actes de son nom, avait un trésor, qui se montait à 150,000 écus, somme prodigieuse pour l'époque, accordait son alliance au pape et à d'autres princes voisins. Enfin on trouve sa puissance en Dauphiné parfaitement constatée par une lettre de l'empereur Conrad, qui bien longtemps après, en 1146, écrit à Humbert, archevêque de Vienne, à propos de troubles dans cette ville : « Vienne et sa forteresse Pipet sont, d'après nos archives, tellement soumises à notre puissance que nous n'y souffrirons pas d'autre seigneur que nous, et que nous cassons et abrogeons toutes juridictions usurpées par des laïques, *spécialement celle que Guillaume de Mâcon eut la témérité de s'attribuer dans cette ville* ».

Ce témoignage de la part du successeur de son compétiteur au gouvernement de la Bourgogne est trop positif pour laisser quelque doute au sujet de la toute-puissance qu'exerça à Vienne Guillaume Tête-Hardie. Quant à l'accusation d'usurpation qui l'accompagne, elle est plus suspecte dans la bouche d'un empereur d'Allemagne. Il est plus probable qu'il passa avec l'empereur Henri quelque traité, qui a disparu dans la suite; car l'histoire ne nous parle plus de leur mésintelligence [1]. Elle nous montre en 1087 Guillaume de Mâcon recevant à Besançon, dans son palais, ce même empereur, contre lequel il avait défendu son héritage, ce qui prouve bien que leur querelle était terminée et qu'ils n'avaient point été des ennemis irréconciliables.

Voilà à peu près tout ce que l'histoire nous dit de ce comte de la maison de Vienne. Il avait succédé à son père Raynaud en Bourgogne en 1057 et il mourut le 11 novembre 1087. Il gouvernait donc ce pays six ans avant l'époque de l'acte de donation qui fut cause du jugement et vingt-quatre années après ce premier fait, le seul qui soit daté. Sa mort peut donc en quelque sorte servir de limite extrême à la procédure que nous avons examinée; car, après ce que nous venons de voir, il me semble impossible de douter qu'il ne fût le prince Guillaume qui présida l'assemblée des magnats de Romans, et de trouver un autre personnage qui réunisse, comme lui, toutes les conditions requises pour formuler ce jugement entre deux parties aussi haut placées que le magnat d'Albenc et le chapitre suzerain de Romans. Le président de Valbonnais, qui seul, à

---

(1) *Les grands officiers de la couronne*, par le Père Enselme.

ma connaissance, avait osé donner une date approximative à l'arrêt de Saint-Paul, s'était trompé de peu d'années en la fixant vers 1096.

Il s'est élevé une autre question dans notre cartulaire au sujet du même prince Guillaume, et l'on s'est demandé si ce ne serait pas à lui que l'on devrait attribuer des donations considérables qui furent faites à ce même chapitre de Saint-Barnard, dans le courant du XIe siècle [1], par un personnage dans une haute position, qui n'est désigné que sous le nom de *Guillelmus Provincialis*.

Il n'y aurait rien dans cette opinion qui fût de nature à nous obliger de modifier ce que nous venons de dire, et il serait fort naturel qu'un prince de la Bourgogne ait fait des libéralités à une abbaye comme celle de Saint-Barnard, située dans l'une de ses principales villes. Cependant je doute fort qu'il y ait eu d'autre rapport que celui du nom patronymique entre ces deux personnages.

Il me semble qu'il y a une immense différence entre un prince rendant la justice à la tête de ses principaux vassaux à des plaideurs tels que ceux qu'il avait à juger, et un riche particulier qui fait de grosses libéralités en faveur d'une œuvre pie.

M. Peresc d'ailleurs, dans une note sur la famille de Morges [2], qui se trouve dans les manuscrits qu'il a laissés à la bibliothèque de Carpentras, donne une explication qui me semble probable à cette dernière énigme. Il y avait, dit-il, dans la maison de Vallavoir des seigneurs portant les noms de Raymond et de Guigues, et d'autres qui ne portaient que celui de Provençal. L'un d'eux, qui pouvait avoir épousé une héritière de la maison de Morges, a fait des donations en Dauphiné et a fondé en 1214 la Chartreuse de Durbon. Une note de M. Pilot, dans le *Journal du Dauphiné*, dit qu'en 1281 un seigneur de

---

(1) *Cartulaire de Saint-Barnard*, chartes 24 et 274.
(2) Peresc, *Manuscrits de Carpentras*.

Pariset donna des investitures considérables à Seissins à un Jean Provençal. Il est à remarquer que ces dates sont bien éloignées de l'acte de 1066, où le procès de Saint-Paul prit naissance.

Les assesseurs du prince Guillaume.

Le premier nom que nous trouvons sur cette liste de juges, après celui du prince Guillaume, possesseur à cette époque de la Bourgogne, semble avoir été mis à dessein pour nous convier à poursuivre cette recherche : c'est le nom de baptême de *Gontard*, que nous savons avoir été porté dès 956 par le premier des comtes de Valentinois dont les actes fassent mention, et qui, dans le court espace qui s'étend jusqu'au jugement dont nous nous occupons, semble avoir été dominant dans leur race, qui n'avait pas encore adopté celui d'Aimar, auquel elle fut si fidèle par la suite.

Deux de ses membres le portent à l'époque de l'assemblée de Saint-Paul. L'un est laïque et vit en 1037; mais on ne sait absolument rien de lui que son origine. L'autre, son neveu, est engagé dans les ordres, où il suit la plus brillante carrière. Évêque de Valence dès 1063, il occupe ensuite l'archevêché de Vienne pendant une grande portion de sa vie et possède ainsi la plus haute dignité de toute la Bourgogne. Malgré le caractère sacré dont il était alors revêtu, je ne serais nullement étonné que ce fût à lui, et non à son oncle le laïque, qu'eût été réservé le siége le plus voisin de celui qu'occupait le prince Guillaume; car il était alors le protecteur et le chef suprême de cette puissante abbaye de Saint-Barnard, qui ne pouvait paraître en justice sans son assentiment et même son ordre; et il était indispensable qu'il vînt, dans une contestation suivie dans des formes si solennelles, lui offrir sa direction et l'appuyer de tout le crédit que lui donnaient en Bourgogne les hautes fonctions qui lui étaient confiées. Quelle place eût-il pu occuper pendant le débat, si ce n'était celle-là même? Sa position de l'une des parties plaidantes n'était nullement alors un empêchement à ce qu'il figurât parmi le nombre des juges, peut-être même une raison pour y être admis; car nous voyons dans ce même jugement la partie adverse représentée par les noms de Didier et d'Alchieri, qui terminent la liste, siéger avec les autres magnats et délibérer avec eux en qualité d'assesseurs, certainement dans le but de les mettre en position de défendre leur cause.

La seule objection, ce me semble, que l'on pourrait faire en cette circonstance, serait que le jugement n'indique en aucune manière sa qualité d'évêque. Mais il faut remarquer que nous n'avons les noms des assesseurs que dans le préambule de l'acte, et non les signatures de la fin du jugement, et que dans cette pièce le prince seul est appelé par son titre, la qualification honoraire de magnat étant appliquée généralement à tous les grands qui l'assistent en justice.

Au reste, en examinant avec soin la vie de ce prélat, qui nous est connu par un certain nombre de chartes, on trouverait peut-être une raison particulière à ce silence du préambule sur un point qui n'était pas réglé encore. Gontard, fils de Hugues, comte de Valentinois, qui, dès 1063 évêque de Valence, négocia, comme nous l'avons dit (page 78), un important traité avec Léger, archevêque de Vienne, fut par deux fois appelé à siéger sur sa chaire archiépiscopale : la première après la condamnation pour simonie de l'archevêque Varmond, qui n'y fut réintégré qu'après avoir été à Rome plaider sa cause; la seconde à la suite de la mort de ce même archevêque.

Gontard, dans cette seconde occasion, géra six années entières les affaires de ce diocèse, et les populations étaient tellement persuadées qu'il resterait entre ses mains qu'une charte, N.° 123, de l'abbaye de Saint-Barnard, dont les religieux étaient cependant en mesure d'être bien informés, lui donne en 1084 le titre d'archevêque de Vienne, qui ne fut après Varmond porté que par son successeur Guy de Bourgogne. On comprend que sous l'empire d'une telle probabilité un tabellion ait hésité à ne lui assigner que le titre d'évêque de Valence et ait éludé la difficulté en tête d'un jugement, en le qualifiant avec les autres de son titre indiscutable de juge.

Le troisième magnat inscrit sur le registre porte le nom de baptême, étrange à cette époque, d'*Hector,* qui avait été probablement exhumé alors des prétentions légendaires des Francs à une origine troyenne. Ce nom, presque unique dans les vocabulaires dauphinois de ce siècle, me semble par cette raison à peu près l'équivalent d'un nom propre et ne peut guère s'appliquer qu'à Hector de Sassenage, qui en était peut-être alors l'unique propriétaire. Il est bon de remarquer ici, pour justifier la suppression du titre d'évêque au précédent, qu'on ne lui donne point la qualité de prince de Royans et que l'on ne le désigne également que sous celui de magnat, qui est commun à tous les assesseurs du prince Guillaume.

On sait fort peu de choses de la vie de cet époux de Cana. En 1080 lui et sa femme signaient la charte de Lancey (Cartulaire de Grenoble); ce qui prouve suffisamment qu'ils étaient contemporains de l'assemblée de Saint-Paul. Il avait eu avant des démêlés avec l'archevêque Léger, dont il n'avait pas voulu reconnaître la suzeraineté sur les terres qu'il possédait dans le Viennois; ce qui ne l'empêcha pas cependant de faire des donations à l'église de Vienne sous Varmond, son successeur. Les renseignements que l'on a sur son existence sont beaucoup trop vagues pour qu'on puisse en tirer quelques inductions sur l'époque précise de la réunion présidée par le prince Guillaume.

Au reste, voici, je crois, le moment de nous rappeler que ce n'est que sur de simples probabilités que nous continuons cette recherche, et de remarquer qu'à mesure que nous descendons dans l'examen de cette liste des assesseurs les documents nous font défaut. En le poursuivant jusqu'à son terme, nous arriverions à des personnages qui n'ont laissé aucune autre trace dans nos cartulaires que sur cette liste de noms de baptême, et dont, par conséquent, il serait tout à fait absurde d'attendre quelque éclaircissement pour notre histoire.

Il faut donc, je crois, nous arrêter aux trois personnages dont nous avons essayé de deviner la position et finir en nous contentant de donner les noms des quinze autres magnats inscrits à la suite. Ces noms peuvent piquer la curiosité du lecteur; mais il n'y a, je crois, aucune étincelle à en faire jaillir pour jeter un demi-jour sur la transition historique que nous avons étudiée et que nous trouvons si difficile à comprendre. Tous ces magnats d'ailleurs ne furent point des chefs de petites dynasties. Il en est naturellement que nous voyons en quelque sorte disparaître, et la mort, à cette époque comme à la nôtre, en fauchant parmi les héritiers des familles, s'inquiétait bien peu des projets ambitieux de leurs auteurs et abattait sans ménagement ceux dont la destinée semblait la plus digne d'envie.

A la suite des trois noms dont nous venons de nous occuper, la liste des magnats en contient quinze autres. Les voici dans l'ordre où elle les donne : Ricfroid, Guigues, Almann, Acardi, Ganenchi, Isarne, Guillaume, Barnard, Annon, Sylvion, Guido, Roricoris, Allaman, Didier-Guigues et Alcherius. Sans faire des recherches à leur égard, ainsi que nous l'avons dit, nous allons, pour satisfaire la curiosité du lecteur, indiquer par quelques mots les rapprochements que nous fournit notre mémoire.

Ricfroid. Une famille de ce nom avait de vastes propriétés près de Romans. On en retrouve les limites entre les ruisseaux de l'Herbasse et de Sillas. Elle fit des donations à l'abbaye en 918 et 950 et fournit à cette première époque un archichancelier à l'Italie. Ses possessions paraissent avoir passé à la maison de Clérieux.

Guigues. En 1100 et 1106 il y avait deux Guigues, propriétaires de la terre de Génissieux, près de Romans. L'un semble être le même que notre dauphin Guigues le Gros ou tout au moins faire partie de la même famille.

Acardi. Il appartenait peut-être à la famille de l'évêque d'Arles Aycard, en 1080, qui fut le principal auteur de l'établissement de la république d'Arles.

Sylvion. Ce nom avait été adopté par les premiers barons de Clérieux, et on en trouve un en 995 à l'assemblée politique d'Anse.

Almann ou *Allaman.* Ce nom est celui d'une famille qui devint des plus puissantes en Dauphiné et que Valbonnais, t. II, signale comme possédant toutes les terres entre le Drac et la Romanche jusqu'au Trièves. Elle est peut-être originaire de Pignerol en Piémont, car avant 800 il en est fait mention dans les chroniques de Savoie. En 1068 un chevalier de ce nom était propriétaire du château de Parnans, près de Romans. C'est peut-être lui qui figure sur notre liste.

Guidonis. En 1030 une veuve de ce nom donne beaucoup de terres à l'église de la Baume-d'Hostun, près de Saint-Nazaire.

Cette étrange législation sur le duel judiciaire était alors la justice commune en Bourgogne, et, ainsi que pourrait le croire le lecteur, n'était nullement l'effet du caprice d'un prince affranchi du joug de la loi par les perturbations qu'amena une guerre qui dépouilla l'empire de cette riche province.

Elle avait probablement alors de nombreux antécédents et ne peut s'expliquer par la fantaisie d'un suzerain, curieux de se donner un combat de gladiateurs et de voir s'entre-tuer deux champions devant une assemblée toute militaire.

Le cartulaire de Cluny (page 243, publication de M. Auguste Bernard) nous en a, dans la charte 251, conservé un exemple. Le 5 mai 925, sous le règne de Rodolphe, Bernon, abbé de Cluny, se présenta devant un tribunal de prud'hommes *(boni viri)* composé d'un grand nombre d'assesseurs, dont huit sont nommés dans l'acte, et, y interpellant *Ayduinus*, avoyer du couvent de Saint-Pierre *(advocatum Sancti Petri)*, lui demanda compte de l'héritage que son frère avait laissé à Avignon.

Ayduinus ayant répondu que depuis trente ans il avait été justement dévolu à son église, l'abbé de Cluny lui présenta un homme familier du couvent *(familiæ)* pour soutenir l'injustice de cet acte et le combattre en champ clos. L'avoyer de Saint-Pierre refusa ce duel judiciaire et fit, séance tenante, l'abandon de l'hérédité contestée.

Ce jugement fut beaucoup moins solennel que celui rapporté dans le cartulaire de Saint-Barnard, car il ne paraît pas qu'il ait été, comme l'autre, honoré de la présence du souverain. Le moine *Girfredus* le rédigea seul, remplissant, dit-il, les fonctions du chancelier, et il le data de la deuxième année du règne de Rodolphe, ce qui éloigne toute pensée d'anarchie révolutionnaire, les troubles suscités par les magnats n'ayant commencé que dans les dernières années de sa vie.

Note relative au chapitre des Bérenger, seigneurs de Peyrins,
p. 101.

Origine de la maison de Bérenger.

Chorier, ayant trouvé dans la famille des Bérenger des actes qui faisaient remonter sa généalogie à deux générations antérieures au prince Ismidon de Royans, c'est-à-dire au siècle de Charlemagne, voulut profiter d'une circonstance unique en Dauphiné, où les pièces très-anciennes ont disparu dans les escarmouches féodales et les interminables incendies des guerres religieuses, et chercha à cette occasion à faire un tour de force de nature à désespérer tous les généalogistes ses confrères, et à poursuivre pour elle une filiation certaine jusqu'à des époques où tout travail consciencieux de ce genre a été regardé comme tout à fait impossible.

Il agissait bien de son chef en cette circonstance, car une entreprise de ce genre ne pouvait être que fâcheuse pour une maison si remarquable par son antiquité et l'indiscutabilité des pièces qu'elle en pouvait produire. Pour lui assurer une filiation d'un degré de plus, ce qui était assurément bien insignifiant, vu le nombre de celles qu'elle pouvait énumérer, il jetait une espèce de doute sur la loyauté de ses preuves, et cela pour, au moyen d'un comte de Forez, peut-être un peu plus ancien que son premier auteur, la faire sortir quelques années plus tôt de ces mêmes magnats de la cour de Bourgogne, parmi lesquels nous avons vu que le prince de Royans occupait une place si distinguée.

Il était cependant de bonne foi dans cette entreprise, car,

tout en la faisant, il se plaignait du peu de soin avec lequel on avait étudié l'histoire d'une population si voisine du Lyonnais, et déplorait de n'avoir que Blondel pour guide dans ses recherches sur le Forez. Il appelait à son secours les érudits de l'avenir et leur signalait cette importante lacune à combler, pensant bien que leurs nouvelles découvertes ne pouvaient que démontrer des prévisions certaines, qu'il ne voulait pas hésiter à émettre, afin d'en conserver près de ses collègues tout le mérite.

Il s'était dans cette occasion laissé entraîner par son amour-propre, car lorsque, répondant à son appel, le savant La Mure fit sur cette histoire les recherches que l'ouvrage de M. Chantelauze vient de rendre si populaires, il n'eut pas de peine à lui démontrer le peu de solidité que les actes encore existants de ces comtes donnaient à tout son travail ; mais, appréciant cependant la droiture de ses intentions, il se contenta de le reprendre dans une phrase polie, en écrivant seulement que *Chorier avait été plus exact en d'autres matières, et cela pour avoir dans celle-ci manqué des pièces qui lui étaient nécessaires.*

C'était là, ce me semble, à peu près tout ce qu'il y avait à dire en pareille circonstance, car il n'arrivait à notre auteur dauphinois que ce qui arrive constamment à tous ceux qui s'occupent de recherches historiques, c'est-à-dire de voir leurs opinions modifiées par des successeurs qui ont trouvé des actes dont ils n'avaient point eu connaissance.

Les récents éditeurs de l'œuvre si consciencieuse de La Mure ont cru devoir aller beaucoup plus loin dans leur blâme infligé à Chorier, et, dans une note spéciale, se sont même permis d'adresser à leur auteur des reproches à ce sujet, en écrivant (page 73) *que La Mure était trop indulgent pour Chorier, et qu'on sait que la complaisance vénale de cet auteur savait parfaitement faire plier l'exactitude historique.*

Mon intention n'est point de chercher ici à justifier Chorier de tous les reproches dont on l'accable depuis quelques années, ni d'apprendre au public, qui le sait aussi bien que moi, qu'il rendit dans son temps d'immenses services à notre histoire, dont on lui tient peu de compte aujourd'hui ; bien moins encore de reprocher à de laborieux éditeurs une phrase qu'ils ont peut-être regrettée au sortir de l'imprimerie ; mais je dois faire remarquer au lecteur que, quelle que soit la sévérité de son opinion sur le désintéressement de notre généalogiste, ce n'est point ici l'occasion de l'accuser d'avoir vendu la vérité, car son entreprise était indifférente à la famille et ne pouvait en rien modifier la haute position qu'elle occupait dans l'estime de la population dauphinoise.

Pour bien comprendre la pensée de Chorier dans cette circonstance, il faut jeter un coup d'œil rapide sur le passé de ce peuple qui se rangea sous la bannière des Béranger, dire quelques mots de ce qu'il avait été sous la domination romaine et de ce qu'il était devenu à l'époque où, avec Ismidon, nous rencontrons les premiers actes de cette famille.

Autant que l'on peut en juger par le si petit nombre de renseignements que nous possédons sur les montagnards qui habitaient la petite chaîne des Alpes à l'ouest de la Drôme, cette partie du Dauphiné ne semble jamais avoir été complètement soumise par les races diverses qui, à différentes époques, occupèrent la vallée du Rhône.

Les Romains, à ce qu'il paraît, se contentèrent de placer quelques postes dans les passages de leurs pics indispensables pour conserver leurs communications avec l'Italie, centre de leur empire, et établirent sur les contre-forts des rochers les plus rapprochés du fleuve une ligne de tours ou de châteaux forts peu distants les uns des autres, pouvant s'apercevoir mutuellement et à même de signaler par un cordon de feux les descentes que les hordes barbares poussaient quelquefois jusque sur la grande voie romaine qui, de Marseille à Lyon, ne s'éloignait guère du Rhône. C'était tout un système de blokhaus qui différait peu de celui que, dans le principe de notre occupation algérienne, nos soldats établirent pour préserver nos frontières des incursions de la Kabylie.

Lors de l'invasion des Francs dans les Gaules, leurs bataillons ne paraissent pas avoir pénétré bien avant dans ce massif de montagnes. Ils n'avaient nul espoir d'y trouver quelque butin, premier mobile de toutes leurs entreprises militaires; et, après avoir traversé les riches vallées de la plaine, sans songer à s'y établir, ils n'étaient certes pas gens à se fixer au milieu de rochers qui ne leur offraient que des landes désertes ou des forêts à défricher et à disputer aux bêtes féroces qui peuplaient leurs cavernes.

Sous Clovis, ils se contentèrent probablement d'y poursuivre les soldats bourguignons de Gondebaud, qui étaient momentanément venus y chercher un asile. Ils y retournèrent en armée avec Charles-Martel, mais ce fut seulement pour en expulser les Sarrasins, qui, vaincus à Poitiers, y avaient trouvé un refuge. Ils ne firent encore qu'y passer, et les Maures, dès leur départ, purent reprendre leurs massacres et leurs brigandages.

Ce pays était tellement resté indépendant, malgré les efforts de tous ces envahisseurs, que Fulcrade y trouvait le noyau de cette ligue du Rhône vaincue par Gérard de Roussillon, et qu'un peu plus tard Boson réunissait dans son voisinage cette armée d'alpestres combattants, avec lesquels il faisait reculer les princes français et reprenait Vienne, son antique capitale.

On comprend qu'avec un semblable passé il n'y avait rien de singulier à admettre qu'un petit peuple toujours en armes depuis les temps les plus reculés jusqu'en 882 eût depuis deux générations, en 960, une famille princière pour diriger sa politique et conduire au combat ses indisciplinables cohortes; en un mot, qu'Ismidon, comme le roi Cottius au temps de l'empereur Auguste, fût sur ces montagnes, que nul ne voulait conquérir, à la tête d'un petit état, où il maintenait un certain ordre, et où il était pour cette raison vivement soutenu par les riches habitants de la plaine.

Cependant, ainsi que l'avait compris Chorier, il ne résultait pas forcément de tous ces antécédents que ce chef, qui s'était imposé ou qui avait été élu, n'eût une origine étrangère à la tribu qu'il avait à gouverner. Un petit état indépendant de tout souverain avait pu dans le principe tenter l'ambition de quelque prince déshérité, heureux de pouvoir y chercher les éléments d'une nouvelle fortune.

Les traditions populaires indiquaient un prince du Forez dans cette situation. Il voulut absolument trouver des actes pour graver dans l'histoire ces vagues clameurs populaires. Il chercha longtemps dans cette intention et finit par trouver des pièces qui pouvaient se plier à l'interprétation désirée. Il les adopta avec un vif empressement, et sa légèreté, comme l'avait remarqué La Mure, et non un lucre impossible, fut le seul grief que l'on eut réellement sujet de lui reprocher.

Ce fut dans le cartulaire de Saint-André-le-Bas de Vienne qu'il trouva cette charte, au sujet de laquelle les éditeurs de l'histoire du Forez lui ont adressé un si sanglant reproche. Elle était par sa date voisine de l'an 1000, et l'on y lisait qu'un Arthaud et son épouse Pétronille, qui étaient certainement de riches seigneurs de la cour de Bourgogne, donnèrent à l'église de Saint-André une terre près d'Annonay et lui promirent une libéralité encore bien plus grande si, grâce à l'intercession du saint patron auquel elle était dédiée, ils pouvaient obtenir du ciel un fils pour continuer leur famille, qui sans cela s'éteignait dans des filles.

Plus tard, ce vœu ayant été comblé et les époux se trouvant possesseurs de deux fils, dont l'un porte justement le nom si rare d'Ismidon, ils font par un autre acte de vastes donations sur les bords du Rhône à la même église, dont le saint patron a si largement exaucé leur ardente prière.

Maintenant il faut se mettre à la place de notre historien pour comprendre la tentation qu'il dut éprouver de se servir d'une pièce aussi peu significative. Ce n'était point dans un répertoire inconnu qu'il l'avait trouvée. Ce cartulaire de Vienne avait passé dans les mains de tous ses collègues, qui n'y avaient vu qu'une donation fort ordinaire de deux inconnus à une église. Quant à lui, il y découvrait tout un problème bien difficile, qu'il cherchait depuis si longtemps, et y trouvait dès le premier coup d'œil une page d'histoire échappée par miracle à la curiosité de tous ses confrères. C'était une excellente leçon d'attention qu'il allait sur-le-champ leur donner et enfin une démonstration bien manifeste de toute la supériorité qu'il conservait sur eux par son précieux talent pour les recherches et les investigations historiques.

En promenant lentement sa loupe sur ces actes, il y trouvait encore des assertions qui étaient de nature à confirmer toutes ses espérances. Le nom d'Arthaud, que portait le donateur, père d'Ismidon, était le même que celui que portait le comte de Forez à l'époque où il entrevoyait la séparation des deux familles, et lui rappelait de plus d'une manière bien agréable cette signature de l'un des parents des Bérenger qui se lit dans l'un des premiers actes de leurs annales. Il céda donc à la tentation, adopta cette thèse et calma sa conscience en faisant un appel aux découvertes futures, cette boîte de Pandore dans laquelle chaque antiquaire ne manque pas de voir très-distinctement tout ce qui trotte dans sa cervelle.

Cependant il n'était point complètement rassuré sur le résultat de sa découverte et comprenait très-bien qu'elle n'était point suffisante pour établir une filiation authentique et tout à fait à l'abri des récriminations de ses confrères. Il chercha de nouveau et trouva dans le même recueil un troisième parchemin qui calma enfin tous ses scrupules.

C'était une autre charte dans laquelle un Arthaud, qui vivait à la même époque, étalait une position véritablement princière. Il avait été marié par le roi de Bourgogne Conrad en personne, assisté de sa femme, la reine Mathilde, et, qui plus est, en 975, doté par eux de terres très-considérables. Son père, nommé dans l'acte Gérard, se trouvait juste porter le même nom que le père d'Arthaud, comte de Forez. Cette heureuse coïncidence combla d'une nouvelle joie notre archéologue, et il ne douta plus de la réalité ni de la valeur de sa trouvaille.

Il alla donc de l'avant et passa légèrement sur quelques difficultés de second ordre qu'il trouvait à l'emploi de son texte. Il paraissait par un acte du fils d'Arthaud, comte de Forez, que sa mère s'appelait Theutberge, tandis que la mariée dont nous avons parlé se nommait Pétronille. C'était fâcheux ; mais cela s'expliquait si naturellement par un second mariage.....

Nous avons dit plus haut que Chorier avait fait appel à de plus consciencieuses recherches sur les premiers comtes de Forez. La Mure survint, qui accepta la mission ; mais ses investigations, hélas ! ne furent nullement favorables aux prévisions du généalogiste. Il n'eut pas de peine à lui démontrer que l'Arthaud qu'il avait trouvé dans le cartulaire de Vienne avait en 1030 certifié un acte de son fils, tandis que l'Arthaud, comte de Forez, dont il voulait faire un même personnage, avait, par malheur, dès 1017 bien authentiquement cessé de vivre.

Il n'y avait absolument rien à répondre à cette citation, et il ajoutait encore comme complément que, les états de ce comte de Forez ayant après sa mort passé à son frère, il était bien probable qu'il n'avait point laissé d'héritier mâle et ne pouvait en conséquence être réputé l'auteur d'aucune race princière dans notre Dauphiné.

Entraîné même par l'esprit de réfutation qui a toujours poussé les écrivains un peu plus loin que la borne où ils auraient dû s'arrêter, il concluait de ces deux remarques que la maison de Bérenger devait renoncer à tout jamais à cette tradition qui lui donnait les comtes de Forez comme premiers auteurs; enfin, que leur histoire, qui n'a nul besoin de cet ornement, est incompatible avec l'établissement d'une branche de cette maison dans la seconde chaîne des montagnes de notre province.

Lorsqu'on jette un coup d'œil sur le petit nombre de pièces qu'a pu réunir, malgré les efforts les plus persévérants, un archéologue d'un mérite aussi éminent que La Mure; quand on considère l'obscurité qui plane encore de nos jours sur les premiers princes de cette maison de Forez, disparue sans laisser presque de traces, on se demande avec étonnement si ce que l'on en savait du temps de La Mure était réellement suffisant pour permettre de formuler à ce sujet un arrêt aussi péremptoire.

Tout n'est pas vanité, ainsi que le croit le public, dans ces anciennes légendes de famille qui se transmettent de père en fils et ne nous parviennent qu'avec l'obscurité de l'époque où elles commencèrent à paraître. On voit avec peine discuter chaque jour des opinions adoptées comme parfaitement fondées par nos ancêtres, qui, pour penser ainsi, possédaient parfois des pièces, dont il ne reste plus maintenant la plus légère trace. Pour prévenir de pareils abus, la loi a fixé une prescription de trente ans pour la possession territoriale. Une prescription de près de mille ans, comme dans cette occasion, serait-elle donc trop cruelle à imposer à tous ces érudits qui ne rêvent que de querelles nobiliaires? Il est dur de dépendre, et cela à perpétuité, du caprice d'un généalogiste souvent, par de tout autres raisons que son art, peu bienveillant pour votre personne; et même, quand il vous est favorable, on éprouve encore un certain malaise à lui voir disséquer avec son scapel ces souvenirs que vos parents vous enseignèrent dès le berceau à respecter, et dont ils se servirent avec tant de succès pour exciter et pousser vers le bien les pas encore incertains de votre première jeunesse.

Pour en revenir à notre sujet, nous dirons que La Mure était parfaitement dans son droit d'historien qui cherche la vérité, quand il disait que les Bérenger ne pouvaient descendre du comte de Forez que leur assignait Chorier; mais qu'il dépassait une sage limite lorsqu'il ajoutait que cette maison ne pouvait rien avoir de commun avec ces antiques comtes du Lyonnais; car, en écrivant ainsi, il allait au delà de tous les renseignements fournis par les pièces qu'il avait trouvées et énonçait quelque chose de complètement contradictoire au résultat de tout son travail, qui démontrait à chaque ligne l'obscurité qui voile cette époque, et enfin l'impossibilité où le manque de matériaux le mettait d'émettre un jugement définitif et de formuler un arrêt si concis, qui de sa part ne semblait admettre ni doute ni réplique.

M. de Gengens de La Sarra, qui il y a un petit nombre d'années a fort étudié cette portion de notre histoire et l'éclairée d'une foule de documents inédits, qu'il a trouvés dans la partie de la Suisse où dominait autrefois sa famille, se fût certainement à ce sujet bien gardé d'émettre une opinion aussi péremptoire. Nous allons jeter un coup d'œil sur ses dernières publications et voir si leur résultat est réellement incompatible avec l'assertion de la légende populaire qui nous occupe.

Le travail consciencieux que cet écrivain a publié sur *les trois Burchard, archevêques de Lyon*, qui dépouillèrent les comtes de Forez de leurs possessions dans le Lyonnais, nous fait entrevoir toute une portion de leur histoire, ensevelie dans le plus profond oubli depuis des siècles : celle des revers de cette puissante famille. Elle ne donne certes pas gain de cause à la malencontreuse thèse risquée par Chorier sur les Bérenger, mais elle démontre la possibilité de l'exactitude de la tradition dauphinoise et nous apprend comment un membre dépossédé des anciens suzerains du Lyonnais a pu être amené à se retirer en Dauphiné et y devenir chef d'une race princière, qui y conserva si longtemps son indépendance primitive.

M. de Gengens, dans ses dernières publications, nous initie d'abord aux tentatives infructueuses faites, non par Conrad le Pacifique, qui se laissait tranquillement dépouiller de son royaume par les magnats de Bourgogne, mais par sa famille, qui se consumait en efforts pour lui garder sa couronne. Nous avons dit, page 39, quelques mots de cette lutte désespérée et montré sa tante Adélaïde, qui s'y signala, finir par aller mourir de chagrin dans un couvent de la capitale chrétienne.

Le frère de Conrad, Burchard, premier archevêque de Lyon, et son neveu, du même nom, revêtu après la mort du successeur de son oncle de la dignité archiépiscopale, ne furent pas pour sa couronne des défenseurs moins énergiques que cette valeureuse princesse (*Les Burchard*, page 318). Ils défendirent courageusement, non-seulement leur souverain, mais délivrèrent leur église de l'oppression toujours croissante des laïques de leur voisinage. Le plus ancien des deux empêcha le roi, son frère, de remplacer par Gérard ou son fils Arthaud, seigneurs du Lyonnais, Hugues, père du premier, qui était vice-roi de toute la Cisjurane, et ne laissa guère à ses descendants qu'une autorité purement nominale. Mais l'archevêque Amblard, son successeur, rendit par sa faiblesse cette tentative inutile, et sous lui les comtes de Forez redevinrent tout puissants dans son diocèse.

Burchard, deuxième fils de Conrad le Pacifique et par conséquent neveu du prélat du même nom, reprit hardiment les desseins de son oncle et les soutint avec une habileté et une énergie qui lui méritèrent auprès de la postérité les titres de grand et de vénérable.

Il lutta avec avantage dans une guerre déclarée à Gérard, comte de Lyonnais, battit ses troupes, l'obligea à vider son diocèse et à se confiner dans ses domaines patrimoniaux du Forez. Ce comte étant mort quelques années après, il empêcha le roi, son père, de reconnaître son fils Arthaud II comme comte provincial du Lyonnais, ainsi qu'il était d'usage, et fit, pour l'affaiblir, partager l'héritage paternel entre les trois fils du défunt et disperser ses fiefs en trois nouveaux comtés, qui prirent les noms de Forez, de Roannais et de Jarez, plus connu sous le nom de comté de Beaujeu, qu'il a porté jusqu'à notre époque.

Les trois frères, ligués ensemble, voulurent s'opposer par les armes à cette innovation, mais ils furent vaincus par l'archevêque, comme l'avait été leur père, obligés de demander la paix et même d'indemniser l'abbaye de Savigny, dévastée par leurs troupes. Ainsi Burchard le Grand exerça à leur place les droits régaliens, non-seulement sur la ville de Lyon, mais sur son diocèse, que les comtes avaient usurpé, et fut le véritable auteur du pouvoir des archevêques lyonnais, dont la bulle de Frédéric Ier ne fut en quelque sorte que la légalisation.

Il paraît que toute cette petite guerre, sur laquelle on a si peu de détails, amena la ruine complète du comté de Roannais, dont on n'entend plus parler après la mort de son possesseur et dont son frère ne put recueillir que les épaves.

On voit par cette citation que les possessions de la maison de

Forez avaient été bien gravement entamées à l'époque où Chorier entrevoit l'émigration de l'une de ses branches dans notre province; que l'un de leurs trois comtés, celui de Roannais, avait totalement disparu à la suite de la guerre des trois héritiers de Gérard. Serait-il, en l'absence de documents écrits, inadmissible de supposer que le roi de Bourgogne fit alors en faveur de son fils, qui venait de le défendre si glorieusement, ce que les mêmes archevêques de Lyon firent peut-être par imitation pour la seconde race des mêmes comtes de Forez, et remit au vaincu un nouveau territoire à gouverner, pour le désintéresser de toute nouvelle prise d'armes et procurer à l'archevêché une paix à jamais assurée ?

Si l'on admettait comme hypothèse un accommodement dès cette époque semblable à celui auquel on fut obligé de recourir plus tard, et si l'on concédait que la petite chaîne des Alpes, avec ses terrains vagues et ses forêts, eût paru à Conrad un léger sacrifice en compensation des riches terres si voisines de sa capitale qu'il allait acquérir, tout s'expliquerait sans difficulté dans l'origine de la maison de Bérenger, et la tradition pourrait sans inconvénient s'intercaler dans une page de notre histoire.

Les signatures des Arthaud dans les premiers actes des Bérenger, les armoiries de cette famille, si peu différentes, comme celles de la branche de Beaujeu, de celles des comtes de Forez, les aînés de la maison, ce titre de prince dont ils sont possesseurs à l'époque où il n'y a encore que des magnats en Dauphiné, tout cela se comprendrait sans aucune explication et découlerait naturellement du début de leur histoire.

Enfin, il n'y a pas jusqu'à ce nom de Royans, qu'ils apportent avec eux dans un pays où il était inconnu auparavant et qui y a fait le tourment de tous nos étymologistes, ce nom que le pape Urbain écrit *Roanis*[1] dans sa bulle presque contempo-

---

(1) Cartulaire de Saint-Barnard, N.º 7 *bis*.

raine de 1095, qui ne s'expliquerait de la manière la plus simple et la plus naturelle.

Je sais qu'il y a une nouvelle école historique qui a horreur de la moindre hypothèse : qui ne la considère que comme un masque de la vérité et voudrait en toutes circonstances réduire le rôle de l'historien à celui du simple photographe. Ce serait certainement à merveille pour l'exactitude : mais je me demande si pour les temps reculés il y aurait une histoire possible, car ce n'est pas chaînon par chaînon qu'on la suit dans les anciens parchemins, mais par tronçons seulement et séparés par de longues lacunes. Ce serait donc tout simplement remplacer l'archéologue par le lecteur et obliger ce dernier à un travail qu'il trouverait très-rebutant et auquel il courrait risque très-souvent de n'avoir point été préparé par ses occupations préliminaires.

Note relative au chapitre des branches de la maison de Bérenger,
p. 126.

Charte inédite de Guigues de Bérenger, seigneur de Morges, de 1271.

Je dois à l'extrême obligeance de notre savant archéologue M. Émile Giraud la communication de la charte inédite qui suit, dont il a bien voulu se dessaisir en faveur de mon travail et qu'il m'a permis de copier pour la publier à la suite des notes qui le terminent.

Elle offre deux points historiques intéressants à signaler. Le premier est de fixer à peu près l'époque de la mort de notre dauphin Guigues VII, que l'on ne pouvait présumer jusqu'à présent que par celle du second mariage de sa veuve, Béatrix de Savoie, qui en 1273 épousa en secondes noces Gaston VII, comte de Béarn, et de prouver que son premier mari avait cessé de vivre avant l'octave de l'Épiphanie de 1271 ; ce qui peut être utile pour le classement de quelques actes qui n'ont pas de date ou en ont une incertaine.

Le second point à remarquer est la conservation parfaite du sceau de Guigues de Bérenger, qui est encore adhérent à cet acte et qui est, j'ai tout lieu de le croire, l'unique exemplaire qui nous soit parvenu d'une empreinte aussi ancienne sur une matière sujette à tant d'avaries.

Ce qu'il a de fort curieux à mes yeux, c'est que l'écu gironné, adopté plus tard comme unique signe héraldique par les Bérenger de Morges, se trouve placé dans cette empreinte en cœur sur l'écusson timbré d'un lion, qui devint plus tard également le signe distinctif de la maison de Sassenage. Cette disposition particulière de ces armoiries me semble avoir été inconnue à Chorier, qui, dans son Histoire de la maison de Sassenage (de la page 33 à la page 40), a réuni tous les blasons particuliers de cette famille. Il n'eût certes pas manqué de mettre celui-ci en tête de la collection, s'il lui était parvenu dans l'état où il se trouve dans la pièce qui nous occupe; car il suffirait, ce me semble, à lui seul pour prouver l'identité d'origine des maisons de Bérenger et de Sassenage, point sur lequel le dauphin Humbert II voulut soulever des doutes, pour obtenir du baron Henri de Bérenger qu'il renonçât à l'allodialité franche, dont ses ancêtres avaient toujours joui dans leur principauté de Royans de la Drôme, et qu'il devînt homme lige des suzerains du Dauphiné.

La branche de la maison de Bérenger qui s'était fixée dans sa terre de Sassenage, à la porte de Grenoble, se trouve, peu d'années après le partage de l'hérédité d'Ismidon de Royans, séparée en quelque sorte du reste de cette famille. Les terres que le Dauphin s'était fait remettre par la branche de Chabeuil, quand il vint à son secours contre les évêques de Valence, et, plus encore que cela, la dote que Flotte de Royans apporta au milieu de ces montagnes aux comtes de Valentinois, avaient formé des vides dans les possessions d'Ismidon qui laissaient tout à fait isolés ceux de ses descendants établis dans le département de l'Isère. Ils avaient en quelque sorte cessé leurs relations de famille, changé de nom en prenant celui de leur terre et modifié leurs armoiries. De sorte que ce n'était plus qu'un souvenir vague que les populations avaient conservé de l'origine commune des suzerains de ces deux maisons. Le dauphin Humbert II voulut mettre à profit ces diverses circonstances, et quand Albert II, le dernier baron de la première race de Sassenage, vint à mourir, il fit saisir sa terre, s'opposa à la prise de possession qu'en voulait faire son neveu Henri, seigneur de Pont-en-Royans, et déclara que, par suite d'extinction de ses possesseurs, cette baronnie devait être réunie au domaine dominant et devenait sa propriété particulière.

Les titres étaient rares à cette époque et presque tous entre les mains du Dauphin, son compétiteur, de sorte que cette thèse pouvait se soutenir. Du reste, ce ne fut que le prétexte, et on employa la violence, à ce qu'il prétend, pour lui faire signer un acte par lequel il renonçait à l'indépendance de ses aïeux et devenait le vassal du Dauphin, même dans sa terre paternelle de Pont-en-Royans. On peut voir dans l'ouvrage de Salvaing de Boissieu (*L'usage des fiefs*, page 123) les détails de cette affaire, qui, par l'époque récente où elle prit naissance, sort tout à fait du cadre de cette étude, et je me hâte de revenir à la charte du seigneur de Morges, dont le sceau m'a obligé à cette petite digression.

Valbonnais, dans son histoire du Dauphiné (*Preuves*, page 20), nous apprend comment la terre de Morges avait passé à la maison de Bérenger, et Chorier, dans l'histoire de la maison de Sassenage (page 242), que ce fut Raymond de Bérenger qui l'acheta en 1189 de la dauphine Béatrix d'Albon, après que son mari, Hugues III, duc de Bourgogne, eut exproprié les anciens possesseurs, dont il avait eu à se plaindre. Il paraît que les conditions de cet acte de vente n'avaient point été passées avec toute la clarté désirable, ce qui n'est pas extraordinaire, vu les exemples de ce genre laissés par ce siècle. A la suite de ce marché, les Dauphins, ou plus exactement leurs agents, donnèrent plus d'extension aux droits qu'ils y avaient conservés que ne le portait le texte de l'acte, ce qui donna lieu à Guigues de Bérenger de se plaindre et occasionna ainsi la pièce dont nous allons publier le libellé.

Guigues de Bérenger, propre fils de l'acquéreur, Raymond, qui avait passé l'acte, ayant donc exposé à la Dauphine tous les griefs qu'il avait contre ses subordonnés, cette princesse les reconnut véritables et, voulant le dédommager des pertes éprouvées, lui assigna comme indemnité le château de Puy-Boson, son mandement et toutes ses dépendances, et intima en outre aux baillis et châtelains de son mari l'ordre de s'abstenir à l'avenir de tous les actes qui avaient donné lieu à ces récriminations.

Cette charte, ainsi qu'on le voit, n'ayant, sauf son sceau et sauf la mention de la mort du Dauphin, qu'un intérêt tout local pour la seigneurie de Morges, nous nous contenterons, pour ne pas fatiguer le lecteur, après avoir reproduit en entier son texte latin, que l'on ne trouverait pas ailleurs, de donner une simple analyse des dispositions qu'elle renferme.

Copie textuelle de la charte de 1271.

Nos B. (Beatrix) Viennæ et Albonis comitissa et domina Fucignaci, notum facimus universis presentes litteras inspecturis, quod cum Guigo Berengarii Morgiarum coram nobis, et quibusdam de executoribus ultimæ voluntatis inclitæ recordationis domini G. (Guigonis) Dalphini carissimi viri nostri Viennæ et Albonis comitis, diceret et aperiret quod dominus G. Delphini et predecessores ejus injuriati fuerant dicto G. Berengarii et ejus predecessoribus in hiis quæ sequentur; videlicet in eo quod olim præconizari consuevit in villa de Mencio ex parte dominorum comitatu, et Morgiarum, et quod homines de Albergo Morgiarum non compellebantur coquere in furno comitali et modo contra fiebat; item quod olim levabat et habebat banna et justitias in hominibus suis in villa de Mencio, et predecessores sui habuerunt omnem juridictionem in eisdem, et modo non permittebatur uti juridictione supradicta, item injuriabantur eidem in hominibus infrascriptis quos dicebat dictus G. fuisse predecessorum suorum dominorum Morgiarum videlicet. P. Charlaix, Charlaix someni, Poncio Galada, liberis Ruffi Nandissetti, L. Berardi, Bontosio Berardi, Odone Garcia,

Johanes Garcia, Poncio Pavia, Petro Balbi, Guillelmus Aimoni, Guigone Vitali, Bontosio Guichet, Johannes Galant, Johannes Pimari. Item injuriabatur eidem super duabus partibus tertiæ partis eminalagii fori de Mencio; item super eo quod diceret quod dictus dominus G. Delphini et predecessores sui acquisiverunt forum de Mencio et quosdam homines, et quasdam alias res qui erant de feodo domini Morgiarum consensu ipsius minime requisito quæ petebat idem G. sibi restitui et reddi ; de quibus omnibus idem G. fecit nobis plenam fidem. Tandem amicis communibus intervenientibus et..... quod idem G. acciperet in feodum a nobis nomine liberorum nostrorum et successorum comitatus Viennæ et Albonis. Castrum de Podio-Bosone cum universo ejus territorio et mandamento et pertinentiis universis, et duas partes pro indiviso castri Morgiarum cum earum territorio, mandamento et pertinentiis universis; reliqua vero tertia pars dicti castri Morgiarum et mandamenti erat de feodo prædictorum liberorum nostrorum et fuerat predecessorum suorum pro ut ipse G. confitebatur et recognoscebat ; et nos sedendo clamores dicti domini G. Delphini restitueremus ei omnia supradicta, exceptis hiis quæ domini comitatus acquisiverunt de feudo dominorum Morgiarum. Nos igitur super præmissis habito diligenti....., consilio cum illustri viro H. (Hugone) duce Burgundiæ et executorum prædictorum, multorumque aliorum nobilium et sapientium consilio pro eo quod idem G. accepit prædicta castra in feudum a nobis nomine liberorum nostrorum cum eorum mandamentis et pertinentiis universis. Item ut omnes elapsus et plus, sedendo et pacificando clamores prædictos reddidimus et restituimus eadem prædicta omnia quæ superius continentur præter ea quæ fuerunt adquisita per dominos comitatus de feudo dominorum Morgiarum, videlicet quod de cætero præconizetur in dicta villa de Mencio ex parte dominorum comitatus et Morgiarum, et quod homines sui non compellantur de cætero coquere in furno comitali, et quod ipse G. habeat omnem juridictionem et banna et justitias, percipiat de cætero in hominibus suis in villa de Mencio commorantibus. Item restituimus eidem duas partes tertiæ partis eminalagii fori de Mencio prædicti. Item restituimus eidem P. Charlaix, Charlaix somerii, Poncinum Jalada, liberos Ruffi Nandissetti, Petrum Berardi, Bontosium Berardi, Odonem Garcia, Johannem Garcia, Poncium Pavia, Petrum Balbi, Guillelmum Aymoud, Guigonem Vital, Bontosium Guichetti, Johannem Galant et Johannem Aimari. De dominio si quidem et feudo et omni alio jure quod idem G. habebat in foro de Mencio quantum ad hoc quod idem forum fuerat de feudo prædecessorum dicti Guigonis et adquisitum fuerat sine consensu eorumdem et in censu sex sextariorum frumenti quæ percipiebat P...... et Albertus Bruni in eminalagio dicti fori de Mencio, et in Petrum et Guillermum Saramant et Albertum Giberti Saramant et Galianum et Bontosium de Piro, Humbertum Alexi, Giraudum Chevia, Thomam Ferii, Guillelmum Jocelini et P. Jocelini et in aliis quæ idem dominus G. Delphini vel prædecessores sui adquisiverunt de feudo vel dominio dicti G. vel prædecessorum suorum in prædicta villa de Mencio, nobis nomine quo supra quittavit et recessit pro sexaginta libris Viennensibus quas a nobis recepit. Quæ omnia universa et singula supradicta pro ut dicta sunt et narrata, firma bene tenere et inviolabiliter custodire, contra de jure vel de facto nulla tenus venire, promittimus nos ad invicem, nos et dictus G. Berengarii per solemnem stipulationem et firmamus juramento corporali præstito. Mandantes et precipientes nos prædicta B. comitissa universis bailliis et castellanis qui pro tempore fuerint in castro Cornillionis et villa de Mencio, ut prædicta defendant et custodiant integre in nullo contra penitus veniendo prædicto G. et suis successoribus in perpetuum.

Testes ad hoc vocati fuerunt et rogati Guigo Alamani dominus Uriatici, Odo Alamani dominus de Campis, Eynardus de Rama, dominus Guillelmus decanus ecclesiæ Gratianopolitanæ, magister Johannes de Goncelin judex in comitatu Viennæ et Albonis, Guigo de Podio-Bosono, dominus Guillelmus Siboudi miles filius. Actum apud Meinz die Veneri post Octabas Epiphaniæ anno Domini MCCLXX primo, in quorum omnium testimonium nos B. comitissa et ego Guigo Berengarii confitens et recognoscens prædicta omnia esse vera, sigilla nostra presentibus litteris duximus apponenda.

Note de M. Émile Giraud. — A gauche était le sceau de Béatrix. Il n'en reste plus que le lien en velin. A droite est encore appendu le sceau de Guigues de Bérenger, en cire. On lit autour *S. Guigonis Berengarii domini Morgiarum.* Mais je ne suis pas bien assuré des deux derniers mots, qui ne sont pas aussi nets que les deux premiers. Au milieu est un écu à huit pièces ou girons ; ce qui est bien le blason des Bérenger.

Analyse de la charte de 1271.

Béatrix, comtesse de Vienne et d'Albon, fait savoir à tous ceux qui ces présentes verront que Guigues Bérenger, seigneur de Morges, s'est plaint à elle et aux exécuteurs testamentaires de son défunt époux, Guigues, dauphin, que ce dernier avait lésé ses intérêts et ceux de ses prédécesseurs par les actes suivants : En faisant faire en son nom des publications d'ordres dans la ville de Mens et à Morges, et en obligeant les habitants à cuire leur pain à son four comtal; ce qu'il n'avait nul droit de faire ; en levant le ban et exerçant la justice sur leurs habitants, après avoir renoncé à toute la juridiction exercée sur eux par ses ancêtres; enfin en lui enlevant les hommes dont les noms suivent et qui sont à Guigues de Morges et à ses prédécesseurs (ici sont les noms des habitants qu'il réclame), et en lui faisant tort des deux parts qui lui reviennent sur le mesurage des grains du marché de Mens ; en disant que le Dauphin et ses prédécesseurs avaient acquis le four de Mens, certains hommes et certaines choses, tout cela sans son consentement, ce dont il vient demander justice.

Tout le monde reconnaissant la vérité des faits énoncés et des amis communs étant intervenus, la Dauphine, en son nom, celui de ses enfants et de leurs successeurs dans le comté de Vienne, accorda en fief à Guigues de Bérenger le château de Puy-Boson, son mandement et toutes ses dépendances, et les deux parts indivises du château de Morges et de son mandement.

Guigues reconnut, de son côté, que la troisième partie de Morges était au Dauphin et à ses successeurs, et, ses plaintes étant ainsi apaisées et calmées, la Dauphine lui restitua tout ce qui est dit ci-dessus, excepté cependant cette part que le Dauphin avait achetée du fief des anciens possesseurs de Morges, savoir :

Que les publications faites dans la ville de Mens, etc., que le four, la justice, etc., etc., qu'on lui rendrait les hommes dont les noms suivent, etc., etc., enfin, qu'il donnerait, pour soixante livres viennoises, qu'il reçut à l'instant, quittance pour tous les torts dont il avait demandé justice.

« Voulant que toutes ces choses restent fermes et inviolables,
» et que nul ne puisse y contrevenir, nous et ledit Bérenger
» les avons stipulées et arrêtées par serment de notre personne,
» ordonnant à tous nos baillis et châtelains qui sont au château
» de Cornillon et en la ville de Mens de les garder et défendre
» contre tous pour ledit Bérenger et ses successeurs à perpétuité.

» Furent appelés et priés à cet acte les témoins Guigues
» Alaman, seigneur d'Uriage, Odon Alaman, seigneur de
» Champ, Eynard de Rama, Guillaume, doyen de l'église de
» Grenoble, maître Jean de Goncelin, juge du comté de Vienne
» et d'Albon, Guigues de Puy-Boson et Guillaume, chevalier,
» fils de Sibeud.

» Fait à Mens, le vendredi après l'octave de l'Épiphanie en
» 1271 ; en témoignage de quoi, nous, B., comtesse, et Guigues
» Bérenger, avouant toutes choses véritables, avons fait apposer
» nos sceaux aux présentes lettres. »

Cette terre de Morges, qui servit de dédommagement à la branche des Bérenger qui n'avait pas eu de part à l'héritage de la terre de Peyrins, passa en 1284 à Pierre de Morges et à sa postérité [1]. Ce Pierre de Morges est, je crois, neveu, et non fils, du Guigues de cet acte.

---

(1) CHORIER, *Histoire de la maison de Sassenage*, p. 24.

Note relative au chapitre des comtes de Valentinois, p. 151.

Origine des comtés de Valentinois.

Il serait bien difficile d'écrire tout un volume sur l'histoire du Valentinois sans discourir un peu sur l'origine des comtes qui lui donnèrent une importance politique. Ce n'est pas précisément que cette question présente un irrésistible intérêt, ainsi qu'on va s'en apercevoir, mais elle a été l'objet de si longues dissertations de la part de nos érudits qu'il est impossible de la passer complètement sous silence, et tout homme qui écrit sur le pays à cette époque, ne fût-ce que huit pages, en doit naturellement deux à un sujet qu'on est convenu de discuter en Dauphiné jusqu'à la fin des siècles.

Les archéologues, en un mot, sont les légitimes héritiers des moutons de Panurge : ils ne passent jamais que sur la piste de leurs prédécesseurs et sautent où leurs devanciers ont sauté. Cette excuse, *l'usage*, est une raison que le lecteur ne peut quereller et qu'il a toujours admise comme très-suffisante.

La question qui domine toute cette matière est, ce me semble, de deviner comment les Gélon, que tous nos auteurs donnent comme descendants du duc Guillaume d'Aquitaine, purent renoncer à porter son nom, qui se trouve sans altération pour ses premiers successeurs en Languedoc, pour en prendre un qui lui semble tout à fait étranger, et enfin le quitter de nouveau pour porter celui de Poitiers, qui appartient au rameau le plus important de leur famille.

Pour l'éclaircir, il faut avant tout chercher dans la vie de leur illustre auteur si l'on ne trouverait pas par hasard quelque circonstance pouvant tout au moins servir de prétexte à une si étrange conduite. Tout le monde sait que Guillaume, nommé duc d'Aquitaine et de Toulouse par Charlemagne, chassa, après de longues alternatives de succès et de revers, les Sarrasins, maîtres du Languedoc, et leur enleva même la marche d'Espagne; mais ce qu'on sait moins généralement, c'est qu'après cet immense résultat, dégoûté des grandeurs du monde, il se retira dans une vallée solitaire près de Lodève, y construisit un monastère, où il vécut quatre ans comme cénobite et y fut enseveli avec une réputation de haute piété bien justement établie.

Le lieu qu'il choisit ainsi s'appelait Gelonne. Il attira l'affluence de tous les pèlerins du midi, qui l'appelèrent Saint-Guilhem-du-Désert, du nom de son saint fondateur. Par suite de la popularité du duc, son nom étant devenu commun dans le midi, les saints qui le portaient se multiplièrent, et l'on vit saint Guillaume de Malval, gentilhomme français, fonder un couvent, en 1153, qui prit le nom de *Guillemites*, saint Guillaume, de la maison de Nevers, en 1200 attirer beaucoup de fidèles à ses reliques, etc. Il fut donc nécessaire de trouver une appellation particulière pour le premier de ces trois saints, et les populations, qui se rappelaient l'ancien nom de la vallée, désignèrent le duc sous le nom du saint de Gelonne, d'où vint par abréviation saint Gelon ou Gelin, dans la langue romane.

Ce nom fut, à ce qu'il paraît, bientôt le synonyme de Guillaume dans le Lyonnais. L'obituaire de sa capitale enregistre sous les noms alternatifs de Guillaume et de Gelin un comte de Forez, mort en Orient. (Voir les Comtes de Forez, de La Mure, chap. XVIII, page 102, et les variations de ce nom dans les Masures de l'Ile-Barbe, chap. XVII.) Ne serait-ce pas la raison pour laquelle les Poitiers du Velay, diocèse de Lyon, s'appellent Gelin, tandis que ceux de l'autre rive du Rhône conservent le nom de Guillaume?

Cette explication, à laquelle personne n'avait songé, peut

être utile au lecteur, mais elle n'est pas nécessaire pour expliquer l'origine des Poitiers, aucun auteur moderne n'ayant, à ma connaissance, émis de doutes sur leur descendance poitevine. La seule difficulté est maintenant de savoir à quel personnage de cette famille, qui est très-nombreuse et gouverne force provinces, revient l'honneur d'avoir donné naissance aux Poitiers du Dauphiné. Cette question est aussi difficile qu'insignifiante à résoudre ; elle est fort obscure dans l'état des pièces et aura une autre solution si nos archivistes font de nouvelles découvertes.

Nous avons vu, page 157 de mon volume, comment Jacques Vincent, généalogiste et très-humble serviteur de la duchesse Diane de Poitiers, traite l'histoire de France à ce sujet. Je n'éprouve donc aucun scrupule à priver le lecteur des légendes de ces collègues bien moins érudits que lui, et je me hâte de passer aux modernes et à ceux surtout qui sont encore les colonnes de notre histoire.

Dom Vaissette, lorsqu'il composa son précieux travail sur le Languedoc, trouva parmi ses matériaux un certain nombre de chartes concernant un Guillaume de Poitiers, fils naturel d'Ebles d'Aquitaine, né à Toulouse en 1115, et présuma qu'il devait être la souche de ceux de Dauphiné. Guy Allard adopta cette opinion, qui est, je crois, la plus généralement suivie.

Je vais analyser ces pièces, qui, par malheur, ne le nomment guère qu'en qualité de témoin ; ce qui indique une position secondaire et ne nous permet pas de fouiller dans sa vie et de chercher avec le lecteur si on peut réellement y voir le Poitiers qui s'établit en Dauphiné.

La première est de 1143. Il la signe comme témoin d'un traité entre Alphonse de Toulouse et Roger, comte de Béziers. En 1145 il signe le plaid de Séjan, diocèse de Narbonne ; en 1151 un autre traité entre la vicomtesse de Narbonne et Trancavel ; en 1158 un serment de l'archevêque de Narbonne ; en 1162 un second accord entre la vicomtesse de Narbonne et Trancavel. On voit par ces pièces qu'il ne semble pas avoir quitté Narbonne jusqu'à cette époque et qu'il n'est encore nullement question d'un Guillaume de Poitiers dauphinois. Cependant l'année suivante, 1163, on le voit paraître dans le Valentinois et donner à l'église de Die les places de Sauzet et de Gigors.

Mais continuons l'histoire du Guillaume de Narbonne. La même année de la donation de son homonyme à la ville de Die, il est témoin d'un acte entre Raymond de Toulouse et Trancavel, après d'une donation de la vicomtesse de Narbonne à l'abbaye de Quarante. En 1170 il assiste au mariage de la fille de Raymond de Toulouse et signe un traité entre la vicomtesse de Narbonne et le comte de Béziers. Mais en 1171 il quitte enfin ce rôle de témoin et figure dans l'acte même. C'est un testament de Rainard de Béziers, qui distribue son héritage. Il nous apprend que le Guillaume de Narbonne est marié, qu'il a épousé la quatrième sœur de ce riche seigneur et qu'il a en conséquence reçu de son héritage le château de Villeneuve, un domaine à Béziers, etc. Enfin en 1177 il est témoin d'une donation à l'abbaye de Fontfroide et disparaît complètement. Il a alors soixante-deux ans, et la question est de savoir s'il meurt ou si devenu veuf il va sur les bords du Rhône délivrer une jeune comtesse de ses ennemis, l'épouser et former la souche de toute une dynastie.

Si on ne voit que la vie d'un seul homme dans ces deux destinées, qui me semblent fort distinctes, on partagera l'opinion de Dom Vaissette, de Guy Allard et de Duchesne, l'auteur des *Comtes de Valentinois*. Or, il est à remarquer qu'Ebles, le père du Guillaume de Narbonne, est un membre fort douteux de la famille de saint Guillaume. Son père était Rainulphe de Poitiers, suivant quelques auteurs, mais, selon d'autres, un Gérard, dont on ne connaît pas l'origine. Ce qu'il y a de certain, c'est qu'il était bâtard, comme l'indique son surnom de *Mazer*. Ainsi, il n'est point facile de décider qu'il ait porté les mêmes armes que les Poitiers de Dauphiné, ce qui est un grave indice.

Il existe parmi les modernes une seconde opinion à ce sujet, c'est celle de Chorier, qui est suivie par Fontanieu, lequel a écrit toute une dissertation sur l'origine des Valentinois. Notre grand historien avait vu dans Luitprand, un auteur contemporain, que Berthe, nièce du roi Hugues, successeur de Louis l'Aveugle, hérita des trésors que son oncle avait rapportés d'Italie et qu'elle épousa en secondes noces Raymond de Toulouse, un allié de son oncle.

Chorier conclut de ce passage que le mariage dut être heureux et produire pour le moins un vigoureux fils, dont il a besoin pour faire le chef de l'insurrection dauphinoise contre l'empereur, honneur que, par patriotisme, il ne veut pas laisser à Guillaume le Grand, duc d'Aquitaine, père cependant de l'Agnès dont le mariage mit fin à cette guerre. Ce serait, suivant lui, ce prince qui aurait été le premier de nos comtes de Valentinois.

M. de Gingeins, qui a fort étudié ce mariage dans ses *Hugonides*, prouve que ce Raymond de Toulouse était un comte de Rouergue. Dès lors il eût légué à son fils des sceaux à la croix pommetée de Toulouse et non les besants que portèrent ses descendants.

Passons donc à une troisième opinion, celle du Père Enselme, dans *Les grands officiers de la couronne*. Cet auteur, moins suivi cependant dans sa leçon que les précédents, sait qu'une branche des Poitiers gouverne le Velay, où résident les Gelin; qu'elle traverse le Rhône pour ses expéditions militaires; qu'elle a beaucoup d'enfants et est depuis longtemps mêlée aux affaires politiques du Dauphiné. Dès lors il ne va point chercher au loin des princes étrangers, quand il en a un qui n'a que le fleuve à traverser, et il adopte Guillaume le Jeune, marquis d'Auvergne, en 918, pour en faire la souche de la race des Valentinois, qui va surgir sur l'autre rive.

Le médiocre succès qu'a eu cette opinion, qui semble la plus naturelle, tient peut-être seulement au choix malheureux qu'il a fait parmi les marquis d'Auvergne; car ce Guillaume qu'il désigne n'est point de leur descendance directe, mais leur neveu seulement, ayant pour père Alfred de Carcassonne et ne leur appartenant que par les femmes, ce qui change ses armoiries.

Je ne vois pas pourquoi il n'est pas remonté un peu plus haut dans cette famille et pourquoi, laissant de côté son prédécesseur, qui n'eut pas d'enfant, il n'a pas désigné son grand-père, Bernard, surnommé Plante-Velue. Il eût trouvé à ce prince une nombreuse famille, entre autres deux fils du nom de Guillaume, dont l'histoire ne dit que peu de choses, et une charte de Brioude, rapportée par Baluze, qui les déclare tous des Poitiers indiscutables.

On voit par ce qui précède que le public n'est point en droit de se plaindre du laconisme des auteurs, et que pour un Poitiers, dont il se serait parfaitement contenté, on lui en présente une demi-douzaine, en lui laissant toute liberté du choix, sans même le restreindre à ce nombre.

Revenant à la question que nous nous sommes posée au commencement de cette note, nous avons montré pourquoi les successeurs de saint Guillaume purent être appelés Gelon à une époque. Lorsque le temps eut fait un peu oublier le saint qui fut leur auteur, et que leur guerre avec l'Allemagne eut porté au plus haut point la gloire du nom des Poitiers, qui la dirigèrent, ils adoptèrent naturellement le nom de cette branche de leur famille, qui avait éclipsé toutes les autres; et quand, par suite de nouvelles prospérités, ils jugèrent devoir y joindre le titre de Valentinois, ils le firent, comme nous l'avons dit page 160, en prévenant leurs vassaux que ce n'était qu'une désignation nécessitée par de nouvelles fonctions et qu'ils ne comptaient nullement pour cela abandonner l'ancien nom de Poitiers, commun à toute leur famille.

Si, au lieu de descendre de saint Guillaume à l'histoire de sa famille, nous eussions voulu remonter de lui à ses prédécesseurs, nous aurions rencontré un monument bien curieux, qui, vu les autres actes, ajoute peu à sa généalogie, mais qui nous transporte d'une manière bien inattendue au milieu des mœurs de la cour de Charlemagne. Nous voulons parler du missel de la princesse Dodanne, belle-fille du duc Guillaume et proche parente de l'empereur. Sur ses pages cette princesse a tracé toute une règle de vie pour le jeune fils qu'elle a du duc Bernard, fils et successeur de saint Guillaume.

La bonne princesse commence par se plaindre de toute la peine que lui a coûtée cet écrit, dicté à son secrétaire dans un moment où elle était seule à Uzès, lieu de naissance de ce fils bien aimé. Son affection seule a pu la déterminer à une telle entreprise. Après ce court exorde, elle dicte tout le règlement de conduite du jeune leude, indique les oraisons qu'il doit dire en se couchant, la manière dont il faut faire le signe de la croix sur son lit, les versets à réciter quand il se réveille, etc.

Elle s'occupe cependant de devoirs plus importants, lui recommande un grand respect pour les ecclésiastiques et même pour les fidèles de son père d'un âge plus avancé que le sien. Elle a appris qu'à l'instigation de ce duc il a prêté serment au roi Karl et l'exhorte à n'y manquer jamais (conseil curieux, mal suivi par son époux). Enfin, elle termine en datant l'écrit de *Christo regnante*, ce qui la dispense de se prononcer entre Pepin, que sert son mari, et Charles le Chauve, qui a évidemment toutes ses préférences.

Elle ajoute à ce travail une liste des parents qui ont laissé des biens à son père, pour qui le jeune fils doit prier spécialement. Saint Guillaume et ses femmes ouvrent la liste, bien que probablement le duc Bernard n'ait hérité que de l'une d'elles. Après vient le père du saint, Théodoric; enfin trois noms d'ancêtres, *Gothzelmus*, *Guarnarius* et *Rolindis*. C'est là toute la généalogie dont elle a connaissance, et comme il y aurait cas de conscience à en omettre un seul, on voit bien que la bonne princesse *ne sait pas un nom de plus* de tous les ancêtres de son époux et maître.

Note relative aux comtes de Valentinois, p. 163.

Un sceau d'Aimar de Valentinois, vers 1192.

Avant de parler de ce sceau, que je regarde comme fort intéressant pour notre histoire, puisqu'il peut jeter quelque jour sur l'acquisition du Diois par les Poitiers, qui fut la plus considérable et la plus heureuse de leurs annexions, il est nécessaire de dire quelques mots sur ceux de ses prédécesseurs, publiés par M. l'abbé Chevalier dans son cartulaire de Léoncel. Il ne faut pas perdre de vue que les armoiries étaient choses très-importantes à cette époque, ce que l'on voit suffisamment par les explications auxquelles elles donnaient lieu dans les tournois et les fêtes publiques.

Le sceau le plus ancien qui nous soit parvenu des comtes de Valentinois [1] est celui d'Aimar II, possesseur du comté de 1125 à 1158. Il représente un chevalier sur un cheval au pas qui se dirige du côté gauche. Son écu porte les six besants des Poitiers et la légende se restitue ainsi ✠ *Sigillum A Pictavensis, comitis Valentini.*

Son fils Guillaume, qui lui succéda de 1158 à 1189, nous a laissé un fragment de sceau équestre en cire jaune qui porte le même écu [2]. On ne déchiffre que ces mots de la légende : ✠ *Si W. Filiu....*, avec une *S* dans le champ de gauche, indication du mot *sigillum*. Il est attaché à une sauvegarde, dont j'ai rapporté les termes (page 158).

Vers 1163 [3], à ce que l'on croit, d'après l'abréviation du nom

---

(1) *Cartulaire de Léoncel*, N.° 3. p. 6.
(2) *Id.*, N.° 8, p. 9.
(3) *Id.*, N.° 18, p. 21.

de l'abbé de Léoncel, ce même comte fournit un sceau, dont Péresc nous donne la description suivante : Il porte une figure à cheval, faite de *goffe* manière, mal conservée et entourée de cette inscription : ✠ *Sigillum W. comitis Valentini.* (J'ai rapporté le texte de cet acte page 160.)

Aimar III, son successeur, fit en 1192 une donation aux moines de Léoncel [1], qui a conservé son sceau. Péresc le décrit ainsi : Sur une face une figure à cheval, sur l'écu de laquelle paraissent très-distinctement les besants de la maison de Poitiers. L'inscription est perdue. Sur le revers sont les vestiges d'une grande étoile à seize rais, sur laquelle paraît le croissant de la lune, bien que les cornes semblent toucher au côté gauche, à l'endroit où paraissent quelques vestiges d'une petite étoile, mais pas nette et mal assurée, si l'on n'en trouvait les vestiges ailleurs.

Nous donnons la photographie d'un sceau à peu près semblable conservé aux archives de Paris.

Il est donc bien certain, d'après ce que nous venons de dire, que les Valentinois à partir de 1125 portèrent les armes des Poitiers telles qu'ils les avaient conservées à l'époque de l'annexion à la France. Mais à partir de 1192, soit caprice de leur part ou bien, plus probablement, raison politique, ils crurent devoir imprimer sur le revers de leur écu de tout autres figures héraldiques empruntées aux constellations célestes.

Cherchons dans leur histoire quelle fut la cause importante qui put les engager à modifier ainsi leurs vieilles armoiries.

Je ne saurais en signaler qu'une seule, ce fut l'investiture du Diois, qui leur fut donnée en 1189 par le comte de Toulouse, accroissement de territoire qui changea complètement leur position politique et développa chez eux des vues ambitieuses auxquelles ils n'avaient pu songer jusqu'alors.

Mais s'il en était ainsi, dira-t-on, pourquoi ne mirent-ils pas au revers de leur sceau les armes des comtes de Die ? Cette

---

(1) *Cartulaire de Léoncel*, N.° 46, p. 52.

réponse eût été péremptoire à l'époque où l'on croyait que le Diois avait échappé à ces comtes parce qu'ils n'avaient laissé que des filles ; mais maintenant qu'un examen plus attentif a prouvé que leur descendance masculine continua à exister, on peut répondre avec assurance qu'ils ne pouvaient agir ainsi à leur époque.

Au reste, avant de soulever ces questions, voyons s'ils persévérèrent longtemps dans ce changement et quelle époque l'on peut assigner à leur retour à leurs premières armes.

Duchesne, dans ses *Comtes de Valentinois* [1], décrit ainsi un sceau d'Aimar de Valentinois attaché à l'acte de 1239, où il restitue à son parent le comte de Toulouse les places qu'il lui avait enlevées dans le Vivarais. Il est, dit-il, représenté sur cette empreinte à cheval, tenant une épée nue de la main droite et de l'autre son écu, portant le chef et les besants des Poitiers. L'inscription est : ✠ *Sigillum Adhemarii*. Au revers, dit-il, on voit un grand soleil composé de treize rayons, en forme de roue, et sur le milieu un rond, dans lequel se voit un croissant avec une étoile à neuf rais, et en la circonférence : *Comitis Valentinensis*.

L'empreinte que j'ai fait venir de Paris est séparée de son acte, de sorte qu'on ne peut lui assigner une date précise. L'envoi lui attribue 1239, sans doute à cause de la description de Duchesne. Elle offre cependant de notables différences avec elle et appartenait, je crois, à un autre acte que celui auquel cette note l'attribue.

Le contre-scel, il est vrai, est le même que le décrit, seulement il n'y a pas trace de légende. Sur l'autre face, le cavalier étant de profil à gauche, on ne peut voir sa main droite, ni par conséquent l'*épée nue* qu'il y signale. Il y a de plus aux pieds du cheval un petit écusson, où l'on voit deux besants, un croissant mal formé et un soleil, qui rappelle celui du contre-scel. Il me semble que Duchesne n'eût pas manqué de le signa-

---

[1] *Pièces justificatives*, p. 9.

ler, s'il eût été sur son empreinte, car il montre la réunion de tous les signes héraldiques dans un même cartouche, c'est-à-dire leur parfaite fusion. (*Photographie, figure N.° 1.*)

Aimar de Poitiers, dans son échange de Clérieu avec le Dauphin en 1267, nous a laissé un sceau, reproduit par Valbonnais à la fin de son 1er volume. Il est beaucoup mieux dessiné que les précédents et modifie les pièces héraldiques. La légende, parfaitement conservée, est : ✠ *Sigillum Aimari de Pictaviâ, Valentinensis et Diensis.* Le contre-scel contient une étoile à douze rais (à laquelle la gravure donne la forme d'une rose des vents), qui l'occupe en entier. La légende est : ✠ *Comitis Valentinensis.* (*Photographie, fig. N.° 2.*) Valbonnais [1] dans l'explication paraît étonné de ce contre-scel. Il représente peut-être, dit-il, les armes parlantes d'Étoile, données à Aimar III par Frédéric II; peut-être celles des de Baux (une comète ou étoile à plusieurs rayons), dont était Sybille, sa femme. Il y a là, je crois, une erreur d'attention. Duchesne a imprimé le testament d'Aimar de 1277. Cet acte montre qu'il s'était marié deux fois, la première à Florie de Beaujeu, la seconde à Alixent de Mercœur. Sa fille Philippe épousa en 1269 Bertrand de Baux; mais elle ne saurait être la cause d'un contre-scel de son père.

Valbonnais a encore fait graver le sceau dont le fils d'Aimar usait du vivant de son père et qui pour cela porte une brisure [2]. Il est placé entre trois étoiles, peut-être ornements seulement, mais plus probablement souvenir des anciens sceaux. (N.° 12.)

Ces signes héraldiques, pris par les Poitiers en 1192, s'effacent donc peu à peu et disparaissent après presque un siècle et demi. Nous allons essayer de leur trouver quelque analogie avec d'autres blasons du midi de la France.

---

(1) Tome Ier, p. 380.
(2) Tome Ier, p. 381.

Armoiries méridionales rappelant celles des Valentinois.

Les signes héraldiques que nous avons vus persister si longtemps sur l'une des faces des sceaux des Poitiers ne sauraient être, ce me semble, que le résultat d'une alliance qui leur aurait procuré de très-grands avantages. Ce n'est donc que dans les plus hauts blasons du Midi que nous allons chercher une explication probable.

Le sceau de la maison de Comminges n'est pas sans rapport avec eux. Bernard quatrième du nom avait, en 1219, dans ses armes un soleil et un croissant posés exactement comme l'étaient ceux des Poitiers. Il faut remarquer ici qu'en blasons un croissant peut se poser de quatre manières, suivant le point vers lequel on dirige ses pointes, ce qui spécialise ce signe et exclut de nos recherches ceux qui ne sont pas orientés de la même manière. (*Figure N.º 5.*)

Un autre sceau de la même maison, celui de Bernard VI, en 1249, prouve que les deux constellations provenaient d'une alliance et que les armes des Comminges n'étaient qu'une *croix pattée*, telle qu'elle paraît sur le bouclier du premier sceau. En effet, Bernard IV avait en 1197 épousé Marie, fille du seigneur de Montpellier, qu'il répudia en 1204, en conservant ses armes, et qui épousa après le roi Pierre d'Aragon.

Peu de pièces de 1200 ont conservé leurs sceaux, cependant on a celui du fils issu de ce second mariage. Jacques Ier d'Aragon portait l'écusson de son père : *d'Aragon pallé d'or et de gueules,* mais il tenait de la main droite un pennon, sur lequel est un soleil ou une étoile à rayons, souvenir bien certain de ses armes maternelles. Le croissant, armes spéciales de la ville de Lunel, n'y est plus représenté, peut-être parce que les rois d'Aragon avaient renoncé à cet emblème en disposant de cette ville en faveur de Raymond - Gaucelyn, devenu leur parent par une alliance avec la maison de Montpellier. (*Fig. N.° 6.*)

Ce serait donc du côté de cette maison que nous devrions poursuivre nos recherches; mais ces seigneurs ayant porté également les armes de leur ville : *un tourteau de gueules sur un écu d'argent*, nous allons, pour éviter toute contestation, chercher quelque autre exemple et examiner les armoiries des comtes de Toulouse, qui sont beaucoup plus significatives. Tout le monde les connaît : *de gueules à la croix cléchée, vidée et pommetée d or*. Mais Raymond VII y avait ajouté un soleil, non placé dans le bouclier, qui ne porte que la croix de Toulouse, mais posé au-dessus de la tête du cavalier, de manière à attirer spécialement l'attention. Examinons quel avait pu être le motif de cette singulière innovation. (*Fig. N.° 7.*)

Raymond V, comte de Toulouse, ayant, en 1148, succédé à son père, était devenu un des plus puissants princes du midi de la France. Il possédait une partie de la Provence et voulut à tout prix se l'assurer à jamais en la réunissant à ses états. Il obtint de Raymond - Bérenger II, comte de Provence, qui n'avait pas d'héritier mâle, la promesse de donner sa fille Douce à son héritier. Mais, ce mariage ayant été rompu peu avant la mort de Bérenger, Douce porta son héritage dans la maison d'Aragon, rivale de celle de Toulouse.

Raymond V, désespéré de ce contre-temps, eut recours à tous les moyens pour parvenir à son but. Il répudia en 1166 sa femme, sœur cependant du roi de France Louis le Jeune, et épousa Ritchilde, mère de Douce et veuve du comte de Provence, espérant par ce mariage primer en quelque sorte et paralyser tout le pouvoir qui allait passer à ses adversaires. Ritchilde d'ailleurs était nièce de l'empereur Frédéric et avait sur lui une grande influence, qu'elle employa en faveur des comtes de Valentinois, dont elle favorisa la fortune.

Ce mariage fait, il fut à Arles essayer de se faire reconnaître comme souverain par les vassaux de sa belle-fille, mais le roi d'Aragon l'obligea par la force des armes à quitter cette ville. Les seigneurs de Baux, héritiers par leur aïeule Étiennette de

Provence de droits sur Marseille et de soixante-dix-neuf seigneuries, entretinrent soigneusement cette guerre en prenant tantôt le parti de l'une des deux maisons, tantôt celui de l'autre, et la firent durer ainsi pendant non-seulement toute la vie de Raymond V, mais aussi pendant celle de son successeur.

On comprend dès lors tout l'intérêt que Raymond VII, son petit-fils, avait à inculquer dans l'esprit des populations ce titre de marquis de Provence, but de l'ambition et des interminables guerres des deux générations précédentes. Aussi le consigne-t-il d'une manière aussi solennelle que possible dans le vaste sceau dont nous présentons la gravure.

Après avoir placé un soleil dans la partie la plus apparente et au-dessus de ses propres armes, il va encore répéter ce signe dans le revers, qu'il consacre tout entier à ce préféré marquisat, et nous offrir la figure même de la Provence, qu'il personnifie et entoure de tous les signes héraldiques capables de la faire reconnaître à ceux qui ne sauraient lire l'exergue dont il l'entoure. (*Fig. N.° 8.*)

Il la représente dans ce revers du sceau assise comme une souveraine sur une espèce de trône ou de chaise curule ; sa main droite tient un glaive nu tout prêt pour sa défense, et sa main gauche élève, pour le faire voir au public, le château aux trois tours, armes des comtes de Die, qui est dominé par un soleil et un croissant posés de la même manière que dans le contre-scel des Valentinois et également à titre de renseignements et d'armoiries. La légende d'ailleurs ne laisse aucun doute sur la pensée qui a présidé au dessin : ✠ *Sigillum Raymundi Dei gratia comitis Tolose et March. Proiciæ.*

La seule objection, qui ne saurait en être une, que l'on pourrait faire à cette légende serait sur l'orthographe du mot *Proiciæ*, au lieu de *Provinciæ*, que l'on voudrait y lire. On sait la liberté que prennent les graveurs de retrancher des lettres quand l'espace manque. Mais ce n'est point ici le cas de la faire valoir, car on trouve ce nom écrit de la même manière dans le serment des consuls de Montauban [1] : *Nos juram que serem fizel,*

---

[1] Dom VAISSETTE, *Histoire du Languedoc*, Note 17°, p. 69.

al senhor comte de Tolosa, et de Peitus, etc.; et **M.** du Mège nous apprend à ce sujet que l'on retranchait le *V* dans la langue romane.

Nous voici donc parfaitement certains que Raymond VII, voulant désigner clairement la Provence en 1220, c'est-à-dire vingt-huit ans plus tard que le premier sceau des Poitiers, crut devoir joindre à l'ancien écu des comtes de Toulouse les mêmes signes héraldiques que les Poitiers avaient joints à leurs armes.

Je sais parfaitement qu'en montrant ces anciennes armes de la Provence je suis en contradiction avec les auteurs héraldiques. Les armes actuelles de cette province sont un lambel placé sur une fleur de lis; mais elles lui furent données par Charles d'Anjou, frère de saint Louis, devenu comte de Provence. Un lambel qui désigne une branche cadette est un signe personnel, et il figurait sur un semis de fleurs de lis dans l'écusson de ce prince. Il les réduisit à une quand il en fit les armes de la Provence; mais n'en avaient-elles pas d'autres avant lui? Ici les opinions des savants sont divergentes. Les uns disent qu'elle n'avait point d'armoiries; ce qui me semblerait difficile à admettre, quand on voit ses plus minces bourgades si soucieuses de nous transmettre les leurs. Les autres croient qu'elle portait seulement une fleur de lis et se contentent de dire à l'appui de cette opinion que l'on trouve cet ornement à l'extrémité des sceptres des figures qui sont représentées sur ses sceaux et ses médailles. Mais à cette époque presque tous les sceptres se terminaient par cet ornement; et l'on peut s'en assurer en le voyant sur les bâtons impériaux des empereurs d'Allemagne, qui portent un aigle dans leurs armoiries gravées sur la même empreinte.

Nº 5.

Nº 12.

Nº 11.

Nº 6.

Comment le Diois a pu écheoir aux comtes de Valentinois.

Dans les deux paragraphes précédents nous avons retiré de la science du blason tous les indices qu'elle pouvait nous fournir pour élucider le problème que nous essayons de résoudre. Elle nous a montré quatre familles, qui paraissent proches parentes, portant à l'époque qui nous occupe les armes de la Provence. Revenons maintenant à l'histoire, non dans l'espoir de trouver ce que nous savons qu'elle a négligé d'écrire, mais pour, avec ce qu'elle dit, tâcher de deviner ce qu'elle a omis de nous transmettre. Le blason nous a conduit au travers du labyrinthe à l'antre du sphinx : voyons si la logique ne pourrait nous faire entrevoir ce que nous verrions avec certitude s'il nous était donné de pénétrer dans son asile..

Nous en étions resté au moment où Raymond V cherchait à se faire reconnaître comme suzerain par les habitants d'Arles. Il allait forcer le château d'Albaron, qui le rendait maître de la Camargue, lorsqu'il en fut chassé par Bertrand de Baux, dont cette guerre fit aussi la fortune et qui tenait alors pour le roi d'Aragon, rival du comte de Toulouse. Cet échec l'obligea, en 1176, de traiter avec ce souverain, de se contenter du Gévaudan, en lui abandonnant la Provence, et le vainqueur se fit rendre hommage par le comte de Forcalquier et Hugues de Baux, indépendants tous les deux jusqu'à cette époque.

Raymond V fut loin d'être satisfait du résultat de cette guerre. Il viola bientôt le traité et saisit toutes les occasions de nuire à son rival, qui reprit les armes et, après avoir ravagé ses terres, l'obligea, en 1185, à implorer le traité auquel il n'avait pas voulu se soumettre. Voilà où en étaient les événements à l'époque où il donna à Aimar l'investiture du Diois. C'était simplement un moyen d'amoindrir la victoire du roi d'Aragon. Il profita de ce qu'Ildefons faisait, en 1189, une expédition à Fréjus, enlevé aux Castellane, pour pousser contre lui la fortune du comte de Valentinois et mettre ainsi son parent en possession d'une suzeraineté pour ainsi dire abandonnée.

Le rival de Raymond aurait eu, ce me semble, tout autant de droits que lui à disposer de ce pays; mais le comte de Toulouse y possédait cependant des terres considérables et en 1159 y avait, je pense comme arbitre [1], jugé un procès dont le gain avait donné Luc à l'évêque de Die. Peut-être, d'ailleurs, n'agit-il pas tout à fait en souverain dans cette circonstance. Il avait favorisé le mariage d'Aimar avec la fille de la comtesse de Marsanne et il lui permit, au lieu d'en prendre les armoiries [2], de mettre sur son sceau celles de Provence, qu'il portait lui-même. C'était le rehausser aux yeux des populations à la hauteur de son rival d'Aragon, lui permettre de se targuer des droits que ce mariage venait de lui conférer sur une partie d'un pays qu'il était contraint d'abandonner, et leur donner une valeur bien autrement considérable que celle qu'ils paraissaient avoir en réalité.

Pour résumer les indices que l'on peut tirer de cet étrange contre-scel d'Aimar de Poitiers, on peut dire qu'il démontre que ce ne fut point uniquement à son mariage qu'il dut l'investiture du Diois; que ce fut bien plutôt à cette interminable lutte des Toulousains et des Aragonais, qui dispersa entre divers possesseurs les terres provençales, qu'il en fut redevable; que son alliance avec les Marsanne fut le prétexte, mais que le but fut d'arracher le Diois aux princes espagnols et de le faire insensiblement passer à la maison de Toulouse, dont les droits

---

(1) Ce qui me porte à croire ce jugement arbitral, 1° c'est qu'il ne fut nullement admis par l'empereur, qui, sans le mentionner, remet plus tard Luc aux Poitiers; 2° c'est que, s'il est douteux pour les Poitiers qu'ils fussent totalement indépendants des comtes de Toulouse, il est certain que les évêques n'en relevaient pas.

(2) Cette maison de Marsanne, qui portait les mêmes armoiries que celle de Lesdiguières (un lion au chef chargé de trois roses), existait encore dans notre province en 1500. On ne voit pas qu'elle ait joui de quelques faveurs particulières sous les Valentinois: elle demeura dans les rangs du reste de la noblesse.

étaient tout aussi peu certains et probablement de même nature que ceux de leur compétiteur.

Pour bien comprendre cette intrigue politique, il faut voir les événements qui la suivirent. Les terres des Valentinois étaient dans le Velay, de l'autre côté du Rhône, par conséquent entourées de celles de leurs puissants parents de Toulouse. Le roi d'Aragon n'avait aucun pouvoir pour les empêcher de leur prêter hommage, ainsi que cela eut lieu un peu plus tard, en 1239. En remettant tout le Diois à Aimar, c'était donc le faire passer à la maison de Toulouse, et cela sans guerre, sans opposition raisonnable de la part du roi Ildefons, et pour ainsi dire sans que ses habitants pussent presque s'apercevoir de ce changement de gouvernement en faveur du rival de leur comte.

Toutes ces menées ambitieuses des comtes de Toulouse ayant été déjouées par des événements qu'ils n'avaient pu prévoir, la Provence en 1193 s'étant trouvée consolidée dans les mains des rois d'Aragon par le mariage de Gersende, qui leur apporta le comté de Forcalquier, les comtes de Valentinois, qui dans leurs nombreuses transactions avec l'Empire s'étaient fait reconnaître comme légitimes souverains du Diois, n'eurent plus qu'une pensée, ce fut celle de faire enfin disparaître un contre-scel qui représentait un projet devenu irréalisable, voire même un souvenir de sujétion aux comtes toulousains. Il ne faudrait pas se laisser aller à croire que ce siècle était trop naïf pour s'aviser de mêler la politique à de simples signes héraldiques; j'en trouve un exemple contemporain dans ce pays même, qui justifie mon opinion sur cet article.

La maison de Baux, qui portait également l'étoile à seize rais, qu'elle avait probablement adoptée autrefois en recevant sa part de l'héritage d'Étiennette de Provence (des droits sur Marseille et soixante-dix-neuf seigneuries), fut vers 1180 appelée par un mariage avec Tiburge, qui en était héritière, à la succession de la principauté d'Orange. Guillaume de Baux, issu de ce mariage, pour ne pas laisser croire à ses nouveaux vassaux qu'ils étaient tombés sous le joug de la Provence, prit en 1210 les armes de sa mère et fit dans son sceau disparaître celles de ses ancêtres, qui étaient cependant assez glorieuses en Provence pour ne pas mériter ce dédain. Mais à la quatrième génération ses descendants, qui n'avaient plus les mêmes ménagements à garder, mirent en 1255, en signe de domination, une grande étoile au-dessus du cor de chasse qui constituait les armoiries des descendants de Guillaume au Cornet, et proclamèrent ainsi la supériorité de leur race sur celle qui s'était éteinte dans leur famille. (*Fig. N.os 9 et 10.*) [1].

---

(1) La figure 11, qui représente un château à trois tours, est le sceau des comtes de Die, dont les terres faisaient partie du marquisat de Provence alors. Ce château est dans la main gauche de la représentation de la Provence dans le sceau de Raymond de Toulouse.

Note relative aux comtes de Valentinois, p. 199.

Résidences des comtes de Valentinois.

La maison de Poitiers, presque sans cesse occupée de guerres avec les suzerains de son voisinage, vit bien rarement ses caisses seigneuriales convenablement garnies des florins nécessaires au gouvernement des nombreux vassaux qu'elle avait à administrer. De là le peu de monuments qui nous restent auxquels on puisse rattacher son souvenir. Malgré cette disette d'argent, qui semble avoir été la maladie épidémique de tous les suzerains qui composèrent sa dynastie, elle n'en paraît pas moins avoir fait d'énormes dépenses en maçons et tailleurs de pierre; mais les sculpteurs, je crois, furent peu appelés à en profiter, car toutes ses largesses eurent pour objet des remparts et des tours, et ses maisons d'habitation mêmes semblent avoir eu un cachet tout militaire et ne s'être distinguées de celles de leur noblesse que par un plus grand nombre de bastions et par de plus vastes casernements pour ses gardes et pour ses hôtes.

Un rapport de 1442, trouvé par M. l'abbé Chevalier dans les archives des Dauphins et publié par lui dans son texte latin [1], donne quelques renseignements assez vagues sur les constructions dont ils eurent à s'occuper, plutôt, je crois, dans le but de les réparer que dans celui de les édifier ou de les agrandir. Je vais en traduire quelques passages, tout en regrettant pour mes lecteurs le peu de détails qu'on y trouve sur l'architecture de notre province à cette époque reculée.

---

[1] *Statistique de l'Isère*, t. VI, 3ᵉ série, p. 267.

Châteaux des Poitiers dans le Diois.

Le château de Quint, situé sur un rocher qui domine la Drôme, était dans ce diocèse une de leurs principales places. En 1400 la pièce dont nous 'donnons un extrait dit qu'on y voyait encore de grandes fortifications, avec un pont sur la rivière, qui pouvaient défendre l'accès de la ville de Die. Cette citadelle d'ailleurs n'était point isolée et s'appuyait sur celle de Pontaix, également munie de remparts et d'un pont, et sur trois châteaux situés à peu de distance, Gigors, Beaufort et Eygluy. Les comtes de Valentinois firent cependant démanteler ce dernier, parce qu'ils en trouvaient la garde trop onéreuse.

Le château de Crest, qui existe encore en majeure partie, est un de nos plus magnifiques monuments de la Drôme. On en trouve des vues dans tous les albums publiés sur le Dauphiné et une description très-fidèle et très-détaillée dans le Bulletin de la Société d'archéologie de la Drôme; mais l'écrit que nous analysons n'en dit que quelques mots et se contente, en passant outre, de signaler sa grande tour carrée.

De l'autre côté de la Drôme le comte Louis de Poitiers avait le château de Piégros, également largement fortifié, et au-dessous de ses bastions une habitation, dont on ne dit rien, mais qui se recommandait particulièrement par son voisinage de la forêt de Saou, dont le rapport vante tous les charmes. Elle était, à ce qu'assure cette pièce, des plus giboyeuses à cette époque, possédait un grand nombre de sangliers, de daims, de cerfs et même d'ours. Elle était, comme de nos jours, entourée par un immense cirque de montagnes escarpées, qui ne laissent qu'un étroit passage vers le sud, passage défendu par un château presque imprenable, étant situé sur un rocher à pic, auquel on ne peut parvenir que par cent vingt marches taillées dans le roc vif qui le supporte.

Un peu au midi est situé le château de Soyans, résidence de Guillaume, bâtard de la maison de Poitiers, et dans le voisinage, celui d'Almazan, qui était la propriété de Lancelot, bâtard du dernier comte de Valentinois. De ce dernier château, dit le rapport, on apercevait vingt autres châteaux du comté et la belle forêt appelée du Frère Johan. Lancelot a néanmoins un autre château-fort, appelé Poët-Célard. Le château de Blacons a été vendu par le dernier comte de Valentinois ; quant à celui de la Roche-des-Arnauds, il paraît qu'il ne se recommande que par ses souvenirs, et l'auteur de l'écrit dit qu'il appartenait jadis à de puissants magnats, qui étaient seigneurs de Crest et comtes de Marsanne dans la Valdaine.

Châteaux des Poitiers dans le comté de Valence.

Les Poitiers possédaient encore plusieurs châteaux dans le comté de Valence : Rochefort-Samson, qui a une maison d'habitation bien close de murs, de belles forêts et de bonnes chasses ; on y vend des pièces de bois noir pour la construction ; le château de Barbières, celui de Châteaudouble, sur un coteau, entouré de murs très-épais, qui contiennent une habitation ; celui de Vaunaveys, à la porte de Crest ; celui de Montmeyran, qui a une habitation également. Mais le plus important de beaucoup de tous ces châteaux est celui que les comtes avaient à Étoile. Grand château, dit la pièce que j'analyse, beau et délectable, vaste à pouvoir y recevoir les rois et les princes qui traversent le Valentinois, fait qui s'est présenté dans le passé. Il a des eaux abondantes, un fort donjon et une habitation bien close de murs, au milieu d'un territoire fertile, de vastes forêts pour la chasse et le chauffage, et des pêcheries dans le Rhône, qui l'avoisine.

Ces détails sont maintenant d'autant plus précieux qu'il ne reste, dit-on, de cette magnifique résidence des comtes de Valentinois que quelques murs ruinés, à peine suffisants pour en indiquer la place à l'antiquaire.

Outre tous ces châteaux, qu'ils s'étaient réservés, les comtes en avaient beaucoup d'autres dans le voisinage, mais qui n'étaient plus à leur charge et qu'ils avaient remis à des seigneurs feudataires, à certaines conditions et en s'en réservant le haut domaine.

Résidences du bas Valentinois.

Au midi de la Drôme les comtes de Poitiers n'avaient pas de moindres forteresses ou maisons de campagne à entretenir. Sans parler de la ville de Montélimar, où ils s'établissaient volontiers, soit dans le palais des papes, soit dans ceux des comtes Adhémar, ils avaient le château de Savasse, qui, sur une haute montagne, n'en était distant que d'une lieue; à côté, la forêt de Rentalon, pour y faire leurs chasses; Lena, avec sa grande tour, qu'ils firent démolir dans leur guerre contre la comtesse Major. Mais l'habitation qui l'emportait de beaucoup dans leur affection sur toutes celles situées de l'autre côté de la Drôme, était leur résidence de Grane, de laquelle ils datèrent beaucoup d'actes et qu'ils préféraient peut-être à celle même d'Étoile, dont le registre nous a fait une description si agréable.

Grane, dit le rapport, était dans le voisinage de la Drôme, placé sur un rocher élevé, avec de grandes dépendances pour les hôtes. Il possédait des puits et des citernes, bien défendus par ses vastes murailles. Depuis cette description il a été complètement démoli, et, les habitants du village ayant arraché les matériaux pour leurs constructions, il en reste à peine quelques traces.

Le château d'Auriples était placé dans un lieu si éminent qu'on le considérait comme la clef de tout le comté et que l'on pouvait de ses créneaux en temps de guerre faire des signaux d'alarme à tout le pays d'alentour.

Le château de Marsanne, qui en est voisin, était, à ce qu'il paraît, déjà ruiné à cette époque, car on se contente d'en faire mention.

Celui de Sauzet, outre ses fortifications, avait, dit la chronique, une fort belle et fort agréable maison de résidence, située sur le Roubion. Il était la demeure favorite du dernier comte, qui appréciait vivement la délicieuse vue dont on y jouit et son voisinage de la forêt d'Andrans, qui n'a pas moins de trois lieues d'étendue.

Châteaux des comtes sur l'autre rive du Rhône.

Les sires de Poitiers n'étaient pas moins bien partagés en fait de demeures de l'autre côté du Rhône, bien que l'on voie par les actes qu'ils y résidaient rarement et s'en servaient plus pour doter leurs veuves et leurs enfants que pour leur usage personnel. Le préféré, en général, était celui de Baix, dans lequel, outre deux forteresses à un trait d'arbalète l'une de l'autre, se trouvait une habitation de plaisance, dont l'écrivain ne trouve cependant rien à dire. Ceux de Cruas et du Pouzin étaient dans son voisinage, et plus loin ceux de Saint-Vincent et de Saint-Pierre-des-Barres, le château et la résidence de Privas, enfin Chalancon, centre de l'importante baronnie de ce nom, dont relevaient beaucoup de maisons nobles, entre autres les Polignac, les Crussol et les Beauchastel, etc.

Le registre termine cette longue liste par les châteaux de Durfort et de Saint-Fortunat ; mais dans ce qu'il dit du Vivarais il ne parle pas de forêts et de chasses. Cette rive du fleuve paraît avoir été à cette époque plus cultivée et plus peuplée que l'autre, et l'absence de gibier, qui en est le résultat, fut probablement un des motifs pour lesquels les Poitiers y séjournèrent moins longuement que sur l'autre rive.

Si l'on ajoutait à cette énumération de demeures toutes les maisons de plaisance et les châteaux qu'ils remirent à leur branche cadette, ceux de Saint-Vallier, de Cléricux, de Pisançon, etc., on trouverait que les comtes de Valentinois pouvaient, sous le rapport des châteaux, faire largement honte au roi de Bohême, auquel la légende populaire n'en a jamais accordé que sept, ce qui est cependant un chiffre honnête.

Nous allons chercher à comprendre quel fut probablement pour eux le résultat d'un si grand nombre de bâtiments et quel usage ils pouvaient raisonnablement en faire.

Tous ces points défensifs qui hérissaient leurs fiefs n'étaient certainement pas de leur création et ne pouvaient être considérés que comme les restes d'une époque qui précéda leur venue en Dauphiné. Qu'ils aient fortifié le château de Quint, qui était leur extrême frontière avec les évêques de Die, ajouté quelques bastions à la tour de Crest, leur place d'armes contre Valence, on le comprend à merveille ; mais ils n'avaient aucun intérêt à défendre de minces villages situés au milieu de leurs terres. Il faut remonter au moins à un siècle avant eux pour trouver les motifs de ces constructions et aller jusqu'aux invasions des Barbares en Dauphiné, ou tout aux moins aux guerres civiles et à l'anarchie qui suivit la chute de l'Empire.

S'ils l'avaient pu, il est présumable qu'ils se seraient délivrés des charges qu'entraînaient pour eux toutes ces murailles devenues inutiles; mais il y avait des droits acquis par les communautés, qui les avaient fait construire à leurs frais pour servir le cas échéant de refuge à leurs familles et à leurs troupeaux, sauf le cas de guerre avec leurs propres vassaux, comme il arriva pour Leyne et pour quelques autres places, où ces remparts avaient servi contre leurs troupes. Ils furent obligés de les respecter et de se soumettre aux conditions acceptées par les seigneurs auxquels ils avaient succédé.

Ils durent, comme eux, entretenir leurs ponts-levis, leurs portes et leurs herses, et cela à peine de perdre les droits féodaux les plus importants que leur avaient légués leurs prédécesseurs, c'est-à-dire les droits de vingtain, ceux de guet et de sauvegarde (voir *L'usage des fiefs* de Salvaing de Boissieu, chapitre 48). Pour en agir autrement, il eût fallu le consentement de la majorité des habitants de la commune, et ils ne l'eussent pas obtenu facilement à une époque où, vu les troubles continuels, on n'osait habiter que derrière des remparts et où, tout au moins, on groupait les constructions autour d'un donjon, pouvant en cas de nécessité assurer une retraite.

La même obligation existait pour les suzerains leurs voisins, et le registre que j'analyse prouve que les évêques de Valence, quoique ecclésiastiques, subissaient les mêmes nécessités et n'étaient pas plus qu'eux dispensés d'une grande quantité de postes à défendre.

Ils les utilisaient les uns et les autres en s'y rendant avec leur suite à certaines époques de l'année et en y consommant sur place les bois de chauffage et les denrées pesantes, dont les chemins, mal entretenus, rendaient le transport difficile. On voit par leurs actes que les comtes de Valentinois se déplaçaient constamment, bien qu'on ne puisse admettre cependant qu'ils visitassent annuellement un nombre de châteaux forts aussi considérable.

Ils n'avaient pas, comme les Dauphins, à proprement parler de cour permanente, et l'on ne trouve pas de grands officiers chargés de leurs troupes ou de leurs affaires, ce qui devait rendre ces changements de résidence beaucoup plus faciles. On les voit signer leurs chartes un peu partout, avec un petit nombre de chevaliers, en général les mêmes, qui les suivent dans leurs nombreuses pérégrinations et leur servent tour à tour de témoins, d'assesseurs, de société, de compagnons de chasse, en même temps que de gardes et d'escorte de chevauchées.

Ils les hébergent dans leurs demeures fortifiées, construites avec des murs très-épais pour résister aux assauts, et par cela même demandant peu de réparations annuelles. Les mobiliers, ainsi que le prouvent les testaments et les inventaires, en étaient tout à fait nuls et sans doute dans beaucoup de ces châteaux bien au-dessous du strict nécessaire, car le Dauphiné fut toujours un pays pauvre et ne semble avoir à aucune époque connu ce luxe d'ameublement répandu alors en Normandie et dans les provinces septentrionales de la France.

Malgré toutes ces raisons d'économie, cette masse de bâtiments était une cause de ruine pour les Poitiers, toujours voisins de la gêne, et une charge écrasante pour leurs vassaux, obligés de participer à leurs réparations urgentes.

Le clergé seul, pour l'usage du culte, avait dans le Valentinois des trésors de vases précieux, de châsses et d'ornements enrichis de diamants et de gemmes, richesses disparues à l'époque des guerres de religion, qui n'épargnèrent aucune de nos localités. Mais ces trésors, datant de loin, signalés par les inventaires et les plaintes contre les spoliateurs, ne passèrent pas inaperçus. On sait leur valeur, et elle est loin de celle des splendeurs des églises et des abbayes des riches provinces de la France.

Note pour la page 247.

Les Adhémar de Grignan et ceux de La Garde.

Depuis la publication de mon article sur les Adhémar de Montélimar, notre courageux et infatigable archiviste du département de la Drôme n'a point hésité à entreprendre un travail aussi ingrat que pénible sur les annales de cette famille, qui offrent tant de difficultés, non-seulement par les chartes fausses employées pour reculer son origine, mais encore par une réunion de personnages portant les mêmes noms de baptême et, qui plus est, possesseurs en commun des mêmes fiefs, auxquels ils joignent quelques seigneuries qui leur sont spéciales.

J'avais, ainsi que bien d'autres qui m'ont précédé, reculé devant l'entreprise formidable de chercher à les classer dans les différentes branches de cette maison, mais, M. Lacroix venant de poser des jalons que l'on peut suivre avec toute confiance et ayant dans cette voie obscure pénétré plus loin que tous ses devanciers, je crois dans cette note devoir mettre mes lecteurs au courant du résultat de ses savantes investigations, en lui demandant la permission d'analyser les premières pages de son œuvre, les seules que le cadre restreint que je me suis imposé me permette de lui dérober.

Je n'avais osé commencer l'histoire des Adhémar qu'à partir de 1198. Il paraît, d'après le travail que j'analyse, que l'on peut la faire remonter à 1164, trente-quatre ans avant l'époque où je m'étais arrêté, car il y eut alors un de ses membres, du nom de Giraud, devenu en quelque sorte obligatoire à ses successeurs, qui reçut une bulle de l'empereur Frédéric, pièce qui ne nous est pas parvenue en original, mais dont l'existence est démontrée d'une manière certaine par les citations des auteurs et surtout par un inventaire de famille de 1555, qui n'indique que très-peu de pièces anciennes et par cela même ne peut être suspect d'être fait à l'intention de faire remonter plus haut sa généalogie. Cette bulle, comme le remarque judicieusement notre écrivain, n'est point une confirmation vague des droits des ancêtres des Adhémar, ainsi que cela se faisait habituellement, mais seulement une mention de ceux du père et de l'aïeul de ce Giraud; ce qui prouverait jusqu'à un certain point que leur domination était alors assez recente en Dauphiné.

Elle n'en affranchit pas moins ces seigneurs de toute domination étrangère, mais ne spécifie nullement le territoire qui leur est dévolu, auquel elle se contente d'ajouter le tout petit fief de Saint-Martin.

D'autres actes de ce même Giraud ne sont pas plus explicites sur ce point et nous le montrent se contentant du titre de seigneur de Monteil, sans mentionner même en aucune manière sa possession des fiefs qui servirent plus tard à dénommer les différentes branches de sa famille.

Il n'est pas à cette époque le seul en possession de ce nom de Monteil, car, sans parler ici de son frère présumé, l'évêque du Puy de la Croisade, dont il a été déjà question dans cet ouvrage, il a un fils nommé Giraudet, marié dès 1184, qui, après avoir été chassé de Marseille par une émeute, abandonne les droits que son beau-père lui a laissés sur une partie de cette ville et se signale dans la guerre albigeoise, à la suite de Simon de Montfort; un frère, nommé Guillaume-Hugues, et même un neveu, du nom d'Hugues-Adhémar. Mais on ne sait si cette branche de sa maison possédait dès lors une seigneurie particulière, ni si l'on doit y voir des suzerains de Grignan, ou seulement des coseigneurs de Montélimar, suivant l'usage habituel de communauté des grandes familles d'origine bourguignonne de cette époque.

Cependant une circonstance particulière semble prouver qu'ils étaient déjà séparés ou les oblige à la division en 1239, c'est un hommage lige de la seigneurie de Grignan fait au comte de Provence par un Giraud-Adhémar, probablement fils de l'Hugues-Adhémar dont nous venons de parler, qui semble, d'après la suite de notre histoire, n'avoir nullement engagé les habitants de Montélimar, ce qui fait que nous commencerons l'article des barons de Grignan à partir de cette même époque.

Les barons de Grignan.

A cet Hugues succède un Giraud, présumé son fils, mais certainement baron de Grignan, puisqu'il renouvelle l'hommage de cette seigneurie au comte de Provence. On ne sait s'il est ou non un des Adhémar qui quelques années avant ont signé des franchises aux habitants de Montélimar, sur lesquels il a pu conserver quelques droits. Quant à ceux qu'il possède sur Grignan, on ne peut deviner d'où ils proviennent. Dans le doute, on suppose une alliance matrimoniale.

Un peu plus tard, en 1257, son fils est devenu tout à fait l'homme lige des comtes de Provence ; ce qui expliquerait parfaitement sa séparation de ses parents de Montélimar, qui tiennent sans doute à conserver leur indépendance.

En 1265 il a associé son fils Guillaume le Gros à son gouvernement. Ce nouveau baron a des querelles avec les habitants de Colonzelles au sujet des chevauchées. Ce n'est pas lui qui prête serment à Amédée de Roussillon, l'évêque batailleur de Valence, mais son parent de Montélimar, avec lequel il a toujours d'étroites relations, puisqu'en 1280 il s'offre pour caution des libertés qu'il concède à sa ville. Trois ans plus tard il est obligé lui-même de s'exécuter vis-à-vis de ses propres vassaux et de leur accorder de semblables concessions.

En 1292, après un nouvel hommage au roi de Provence, il met en liberté ses sujets, émancipe son fils Giraud VI et semble abandonner sa baronnie de Grignan pour retourner à Montélimar, près de son parent Giraud de Monteil. C'est alors, en 1308, qu'il fait avec lui un pacte qui doit avoir une grande importance pour toute sa lignée, et qu'ils conviennent ensemble qu'à défaut d'héritier masculin de l'un d'eux ce sera le fils de l'autre contractant qui possèdera à lui seul leurs deux héritages.

A partir de cette époque, qui précède de peu la mort de Giraud V, l'histoire des barons de Grignan retombe, faute de pièces suffisantes, dans des ténèbres encore plus profondes que celles de la précédente époque, obscurités que nous ne pouvons guère aborder dans une analyse et qui nous entraîneraient trop avant dans les dissertations que notre savant auteur emploie pour essayer d'en sortir.

Giraud VI meurt vers 1341, laissant à sa femme Décane d'Uzès la tutelle de ses enfants, dont l'aîné se dispose à un long voyage. Mais tout à coup et sans qu'on puisse en deviner la cause, les actes nous apprennent que Décane a été assassinée par Lambert, seigneur de Buis. Ils se taisent après sur Giraud VII et n'en parlent qu'à propos de contestations pour des remparts avec ses sujets et de l'émancipation de son fils Giraud VIII.

Ce fut ce dernier qui en 1374 profita des dispositions stipulées par Guillaume le Gros, soixante-six ans avant, pour la succession à la seigneurie de Montélimar, se trouvant par la mort de son parent l'aîné des héritiers mâles de la famille. Il réunit cette importante ville à sa baronnie de Grignan; mais il fut pour en prendre possession obligé de prêter serment au comte de Valentinois, qui avait acheté ou usurpé des droits sur elle.

Plus tard, s'étant joint à Hugues de La Garde, son parent,

il voulut secouer un protectorat si incommode; mais ce n'était point pour arriver à ce résultat que le comte de Valentinois lui avait prêté son appui. Il se mit en campagne contre les deux alliés, pénétra même dans Montélimar et ne s'arrêta dans son entreprise que sur les menaces du roi de France, qui par ses négociations parvint à calmer cette guerre.

Arrivés à cette époque, les Grignan jouissent d'un pouvoir bien contesté dans leur nouvelle capitale, et il ne me reste qu'à renvoyer le lecteur à la page 238 de mon travail, auquel je n'ai que peu de choses à ajouter.

Giraud VIII, qui paraît avoir abandonné le pouvoir à son fils, mourut en 1380, accablé de dettes et excommunié par le pape à la requête de ses créanciers, moyen alors employé contre les suzerains insolvables. Son fils s'engagea à les payer, pour empêcher l'Église de s'emparer d'une ville si fort à sa convenance.

Je dois avertir le lecteur cependant que l'invasion des grandes compagnies, qui eut lieu peu après, fut dirigée par Raymond de Turenne, et non Duguesclin, comme je l'ai dit, sur une fausse indication, à supposer toutefois que des routiers de ce genre aient jamais reconnu un chef politique.

Les barons de La Garde.

Je vais continuer à profiter des recherches de notre consciencieux archiviste pour dire quelques mots de la branche des Adhémar de La Garde, dont l'histoire n'est pas moins difficile que celle des Grignan à séparer du reste de celle de la famille.

Le premier dont on trouve le nom est ce Lambert de La Garde dont nous avons raconté la révolte page 234 et qui enleva à son frère cette forteresse, où il établit sa lignée. Quoi qu'il en soit de ce récit, fondé sur un document qui n'a pas laissé que de soulever des doutes, il n'en transmit pas moins cette place en 1290 à son fils Huguonnet, qui en fit hommage au comte de Valentinois, lequel eut à ce sujet maille à départir avec le pape, qui se fit céder les suzerainetés de Rac, Savasse, Châteauneuf-de-Mazenc et même d'une part de Montélimar, ce qui dut déplaire d'autant plus à Huguonnet qu'époux de Sibylle de Poitiers il appartenait à la famille du comte.

Cette intervention du pape fut le tourment de la vie du seigneur de La Garde, car le comte de Valentinois se saisit aussitôt de quelques-unes de ses places et le dauphin Guigues lui réclama l'hommage de Meuillon et de Pierrelongue.

Il mourut en 1334, laissant ses fiefs à son fils Lambert, qui deux ans après était obligé d'en faire hommage au comte de Valentinois et en 1340 était contraint de signer les libertés de Montélimar. Voilà tout ce que l'on sait de son existence.

La vie de son fils et héritier Hugues fut bien autrement aventureuse que la sienne. Il alla servir Clément VI en Italie, y fut fait prisonnier et ne recouvra sa liberté que grâce à l'intercession de sa famille. Il avait en 1349 épousé Mabille du Puy-Montbrun et déshérita l'aîné des fils qu'il en eut, qui fut viguier de la ville de Marseille.

Le second de ses enfants, devenu ainsi son successeur en 1372, après de nombreuses difficultés avec sa famille, qui ne voulait pas le reconnaître, prêta hommage au pape pour Montélimar et plus tard à Louis de Poitiers pour La Garde. Il eut pour successeur dans sa baronnie son fils Charles.

Louis XI persécuta cruellement ce nouveau suzerain, auquel il avait à reprocher d'avoir été un des Dauphinois qui avaient tenu contre lui le parti du roi, son père. On sait que ce prince ne pardonnait point les griefs de ce genre. Il le fit dépouiller, par arrêt du parlement de Grenoble de 1463, de tout ce dont il était possesseur en Dauphiné.

Son fils, Christophe de La Garde, trouva cependant moyen de rentrer en grâce auprès du roi ; il devint même son chambellan, lui fit hommage en 1487 et mourut vers 1510, laissant quatre fils, dont aucun n'eut de postérité.

La veuve de l'un d'eux remit alors la baronnie à Louis Adhémar de Grignan, qui était le plus proche parent de son mari, et celui-ci en 1543 la donna à Antoine Escalin, le célèbre capitaine Pollin des guerres religieuses du Dauphiné, qui devint ainsi la souche d'une nouvelle lignée de barons de La Garde.

Les monnaies anciennes de la Drôme.

A l'époque mérovingienne les Francs, qui ont tant de rapport avec les Bourguignons par leur origine, leurs lois et leurs mœurs, possédaient, ainsi qu'on le voit par leurs actes, une fort petite quantité de numéraire. Leurs marchés se traitaient volontiers par échanges ou par de l'or, offert au poids ou en masse brute. Il était chez eux à un prix exorbitant, et nos érudits ne craignent pas d'évaluer jusqu'à 6,000 francs de notre monnaie le *hériban*, amende de soixante sous d'or infligée au leude qui se refusait au service militaire.

On ne frappait guère en quantité que les tiers de sou d'or, et cela à l'occasion des couronnements, mariages, etc., et ils étaient distribués aux magnats, pour remplacer en quelque sorte nos monnaies commémoratives.

Malgré cela, l'usage étant d'imprimer sur la pièce le nom du lieu de l'émission, il en est résulté que les numismates ne comptent pas moins d'une centaine d'ateliers dans les Gaules, parmi lesquels ils ne reconnaissent, il est vrai, que bien peu de noms de nos villes modernes. Ne serait-il pas plus logique d'en conclure qu'il n'y avait pas d'ateliers à cette époque, et que, vu la légèreté de son outillage, l'ouvrier monnayeur battait où se trouvait la cour, où était l'armée, peut-être même au lieu où se trouvait déposée la matière ?

Vienne était alors en général la ville préférée par les ouvriers bourguignons; cependant il ne paraît pas qu'elle eût ce privilège exclusif, car des légendes plus ou moins certaines prouvent qu'ils travaillèrent à Valence, à Die et même à Donzère. A l'époque carlovingienne il n'en est plus ainsi, et Vienne semble devenu leur demeure obligée. Vers ce temps ils commencent à s'émanciper de l'ancienne tradition romaine, et les souverains bourguignons marquent leurs produits de l'initiale de leur nom et même de leur monogramme.

Après le soulèvement national inauguré à Mantaille, Vienne ne conserve plus, comme sous Boson, le monopole de la monnaie, toujours inséparable du pouvoir politique. Il se disperse avec lui dans les villes qui se sont séparées de la capitale. Saint Maurice, son célèbre patron, désigne bien encore la plupart des pièces bourguignonnes; mais Saint-Paul-trois-Châteaux imprime sur le métal le vieux nom gaulois de la tribu des Tricastins, et Valence marque de son nom les espèces de ses évêques. Les prélats de Die répandent de leur côté parmi le peuple les types de la Vierge couronnée, patronne de leur église, et lorsque ces deux derniers évêchés sont réunis, ils adoptent en commun les armoiries de l'évêque qui les gouverne.

A l'exemple des prélats, les comtes de Valentinois donnent également à leurs vassaux des monnaies spéciales. C'est à Crest, leur principale forteresse, qu'ils émettent des pièces à leurs besants, ces vieilles armoiries de leurs ancêtres. Les seigneurs de Montélimar battent monnaie avec le nom de leur ville; enfin d'autres barons, à l'instar des Meuillon, demandent aux empereurs d'Allemagne le droit de les imiter, ou plus exactement l'admission dans l'Empire de leur numéraire, car, possesseurs de la police de leurs marchés, ils ont le choix des monnaies qui y circulent.

Mais ici ils se heurtent à de graves difficultés inattendues, et on ne trouve pas de pièces métalliques qui établissent le succès de leur demande. Les empereurs, si désireux de se faire des partisans dans notre province, si prodigues de titres honorifiques, qui leur coûtent si peu, se montrent fort parcimonieux des permis de circulation, indispensables à de si petits états, mais qui seraient de nature à réduire considérablement les produits de leur propre monnayage.

Il résulte de cela que les suzerains de notre province, à l'imitation de beaucoup d'autres, se livrèrent à une fabrication de contrebande, qui fait le sujet des controverses des numismates, et que, n'osant contrefaire les monnaies de l'Empire, ils imitèrent celles de leurs voisins ; de sorte que l'on trouve des pièces des comtes de Valentinois affublées des cors de chasse des princes d'Orange, misérable subterfuge, qui ne leur procurait qu'un marché imperceptible.

Ce genre de fraude paraît avoir affecté vivement les seigneurs qui en furent victimes, car on vit, dit-on, un archevêque de Vienne faire un périlleux voyage en Italie pour demander au marquis Odon la cessation de ce commerce, et n'obtenir cependant que sa suspension momentanée, ainsi que le prouvent les plaintes de ses successeurs.

Au reste, plus encore peut-être que la jalousie des empereurs, les prétentions élevées des monnayeurs contribuèrent à nous priver des émissions monétaires des barons de la Drôme. Ces ouvriers, enrôlés dans de grandes confréries, connues sous le nom de *serments*, s'étaient fait attribuer de vastes priviléges, peu conciliables avec les ressources de petits potentats. Ils s'étaient fait de droit exempter de tous services et de toutes taxes militaires, n'étaient justiciables que de leurs prévôts, sauf pour trois crimes spécifiés et réservés à la justice ordinaire, etc., etc.

Leur art cependant n'était pas compliqué à cette époque. Voilà ce que Fillon nous en apprend : « Leurs coins étaient des morceaux de fer polis à la lime (ce qui parfois occasionnait des rayures transversales sur l'empreinte); les lettres étaient alors enfoncées à l'aide du marteau; les grenetis s'obtenaient au moyen du poinçon, et ce grossier travail était enfin tant bien que mal rectifié avec le burin, etc. »

Ce fut ainsi que se fabriqua la monnaie en France jusqu'au règne d'Henri II. Le chancelier Séguier, en 1640, ordonna que le marteau ferait place au moulin. Enfin le balancier fut inventé par Briot au XVIIe siècle et ne fut perfectionné que sous le premier empire.

Une raison put encore contribuer à la rareté des types divers, ce fut que le seigneur dominant imposait volontiers le sien propre à ses féaux. L'abbaye de Saint-Barnard de Romans [1], dont le droit est bien constaté par le refus du Dauphin de le ratifier lors de l'annexion de la ville, fut par cette raison obligée d'accepter l'effigie de saint Maurice de l'archevêque de Vienne, qui ne pouvait cependant faire battre monnaie dans la ville sans l'exprès consentement de son chapitre; ce qui fait que l'on ne retrouve ni à Romans, ni dans les environs des pièces au type de saint Barnard, célèbre patron de son église.

Il n'est pas impossible que nos barons, qui avaient contracté tant d'engagements avec les comtes de Provence et les Dauphins, aient été arrêtés par quelque obstacle de ce genre et se soient dispensés de frapper des monnaies qui eussent porté des écussons autres que n'étaient les leurs. Quoi qu'il en soit, malgré son allodialité, le monnayage féodal fut fort restreint dans le département de la Drôme, et nous nous bornerons, comme échantillons, à donner au lecteur une pièce seulement des diverses suzerainetés qui furent appelées à y prendre leur part.

C'est à l'extrême obligeance et au crayon si fin et si exercé de M. Vallier que nous sommes redevable de ces dessins, car il n'y a qu'un numismate habile qui puisse, sans les altérer, reproduire des empreintes antiques de ce genre. Elles font pour la plupart et avec beaucoup d'autres partie de son précieux ouvrage sur les monnaies féodales du Dauphiné, auquel nous renvoyons le lecteur pour les commentaires et les notes qui les accompagnent.

---

(1) MORIN-PONS, *Numismatique feodale du Dauphiné*, p. 34.

MONNAIES FÉODALES DE LA DRÔME.

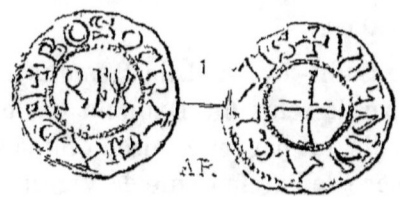

BOSON, ROI DE BOURGOGNE
879-887

ARCHEVÊQUES DE VIENNE
(Anonymes XIVe Siècle)

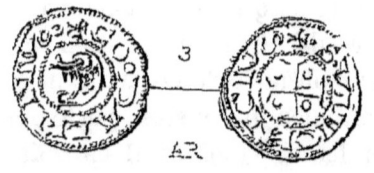

LOUIS DE VILLARS-THOIRE
Évêque de Valence et de Die (1302-1377)

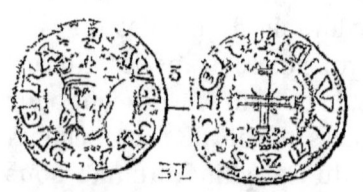

ÉVÊCHÉS DE DIE
(Anonymes (1275-1375))

AIMAR V, COMTE DE VALENTINOIS et de DIOIS
(1329-1389)

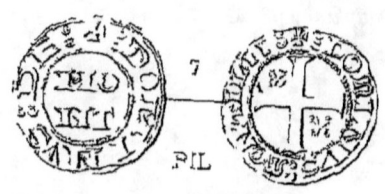

ÉVÊQUES DE MONTÉLIMAR
(Anonymes - XIVe Siècle)

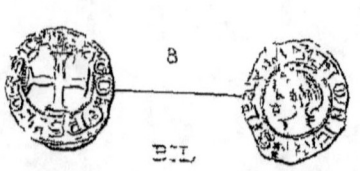

DRAGONET DE MONTAUBAN,
Évêque de St Paul-Trois-Châteaux (?) 1306

DESCRIPTION

DES MONNAIES RENFERMÉES DANS LA PLANCHE CI-CONTRE.

1 — ✚ BOSO GRACIA DEI; dans le champ, REX.
Rev. ✚ VIENNA CIVItaS; croix pattée.
   Argent. — Denier. — (Poey d'Avant : *Monnaies féodales de France*, t. III, p. 37, pl. CV, N.º 18). — Dessiné sur l'exemplaire de la collection de M. G. Vallier.

2 — ✚ ⁞ SANCTVS ⁞ MAVRICiVs ⁞; tête barbue de saint Maurice, à gauche.
Rev. ✚ ⁞ MA—XIM—A ⁞ GA—LLIarvm; croix pattée double, cantonnée des lettres V—I—E—N' *(Vienna)*, et dont les extrémités des branches chevauchent et coupent la légende.
   Billon. — Demi-gros. — (G. Vallier : *Monnaies féodales du Dauphiné*, p. 30, pl. III, N.º 16).

3 — ✚ COmes DALFINVS; dauphin en pal, à gauche.
Rev. ✚ · Sanctvs · VINCENCIVS; croix pattée cantonnée de quatre besants.
   Argent. — Denier. — *(Monnaies féodales du Dauphiné*, p. 36, pl. IV, N.º 19).

4 — LVDO—VICVS—De VIlLAR (A et R conjugués) — SEPiscopvS: croix double pattée, ajourée et entrelacée en cœur, coupant la légende, cantonnée aux 1 et 4 de l'écusson de Villars, et aux 2 et 3 d'une aigle à deux têtes.
Rev. ✚ COMES • VALEnTinensis (A et L conjugués) • Z (et) • DIEnSIS; aigle aux ailes étendues, de face, regardant à gauche, et portant sur la poitrine un écusson aux armes de Villars, avec une croix brochant sur le tout.
   Billon. — Demi-gros. — *(Monnaies féodales du Dauphiné*, p. 17, pl. II, N.º 7).

5 — ✠ ⁑ AVE ⁑ GRA*tiá* ⁑ PLENA ⁑; buste de la Vierge couronnée, vu de trois quarts.

Rev. ✠ ⁑ CIVITAS ⁑ DIEN*sis* ⁑; croix fleuronnée et anglée de feuilles.

Billon. — Denier. — *(Monnaies féodales de France*, t. III, p. 19, pl. CIV, N.º 13).

6 — ✠ *Amarivs* De*I Gratiá* — CO*Mes* V*Alentinensis;* fleur de lis ouvragée.

Rev. ✠ *Sanctvs* IOHA—NNES B*aptista* (un petit casque) : saint Jean-Baptiste debout de face.

Or. — Florin. — *(Monnaies féodales du Dauphiné*, p. 20. pl. II, N.º 10).

7 — ✠ ⁑ DOMINVS ⁑ DE ⁑; dans le champ, $\frac{MO}{NT}$ *(Montilio)*.

Rev. ✠ ⁑ DOMINVS ⁑ MONTILII; croix pattée, cantonnée aux 1 et 4 d'une croisette évidée et dont les branches se terminent par un point fermé.

Billon. — Denier. — *(Monnaies féodales du Dauphiné*, p. 28, pl. III, N.º 15).

8 — ✠ (D)RAGO ⁑ EP*iscopvS* ⁑ T*ri*CAST*inensis;* croix pattée.

Rev. ✠ MONETA ⁑ *Sancti* ⁑ PAVLI; tête nue, à gauche.

Billon. — Obole. — *(Monnaies féodales du Dauphiné,* p. 11, pl. II, N.º 4).

FIN.

TABLE

DES CARTES, CHROMOLITHOGRAPHIES, ETC.

Carte du Viennois de la Drôme 91
Carte du haut Valentinois 93
Carte du Valentinois du Vivarais 152
Carte du comté de Valentinois en 1277 171
Carte du bas Valentinois 200
Carte du Diois 209
Carte des Baronnies 280

Écusson des Dauphins 57
Écusson des barons de Clérieux 67
Écusson de la ville de Romans 77
Écussons des Clermont, Moirenc, de Vienne, Bressieux, Grolée 94
Écussons des Bérenger et des de Morges 101
Sceau de Flotte de Royans 122
Écusson de la ville de Valence 127
Écusson des comtes de Valentinois 150
Étendard de l'Église de Die 221
Écusson des Adhémar de Montélimar 231
Écusson de Saint-Paul-trois-Châteaux 250
Écussons des Baronnies, Montauban, Meuillon, Ancezune, Caritat 258

Planches et Photographies.

Photographie de deux anciens sceaux des comtes de Valentinois. . 373
Planche 1re de sceaux : Les Comminges, les d'Aragon. . . . 378
Planche 2e : Raymond de Toulouse, Guillaume d'Orange, comtes
    de Die 378
Planche 3e : Monnaies féodales de la Drôme 402

TABLE DES CHAPITRES

1ʳᵉ PARTIE. — Introduction et cantons au nord de l'Isère.

Préface	1
Introduction. Insurrection de l'Aquitaine. La Bourgogne et le Dauphiné alors. Les confiscations de Charles-Martel. L'école primatiale de Lyon. Séparation de la Bourgogne. Le roi Boson, Louis l'Aveugle. Le roi Huguet. Le prince Charles-Constantin. Les Croisés à Saint-Donat	5
Première époque de l'allodialité. L'anarchie et les rois de la Transjurane	35
Les empereurs d'Allemagne rois de Bourgogne	41
Gouvernement de l'Église. Arles	45
Gouvernement de l'Église. Vienne	49
Gouvernement de l'Église. Les campagnes.	53
Deuxième époque de l'allodialité. Les Dauphins dans la Drôme .	57
Les barons de Cléricux	67
Son abbaye et Romans, ville seigneuriale	77
Villes et petites suzerainetés au nord de l'Isère : Saint-Vallier, sires de Moirenc, etc. Barons de Clermont, Barons de Bressieux	87
Justification de la carte des cantons au nord de l'Isère . . .	91

2ᵉ PARTIE. — Le haut Valentinois.

Justification de la carte du haut Valentinois 95

LES BÉRENGER.

Les Bérenger de Peyrins. Ismidon, prince de Royans. Ses successeurs 103
Les Bérenger de Chabeuil. Raymond, Guidelin, Gontard, etc . 115
Les Bérenger de Flandènes. Ozassiche, Flotte de Royans, etc . 121

LES COMTES ÉVÊQUES DE VALENCE.

Les premiers évêques de Valence : Gontard, Eustache, Oddon, etc. 127
Réunion à l'évêché de Die. Amédée de Roussillon. Louis de Villars. Confiscations de Louis XI. 136
Liste des fiefs réclamés par l'évêché de Valence 145
Seigneurs de Châteauneuf-d'Isère. Saint Hugues, évêque de Grenoble, et sa famille 146

LES COMTES DE VALENTINOIS.

Les comtes de Valentinois du Vivarais et ceux du Dauphiné . . 150
Généalogie des marquis Gelins, les premiers comtes du Valentinois 153
Justification de la carte du Valentinois en 1277 171
Les comtes de Valentinois de 1277 jusqu'à l'annexion à la France. 175
Justification de la carte du bas Valentinois. 200

3ᵉ PARTIE. — Diois, Montélimar, Baronnies.

Justification de la carte du Diois 209
Les premiers comtes de Die : Pons, Guillaume, Isarn, etc . . 213
Les évêques comtes de Die jusqu'à l'annexion à Valence : Ismidon, Robert, Lambert IV, etc 221
Les Adhémar de Montélimar : Giraud V, Lambert, Giraud de Grignan 231
Possessions des Adhémar de Grignan, de La Garde, de Rochemaure 247
Les évêques de Saint-Paul jusqu'à l'annexion à la France : Robert, Bertrand, Dragonnet 250
Possession des évêques de Saint-Paul 256
La baronnie de Meuillon jusqu'à son annexion au Dauphiné . . 258
La baronnie de Montauban jusqu'à son annexion au Dauphiné . 268
Autres seigneurs des Baronnies : les Ancezune, les Caritat. Fiefs des Dauphins. 275
Justification de la carte des Baronnies 280
Conclusion. Établissement et fin de l'allodialité dans la Drôme . 289
Tableaux chronologiques de 1000 à 1400 303

4ᵉ PARTIE. — Notes de l'allodialité.

Les expropriations des Bourguignons dans la Gaule. 311
Un duel judiciaire. 323
Origine de la maison de Bérenger 341
Charte concernant les Bérenger. 353
Origine des comtes de Valentinois 363
Sceaux d'Aimar de Poitiers. 371
Résidences des comtes de Valentinois 383
Les barons de Grignan et ceux de La Garde 391
Monnaies anciennes de la Drôme. 399
Description des monnaies de la planche. 403
Table des cartes, lithochromies, planches, etc 405
Table des chapitres de l'allodialité 407